Heinrich Grosse · Hans Otte
Joachim Perels (Hrsg.)

Neubeginn
nach der NS-Herrschaft?

Die hannoversche Landeskirche
nach 1945

LVH

Das Umschlagfoto zeigt den Zug der Pastoren auf dem Weg zur Einführung von Landesbischof Hanns Lilje in der zerstörten Marktkirche am 28. Mai 1947.

Gedruckt mit folgender Unterstützung:

Wissenschaftlicher Beirat für Gedenkstättenarbeit im Land Niedersachsen
Ev.-Luth. Landeskirche Hannovers
HannoverStiftung der Stadtsparkasse
Vereinigte Ev.-Luth. Kirche Deutschlands

Die Deutsche Bibliothek- CIP-Einheitsaufnahme

Neubeginn nach der NS-Herrschaft?: Die hannoversche Landeskirche nach 1945 / Grosse
Heinrich Grosse · Hans Otte · Joachim Perels
Hannover: Luth. Verl.-Haus, 2002
NE: Joachim Perels (Hrsg.)
ISBN 3-7859-0864-4

© Lutherisches Verlagshaus GmbH, Hannover, 2002
Alle Rechte vorbehalten
Umschlaggestaltung: DRAG 'N DROP
Satz und Lithographie: DRAG 'N DROP
Druck- und Bindearbeiten: AALEEX Druck GmbH, Großburgwedel
Printed in Germany

Inhalt

Vorwort

Das Ende der nationalsozialistischen Herrschaft war der tiefste Einschnitt der deutschen Geschichte. Die Konsequenzen, die sich aus dem Sturz der NS-Diktatur für den Aufbau eines demokratischen Gemeinwesens ergaben, betrafen nicht zuletzt die Kirchen und ihr Selbstverständnis.

Der Neuanfang war mit der Hypothek belastet, dass das Hitler-Regime allein von außen überwunden worden war. Es war ja fast bis zu seinem Ende von der Bevölkerungsmehrheit unterstützt worden und hatte einen festen Rückhalt in den führenden Schichten der Gesellschaft besessen. Dies erschwerte den Neuanfang und die dazu gehörige Auseinandersetzung mit der Erbschaft des Nationalsozialismus ganz erheblich. Dabei spielten neben den Parteien die Kirchen eine zentrale Rolle. An der hannoverschen Landeskirche, einer der großen Landeskirchen des deutschen Protestantismus, kann exemplarisch der widersprüchliche, zwischen Bruch und Kontinuität sich bewegende Prozess verfolgt werden, wie in der Nachkriegszeit angesichts der vielfachen Verbrechen die Schuld der Deutschen immer stärker abgewehrt und verleugnet wurde.

Die Beiträge des vorliegenden Bandes, die überwiegend auf bisher nicht genutzten Quellen beruhen, nehmen die jüngere historische Forschung zum Umgang mit der NS-Vergangenheit systematisch auf. Sie stützen sich dabei auf die vor allem mit den Arbeiten von Clemens Vollnhals,[1] Norbert Frei[2] und Frank-Michael Kuhlemann[3] verbundene Sichtweise, dass die evangelische Kirche für die Bewertung der NS-Herrschaft rechtsstaatlich-demokratisches Denken faktisch nicht nutzte. Das änderte sich erst sehr viel später, lange nach der Etablierung der Bundesrepublik. So war – bis auf wenige Monate im Herbst 1945, in denen die Stuttgarter Schulderklärung entstand – von einer theologischen und politischen Selbstbesinnung kaum die Rede. Nur minoritäre Gruppen klagten ein, was mit dem bald ins Abseits geratenen Satz der Stuttgarter Erklärung, dass „durch uns unendliches Leid über viele Völker und Länder gebracht" wurde, eingeleitet werden sollte. Gerade unter dem Vorzei-

---

1 Clemens *Vollnhals*: Evangelische Kirche und Entnazifizierung 1945 – 1949. Die Last der nationalsozialistischen Vergangenheit, München 1989.

2 Norbert *Frei*: Vergangenheitspolitik. Die Anfänge der Bundesrepublik und die NS-Vergangenheit, München 1996.

3 Frank-Michael *Kuhlemann*: Nachkriegsprotestantismus in Westdeutschland. Religionssoziologische und mentalitätsgeschichtliche Perspektiven, in: Bernd *Hey* (Hrsg.): Kirche, Staat und Gesellschaft nach 1945. Konfessionelle Prägungen und sozialer Wandel, Bielefeld 2000, S. 23-59.

chen einer sog. Rechristianisierung weigerte sich der Protestantismus – jedenfalls in seiner Mehrheit –, selbstkritisch die eigene Rolle in dem durch außerordentliche Verbrechen konstituierten NS-System zu reflektieren. Stattdessen suchten führende Protestanten eine Schuldumkehr zu Lasten der Alliierten zu begründen.

Behandelt wird in diesem Band ein breites Spektrum von Themen, die durch die Frage eines Neubeginns miteinander verbunden sind. Dazu gehören zentral das Problem einer gebotenen oder nicht gebotenen rechtlichen Kontinuität der Kirche, der – höchst kontroverse – Umgang mit der Verantwortung für die Herrschaftspraxis des Nationalsozialismus, die Entnazifizierung von Kirchenvertretern, die Haltung von Amtsträgern zu Kriegsverbrechern und das Geschichtsbild des „Sonntagsblatts". An zentralen Personen der hannoverschen Landeskirche – Heinz Brunotte, Meta Eyl und Hanns Lilje – wird die Frage eines Neuanfangs und seiner Gegentendenzen gebündelt.

Der Kontinuität der kirchlichen Institutionen stehen auch Neuansätze gegenüber: die Unterstützung eines konfessionsübergreifenden Schulwesens oder die Förderung eines lutherischen Zusammenschlusses in der Vereinigten Ev.-luth. Kirche Deutschlands (VELKD), der, wesentlich durch Hannover bestimmt, einen gegen die Evangelische Kirche in Deutschland (EKD) gerichteten konfessionellen Sonderweg vermied.

Die Untersuchungen bieten einen repräsentativen Überblick über entscheidende kirchliche Streitfragen der Nachkriegsperiode Niedersachsens, auch wenn wichtige Fragen nicht behandelt werden konnten, dazu zählen die kirchliche Arbeit in den einzelnen Gemeinden,[4] das Flüchtlingsproblem und – stellvertretend für das Gesamtspektrum der theologischen Arbeit – der Umgang mit dem Erbe des Antijudaismus.[5] Insgesamt knüpft das Buch inhaltlich wie zeitlich an den Sammelband an, den wir 1996 unter dem Titel „Bewahren ohne Bekennen? Die hannoversche Landeskirche im Nationalsozialismus" herausgegeben haben.[6]

---

4 Vgl. aber dazu: Beate *Blatz*: Erbstücke aus der hannoverschen Kirchengeschichte. 50 Jahre Amt für Gemeindedienst, Hermannsburg 1991, S. 115 ff., und Cord *Cordes*: Geschichte der Kirchengemeinden der Ev.-luth. Landeskirche Hannovers, Hannover 1983, S. 97 ff.

5 Vgl. hierzu jedoch: Gerhard *Lindemann*: „Typisch jüdisch". Die Stellung der Ev.-luth. Landeskirche Hannovers zu Antijudaismus, Judenfeindschaft und Antisemitismus 1919-1949, Berlin 1998 (Schriftenreihe der Gesellschaft für Deutschlandforschung 63), besonders S. 775 ff.

6 Hannover 1996, 576 S.

Die Studien sind nicht auf ein historisches Interesse im engeren Sinne beschränkt. So genau versucht wird, die jeweiligen Handlungs- und Begründungsformen der Akteure zu rekonstruieren, so geht es bei der Interpretation des Umgangs mit der NS-Diktatur auch um ein begründetes theologisches Urteil. Es bezieht sich auf die jeweilige Schnittstelle von ‚Welt' und Kirche Jesu Christi. In dem Maße, in dem die Welt und ihre Schreckensverhältnisse als Gegenstand des christlichen Zeugnisses begriffen werden, von denen man sich nur unter Verleugnung seines Glaubens abwenden kann (Lk. 10, 25-37), ist – wie wiederum die Stuttgarter Schulderklärung bezeugt – ein Rückzug in eine weltabgewandte christliche Privatheit verschlossen. Das impliziert gleichwohl, dass die jeweiligen theologischen Urteile – wie bei den Verfassern dieses Bandes – durchaus differieren können.

Für die Bereitschaft, Ihre Aufsätze für den vorliegenden Band zur Verfügung zu stellen, ist den Autorinnen und Autoren zu danken. Dabei blieb ihnen überlassen, ob sie für ihren Text die neue oder alte Rechtschreibung nutzten, in dieser Hinsicht haben wir auf letzte Vereinheitlichung verzichtet. Bei den Abkürzungen wurde das Verzeichnis von Siegfried Schwertner, Internationales Abkürzungsverzeichnis für Theologie und Grenzgebiete, 2. Aufl. Berlin 1993, benutzt. Dankenswerterweise haben uns Ilonka Hartwig und Dr. Karl-Friedrich Oppermann bei der Redaktion der Texte unterstützt.

Ein letzter Dank gilt den Zuschussgebern: dem Wissenschaftlichen Beirat für Gedenkstättenarbeit des Landes Niedersachsen, der Ev.-luth. Landeskirche Hannovers, der Vereinigten Ev.-luth. Kirche Deutschlands und der Hannover-Stiftung der Stadtsparkasse Hannover. Ohne ihre freundlichen Zuwendung wäre eine Veröffentlichung in dieser Form nicht möglich gewesen.

Auch für theologische Erkenntnis gilt der Satz: „Die Wahrheit ist keine fertige Münze, die einfach gegeben und eingestrichen werden kann" (Hegel); diskutiert kommt sie eher an den Tag. So mag von dem Band ein Anstoß zur Diskussion über die Nachkriegsgeschichte der hannoverschen Landeskirche ausgehen.

Hannover, den 31. Oktober 2001

Heinrich Grosse   Hans Otte   Joachim Perels

I. Grundlagen

HANS OTTE

Die hannoversche Landeskirche nach 1945: Kontinuität, Bruch und Aufbruch

„Notrechtsexperimente widersprechen der hannoverschen Tradition, die stets auf Rechtskontinuität bedacht ist"[1] – diese Aussage von Landesbischof August Marahrens vor der Vorläufigen Landessynode gab das Selbstbewusstsein der führenden Repräsentanten der hannoverschen Landeskirche nach dem Zweiten Weltkrieg treffend wieder. Dies Bewusstsein bestimmte ihre Sicht der kirchlichen Arbeit, damit stemmten sie sich erfolgreich gegen eine Ablösung der Kirchenleitung. Eine solche Sichtweise konnte angesichts des „Zusammenbruchs" nicht ausreichen, um die kirchliche Arbeit zu steuern, und selbstverständlich gab es auch andere Sicht- und Handlungsweisen. Im Folgenden soll an einigen Beispielen dargestellt werden, wie in den ersten Jahren nach dem Ende des Zweiten Weltkriegs führende Angehörige der Kirchenleitung das Verhältnis von Kontinuität, Bruch und Aufbruch bestimmten und in dem dadurch geformten Handlungsfeld agierten. Dabei sind vornehmlich solche Beispiele ausgewählt worden, die noch nicht ausführlicher dargestellt wurden.[2] Nach einem kurzen Überblick über die Rahmenbedingungen der kirchlichen Arbeit nach dem Zweiten Weltkrieg wird die Erweiterung der kirchlichen Arbeitsfelder beschrieben; dann werden die frühen Reformen der Kirchenverfassung nach dem Krieg dargestellt. Exemplarisch wird anhand der Einführung der Landeskirchensteuer ein Blick auf die damalige Verwaltungsreform geworfen,[3] um zum Schluss nach den Folgerungen für die Zukunft zu fragen, die die damals Beteiligten aus ihrer Wahrnehmung der NS-Zeit zogen.

---

1   Protokolle und Aktenstücke der Vorläufigen Landessynode 1945/1946, o.O. [Pattensen] o.J. [1952], S. 11.

2   Neben den Beiträgen des vorliegenden Buches ist zunächst zu nennen: Gerhard *Besier*: ‚Selbstreinigung' unter britischer Besatzungsherrschaft. Die Evangelisch-lutherische Landeskirche Hannovers und ihr Landesbischof Marahrens 1945-1947, Göttingen 1986 (= SKNS 27); weitere Literatur wird jeweils im Zusammenhang genannt.

3   Zum Themenkomplex gehört auch die Einrichtung des Evangelischen Hilfswerks in Hannover, vgl. dazu unten S. 129 ff.

11

1. Einleitung

Das ausdrückliche Beharren auf der Kontinuität kirchlicher Arbeit und Organisation war apologetisch begründet. Selbstverständlich hatte die Landeskirche mit Brüchen gerechnet, die sich aus der Niederlage des nationalsozialistischen Deutschlands ergeben würden. Schon im November 1944 war den Landessuperintendenten eine geheime Verfügung zugegangen, mit der sie ermächtigt worden waren, „die kirchenregimentlichen Leitungs- und Verwaltungsbefugnisse" wahrzunehmen, wenn „besondere Notstände eine völlige Verbindungslosigkeit herbeiführen".[4] Nachdem das Gebiet der Landeskirche von den alliierten Truppen besetzt war, wiederholte das Landeskirchenamt diese Ermächtigung für die Superintendenten, ja ermunterte sie geradezu, „selbständig zu handeln, soweit es sich nicht um aufschiebbare Angelegenheiten handelt".[5] Dies war ein Bruch mit der Tradition, die Mittelinstanzen wie die Superintendenten nur als ausführende Organe kannte. Tatsächlich nutzten die Superintendenten die ihnen hier eingeräumten Rechte durchaus. Dies zu erleben war für Fremde eindrucksvoll, wie es ein ehemaliger „Ostpastor" in seinen Erinnerungen beschrieb. Nachdem er als Flüchtling mit seiner Frau in einem kleinen Dorf an der Niederelbe angekommen war, hatte er bei Gottesdiensten ausgeholfen, da der Pfarrstelleninhaber vermisst bzw. gefallen war. Nach einiger Zeit sagte die Pfarrfrau, die die Gottesdienstvertretungen organisieren musste, zu ihm: „In unserem Pfarrhaus ist Platz genug für zwei Familien. Melden Sie sich beim LKA und kommen dann zu uns. Dann ist allen, der Gemeinde, Ihnen und mir geholfen." Der ostpreußische Pfarrer schrieb also an das LKA und erhielt zur Antwort: „Falls Ihr Schreiben die Meldung eines Pfarrers aus dem Osten sein sollte, so teilen wir Ihnen mit, dass wir Sie unter der Nummer 483 registriert haben. Im übrigen haben wir festgestellt, dass die Gemeinde gut versorgt ist." Damit war gemeint, dass ein Pastor aus dem benachbarten Stade die Amtshandlungen übernommen hatte und gelegentlich Gottesdienst hielt. Einer der Pastoren klärte ihn auf: „Einer von uns Pastoren aus Stade geht alle 14 Tage dorthin, mit einem leeren Rucksack und kommt mit einem vollen zurück. ... Du bist hier aber nicht in Ostpreußen. Bei uns geht das andersherum: Der zuständige Superintendent sieht sich die Bewerber an. Einen passen-

---

4   Landeskirchliches Archiv Hannover [im Folgenden: LkAH], Best B 1 /6871: Verfügung des Landeskirchenamts vom 15.11.1944 mit anliegender Vollmacht für die Landessuperintendenten vom 20.10.1944.

5   LkAH, Best. B 1/6870 Bd. I: Rundverfügung des Landeskirchenamts vom 30.5.1945. – In der Verfügung machte das Landeskirchenamt aber eine Einschränkung: „Zu vermeiden sind jedenfalls Anstellungen, soweit sie zu unserer Zuständigkeit gehören."

den überprüft und vereidigt er. Er gibt seine Erkenntnisse dem LKA weiter, das dann den Rest erledigt."[6] In seinen Erinnerungsbericht fügt der Pastor hinzu: „Dieser Weg scheint mir nicht schlecht zu sein. Ich war ja aus Ostpreußen einen anderen Weg gewöhnt." Dass dieses Verfahren nicht völlig ungewöhnlich war, zeigen auch andere Beispiele, etwa die Anstellung Heinrich Albertz' durch Superintendent Hoppe in Celle. Auch sie geschah zunächst freihändig durch den Superintendenten, der dafür Kollekten verwandte.[7]

Dieser Bericht über den Neubeginn nach dem Ende des Krieges zeigt die Unsicherheit der Lage im Sommer 1945. Für die Flüchtlinge bedeutete das Ankommen in einem fremden Land eine fundamentale Verunsicherung, gerade in den ersten Jahren, als man noch meinte, irgendwann wieder zurückkehren zu können. Noch hofften viele, dass der Bruch in ihrer Biographie nicht endgültig sei. Im Vergleich zur Flüchtlingswelle, die über Niedersachsen hinwegrollte und von so unendlich vielen Tragödien begleitet war, war die Situation der Landeskirche und ihrer Führungsmannschaft weit weniger dramatisch. Hier ging man von einer Kontinuität der kirchlichen Arbeit aus, obwohl es fast irreal wirkt, wenn – wie in dem geschilderten Beispiel – das Landeskirchenamt davon ausging, dass eine Kirchengemeinde gut versorgt sei, sobald geklärt war, welcher Pastor denn Amtshandlungen übernehmen könne.

Dennoch war die Kontinuität der kirchlichen Verkündigung schon bemerkenswert. Schließlich sprachen die Zeitgenossen vom Zusammenbruch, wenn sie die Situation Deutschlands nach seiner militärischen Niederlage und der Zerschlagung des nationalsozialistischen Staats charakterisierten. Gerade in dieser Situation war die ungebrochene Fortsetzung der Evangeliumsverkündigung beeindruckend. Bis zum Ende der nationalsozialistischen Herrschaft war es möglich gewesen, sonntäglich Gottesdienste zu halten, wenn auch unter erschwerten Bedingungen. Die Zeiten für die Gottesdienste hatten oft genug verlegt werden müssen, viele Kirchen waren im Bombenhagel zerstört worden – von rund 1.000 Kirchen waren 336 nicht zu benutzen –[8], und seit 1944 hatte es für das Heizen von Kirchen keine Kohlen auf Bezugsscheine mehr gegeben.[9] Dennoch waren die Gottesdienste unter den argwöhnischen Augen der Partei-

---

6 LkAH, Best. S 9 Brelingen: Erinnerungen von P. Erich Riedesel, 2000.

7 Vgl. Heinrich *Albertz*: Blumen für Stukenbrock. Biographisches, Stuttgart 1981, S. 125f.

8 Vgl. Mitteilungen des Landeskirchenamts gem. Art. 64 Ziffer 1 der Kirchenverfassung. Aktenstück 4 der 14. Ordentlichen Landessynode, [Hannover] 1947, S. 30. – Dabei muss bedacht werden, dass die Zerstörungen sich auf die städtischen Ballungszentren konzentrierten.

9 Vgl. LkAH, Best. S 8a: Rundverfügung des Landeskirchenamts vom 21.9.1944 und 21.10.1945.

stellen weitergeführt worden; noch in den letzten Wochen der NS-Zeit hatten einige der wenigen Zeitungen sogar Gottesdienstzeiten angezeigt, um noch in der letzten Zeit der NS-Herrschaft Normalität zu signalisieren. Als die Kriegsfront über Nordwestdeutschland hinweggezogen und die jeweiligen Kirchorte von den Alliierten besetzt worden waren, konnten die Gottesdienste schon am nächsten Sonntag weitergeführt werden. Und sobald wieder Zeitungen erschienen, wiesen auch sie erneut auf die Gottesdienstzeiten hin. Das war nicht selbstverständlich, denn in den ersten Wochen nach der Besetzung war es den Deutschen verboten, Versammlungen mit mehr als fünf Personen zu bilden. Aber die Besatzungsmächte förderten die kirchliche Arbeit, weil sie hofften, dass die vom deutsch-christlichen Irrglauben gesäuberten Kirchen das Fundament für die moralische Gesundung des deutschen Volkes legen könnten. Die Re-Education galt als die Voraussetzung für die Wiedereingliederung Deutschlands in die zivilisierte Welt.[10] Die neuen Möglichkeiten griffen die Pastoren und kirchlichen Amtsträger dankbar auf; das Landeskirchenamt mahnte dementsprechend die Superintendenten in seiner ersten Rundverfügung nach dem Krieg: „Mit den vielfach erweiterten Möglichkeiten zur Arbeit, die wir dankbar ausnutzen werden, ist auch eine noch größere Verantwortung auf uns gelegt, deren wir eingedenk sein wollen."[11]

In dieser Rundverfügung, die von dem Oberlandeskirchenrat Paul Fleisch[12] konzipiert worden war, wurde eine andere Wahrnehmungsform der kirchlichen Arbeit jenseits der Dialektik von Kontinuität und Bruch aufgezeigt: der Aufbruch, der – ohne mit dem Bisherigen zu brechen – sich nicht auf Kontinuität beschränkte.

---

10 Vgl. Martin *Greschat*: ‚Rechristianisierung' und ‚Säkularisierung', in: Jochen-Christoph *Kaiser*/Anselm *Doering-Manteuffel* (Hrsg.): Christentum und politische Verantwortung. Kirchen im Nachkriegsdeutschland, 1990, S. 1 ff.

11 LkAH, Best. S 8a: Rundverfügung vom 17. 5. 1945.

12 Paul Fleisch trug den Titel „Geistlicher Vizepräsident". Er war von 1931 bis 1933 Geistlicher Vizepräsident des Landeskirchenamts und in dieser Funktion Stellvertreter des Landesbischofs gewesen, war dann von Deutschen Christen im September 1933 in den Ruhestand versetzt worden. Das Celler Oberlandesgericht hatte diese Versetzung als unrechtmäßig aufgehoben; nach langwierigen Verhandlungen mit dem Landesbischof und dem – von den Deutschen Christen eingesetzten – Landeskirchenamtspräsidenten Schnelle war Fleisch 1936 wieder in das Landeskirchenamt eingetreten, hatte aber auf die Funktion eines Geistlichen Vizepräsidenten verzichten müssen.

2. Die Rahmenbedingungen der kirchlichen Arbeit nach dem Krieg

Die Offenheit der Besatzungsmacht für die kirchliche Arbeit erleichterte es den kirchlichen Mitarbeitern, sich auf die neue Situation einzustellen. Viele Schikanen fielen einfach weg, so etwa bei der Versorgung der kirchlichen Gebäude mit Heizmaterial oder bei der Zuteilung von Bau-Ersatzstoffen. Schwierig blieb die kirchliche Versorgung der Gemeinden. Die jüngeren Gemeindepastoren waren eingezogen worden und kehrten erst allmählich zurück.[13] So mussten zunächst noch viele Gottesdienste von Ruheständlern, Pfarrfrauen oder Gemeindehelferinnen gehalten werden.[14] Die Pfarrstellen mussten provisorisch versorgt werden, weil das Schicksal der eingezogenen Pastoren noch unklar war. Gleichzeitig meldeten sich immer mehr Ostpastoren beim Landeskirchenamt und baten darum, in der Gemeindearbeit mithelfen zu können. Bei Kriegsende waren es knapp 60 Ostpfarrer, die sich gemeldet hatten, 1947 lagen dem Landeskirchenamt 860 Bewerbungen von vertriebenen oder geflüchteten Pfarrern vor, bis 1953 waren dann 312 Ostpfarrer in den landeskirchlichen Dienst übernommen worden.[15] Das Pfarrergehalt wurde grundsätzlich aus dem Aufkommen der jeweiligen Pfarrstelle bezahlt, die Landeskirche zahlte nur Zuschüsse, wenn das örtliche Stellenaufkommen nicht ausreichte, um dem Pfarrer das volle Gehalt zu bezahlen. Zu Lasten der jeweiligen Pfarrstellen konnte den Ostpfarrern aber kein Geld gezahlt werden, da das Pfarrstellenvermögen zweckgebunden nur für den Stelleninhaber oder – wenn dieser noch im Kriegsgefangenenlager war – für dessen Familie verwendet werden durfte. So konnten die Gemeinden Ostpfarrer zunächst nur in Privatdienstverträgen anstellen, und diese mussten aus Spenden und Kollekten bezahlt werden, bis die Landeskirche die Zahlungen für die Ostpfarrer schrittweise übernahm.

Ebenso schwierig war die Wohnungsnot. Da der Wohnraum ja bewirtschaftet wurde und das Pfarrhaus schon von der bisherigen Pfarrfamilie bewohnt wurde – oftmals waren auch noch weitere Flüchtlinge eingewiesen worden –, musste für (Ost-)Pfarrer Wohnraum in der Gemeinde „freigemacht" werden,

---

13 Am 1. 1. 1945 waren knapp 450 Pastoren noch „im Felde", knapp 300 von 1.244 Pfarrstellen waren außerdem unbesetzt; 1947 waren dann noch 360 Pfarrstellen unbesetzt, ca. 50 Pfarrer waren noch nicht entlassen, 30 wurden vermißt (vgl. Aktenstück 4 [wie Anm. 1], S. 40); daraus auch die folgenden Angaben.

14 Mehr als 50 Beauftragungen waren bei Kriegsende an Pfarrfrauen und Gemeindehelferinnen erteilt worden.

15 Vgl. Cord *Cordes*: Geschichte der Kirchengemeinden der Ev.-luth. Landeskirche Hannovers, Hannover 1983, S. 101.

wenn diese zur Hilfeleistung eingesetzt wurden.[16] Viele Wohnungsämter weigerten sich, den Pfarrern, die noch nicht fest in eine Pfarrstelle eingewiesen waren, eine Wohnung zuzuweisen. Das gab oft böses Blut; gerade in den größeren Städten mit ihren weitgehend zerstörten Wohngebieten fand sich in den ersten Jahren kaum eine Wohnung. Viele Kirchenleute sahen in der Haltung der Wohnungsämter eine Fortsetzung älterer Kirchenfeindschaft; sie hielten die Mitarbeiter der Wohnungsämter entweder für Nationalsozialisten oder marxistische Kirchenfeinde.

Durch die Zonengrenze und die Vertreibung der Deutschen im Osten war Niedersachsen zu einem schwer belasteten Flüchtlingsland geworden.[17] Die Bevölkerungsverschiebungen hatten zwar schon 1939 begonnen, zunächst durch Evakuierte aus dem Westen und dann durch die ‚Fremdarbeiter' aus dem Osten, aber 1945 schwoll der Flüchtlingsstrom rasch an, um seinen Höhepunkt im Sommer 1946 mit der Operation ‚Schwalbe' zu erreichen, in deren Rahmen 800.000 Menschen nach Niedersachsen kamen. Lebten 1939 4,6 Millionen Einwohner in Niedersachsen, so waren es am 1.4.1947 6,575 Millionen, von denen 2,179 Millionen als Flüchtlinge und Evakuierte registriert waren. Knapp die Hälfte aller Einwohner waren in dieses noch weitgehend agrarisch strukturierte Land ‚eingewandert', d. h. evakuiert oder geflohen. Bei der Volkszählung 1950 zählte Niedersachsen dann 2,261 Millionen Flüchtlinge. Bis 1949 blieben viele Flüchtlinge in Niedersachsen, weil die Zonengrenze nahe war und viele noch hofften, in die Heimat zurückkehren zu können. Dabei war Ostniedersachsen (Regierungsbezirke Lüneburg, Hannover, Hildesheim und Braunschweig) besonders belastet. Erst mit dem beginnenden Wirtschaftsaufschwung und der Gründung der Bundesrepublik begann eine spürbare Abwanderung von Flüchtlingen nach Westen.

Kirchlich war die Integration der Flüchtlinge nicht leichter als ihre soziale Eingliederung. Das gilt sowohl für die kirchlichen Amtsträger als auch für die ‚normalen' Gemeindeglieder. Die Finanzmittel der Landeskirche waren begrenzt, außerdem kamen die meisten Pastoren aus der unierten Kirche Altpreußens. Seit 1866 hatte man die Bekenntnisunterschiede zu dieser Kirche betont und eine Abendmahlsgemeinschaft mit den reformierten Pastoren in der Union abgelehnt. So musste jetzt jeweils im Einzelfall geprüft werden, ob

---

16 Vgl. LkAH, Best. S 8a: Rundverfügungen des Landeskirchenamts vom 23.7.1946; 2.10.1946 u.ö.

17 Vgl. den instruktiven Überblick (mit weiterer Literatur) von Doris von *Brelie-Lewien* und Helga *Grebing*: Flüchtlinge in Niedersachsen, in: Bernd Ulrich *Hucker* u.a. (Hrsg.): Niedersächsische Geschichte, Göttingen 1997, S. 619ff.

ein Pastor, der in der hannoverschen Landeskirche tätig werden wollte, tatsächlich Lutheraner war. Diese Aufnahmegespräche (Kolloquien) empfanden viele Pastoren als entwürdigend. Den meisten wurde am Ende noch vorgeschrieben, an einer Fortbildung teilzunehmen, die sie in Geschichte und Bekenntnisstand ihrer ‚neuen' Landeskirche einführte. Unproblematisch war dagegen die Einrichtung von Sondergottesdiensten für die Flüchtlinge, bei denen die altpreußische Agende benutzt werden durfte. Daran lag vielen Flüchtlingen, denn die preußische Agende kannte keinen längeren Wechselgesang zwischen Pastor und Gemeinde. So erfreuten sich diese Flüchtlingsgottesdienste zunächst großer Beliebtheit, schließlich waren sie auch ein sozialer Treffpunkt. Aber allmählich flaute die Beteiligung ab, ein Indiz für die allmähliche Integration der Flüchtlinge in die jeweilige Ortsgemeinde. Dabei brachten die Flüchtlinge andere Traditionen mit. Sichtbar wurde das vor allem am unterschiedlichen Teilnahmeverhalten in den ländlichen Gebieten Südhannovers und des Elbe-Weser-Gebiets. Hier war die Beteiligung am kirchlichen Leben herkömmlich sehr gering. Viele Flüchtlinge kannten dagegen die regelmäßige Beteiligung am Gottesdienst und setzten diese Tradition hier fort. Viele Pastoren, insbesondere wenn sie selber Flüchtlinge waren, waren für diesen Aufschwung kirchlicher Aktivitäten dankbar. Dagegen fürchteten die traditionellen Gemeindeeliten, die ganz selbstverständlich auch die Kirchenvorsteher gestellt hatten, die Überfremdung ‚ihrer' Kirche. Das war weitgehend eine Projektion, denn im landeskirchlichen Durchschnitt stellten Heimatvertriebene und Zuwanderer nur 16,2 Prozent der Kirchenvorstandsmitglieder.[18] Um die Konflikte insgesamt etwas abzumildern, war schon 1947 vorgeschrieben worden, dass jedem Kirchenvorstand ein Flüchtlingsvertreter angehören musste. Diese Kirchenvorsteher waren häufig die führenden Mitglieder der Kirchenvorstände; eine ganze Reihe von ihnen kam in den fünfziger Jahren dann auch in die Synode. Damit verlor das konfessionelle Selbstbewusstsein der Lutheraner viel von seiner Brisanz. Dieses „Sonderbewusstsein" hatte viele engagierte Laien in der Landeskirche geprägt, deshalb hatte es in den Synoden ja stets eine Mehrheit für die sog. Rechten gegeben. Nun verlor das Luthertum als besonde-

---

18 Angabe nach dem Stand vom 1.1.1955. Aus den Jahren davor liegen keine verlässlichen Angaben vor; jedenfalls stieg die Zahl der Flüchtlinge in den Kirchenvorständen langsam an; 1960 hatte sie 19,8 % erreicht. Die wenigsten Flüchtlinge in den Kirchenvorständen wurden im Sprengel Ostfriesland gezählt (7,1 %), die meisten im Sprengel Osnabrück (27,2 %); hier hatten die Lutheraner vor dem Zweiten Weltkrieg in der Diaspora gelebt, jetzt entstanden ‚junge' Gemeinden. Angaben aus: Statistik über die Kirchenvorstände, in: Kirchliches Amtsblatt [im Folgenden: KABl.] 1967, S. 134f. – Welche Wirkungen die evangelischen Flüchtlinge in der Diaspora entfalteten, ist exemplarisch beschrieben in: Hans *Otte*: Die evangelischen Kirchen, in: Josef *Grave* u.a. (Hrsg.): Kreisbeschreibung Emsland. Hrsg. im Auftrag des Landkreises Emsland, Meppen 2002 (im Druck).

res Panier seine Bedeutung, einfach weil viele Laienvertreter die hohe Kirchlichkeit der evangelischen Christen aus der Altpreußischen Union kannten. Damit schwand die Erwartung vieler Konfessioneller, dass die Landeskirche ein Bollwerk des Luthertums bleiben könne. Selbstverständlich wurde die lutherische Landeskirche Hannovers 1948 Mitglied der VELKD, war aber nicht mehr – wie es in ihrer Tradition seit 1878 vorgegeben war – neben Sachsen der Vorort des Lutherischen Einigungswerks. Diese Funktion übernahm jetzt die bayerische Landeskirche unter Landesbischof Meiser.[19]

3. Die Erweiterung der kirchlichen Arbeitsfelder

Die Einbindung der Flüchtlinge in die Gemeinden wurde von der generellen Erweiterung der kirchlichen Aufgabenfelder überlagert. Am deutlichsten war das beim Wiederbeginn der Jugendarbeit zu sehen. Während andere Jugendorganisationen erst überprüft werden mussten und länger noch keine Veranstaltungen anbieten konnten, durften die Kirchengemeinden ihre Jugendlichen sofort wieder einladen. Schon am Ende des Jahres 1945 wurden die ersten regionalen Zusammenkünfte möglich, bis dann im Frühjahr 1946 die kirchliche Jugendarbeit mit landesweiter Organisation wieder in großer Breite einsetzte. Ein weiteres Gebiet war die Wiederaufnahme des Religionsunterrichts. Formal war er nie verboten worden, aber faktisch war er seit 1939 in allen Schulstufen zum Erliegen gekommen. Schon im Sommer 1945 drängte die Besatzungsmacht auf die Erteilung von Religionsunterricht, weil die gängigen Lehrbücher – Bibel, Gesangbuch und Katechismus – nicht erst „gereinigt" werden mussten. Dabei war unstrittig, dass der Unterricht konfessionell ausgerichtet werden sollte, denn die Nazis hatten ja unter der Bezeichnung ‚nichtkonfessioneller Religionsunterricht‘ einen ‚deutsch-gläubigen‘ Unterricht in die Schule bringen wollen. Die Kirchen mussten also schnell für eine Überprüfung der Religionslehrer sorgen, um festzustellen, ob sie aus der Kirche ausgetreten waren, ob sie seit 1937 den konfessionellen Religionsunterricht niedergelegt hatten und ob sie wenigstens die für den Unterricht notwendigen Grundkenntnisse besaßen. Trotz des Personalmangels gelang es bald, Lehrer zu finden, die am Religionsunterricht interessiert waren und auch an Fortbil-

---

19 Vgl. Wolf-Dieter *Hauschild*: Konfessionelles Selbstbewußtsein und kirchliche Identitätsangst. Zur Gründung der Vereinigten Ev.-Luth. Kirche Deutschlands im Jahre 1948, in: Jürgen *Jeziorowski* (Hrsg.): Kirche im Dialog. 40 Jahre Vereinigte Evangelisch-Lutherische Kirche Deutschlands, Hannover 1988, S.19-47, hier S. 34ff. – Zur Diskussion nach 1945 vgl. Christian Simon, Einheit, unten S. 105ff.

dungsmaßnahmen teilnahmen. Verknüpft wurde dieses Problem jedoch mit der Frage nach der Schulverfassung der Volksschulen. Zusammen mit dem Bischof von Hildesheim drängte der zuständige Referent im Landeskirchenamt, Paul Fleisch, darauf, die Grundschulen im Normalfall wieder zu Bekenntnisschulen zu erklären. Damit begann eine langwierige Auseinandersetzung, die erst mit dem Niedersächsischen Schulgesetz von 1954 eine (erste) Lösung fand.[20]

Es waren nicht nur ‚ideologische' Arbeitsgebiete, auf denen die Kirche sich sehr schnell wieder betätigen durfte. Auch auf dem sozialen Gebiet wurde die Kirche sofort wieder um Mithilfe gefragt. Hier sollte Nazi-Unrecht wiedergutgemacht werden. Die Nationalsozialistische Volkswohlfahrt (NSV) hatte zahlreiche Kindergärten, Schwesternstationen, Herbergen zur Heimat und kleinere Krankenhäuser übernommen. Im Unterschied zu ihrem Vorgehen im Bereich anderer Landeskirchen war es der NSV im Gebiet der hannoverschen Landeskirche nicht gelungen, größere diakonische Anstalten zu übernehmen. Aber auch hier sah es die Besatzungsmacht als ihre Pflicht an, nationalsozialistisches Unrecht zu sühnen und zugleich wieder eine soziale Infrastruktur aufzubauen. So wurden den Kirchengemeinden die Kindergärten zurückgegeben, und auch Gemeindeschwestern-Stationen sollten wieder rasch geöffnet werden. Darüber hinaus wurden den Kirchengemeinden – wie den anderen Wohlfahrtsorganisationen – großzügig Materialien aus NSV-Einrichtungen angeboten, wenn sie deren soziale Arbeit weiterführten. Zahlreiche Pastoren, Diakone, Gemeindehelferinnen und ehrenamtliche Mitarbeiter engagierten sich hier; kleinere Lazarette wurden übernommen, auch konnte binnen kurzem an den Bahnhöfen – damals soziale Brennpunkte – ein dichtes Netz von Bahnhofsmissionen aufgebaut werden, um die ankommenden Flüchtlinge zu versorgen. Dabei nutzten die hauptamtlich Tätigen die in den Kirchengemeinden vorhandene gute „Personalreserve" an Ehrenamtlichen, sie baten vor allem die Mitglieder der Frauenarbeit um Mithilfe. Die Frauenkreise waren die einzigen kirchlichen Gruppen gewesen, die relativ ungestört die Zeit des Nationalsozialismus hatten überstehen können; ihre Mitglieder halfen nun bei der Organisation von Sammlungen und dem Verteilen von Spenden. Auch hier hatten die kirchlichen Gruppen durchaus einen Vorsprung vor anderen Hilfsorganisationen. Als in Göttingen im Herbst 1945 eine evangelische Gemeindehilfe aufgebaut wurde, konnten binnen eines halben Jahres mehr als 4.000 eingeschriebene Mitglieder gewonnen werden.[21]

---

20 Vgl. dazu Simon, Schule, unten S. 153 ff.

21 Zur Gemeindehilfe vgl. Otte, Hilfswerk, unten S. 132 f.

Insgesamt konnte man auf Gemeindeebene rasch auf Notlagen reagieren. Dabei wurde heftig diskutiert, ob bewährte Arbeitsformen, die man in der NS-Zeit hatte aufgeben müssen, wieder aufleben sollten oder ob man die zum Teil nur provisorisch entwickelten neuen Formen praktizieren sollte. So diskutierten die haupt- und ehrenamtlichen Mitarbeiter der landeskirchlichen Jugendarbeit, ob man die alten, teilweise bündisch ausgerichteten Organisationen (Pfadfinder, Schülerbibelkreise) wieder aufleben lassen sollte oder ob man die Jugendarbeit streng gemeindebezogen als ,Junge Gemeinde' organisieren sollte. Dies hätte einen Neuansatz bedeutet, er konnte sich aber nicht durchsetzen, stattdessen kehrten die Gruppen zu den beliebten alten Formen zurück.[22]

Im Vergleich zur vorangegangenen NS-Zeit war die kirchliche Gemeindearbeit jetzt erfolgreich. Damals hatte das Christentum aus der Öffentlichkeit verdrängt werden sollen, und Institutionen, die die Mitglieder an ihre Kirche binden sollten, waren behindert oder verboten worden, um das protestantische Milieu, das weite Teile Norddeutschlands prägte, zu zerstören.[23] Schon wegen der Kürze der Zeit, die ihnen dafür zur Verfügung stand, war es den Nationalsozialisten nicht gelungen, dies Milieu zu zersetzen oder nazistisch umzuformen. Jetzt konnte die Kirche ihre milieugestützte Basis wieder aktivieren und für den Aufschwung der kirchlichen Arbeit nutzen. Führungspersonen dieses Milieus wurden gefördert,[24] vor allem aber wurde die Arbeit mit Gruppen, der Massenbasis des protestantischen Milieus, gefördert. Nun erreichte die Jugendarbeit, aber auch die Männerarbeit, eine hohe Akzeptanz bei ihrer

---

22 Das gilt selbstverständlich auch für die Jugendarbeit anderer Landeskirchen. Für die hannoversche Landeskirche fehlt bisher eine kritische Darstellung der Jugendarbeit; Teilaspekte sind dargestellt in Hans-Georg *Kelterborn*: Evangelische Jugendarbeit im Wandel. Eine historische Felduntersuchung zum Erziehungsverständnis … 1945-1980, Hannover 1980 (=SKGNS 23), S. 45 ff.

23 Unter diesem Aspekt ist die Konfrontation von evangelischer Kirche und Nationalsozialismus bisher noch nicht dargestellt worden; zum Sinn der Milieutheorie bei der Beschreibung der kirchlichen Arbeit vgl. Dietmar von *Reeken*: Kirchen im Umbruch zur Moderne. Milieubildungsprozesse im nordwestdeutschen Protestantismus 1849-1914, Gütersloh 1999 (= Religiöse Kulturen der Moderne 9), passim.

24 Für diese Förderung steht auf der einen Seite die Arbeit der Evangelischen Akademie Hermannsburg (ab 1952 in Loccum), auf der anderen Seite aber auch die Unterstützung bürgerlicher Honoratioren, die sich – etwa als Wehrmachtsoffiziere – intensiv mit dem nationalsozialistischen Regime verbunden hatten. Einen Aspekt dieser Verbindung schildert Wunderlich, Verbrecher, unten S. 198 f.; zur Bedeutung der Akademie Hermannsburg-Loccum für dieses Milieu vgl. Rulf Jürgen *Treidel*: Evangelische Akademien im Nachkriegsdeutschland. Gesellschaftspolitisches Engagement in kirchlicher Öffentlichkeitsverantwortung, Stuttgart 2001, passim.

jeweiligen Zielgruppe, entsprechend sank die Zahl der Kirchenaustritte bis 1949 gegen Null.[25]

4. Die Neuordnung der Kirchenverfassung

In den ersten Nachkriegsjahren konnten alle kirchlichen Mitarbeiter, die auf der örtlichen Ebene, in den Kirchengemeinden, handelten, mit breiter Zustimmung in ihren Gemeinden und darüber hinaus in der Öffentlichkeit rechnen. Insofern war die Arbeit in den Kirchengemeinden unproblematisch und wurde auch als erfolgreich wahrgenommen. Eine nicht weiter thematisierte Voraussetzung dieser Zustimmung war natürlich die eklatante Not, hier konnte die Kirche mit ihren sozialen und religiösen Hilfsangeboten schier selbstverständlich ihre Kompetenz beweisen. Ein so unmittelbarer Problemdruck, der das kirchliche Handeln vor Ort einerseits dringlich, andererseits so überzeugend machte, fehlte auf der überregionalen Leitungsebene. Da die Landeskirche in der NS-Zeit nicht gleichgeschaltet worden war, war ein unmittelbarer Eingriff der britischen Besatzungsmacht nicht zu befürchten. So konnte man sich einerseits Zeit lassen – es dauerte in Hannover bis zum Frühjahr 1946, bis eine zentrale Anlaufstelle für das Evangelische Hilfswerks geschaffen worden war –,[26] andererseits wollte man sich von außen auch keine Veränderung aufzwingen lassen. Der Kreis der Führungspersonen um Landesbischof Marahrens beharrte geradezu trotzig auf der Rechtskontinuität, durch die sich die Kirche klar vom staatlichen System unterschied. Sie schien ihnen und besonders dem Landesbischof unverzichtbar zu sein,[27] denn ihnen erschien das frühere Verhalten der Kirchenleitung als angemessen und gerechtfertigt. Ein revolutionärer Bruch hätte die strittigen Entscheidungen der NS-Zeit nachträglich für falsch erklärt, das aber sollte selbstverständlich vermieden werden. Kontinuität bedeutete also zuerst, dass die Anerkennung, die der NS-Staat der landeskirchlichen Führung unter Landesbischof August Marahrens gewährt hatte, nun auch von der Besatzungsmacht gefordert wurde. Schließlich war es in den vergangenen Jahren gelungen, sich kirchenpolitisch der nationalsozialistischen Gleichschaltungsideologie zu widersetzen – die Lan-

---

25 Vgl. Karl-Heinrich *Melzer*: Zwischen ‚Kirchenzucht‘ und ‚Persilschein‘. Vom Umgang mit ‚Wiedereintrittswilligen‘ nach dem Ende der NS-Diktatur, in: Jörg *Haustein* u. a. (Hrsg.): Kirche an der Grenze. Festgabe für Gottfried Maron, Darmstadt 1993, S. 141-158, hier S. 143f.

26 Vgl. Otte, Hilfswerk, unten S. 135f.

27 Zu Marahrens' Selbstverständnis vgl. Hans *Otte*: Ein Bischof im Zwielicht. August Marahrens, in: Heinrich *Grosse* u. a. (Hrsg.): Bewahren ohne Bekennen? Die hannoversche Landeskirche im Nationalsozialismus, Hannover 1996, S. 179-221.

deskirche war nicht in die Deutsche Evangelische Kirche (DEK) integriert worden, und der Anspruch der Deutschen Christen auf Führung der Landeskirche war vom Landesbischof und der hannoverschen Bekenntnisgemeinschaft abgewehrt worden. Aber das Beharren auf Eigenständigkeit hatte seinen Preis gehabt, denn ihm lag ein Kompromiss zugrunde: Um eine handlungsfähige Kirchenleitung zu gewinnen, war Landesbischof Marahrens auf das Angebot des Reichskirchenministers eingegangen und hatte der Bildung einer sog. Kirchenregierung zugestimmt, die der Minister auf der Grundlage einer eigenen Rechtsverordnung berief.[28] Der Kompromisscharakter bestand darin, dass sie nach dem Muster der sog. Kirchenausschüsse gebildet worden war; ihr hatten zwei Exponenten der beiden kirchenpolitischen Parteien sowie zwei neutrale Fachleute angehört. Außerdem stand die Verordnung des Ministers im Widerspruch zu dem Anspruch der Bekennenden Kirche, dass eine kirchliche Leitung ausschließlich durch die Kirche selbst zu berufen sei. Deshalb hatte Marahrens die Einführung der Mitglieder der Kirchenregierung kraft eigenen Rechts vorgenommen. So sollte deutlich werden, dass sie von der Kirche in ein kirchliches Amt eingeführt würden und dass hier nicht eine kirchenfremde Macht der Kirche eine Leitung oktroyiere. Marahrens hatte sich dabei auf die Vollmacht berufen, die er am 23.5.1933 von den kirchenleitenden Gremien erhalten hatte;[29] diese Vollmacht, eine Notverordnung des Kirchensenats, war seinerzeit von den legal gewählten Leitungsorganen der Landeskirche bestätigt worden. Sie hatte Marahrens ermächtigt, falls nötig, durch Notverordnungen Kirchengesetze mit verfassungändernden Bestimmungen zu erlassen.[30] Diese Vollmacht war bis 1936 immer wieder die formale Legitimation für das Handeln des Landesbischofs gewesen. Sie war dann im Jahre 1936 durch die Verordnung des Ministers erloschen, die die sog. Kirchenregierung berufen hatte.[31]

Der Zusammenbruch der nationalsozialistischen Herrschaft beendete die selbstverständliche Legalität aller bisherigen Regelungen. Strittig war nun nicht nur die fortdauernde Geltung der von der nationalsozialistischen Regierung getroffenen Maßnahmen in kirchlichen Fragen, strittig war auch, ob die Vollmacht des Landesbischofs von 1933 noch eine Bedeutung hatte. Der

---

28 Kirchliches Amtsblatt für die Ev.-luth. Landeskirche Hannovers [i. F. KABl.] 1936, S. 17: Neunte Verordnung zur Durchführung des Gesetzes zur Sicherung der DEK vom 28.2.1936.

29 KABl. S. 71.

30 Soweit ich sehe, ist – erstaunlicherweise – die Legitimität dieser Vollmacht niemals in Zweifel gezogen worden, obwohl die Kirchenverfassung ein solches Verfahren überhaupt nicht vorsah. 1933 war der ‚Zeitgeist' auch in den kirchlichen Kreisen so revolutionär, dass – jedenfalls öffentlich – keine Bedenken geäußert wurden.

31 Verordnung (wie Anm. 28), § 2 (3).

Bischof selbst und seine Berater behaupteten es jedenfalls. Um aber die Debatte nicht auf die Spitze zu treiben, trat die Kirchenregierung schließlich am 1. 9. 1945 zurück.[32] Keines ihrer Mitglieder – vom Bischof abgesehen – wurde Mitglied des neu gebildeten Vorläufigen Kirchensenats. Dies markiert den Bruch mit der vom Staat diktierten Kirchenleitung. Allerdings sorgte die Kirchenregierung zuvor für Kontinuität, weil sie sich bis zu ihrem Rücktritt als legal im Amt betrachtete.[33] Durch ein Gesetz, das sie schon im Mai 1945 verabschiedet hatte, ließ sie die Vollmacht des Landesbischofs wieder aufleben.[34] In der Präambel des Gesetzes schrieb sie:

„Die gegenwärtige Lage der Landeskirche gebietet es, daß der Landesbischof die ihm am 22. 5. 1933 erteilte Vollmacht wieder ausübt. Die Kirchenregierung hat daher – unbeschadet der Frage, ob diese Vollmacht noch heute besteht – folgendes Kirchengesetz beschlossen ..."

Die Kirchenregierung – es waren nur noch drei Mitglieder (Marahrens, Oberlandeskirchenrat Mahrenholz und Oberlandesgerichtsrat Redepenning) –[35] ließ die Frage offen, ob die damalige Vollmacht des Landesbischofs untergegangen war; sie nutzte einfach weiterhin die Vollmachten, die der Kirchenregierung gegeben waren, weil sie die Rechte von Kirchensenat, Landeskirchentag und Landeskirchenausschuß ausübte. Nur wenig später, am 15. 8. 1945, also auch noch vor ihrem Rücktritt, beschloss die Kirchenregierung zusätzlich ein Gesetz zur Änderung der Kirchenverfassung. Darin stärkte sie die Position des Landesbischofs, der Vorsitzender des Landeskirchenamts wurde. Ihm wurden die Rechte des Präsidenten des Landeskirchenamts übertragen, die dieser

---

32 KABl. S. 22: Erklärung der Kirchenregierung.

33 Paul *Fleisch*: Erlebte Kirchengeschichte. Erfahrungen in und mit der hannoverschen Landeskirche, Hannover 1952, S. 308f., bestritt das. Zumindest sah er den Eingriff des Reichskirchenministers und damit die Ernennung der Kirchenregierung als strittig an. Um aber keinen Bruch in der landeskirchlichen Rechtsentwicklung zu provozieren, hatte er vorgeschlagen, dass die Kirchenregierung sofort auf ihr Amt verzichte, so dass sofort die unstrittige Vollmacht des Landesbischofs aus dem Jahr 1933 auflebe. Dieser könne dann aufgrund seiner Vollmacht die nötigen Maßnahmen (Bildung eines Vorläufigen Kirchensenats) einleiten. Dies war für Marahrens und seine Berater zu formalistisch gedacht. Denn aus dem sofortigen Rücktritt der Kirchenregierung hätte man folgern können, dass alle seit 1936 getroffenen Maßnahmen der Kirchenregierung illegal seien.

34 KABl. S. 21: Kirchengesetz über die Bevollmächtigung des Landesbischofs vom 30. 5. 1945. (Es folgt die Erklärung, dass die Vollmacht des Landesbischofs wieder in Kraft getreten ist.)

35 Der Exponent der Bekenntnisgemeinschaft, Superintendent Hans Bosse, war noch in Kriegsgefangenschaft; der Vertreter der Deutschen Christen, Superintendent Gustav Rose aus Lüneburg, erschien nicht mehr zu den Sitzungen, vielleicht nur wegen der unzureichenden Zugverbindungen.

nach der Kirchenverfassung von 1922 besaß. Der Präsident wurde dem Landesbischof unterstellt.[36] 14 Tage später erließ die Kirchenregierung außerdem eine Verordnung über die Bildung eines Vorläufigen Kirchensenats „zur Beratung des Landesbischofs bei der Ausübung seiner Vollmacht sowie zur Wahrnehmung von Aufgaben der Kirchenleitung ...“[37] Mit diesen Maßnahmen – der Wiederinkraftsetzung der Vollmacht des Landesbischofs und der Bildung des Vorläufigen Kirchensenats –, so schrieb die Kirchenleitung in ihrer Rücktrittserklärung, habe sie „die Möglichkeit gegeben ..., eine Neuordnung des Verfassungslebens der Ev.-luth. Landeskirche einzuleiten“, und habe so „die ihr 1936 gestellte Aufgabe erfüllt“.[38] Die Kirchenregierung verstand sich jetzt bescheiden nur als Übergangslösung, die eine Neuordnung in Gang setzen wollte. Ob sie 1936 tatsächlich nur übergangsweise in ihr Amt berufen worden war oder ob eine solche Zielvorgabe erst eine nachträgliche Interpretation war, muss hier offen bleiben. Aber diese Maßnahmen zeigen doch zweierlei: Offensichtlich gebot die Lage der Landeskirche, die von der Kirchenregierung nicht näher skizziert wurde, einen Bruch mit der bisherigen Form ihrer Leitung. Anscheinend fürchtete die Kirchenregierung eine revolutionäre Situation, deshalb wollte sie dem Landesbischof Handlungsfreiheit sichern und griff selbst auf die Lösung aus der revolutionären Situation des Jahres 1933 zurück, mit der damals – unter ganz anderen Bedingungen – schnelles Handeln ermöglicht werden sollte. Einen Vorteil hatte diese Lösung: Sie war von der Kirche verursacht, ein Eingriff staatlicher Stellen, wie er in Bremen oder Oldenburg praktiziert werden musste, unterblieb.[39]

---

36 KABl. S. 21: Kirchengesetz über die Änderung der Kirchenverfassung vom 15.8.1945: „§ 2 Artikel 87 Abs. 2 erhält folgenden Wortlaut: Der Präsident übt nach den vom Vorsitzenden gegebenen Richtlinien selbständig unter eigener Verantwortung die dem Vorsitzenden des Landeskirchenamts zustehenden Befugnisse aus. Der Vorsitzende kann sich bestimmte Präsidialangelegenheiten ... zur persönlichen Entscheidung vorbehalten.“

37 KABl. S. 21: Verordnung über die Bildung eines Vorläufigen Kirchensenats vom 1.9.1945, § 1.

38 KABl. S. 22: Erklärung der Kirchenregierung vom 1.9.1945. – 1936 war die Kirchenregierung tatsächlich nur für anderthalb Jahre bestellt worden, doch setzte sie wie die entsprechenden Ausschüsse in den anderen Landeskirchen mit Genehmigung des Ministers ihre Tätigkeit fort, weil es keine Alternative gab.

39 Zu Oldenburg vgl. Reinhard *Rittner*: Die evangelische Kirche in Oldenburg im 20. Jahrhundert, in: Rolf *Schäfer* (Hrsg.): Oldenburgische Kirchengeschichte, Oldenburg 1999, S. 751; zu Bremen Almuth *Meyer-Zollitsch*: Nationalsozialismus und Evangelische Kirche in Bremen, Bremen 1985 (= Veröffentlichungen aus dem Staatsarchiv der Freien Hansestadt Bremen 51), S. 319 ff.

Diese Lösung stärkte nur die Position des Landesbischofs. Das ist um so erstaunlicher, weil dessen Position spätestens seit 1939 in der Bekennenden Kirche umstritten war.[40] Außerdem mussten sich auch die Väter dieser Verfassungsänderungen – es handelte sich vor allem um Christhard Mahrenholz und Gerhard Niemann – sagen, dass damit die Position des Bischofs noch kritischer würde.[41] Aber es waren wohl nicht bloße Herrschaftsgelüste, die die Kirchenregierung damals trieben. Es war einerseits wohl eine gewisse hochkirchliche Neigung, die gerade bei Christhard Mahrenholz zu beobachten war, der 1947 auch einen Verfassungsentwurf publizierte, in dem die gesamte Leitung der Landeskirche in einem Kreis um den Bischof herum konstruiert wurde,[42] andererseits waren es aber wohl auch die Erfahrungen mit der Kirchenverfassung von 1922. Die Verfassung hatte seinerzeit eine wohl ausbalancierte, aber sehr komplizierte Zuordnung der verschiedenen Leitungsgremien geschaffen. Diese hatte so heftige Konflikte zwischen den Verfassungsorganen provoziert, dass 1928 zusätzlich zu den vier Leitungsgremien (Kirchensenat, Landeskirchenamt, Landessynode und Landeskirchenausschuss) ein Verfassungsgericht eingerichtet worden war. Es sollte in Streitfällen zwischen den Gremien entscheiden;[43] 1937 war es wieder abgeschafft worden, weil seine Rechte der Kirchenregierung als Repräsentantin des Kirchensenats übertragen worden waren.[44] Schon in den Jahren zuvor waren die Rechte des Landesbischofs und – in geringerem Maße – des Kirchensenats gestärkt worden. Dem Bischof war 1936 das Pfarrbestellungsrecht übertragen worden, das bis dahin beim Landeskirchenamt gelegen hatte. Ebenso war ihm das Recht übertragen worden,

---

40 Vgl. Eberhard *Klügel*: Die lutherische Landeskirche Hannovers und ihr Bischof 1933-1945, Berlin/Hamburg S. 357 ff. – Zur Nachwirkung dieser Kritik vgl. Lindemann, unten S. 61 ff.

41 Zu beiden Oberlandeskirchenräten fehlt bisher eine kritische Darstellung ihrer Tätigkeit und kirchenpolitischen Haltung. Mahrenholz (1900-1980, seit 1930 im Landeskirchenamt Hannover) ist ausführlicher nur als Kirchenmusiker und Abt von Amelungsborn gewürdigt worden, vgl. Hans-Christian *Drömann* (Hrsg.): Ein Tag in deinen Vorhöfen. Christhard Mahrenholz zum Gedenken, Langenhagen 2000. – Zu Gerhard Niemann (1892-1962) fehlt bisher jede Arbeit.

42 Vgl. Hans-Martin *Müller*: Die Neuordnung der hannoverschen Kirchenverfassung nach dem Zweiten Weltkrieg, in: Wolfgang *Vögele* (Hrsg.): Kann man eine Demokratie christlich betreiben? Politische Neuordnung und Neuorientierung der hannoverschen Landeskirche in der unmittelbaren Nachkriegszeit, Rehburg-Loccum 1999 (= Loccumer Protokolle 68/98), S. 127 ff.

43 Kirchengesetz über Bildung eines Verfassungsgerichts vom 20. 8. 1928 (KABl. S. 63). – Die Aufgabe des Gerichts bestand darin, bei „Zweifel und Meinungsverschiedenheiten über die gegenseitige Abgrenzung der Zuständigkeit der Generalsuperintendenten einerseits und des Landesbischofs oder des Landeskirchenamts andererseits zu entscheiden" (ebd., Art. 1).

44 Das ergab sich aus der 13. Durchführungsverordnung des Gesetzes über die Sicherung der DEK, mit der der Kirchenregierung die kirchenregimentlichen Befugnisse zur Führung der laufenden Geschäfte übertragen wurden; in: KABl. 1937, S. 182.

die Superintendenten zu ernennen; beides geschah nun auf Vorschlag des Landeskirchenamts im Einvernehmen mit den Landessuperintendenten.[45]

Die Neuordnung von 1945 machte den Landeskirchenausschuss – letztlich also das Organ der Synode, das deren Rechte zwischen den Sitzungen wahrnahm – und das Landeskirchenamt zu Verlierern. Bis dahin war das Landeskirchenamt ein eigenständiges Leitungsorgan neben dem Bischof und den anderen Leitungsorganen gewesen, jetzt wurde es dem Landesbischof und dem Kirchensenat unterstellt. Selbst die Anstellung von Beamten des höheren Dienstes, die länger als ein halbes Jahr angestellt wurden, musste im Einvernehmen mit dem Kirchensenat geschehen. Künftig wollte man die Schwierigkeiten vermeiden, die die ‚heiße Phase' des hannoverschen Kirchenkampfs gezeigt hatte: Zeitweilig hatte das Landeskirchenamt – geführt von seinem Präsidenten Friedrich Schnelle und den beiden Vizepräsidenten, die als Deutsche Christen ins Amt gekommen waren – gegen den Landesbischof agitiert. Das sollte nicht mehr möglich sein.[46] Geschwächt wurden auch die demokratisch-plebiszitären Elemente des Verfassungsaufbaus.[47] In der Verfassung von 1922 hatte der Landeskirchenausschuss die allgemeine Aufsicht über die Geschäftsführung des Landeskirchenamts zu führen und Grundsätze für die Verwaltungstätigkeit des Landeskirchenamts aufzustellen; jetzt waren diese Rechte auf den Landesbischof und den Kirchensenat übertragen worden – all dies war eine sehr deutliche Kompetenzerweiterung für den Landesbischof.

Erstaunlicherweise ist über diese Stärkung der Macht des Landesbischofs und des Kirchensenats, dem ja auch der Bischof vorsaß, gar nicht groß diskutiert

---

45 KABl. 1936, S. 111.

46 Präsident Schnelle (1881-1966) hatte sich im Spätherbst 1934 auf die Seite des Landesbischofs geschlagen und war – anders als die deutsch-christlichen Vizepräsidenten – im Amt geblieben. Jetzt galt er auch als untragbar. Am 8.8.1945 beantragte er, in den Ruhestand versetzt zu werden, weil er schon länger das 62. Lebensjahr vollendet und nun erfahren habe, dass „weitreichende Änderungen im Aufbau der landeskirchlichen Organe geplant" seien. (LkAH, Best. B 13 Nr. 411: Schnelle an Marahrens, 8.8.1945). Da er lange im Staatsdienst tätig gewesen war, hatte der Staat einen Teil seiner Pension zu übernehmen. Der Oberpräsident verweigerte aber die Zahlung, da auf Weisung der Militärregierung bei allen Zahlungsempfängern erst die politische Überprüfung abgeschlossen und das 65. Lebensjahr erreicht sein musste. Daraufhin wurde Schnelle in den Wartestand versetzt, bis er dann als 65jähriger am 1.11.1946 in Ruhestand versetzt werden konnte.

47 Der wohl wichtigste theologische ‚Vater' der Kirchenverfassung von 1922, Paul Fleisch, hat dieses Element immer als wichtig und sinnvoll herausgestellt, vgl. dessen Erlebte Kirchengeschichte (wie Anm. 33), S. 311. Für ihn war es kein Ausdruck der Schwäche gegenüber dem Parlamentarismus in der frühen Weimarer Republik. Marahrens (wie Anm. 1) meinte dagegen: „Die falsche Parlamentarisierung, die den Einbruch der DC 1933 ermöglichte, muß beseitigt werden."

26

worden.[48] Das lag gewiss am Zeitpunkt: Ende Mai/Anfang Juni 1945 war es schon durch die äußeren Bedingungen kaum möglich, eine breite Diskussion zu führen; es fehlten die Kommunikationsmedien, die eine Diskussion transportiert hätten. Außerdem existierte ja kein synodales Gremium, in dem man für die Rechte der Synode hätte kämpfen können; vor allem aber erinnerten sich die Beteiligten wohl auch der Rechthaberei, die der Landeskirchenausschuss gegenüber dem Kirchensenat und dem Landeskirchenamt gepflegt hatte. Hier wurde der Abbruch, genauer das Ende der vom Staat eingesetzten Kirchenregierung, genutzt, um parlamentarische Regelungen zu beseitigen, die man in der Frühzeit der Weimarer Republik eingeführt hatte. Erwähnen muss man dabei auch, dass einige der späteren Wortführer in der Verfassungsdebatte (Hanns Lilje und Heinz Brunotte) noch nicht in Hannover waren. Die Verfassungsdebatte wurde daher nur von wenigen geführt, von Christhard Mahrenholz und Gerhard Niemann als Beratern Marahrens' und Paul Fleisch, dessen Bedenken übergangen wurden.[49]

Stärker diskutiert wurde dagegen das Gesetz des Landesbischofs über die Bildung der Vorläufigen Landessynode.[50] Hier nutzte der Landesbischof noch einmal seine Vollmacht aus dem Frühjahr 1933, um – der Name sagt es ja schon – wenigstens provisorische Regelungen bis zum Zusammentreten einer ordentlichen Landessynode zu treffen. Dass sich die Kritik stärker am Gesetz zur Bildung der Vorläufigen Landessynode als an den Eingriffen in die Kirchenverfassung entzündete, lag vielleicht auch daran, dass die Repräsentanten der innerkirchlichen Opposition hofften, mit der Kritik an dem Wahlgesetz in der Landeskirche eine breitere Resonanz ihrer Kritik am Landesbischof erzeugen zu können; das Wahlgesetz betraf alle Kirchenmitglieder, während die

---

48 Selbstverständlich gab es vereinzelt Kritik, aber weniger an der Neudefinition der Kompetenzen der Leitungsorgane als später am Wahlgesetz; vgl. Lindemann, unten S. 67f. – Dagegen verteidigte Wilhelm Mahner, der Geschäftsführer der Bekenntnisgemeinschaft, die Neuordnung damit, dass dies einem alten Wunsch der Bekenntnisgemeinschaft entspreche (Mahner an Landesbischof Wurm, o. D., gedruckt in Besier [wie Anm. 2], S. 232). – Mahner machte aber nicht deutlich, dass der Wunsch unter anderen Bedingungen aufgekommen war: Seinerzeit sollten damit die im Landeskirchenamt tätigen Deutschen Christen verdrängt werden.

49 Berücksichtigt werden muss auch die Schwäche der innerkirchlichen Opposition in den nächsten Jahren. Selbst wohlwollende Freunde der Opposition um Richard Karwehl und Wilhelm Thimme meinten, dass diese die Mehrheit der hannoverschen Pfarrer nicht überzeugten, weil sie zu sehr in der Negation beharrten und ihren positiven Ansatz nicht vermitteln konnten; vgl. die Schreiben von Hans Joachim Iwand und Adolf Wischmann im Evangelischen Zentralarchiv Berlin, Best. 2 Nr. 129, Bl. 89 f. und 107 f. – Kurz erwähnt ist die kritische Haltung zur Opposition in Hannover bei Besier (wie Anm. 2), S. 129 f.

50 Vgl. dazu unten Lindemann, S. 74.

Verfassungsänderungen stärker die innere Struktur der landeskirchlichen Führung betrafen und nach außen zunächst kaum Wirkungen entfalteten.

Insgesamt wird man sagen können, dass auch in Hannover nach dem Ende des NS-Regimes die Arbeit der landeskirchlichen Leitung nicht kontinuierlich fortgesetzt wurde. Vielmehr wurde grundlegend in den Verfassungsaufbau eingegriffen. Diese Aktivität innerhalb der landeskirchlichen Führung geschah parallel zu den revolutionären Maßnahmen in anderen Landeskirchen und auf der Ebene der EKD. Doch wurde dort im Unterschied zu Hannover gerade der Bruch zu der kirchlichen Leitung betont, die in der NS-Zeit bestanden hatte. Deshalb zielte der Bruch dort vornehmlich auf den Austausch von Personal. Den gab es in Hannover nicht. Der Bruch, den der Rücktritt der Kirchenregierung anzeigte, war eher technokratisch motiviert; nicht die Personalfrage erschien als vordringlich, sondern die Straffung der Verwaltung.

5. Die Einführung der Landeskirchensteuer

Die Änderungen der Kirchenverfassung waren nicht die einzige Neuerung, die die Leitung der Landeskirche in der Nachkriegszeit durchzusetzen suchte. In ähnlicher Weise geschah dies auch mit der Einführung der Landeskirchensteuer. Auch hier war die Reform technokratisch motiviert und in dieser Form wohl nur möglich, weil Synode und Gemeinden ihre Interessen kaum angemessen vertreten konnten.

Der staatliche ‚Zusammenbruch' bedeutete keinen Zusammenbruch der kirchlichen Finanzen: sehr rasch teilte die Militärregierung mit, dass weiterhin Kirchensteuern erhoben werden dürften.[51] Dennoch sahen die Fachleute im Landeskirchenamt – der Finanzdezernent Dr. Karl Wagenmann und der Steuerdezernent Gerhard Niemann – mit Bangen in die Zukunft. Anfang November 1945 ergab eine Umfrage bei den kirchlichen Gesamtverbänden, die rund 80 Prozent der landeskirchlichen Finanzen aufbrachten, dass dort erst knapp 50 Prozent der veranschlagten Gelder eingegangen waren.[52]

Das Landeskirchenamt war auf solche Nachrichten aus den Kirchenkreisen und Kirchengemeinden angewiesen, weil nur den einzelnen Kirchengemein-

---

51 KABl. 1945, S. 14: Verfügung der Finanzabteilung vom 7.7.1945. – Zum historischen Zusammenhang vgl. Hans Otte: Die Kirchensteuer in Hannover, in: JGNKG 99, 2001 (im Druck).

52 LkAH, Best. B 1/7040: Vermerk einer Besprechung am 2.9.1945 mit den Vertretern der kirchlichen Gesamtverbände Hannovers, Harburgs, Hildesheims, Osnabrücks und Wesermündes.

den, nicht aber der Landeskirche insgesamt das Recht zustand, Kirchensteuern zu erheben. Noch immer galt das preußische „Gesetz vom 22.3.1906 betreffend die Erhebung von Kirchensteuern in den Kirchengemeinden und Gesamt- (Parochial-) Verbänden …". Danach waren nur die Kirchengemeinden berechtigt, Kirchensteuern zu erheben. Die Kirchensteuer war nur subsidiär, sollte also die vorhandenen Finanzquellen nur ergänzen, nicht ersetzen. Sie brauchte sich nicht an der Einkommens- und Lohnsteuer zu orientieren; es konnten auch die Grundsteuermessbeträge oder – ein noch älteres System – die überkommenen Höfeklassen (Vollmeier, Halbmeier, Kötner) als Steuergrundlage gewählt werden. So erhoben die Kirchengemeinden die Steuern in unterschiedlicher Höhe; in Kirchengemeinden mit großem Grundbesitz war der Steuersatz meist niedrig, in ärmeren Kirchengemeinden um so höher. Denn neben den Ausgaben, die die Kirchengemeinden selbst zu finanzieren hatten, waren – durch eine Umlage – die Ausgaben der Kirchenkreise zu finanzieren und die Pflichtabgaben an die Landeskirche zu leisten. Mit diesem Geld wurden die Pfarrgehälter auf ein gleiches Niveau gehoben, wurde die Hinterbliebenenversorgung finanziert und wurden die Ausgaben für allgemeine kirchliche und diakonische Aufgaben bezahlt.

Dieses System der Ortskirchensteuern galt auch in anderen preußischen Landeskirchen,[53] und für die Kirchensteuer-Experten in allen kirchlichen Verwaltungen war es unbefriedigend. Die Höhe der Kirchensteuern schwankte von Gemeinde zu Gemeinde,[54] und die „Vergangenheitsbesteuerung" war problematisch. Maßstab der Kirchensteuer war dabei das Einkommen des vergangenen Jahres; erst wenn das Finanzamt der Kirchengemeinde die für jeden Steuerpflichtigen festgesetzte Einkommenssteuer mitgeteilt hatte, war es möglich, auch die Kirchensteuer festzusetzen. Da zu Beginn eines Rechnungsjahres die Zahlen des letzten Steuerjahres meistens noch nicht vorlagen, mussten die Zahlen des vorletzten Jahres genutzt werden, d.h., für die Kirchensteuern 1946 wurde das Einkommen des Jahres 1944 zugrundegelegt. Nun wurde das Problem eklatant: Entlassene Offiziere und nationalsozialistische Funktionäre verdienten inzwischen so wenig, dass sie die geforderte Kirchensteuer keinesfalls bezahlen konnten, und wie sollte man die Flüchtlinge besteuern? Gewiss

---

53 Vgl. jetzt die Darstellung bei Jürgen *Kampmann*: Die Neuordnung der Kirchensteuererhebung in Westfalen nach dem Zweiten Weltkrieg, in: Bernd *Hey* (Hrsg.): Kirche, Staat und Gesellschaft nach 1945. Konfessionelle Prägungen und sozialer Wandel, Bielefeld 2001, S. 87-126.

54 Um die damit verbundenen Probleme abzumildern, gab es in den größeren Orten (z.B. Hannover, Osnabrück, Wesermünde) inzwischen Gesamtverbände, die einen einheitlichen Steuersatz erhoben, oder in kleineren Orten (z.B. Hameln oder Stade) eine Gesamtkirchengemeinde mit zahlreichen Kirchen und Pfarrern.

konnten die Kirchenvorstände die Kirchensteuern stunden oder erlassen, doch wurden dann die Haushaltsvoranschläge schnell zur Makulatur, eine planvolle Finanzwirtschaft wurde so unmöglich. Schwierig war auch der Einzug der Kirchensteuer. In kleineren Kirchengemeinden machten das nebenamtliche Kirchenrechnungsführer, in größeren Orten waren dafür hauptamtliche Kräfte in Gesamtverbänden oder Rentämtern angestellt: Sie sollten von den Finanzämtern eine Aufstellung mit der Steuerschuld für jeden Steuerpflichtungen erhalten, doch hatten sich die Finanzämter in den letzten Jahren der NS-Zeit geweigert, solche Listen zusammenzustellen. In der Regel mussten die kirchlichen Mitarbeiter die Steuerlisten in den Finanzämtern selbst durchsehen und daraus eine Kirchensteuerhebeliste erstellen.

Schon 1936 hatten die Kirchensteuerreferenten der DEK versucht, eine ,moderne' Regelung mit einem einheitlichen Steuersatz und der Gegenwartsbesteuerung durch Lohnabzug durchzusetzen. Gegen den Widerstand der NSDAP konnten sich die Finanzfachleute nicht durchsetzen, die Kirchensteuerfrage wurde nicht gelöst. Stattdessen steuerte der Staat auch in dieser Frage einen zunehmend kirchenfeindlichen Kurs: Die Kirchensteuer durfte nicht mehr als Sonderausgabe vom steuerpflichtigen Einkommen abgesetzt werden, auf den Lohnsteuerkarten brauchte die Konfession nicht mehr eingetragen zu werden, und ab 1944 weigerten sich die Finanzämter, von säumigen Kirchensteuerzahlern die Steuersumme zwangsweise einzuziehen. So war im Kreise der Fachleute sofort deutlich, was nun, nach dem Ende des NS-Regimes, zu tun war: Der Staat musste diese Maßnahmen zurücknehmen, und das Lohnabzugsverfahren war einzuführen. Für die Finanzämter war die Mitwirkung nur dann nicht zu aufwendig, wenn sie die eingegangenen Kirchensteuern nicht auf die einzelnen Kirchengemeinden aufteilen mussten, sondern wenn sie die ganze Summe an die Landeskirchen überweisen konnten, die dann selbst die Verteilung vornahm. Um praktikabel zu sein, war also der Übergang zu einer Landeskirchensteuer unabdingbar. In der Diskussion über diese Frage waren in Preußen drei Experten führend: Heinz Gefaeller, Gerhard Thümmel und Gerhard Niemann. Keiner von ihnen war ein radikaler Nationalsozialist gewesen, doch waren Gefaeller und Thümmel als Deutsche Christen mit (kirchen-) politischer Unterstützung an die Spitze von Konsistorien gerückt.[55] Als Fachleute waren sie auch nach dem ,Zusammenbruch' der nationalsozialistischen Herrschaft unverzichtbar: Thümmel blieb in Münster juristischer Leiter des Konsistoriums, Konsistorialpräsident Gefaeller aus Königsberg wechselte

---

55 Zu Thümmel (1895-1971) und Gefaeller (1904-1987) vgl. die näheren Angaben bei Kampmann (wie Anm. 53), S. 88-90.

nach Berlin in die dortige Außenstelle der Kirchenkanzlei der EKD. Niemann war dagegen kein Deutscher Christ gewesen und hatte die Kirchenpolitik von Landesbischof Marahrens loyal unterstützt; so blieb er ganz unbehelligt im Landeskirchenamt tätig. Niemann ergriff die Initiative für die Provinz Hannover: Er versuchte, die reformierte Kirche und die beiden katholischen Diözesen für ein gemeinsames Vorgehen zu gewinnen, und stimmte sich mit den staatlichen Finanzbehörden ab.[56] Die Generalvikare der beiden Diözesen unterstützten seinen Vorstoß zügig, dagegen hatte die reformierte Kirche Bedenken, wurde doch mit dem neuen Verfahren die von den Reformierten so betonte Gemeindeautonomie verletzt.[57] Dagegen war den Fachleuten in der Oberfinanzdirektion sofort einsichtig, dass das Lohnabzugsverfahren viel unkomplizierter als das alte System war. Dennoch zerschlug sich Niemanns Hoffnung, das neue Verfahren schon zum 1.1.1946 einzuführen: In einer Besprechung in der Oberfinanzdirektion stellte man fest, dass auf den Adrema-Maschinen der Finanzämter kein Raum für das Konfessionsmerkmal war, damit konnte das Lohnabzugsverfahren nicht so rasch eingeführt werden.[58]

Nachdem ein ganz schneller Coup nicht gelungen war, schlug das Landeskirchenamt den Vorständen der Gesamtverbände und Kirchenkreise ein neues Verfahren vor: Die Kirchenvorstände sollten – möglichst durch einen gemeinsam-gleichlautenden Beschluss – dem Lohnabzugsverfahren zustimmen. Allerdings entwickelte sich die Diskussion der Kirchenvorstände nicht so positiv, wie es sich das Landeskirchenamt wohl wünschte: Zahlreiche Kirchenkreisvorstände hatten Einwände, und im Oberpräsidium regte sich Widerstand. Dort war die Federführung in dieser Angelegenheit von der Finanzabteilung auf die Abteilung für Kirchen- und Schulsachen übergegangen. Der Abteilungsleiter Adolf Grimme (SPD) lehnte es ab rundweg ab, ohne gesetzliche Ermächtigung das Prinzip der Ortskirchensteuer aufzugeben: Er „wünsche nicht den Anschein zu erwecken, als wenn die staatliche Aufsichtsbehörde sich über das Gemeindesteuerprinzip völlig hinwegsetze und in dieser Richtung autoritäre und undemokratische Grundsätze verfolge".[59] So war es unmöglich, die Beschlüsse der einzelnen Kirchenvorstände durch eine generelle Festlegung der Landeskirche zu ersetzen.

---

56 LkAH, Best. B 1/7004 Bd. I: Niemann an Vizepräsident Krämer (Aurich), 16.11.1945.

57 LkAH, Best. B 1/7004 Bd. I: Niemann an Generalvikar Offenstein (Hildesheim), 29.1.1946.

58 LkAH, Best. B 1/7004 Bd. I: Niemann an Generalvikar Offenstein (Hildesheim), 14.1.1946.

59 LkAH, Best. B 1/7004 Bd. I: Niemann an Generalvikar Offenstein (Hildesheim) 5.3.1946.

Ein neues Problem ergab sich außerdem durch die Gründung des Landes Niedersachsen: Auch in den Gebieten der drei Landeskirchen Braunschweig, Schaumburg-Lippe und Oldenburg sowie des (katholischen) Offizialats Vechta, in denen das preußische Gesetz von 1906 nicht galt, war ein Gemeindekirchensteuerprinzip eingeführt. Aber die evangelische und katholische Kirche im Landesteil Oldenburg lehnten eine Landeskirchensteuer vorerst ab. Als sich eine Blockade zwischen den Kirchen abzeichnete, erhielten die Finanzfachleute in Hannover Hilfe von außen: Es gab nämlich einen lockeren Zusammenschluss der evangelischen Finanzreferenten in der britischen Zone; hier konnten Erfahrungen ausgetauscht und Absprachen getroffen werden, wie man sich gegenüber der Militärregierung und ihren Anordnungen verhalten solle. In diesen Besprechungen gelang es, die Oldenburger und die Reformierten zu überzeugen. Das war vermutlich das Werk der Finanzreferenten der westfälischen und rheinischen Kirche: Sie kämpften in ihren Landeskirchen ebenfalls für die Einziehung einer Landeskirchensteuer durch die Finanzämter, und anscheinend wirkten die Vertreter dieser Kirchen überzeugender als die Hannoveraner. Dort hatte man eine große reformierte Tradition und zehrte viel stärker als die Hannoveraner von den Erfahrungen des Kirchenkampfs. Jedenfalls konnte der hannoversche Oberlandeskirchenrat Dr. Wagenmann nach einer Konferenz der Finanzreferenten in der britischen Zone befriedigt vermerken, dass Oldenburg und die Evang.-reformierte Kirche angesichts der durch die Währungsreform drohenden Finanzklemme ihren Widerstand vorerst aufgegeben hatten.

Im argumentativen Hin und Her blieben jedoch zwei Hindernisse für das Lohnabzugsverfahren: Viele Kirchenvorstände protestierten gegen die drohende Beschränkung ihrer Finanzhoheit, und Minister Grimme, dessen Kultusabteilung beim Oberpräsidenten zum Niedersächsischen Kultusministerium avanciert war, beharrte darauf, dass ohne Gesetz keine Änderung im Kirchensteuersystem möglich sei, so sinnvoll sie in praktischer Hinsicht wohl sei. Allerdings hatten die Kirchen inzwischen einen prominenten Fürsprecher gewonnen, den neuen niedersächsischen Finanzminister Dr. Georg Strickrodt (CDU).[60] Strickrodt, ein Vertreter des Landesteils Braunschweig, kam aus der Wirtschaft und war über das komplizierte Verfahren in der Provinz Hannover entsetzt. Er warb offen

---

60 Zu Strickrodt vgl. Dieter *Poestges*: Strickrodt, in: Horst-Rüdiger *Jarck* und Günter *Scheel* (Hrsg.): Braunschweigisches biographisches Lexikon. 19. und 20. Jahrhundert, Hannover 1996, S. 597.

für das neue System – vorausgesetzt, die Kirchen ersetzten der Finanzverwaltung die Kosten, die das Lohnabzugsverfahren mit sich brachte.[61]

Bis Anfang 1948 standen sich die Vertreter der kirchlichen bzw. der staatlichen Finanzverwaltung und die Anhänger des Gemeindeprinzips gegenüber, ohne dass sich eine für die Fachleute positive Lösung abzeichnete. Gegen das neue Lohnabzugsverfahren wurden starke Argumente vorgebracht: Es bedeute eine stärkere Abhängigkeit vom Staat,[62] es entmündige die Kirchenvorstände,[63] und es beseitige die enge Verbindung zwischen Steuerzahler und Kirchengemeinde, die für das bisherige Verfahren typisch war.[64] Eher unterschwellig war auch zu hören, dass kirchliche Mitarbeiter in den Rentämtern ihren Arbeitsplatz verlören, wenn die Finanzämter ihre Aufgabe übernähmen.[65]

Mehrfach machten die Vertreter der Kirchenleitung und des Finanzministeriums Vorstöße, um endlich das neue System einzuführen. Aber der politische Widerstand, der besonders von Minister Grimme und der SPD artikuliert wurde, und der innerkirchliche Widerstand gegen das neue Verfahren verhinderten einen raschen Fortschritt. In dieser für Niemann und die Steuerexperten verfahrenen Situation gab erst die Währungsreform ihren Argumenten die nötige Überzeugungskraft. Die anstehende Reform verschärfte noch einmal das kirchliche Finanzproblem. Die einzelnen Steuerzahler besaßen zunächst

---

61 LkAH, Best. B 1/8001 Bd. I: Landeskirchenamt Wolfenbüttel an Finanzminister Dr. Strickrodt, 21.3.1947. – Um die Argumente der kirchlichen Finanzleute zu unterstützen, wies der Finanzminister sogar darauf hin, dass langfristig die Staatszuschüsse an die Kirchen gefährdet seien, wenn der Staat annehmen müsse, dass die Kirchen aufgrund der bisherigen Form des Steuereinzugs ihre eigenen Finanzquellen nicht ausschöpften (LkAH, Best. B 1/8001 Bd. II, Bl. 91: Vermerk über das Gespräch mit Minister Strickrodt, 23.3.1948).

62 LkAH, Best. B 1/8001 Bd. I: Der Superintendent der Aufsichtsbezirke Norden und Emden schrieb an Landeskirchenamt am 2.3.1946, „dass die Zeit mehr denn je auf Verselbständigung der Kirche dem Staate gegenüber hindränge, während die Neuordnung zweifellos eine stärkere Abhängigkeit von staatlichen Organen herbeiführen könne".

63 Ebd.: Kirchenkreisvorstand Aurich-Oldendorf an Landeskirchenamt, 11.12.1946: „Die beabsichtigte Änderung des Kirchensteuerwesens bedeutet die völlige Entmündigung der Kirchengemeinden in finanzieller Hinsicht."

64 Ebd.: Kirchenkreisvorstand Syke an Landeskirchenamt, 13.12.1946: „Die Zahlungsfreudigkeit der Kirchensteuerpflichtigen wird, wenn das Finanzamt die Kirchensteuer einzieht, in keiner Weise gefördert, während, wenn dieses durch die lokalen Stellen geschieht, selbst das Kirchensteuergeschäft eine gewisse persönliche Note behält."

65 LkAH, Best. B 1/8001 Bd. I: Superintendent Alfeld an Landeskirchenamt, 11.3.1948: Die Zustimmung zum neuen Verfahren ist nur möglich, wenn „die in den Kirchenbüros im Steuerwesen beschäftigten kirchlichen Beamten von der Finanzverwaltung übernommen werden, soweit dieselben nicht für andere Arbeiten der Kirchengemeinde benötigt werden".

nur sehr wenig Bargeld, und die Bankkonten waren grundsätzlich auf 10 Prozent des bisherigen Werts abgewertet worden, so dass kaum Kirchensteuern einkamen. Damit wenigstens die kirchlichen Mitarbeiter der Kirchengemeinden bezahlt werden konnten, stundete das Landeskirchenamt den Kirchengemeinden die fälligen Pflichtabgaben an die Landeskirchenkasse und nahm selber einen Kassenkredit über 1.000.000 DM auf, um die fälligen Löhne und Gehälter zu zahlen.[66] Zugleich wurden vom Gehalt der Pfarrer und Kirchenbeamten 10 Prozent einbehalten, um zahlungsfähig zu bleiben. Diese Finanznot, die vom Landeskirchenamt und dem Finanzministerium beredt geschildert wurde, überzeugte auch den Kultusminister.[67] Er war jetzt bereit, auf eine neue Initiative des Landeskirchenamts einzugehen. Der für die Kirchen zuständige Dezernent im Kultusministerium musste binnen zweier Tage einen Gesetzentwurf über die fakultative Einführung einer Landeskirchensteuer ausarbeiten. Dies gelang natürlich nur, weil Niemann schon vorher dem Finanzministerium, mit dem er eng kooperierte, einen Gesetzentwurf zugeleitet hatte. Am 8.7.1948 lag der Entwurf eines Gesetzes über die Kirchensteuern im Lande Niedersachsen vor und ging nun in die politischen Beratungen. Doch die waren schwieriger, als Niemann wohl vermutet hatte. Die Mehrheit im Landtag weigerte sich, das Gesetz weiter zu beraten, auch im Haushaltsausschuss unterstützte nur eine Minderheit den Regierungsentwurf. In dieser Situation aktivierte die Landeskirche ihre politischen Kontakte. Oberkirchenrat Cillien, der Leiter des Amts für Gemeindedienst, brachte als Fraktionsvorsitzender der CDU den ursprünglichen Gesetzentwurf erneut in die Beratungen ein, und einzelne Kirchenbeamte bearbeiteten die Abgeordneten. So sprach der Präsident des Landeskirchenamts, Gustav Ahlhorn, mit dem SPD-Minister Heinrich Albertz und gewann ihn für das Projekt,[68] der Finanzdezernent Dr. Wagenmann sprach noch einmal mit Cillien, der die CDU-Fraktion im Niedersächsischen Landtag führte, und Dr. Hans Lübbing, im LKA Hilfsreferent für das Steuerwesen, wandte sich an Pfarrer Werner Schönfelder (Woltersdorf), der im Landtag für die DP-Fraktion sprach. Um das Gesetz aus dem Meinungsstreit möglichst weit herauszuhalten, hatte Ahlhorn mit Heinrich Albertz vereinbart, dass bei der Einbringung des Gesetzes in den Landtag auf eine Plenumsdiskussion verzichtet werden sollte.[69] So geschah es jetzt auch, das Gesetz wurde direkt dem Haushaltsausschuss überwiesen: Dort stimmte eine Mehrheit aus SPD, CDU, DP und Zentrum für das Gesetz – nur die Ver-

---

66 LkAH, Best. S 8a: Rundverfügung des Landeskirchenamts vom 1.7.1948.

67 LkAH, Best. B 1/8001 Bd. II: Landeskirchenamt an Nds. Kultusministerium, 13.8.1948.

68 LkAH, Best. B 1/8001 Bd. II, Bl. 228: Vermerk von Präsident Ahlhorn, 27.9.1948.

69 LkAH, Best. B 1/8001 Bd. II, Bl. 229: Präsident Ahlhorn an Minister Strickrodt, 15.10.1948.

treter der KPD und der FDP blieben bei ihrer Ablehnung –, und mit der gleichen Mehrheit wurde das Gesetz dann auch am 8.12.1948 vom Landtag angenommen.[70]

Um die Bedenken von kirchenpolitisch so profilierten Abgeordneten wie Adolf Grimme und Heinrich Albertz zu überwinden, war der Gesetzentwurf an zwei Punkten entschärft worden. Die Landeskirchensteuer war nicht bindend eingeführt worden, sondern nur eine Möglichkeit unter anderen, und das Lohnabzugsverfahren war zeitlich befristet: Nur bis zum 31.3.1952 räumte der Gesetzgeber den Kirchen und Finanzämtern diese Möglichkeit ein.[71]

Damit war der Weg für das Handeln der Kirchen frei, und die Landeskirche handelte zügig: Zum 1.2.1949 erließ der Kirchensenat mit Zustimmung des Ständigen Ausschusses der Landessynode eine Notverordnung zur Einführung einer Landeskirchensteuer.[72] Der Kirchensenat berief sich dabei auf Artikel 77 (3) der Kirchenverfassung von 1922, der die Landeskirche ermächtigte, durch Kirchengesetz die Erhebung einer unmittelbar von den Gemeindegliedern zu entrichtenden Umlage festzusetzen.[73] Gegen diese Notverordnung gab es erstaunlich wenig Widerstand. Zwar polemisierten noch einige Kirchenvorstände und Einzelpersonen gegen das neue Verfahren, doch gab es keinen deutlich anhaltenden Widerstand. Durch die neue Form des Steuereinzugs erhielt die Landeskirche schnell – monatlich – Geld, und diese Form schien doch gerechter zu sein als das alte System mit seinen unterschiedlichen Steuersätzen und der Orientierung am Einkommen vergangener Jahre. Als 1951/52 noch einmal über die Form der Kirchensteuererhebung diskutiert wurde, zeigte sich dieser Wandel deutlich: Jetzt wurde die Landessynode einbezogen, doch gab es nun eine deutliche Mehrheit für die Neuregelung.[74] Mit breiter Zustimmung konnte der Finanzminister rechnen, der auf der staatlichen Seite nun wieder federführend war, als er im Dezember 1951 ein Gesetz zur Änderung

---

70 KABl. 1949, S. 1: Landesgesetz über das Kirchensteuerwesen.

71 KABl. 1949, S. 1f: Gesetz zur Vereinheitlichung und Vereinfachung des Kirchensteuerwesens vom 21.12.1948, § 5 (1).

72 KABl. 1949, S. 17: Notverordnung betr. Einführung einer Landeskirchensteuer.

73 Verfassung der Evang.-luth. Landeskirche Hannovers, o.O. [Hannover] o.J. [1924], Art. 77: „Der durch andere Einnahmen nicht gedeckte Bedarf ist durch landeskirchliche Umlagen aufzubringen ... Durch Kirchengesetz kann auch die Erhebung einer unmittelbar von den Kirchengemeindegliedern zu entrichtenden Umlage eingeführt werden." – Der Begriff Umlage zeigt, dass die ‚Väter' der Kirchenverfassung von der Vorstellung ausgingen, dass die Kirchengemeinden das Geld einzogen und an die Landeskirche weiterleiteten.

74 Vgl. Cordes (wie Anm. 15), S. 105-107.

kirchenrechtlicher Bestimmungen im Landtag einbrachte. Die Befristung der Genehmigung zum Lohnabzugsverfahren durch die Finanzämter wurde verlängert, und die Möglichkeit, dass Ortskirchensteuern von den Finanzämtern eingezogen werden könnten, wurde beseitigt. Die Landeskirchensteuer hatte sich durchgesetzt. Mit diesem Gesetz, das im Landtag mit großer Mehrheit angenommen wurde,[75] wurde dem Wunsch der beteiligten Kirchen in Niedersachsen Rechnung getragen.[76]

Insgesamt hatte hier eine Expertenreform stattgefunden, die schon während der Zeit des Nationalsozialismus vorbereitet worden war. Diese Reform wurde durchgesetzt, obwohl sich in der ersten Nachkriegszeit dafür keine Mehrheit in der Landeskirche abgezeichnet hatte. Die Gegner sahen richtig, dass mit dem neuen Verfahren die Finanzverwaltung zentralisiert und die Rechte der Ortskirchengemeinden eingeschränkt wurden. So wurde von der Landeskirche zunächst die nicht so sehr demokratische Möglichkeit einer Notverordnung des Kirchensenats genutzt, um die Reform durchzusetzen, nachdem der Landtag den Weg dafür frei gemacht hatte. Aber wie das bei ‚bürokratischen‘ Reformen ja öfter der Fall ist: Das Ergebnis war dennoch so überzeugend, dass später kaum jemand zum alten System der Ortskirchensteuer zurückkehren wollte.

6. Die Wahrnehmungen der NS-Zeit: Folgerungen für die Zukunft

Fragt man nach der Wahrnehmung von Kontinuität, Bruch und Aufbruch bei den damals Handelnden, ist – neben dem bisher nachgezeichneten Handeln der Kirchenleitung – die Frage nach der rückblickenden Wahrnehmung der NS-Zeit und nach der eigenen und der fremden Schuld unverzichtbar. Von den Zeitgenossen wurden ganz selbstverständlich zwei Wahrnehmungs- und Diskursebenen unterschieden. Die eine Ebene war die Ebene der ‚alltäglichen‘ Verwaltung. Hier wurde der nationalsozialistische Staat als Teil des ‚normalen‘ Alltags wahrgenommen, der bewältigt werden musste. Hier konnte das Landeskirchenamt in einer Rundverfügung über Steuerfragen an die städtischen Kirchenkreisvorstände schreiben, dass „der im Staat eingetretene grundsätzliche Wandel" künftig eigene Verhandlungen mit staatlichen Stellen überflüssig

---

75 KABl. 1952, S. 45: Neufassung des Landesgesetzes über das Kirchensteuerwesen. Gesetz zur Vereinheitlichung und Vereinfachung des Kirchensteuerwesens vom 21.12.1949 mit den Änderungen nach dem Gesetz vom 20.3.1952. Die Befristung wurde endgültig 1955 beseitigt.

76 Niedersächsischer Landtag, 2. Wahlperiode, Drucksache Nr. 295: Begründung zur Gesetzesvorlage, S. 460.

mache.[77] Hier wurde anscheinend auf eine Deutung des Geschehens verzichtet; es wurde schlicht hingenommen, um danach verwaltungsmäßig zu reagieren. Daneben gab es natürlich die Frage nach dem Umgang mit der eigenen und fremden Schuld. Hier hatte die Kirche ihre traditionelle Kompetenz, dementsprechend heftig wurde diese Frage auch diskutiert. Da sie schon mehrfach nachgezeichnet und analysiert wurde,[78] soll hier ganz begrenzt nur nach den Konsequenzen dieser Diskussion für die kirchliche Arbeit gefragt werden.

Bei der Bedeutung von August Marahrens für die Landeskirche und ihr damaliges Selbstverständnis ist zunächst nach den Folgerungen zu fragen, die Marahrens selbst aus der Schuldverstrickung der Kirche zog.[79] Seine erste Konsequenz war die Verpflichtung zur Zurückhaltung nach außen. In den beiden letzten Jahren seiner Amtszeit als Landesbischof beteiligte sich die Führung der Landeskirche kaum an den Debatten über eine neue Gestalt der EKD. Gewiss gab es auf Sachbearbeiterebene Kontakte zu den anderen Landeskirchen und zur EKD,[80] aber die Frage einer neuen Gestalt der EKD wurde von der hannoverschen Kirchenleitung kaum behandelt. Dort wäre der Oberlandeskirchenrat Hanns Lilje als Mitglied des Rats der EKD der geeignete Mann gewesen, um die Diskussion über das Verhältnis der Landeskirche zur Evangelischen Kirche in Deutschland zu beginnen, aber Lilje interessierten die damit verbundenen juristischen Fragen kaum. Der aus der früheren Kanzlei der DEK in Berlin ins hannoversche Landeskirchenamt übernommene Oberlandeskirchenrat Heinz Brunotte wurde in dieser Frage erst seit dem Sommer 1947 aktiv, nachdem auch der Vizepräsident Paul Fleisch in den Ruhestand getreten war. Fleisch war an Verfassungsfragen sehr interessiert und hatte gleich nach Kriegsende die Initiative in dieser Frage ergriffen.[81] Er wollte die Landeskirche

---

77 LkAH, Best. B 1/7004 Bd. I: Rundverfügung an städtische Kirchenkreisvorstände, 15.1.1946.

78 Neben den Aufsätzen des vorliegenden Buches seien exemplarisch genannt: Besier (wie Anm. 2); Joachim *Perels*: Die hannoversche Landeskirche im Nationalsozialismus 1933-1945. Kritik eines Selbstbildes, in Grosse u. a. (wie Anm. 27); Gerhard *Lindemann*: ‚Typisch jüdisch'. Die Stellung der Ev.-luth. Landeskirche Hannovers zu Antijudaismus..., Berlin 1997 (= Schriftenreihe der Gesellschaft für Deutschlandforschung 63); Axel *Schildt*: Solidarisch mit der Schuld des Volkes. Die öffentliche Schulddebatte ... in: Bernd *Weisbrod* (Hrsg.): Rechtsradikalismus in der politischen Kultur der Nachkriegszeit, Hannover 1995 (= VHKNS 38,11), S. 269-295. – Eine theologische Gesamtinterpretation der Schuldfrage bietet Hans-Walter *Krumwiede*: Kirchengeschichte Niedersachsens, Bd. 2: 19. Jahrhundert bis 1948, Göttingen 1996, S. 565ff.

79 Dass Marahrens selber Schuld für seine Person und wohl auch für die Kirche einräumte, wird hierbei vorausgesetzt; vgl. Perels (wie Anm. 78), S. 155ff.

80 Ein Beispiel ist die oben geschilderte Beteiligung Hannovers an der Debatte über die Landeskirchensteuer.

81 Vgl. Simon, Einheit, unten S. 107ff.

in eine gesamtdeutsche lutherische Kirche eingliedern, die keine Rücksicht auf die EKD nahm. Für diesen Versuch fand sich in der Synode zwar keine Mehrheit, aber er zeigt, wie weit sich die Landeskirche von einem gesamtprotestantischen Konsens entfernt hatte. Diese Isolierung zeigte sich auch konkret bei ökumenischen Besuchen. Hanns Lilje empfing zahlreiche Besucher aus der Ökumene, während Abgesandte des Ökumenischen Rats der Kirchen eine Begegnung mit Marahrens zu vermeiden suchten, und als der britische General Robertson Ende 1946 die Evangelische Akademie Hermannsburg besuchte, wurde Marahrens ausdrücklich ausgeladen. Umgekehrt verzichtete der Landesbischof immer mehr auf die Kontakte außerhalb der Landeskirche, obwohl er durch die Änderungen der Kirchenverfassung, die 1945 beschlossen worden waren, geradezu zum Mittelpunkt der kirchlichen Tätigkeit geworden war.

Marahrens' Zurückhaltung kann man biographisch erklären. Er wollte anderen kein Stein des Anstoßes sein, außerdem sprach er kein Englisch. Aber diese biographische Erklärung reicht nicht aus, dann hätte Marahrens andere Mitglieder der Kirchenleitung wohl stärker herausgestellt. Sie hatte tiefere Gründe. Sie beruhte auf einem Konzept, das die Schuldverstrickung der Kirche in der Nazizeit bedachte, sich aber grundlegend von dem Konzept anderer kirchlicher Wortführer unterschied. Dies zeigen seine Äußerungen zur kirchlichen Arbeit. Er bejahte grundsätzlich die Mitarbeit der Kirche im besetzten Deutschland, wollte sie aber beschränkt sehen. In seinem ersten Wochenbrief nach Kriegsende schrieb er an seine Pastoren:

> „In der Zurückhaltung, die wir in den letzten Jahren als dem Wesen der Kirche entsprechend erkannt haben, gilt es der Obrigkeit [zu] geben, was ihr vor Gott zukommt. Die Frage der Pflicht und Grenze unserer Mitarbeit stellt vor ernste und grundsätzliche Fragen."[82]

Er warnte die Pastoren davor, ihre Zurückhaltung gegenüber staatlichen Stellen aufzugeben, und stellte die Mitarbeit in den Gremien, die nun von der Militärregierung eingerichtet worden waren, auf die gleiche Stufe wie seinerzeit die Mitarbeit im nationalsozialistischen Staat. Vielleicht fürchtete er, dass die Kirche sonst als ‚Kriegsgewinnlerin' erscheinen würde, wie notorische Nazis sogleich behaupteten.[83]

---

82 LkAH, Wochenbrief XII 6 vom 2./11.6.1945.

83 Vgl. Cordes (wie Anm. 15), S. 98.

Aber Marahrens' Zurückhaltung ging noch weiter. Er weigerte sich, eine Deutung des Geschehens der letzten zwölf Jahre vorzutragen. Nach langen sorgfältigen Überlegungen ordnete er zum Bußtag 1945 eine Kundgebung an, die von jeder Kanzel abzukündigen war. Sie nahm Bezug auf das Stuttgarter Schuldbekenntnis, lehnte es aber vorsichtig ab:

> „Wenn der heutige Bußtag uns zum Bekennen unserer Schuld auffordert, so ist das freilich, recht verstanden, ein Bekenntnis vor Gott und nicht vor den Menschen. In den vergangenen Wochen sind unsere Gemeinden stark beunruhigt, weil es (nach Zeitungsnachrichten) so schien, als wollte die evangelische Kirche jetzt die mit soviel Bitterkeit verknüpfte Frage nach der Kriegsschuld lösen. Das kann sie nicht. Es kann nicht die Aufgabe unserer Kirche sein, Fragen der politischen Entwicklung und des Völkerrechts zu klären. Sie vermag nicht die Verflechtung von Schuld und Verhängnis im Hintergrund des furchtbaren Geschehens dieser letzten Jahre und Jahrzehnte zu durchschauen."[84]

An der Stelle des Schuldbekenntnisses gegenüber denen, an denen man schuldig geworden war, stand für ihn das Bekenntnis der Schuld vor Gott; Marahrens fuhr fort:

> „Wenn wir heute, am Bußtage, in unser Gotteshaus gekommen sind, so stehen wir als Christen vor unserem Herrn und bekennen ihm, daß wir an unserem Nächsten, an unserem Volk und andern Völkern, vor allem aber an ihm selber, dem Heiligen Gott, schuldig geworden sind."[85]

Damit wurde das Schuldbekenntnis auf den Punkt der Innerlichkeit reduziert – so sehr, dass man sich fragen muss, ob es dann noch äußere Wirkung entfalten konnte. Aber diese Konzentration auf die Innerlichkeit entsprach Marahrens' Verständnis des christlichen Glaubens und der Bedeutung der Kirche. Vergleicht man die Aussagen anderer Kirchenleute in dieser Zeit, so wurde

---

84 Kundgebung des Landesbischofs zum Buß- und Bettage 1945, in: KABl. 1945, S. 33.

85 Ebd. – Marahrens fuhr fort: „Hätte es uns nicht an der Festigkeit und Klarheit des Glaubens, an der Treue des Gebets, an der Kraft der Liebe, überhaupt an dem Ernst der Lebensführung gefehlt, so wäre vielleicht vieles anders gekommen. Ohne daß Gott diese Schuld von uns nimmt, kann es für uns Christen keine Heilung unserer Not und keinen Weg in die Zukunft geben." – Schon im Wochenbrief XII 7 vom 22. 6. 1945 hatte er angekündigt, daß er in einer Bußtagsabkündigung zur Schuldfrage Stellung nehmen werde.

auch dort die Kontinuität der Verkündigung betont. Aber sie wurde dort mit dem kulturellen und sozialen Auftrag der Kirche verbunden. Die Kirche sollte in der Zeit des Umbruchs die Fürsorge für das deutsche Volk, sein Leiden und seine Schuld, übernehmen.[86] Marahrens deutete die Kontinuität der kirchlichen Arbeit anders. Er konzentrierte sie radikal auf einen Punkt, auf die Begegnung des Einzelnen mit Christus. Das wurde ihm zum zentralen theologischen Anliegen seiner Wochenbriefe. Im zweiten Brief nach der Kapitulation schrieb er an die Pastoren:

> „Unsere Predigt muß heute mehr denn je dem Johannesfinger gleichen, der auf den Einen hinweist: Christus… Damit Er wachsen könne, damit Christi Kraft in unserm Volke und in unserer Zeit mächtig werde – darum mußte Menschenwesen in seiner ganzen Nichtigkeit und Vergänglichkeit sichtbar werden. Menschenwesen – nicht nur, was politisch groß und bedeutsam war, sondern auch das menschliche Wesen im kirchlichen Raume, auch all der treue Gemeindedienst, den wir in unserm geistlichen Amte auszurichten uns bemühen. Unsere Kirche hat auch nach der Umwälzung dieses Frühjahrs ihre Knechtsgestalt behalten."[87]

Nicht nur in den ersten Wochen der Besatzungszeit, sondern auch später empfahl Marahrens den kirchlichen Mitarbeitern, ihre Reserve gegenüber gesellschaftspolitischem Engagement beizubehalten. So riet er auch davon ab, den Vorsitz in neu gegründeten sozialen Vereinen zu übernehmen: „Es ist selbstverständlich, daß wir gern helfen werden. Aber es scheint mir dem, was wir in den letzten 12 Jahren gelernt haben, nicht zu entsprechen, wenn wir wieder die Leitung einer säkularen Organisation übernehmen. Mir scheint deshalb eine Zurückhaltung grundsätzlich richtig zu sein."[88]

Die folgenden Wochenbriefe blieben auf diesen Ton gestimmt. So warnte der Landesbischof vor Illusionen:

> „Der Zusammenbruch, der hinter uns liegt, bedeutet sicherlich eine Beseitigung der Kräfte, die unser Volk durch Druck und Zwang vom Evangelium losreißen wollten. Der Zugang zu unseren Gottesdiensten und zu unserer

---

86 Vgl. Greschat (wie Anm. 10), passim; Schildt (wie Anm. 78), S. 288 ff. – Einem breiten kulturpolitischen Ansatz folgte in Niedersachsen der Oldenburger Bischof Wilhelm Stählin; zu seiner Tätigkeit in den ersten Monaten vgl. Udo *Schulze*: Wilhelm Stählin und der Neuanfang in der Evang.-Luth. Kirche Oldenburgs 1945/46, in: JGNKG 93, 1995, S. 259-282.

87 LkAH, Wochenbrief XII 7 vom 22.6.1945.

88 LkAH, Wochenbrief XII 9 vom 24.7.1945.

Unterweisung ist frei. Endlich ist auch eine völlige Erschütterung der Illusionen eingetreten... Das wahre Gesicht der Zeit ist wieder erkennbar und damit brechen viele Fragen auf. Das bedeutet, daß der Boden gelockert ist, um die Saat des Evangeliums aufzunehmen. Aber ob darüber hinaus schon eine Erweckung erkennbar ist, eine Willigkeit, die ausgestreckte Hand Christi zu ergreifen? Ich glaube, das wird nur bei Einzelnen zunächst der Fall sein."[89]

Beeindruckend ist die Nüchternheit, mit der Marahrens die kirchliche Situation sah. Aber es war nicht nur Skepsis gegenüber kirchlicher Betriebsamkeit, wie sie sich inzwischen entfaltete. Am Schluss des Briefes kam er noch einmal auf sein Thema zurück:

„Gott hat uns einen Zeitenbruch eintreten lassen, dessen Tiefe wir noch nicht ahnen. Wir stehen unter einem Gericht. Gott gebe, daß Seine Stunde uns retten kann. Keine Kirche ist das Evangelium. Sie unterliegt seinem Urteil, weil die Kirche im Dienst des Evangeliums steht. Sie ist und kann nur sein die ecclesia crucis, es gibt keinen anderen Weg zur Auferstehung als über das Kreuz."[90]

Hier wird deutlich, dass seine Zurückhaltung theologisch begründet und nicht Ausdruck bloßen Unbelehrtseins war. Vermutlich war sie eine Reaktion auf die Folgen der Euphorie, die in der evangelischen Kirche beim Machtantritt der Nazis 1933 geherrscht hatte. Damals hatte sich die evangelische Kirche weithin dem NS-Staat zur Verfügung gestellt, auch Marahrens hatte zunächst für ein verstärktes politisches Engagement geworben. Aber seit 1934 hatte er den Pastoren mehr und mehr empfohlen, sich auf die Christusverkündigung zu konzentrieren,[91] obwohl er selbst immer wieder mit spektakulären Äußerungen seine Loyalität zum NS-Staat bekannt hatte.[92] Aus diesem Irrtum zog er die Konsequenz, sich auf die evangeliumsgemäße Verkündigung zu konzentrieren. Er glaubte auch nicht an einen gesellschaftlichen Aufstieg der Kirche oder eine neue Erweckung.[93] Viele Kirchenmänner seiner Zeit – wie Otto Dibelius

---

89 LkAH, Wochenbrief XII 12 vom 20.9 1945.

90 Ebd.

91 Ein Beispiel für seine eigene christozentrische Predigtweise in dieser Zeit habe ich analysiert in Otte (wie Anm. 27), S. 193f.

92 Vgl. ebd., S. 198ff.

93 Vgl. LkAH, Wochenbrief XIII 11 vom 11.9.1946. Nachdem er positive Nachrichten über die neue Wirksamkeit der kirchlichen Arbeit geschildert hat, fährt er fort: „Alle diese Einzelbeobachtungen dürfen aber nicht darüber hinwegtäuschen, daß weite Kreise der Kirche gegenüber

oder Propst Heinrich Grüber – folgerten aus ihren Erfahrungen in der NS-Zeit, dass sich Kirchenleute an der Gründung von Parteien beteiligen sollten. Dagegen plädierte Marahrens weiterhin für Zurückhaltung gegenüber parteipolitischer Betätigung. Unter Bezug auf eine entsprechende Verfügung des Landeskirchenamts schrieb er anlässlich der Landtagswahlen 1946:

> „In dieser Verlautbarung steht der Satz, daß die Ev.-luth. Kirche sich nicht als solche für eine einzelne Partei entscheiden kann. Dieses Satzes wollen wir immer gedenken. Wir Geistlichen müssen uns allerdings darüber klar sein, daß auch die Kirche eine politische Verantwortung trägt. ... Das schließt aber keine parteipolitische Betätigung des Geistlichen ein. Wir Geistlichen werden nicht in politische Kämpfe eingreifen und z. B. in der Predigt keine politische Partei empfehlen dürfen."[94]

Selbstverständlich lehnte Marahrens nicht prinzipiell jede politische Mitwirkung der Kirche und ihrer Pastoren ab, aber er betonte vor allem die Gefahren.

Marahrens' Haltung war nicht unumstritten; weder seine Ablehnung der Schulddebatte noch sein Verständnis des gesellschaftspolitischen Auftrags der Kirche wurden ohne weiteres akzeptiert. Die Auffassung der jüngeren Theologen in der Leitung der Landeskirche artikulierte der Soltauer Landessuperintendent Wilfried Wolters in einem längeren Artikel, der anlässlich des Buß- und Bettags 1946 in der neuen landeskirchlichen Zeitung „Die Botschaft" erschien.[95] Wolters begann mit der Feststellung, dass man von einer deutschen Schuld nicht pauschal sprechen könne, auch die Alliierten hätten in Nürnberg ja nicht das deutsche Volk, sondern bestimmte einzelne als Kriegsverbrecher

---

indifferent bleiben. Man begegnet einer nicht unfreundlichen, aber abwartenden Haltung häufiger als einer schroffen antikirchlichen Gegnerschaft. Der ‚Strom der Gottlosigkeit', der am Schluß der Systemzeit so stark in die Erscheinung trat und nachher einen bestimmten Einfluß in der Führung des Staates erhielt, ist auch heute noch klar zu beobachten und wird uns manche Sorge bereiten." – Mit Systemzeit ist – nationalsozialistischem Sprachgebrauch entsprechend – die Zeit der Weimarer Republik gemeint.

94 LkAH, Wochenbrief XIII 12 vom 18.9.1946. – Zu diesem Verständnis des politischen Engagements gehörte auch, daß Marahrens seinen Amtsbrüdern empfahl, für die Moskauer Friedenskonferenz im März 1947 zu beten: „Ich teile dieses den Amtsbrüdern mit, weil nach meinem Eindruck dieses Gedenken in unseren Gemeinden nicht fehlen darf. In der Friedenskonferenz werden sehr wichtige Entscheidungen für die Zukunft unseres lieben deutschen Volkes und Landes getroffen." (Ebd., XIV 4 vom 12.3.1947).

95 Wilfried *Wolters*: Unsere Schuld? Die Bußfrage an unsere Generation, in: Die Botschaft. Kirchenblatt der ev.-luth. Landeskirche Hannovers, 1. Jg., Nr. 25/26, 24.11.1946, S. 1 und 2. – Daraus auch die folgenden Zitate.

angeklagt. Grundsätzlich seien drei Formen der Schuld zu unterscheiden, eine politische, eine moralische und eine religiöse. Wolters erinnerte die Leser daran, dass man bei den ehemaligen KZ-Häftlingen zwischen kriminellen und politischen Häftlingen unterscheide. Die politischen Häftlinge seien Menschen, die „mit der Art und Weise des Machtgebrauches der derzeitigen [= damaligen] Machthaber und mit den Zielen nicht einverstanden waren, die mit diesem Machtgebrauch verfolgt wurden; deshalb waren sie in den Augen der damaligen Machthaber schuldig". Eine solche Schuld, so fuhr Wolters fort, „haben wir nicht auf uns geladen; wenigstens nicht in dem Maße, daß wir dem Zugriff der damaligen Machthaber verfallen wären. Vielleicht sind wir dessen damals sogar froh gewesen. Ob aber mit gutem Gewissen?" Diese Frage, die an das eigene Verhalten rührte, konkretisierte Wolters dann mit drei Thesen zur eigenen Schuld. Mitschuldig sei man geworden, „soweit wir gewußt haben, daß Art und Weise des Machtgebrauchs der früheren Machthaber und die mit diesem Machtgebrauch verfolgten Ziele die Zustimmung unseres Gewissen nicht hatten und nicht haben konnten – und haben dann doch geschwiegen oder gar unseren Beifall bezeugt …" Mitschuldig sei man geworden, weil der Machtgebrauch der Nazis „unangefochten bleiben und immer weiter um sich greifen konnte". Mitschuldig sei man auch dann, wenn einem das damals gar nicht zu Bewusstsein gekommen sei, denn es sei zweierlei, schuldig werden und sich seiner Schuld bewusst zu werden.[96] Mitschuldig sei man auch dann, wenn man damals kalkuliert habe, dass man unmöglich gegen einen solchen Strom der Propaganda und des Machtmissbrauchs schwimmen könne. Dieses kalkulierende Abwägen, das die Stimme des Gewissens überhört, sei Ausdruck der moralischen Schuld, weil „unser Tun und Lassen mit dazu geholfen oder nicht gehindert hat, daß … eine Atmosphäre entstand, die förderlich und günstig [war] für das, was dann kam". Nicht zuletzt hatte die Schuldfrage eine religiöse Dimension, weil „ein Volk, das in seiner Mehrheit immerhin christlich sein wollte, … sich das Wissen um die Grenze der eigenen Macht und um die Übermacht des lebendigen Gottes von dem Schwall der Propaganda so weithin wegreden oder verdunkeln ließ". Wolters wollte die Leser mit ihrer Schuld konfrontieren; sie sollten nicht auf andere und anonyme Mächte abschieben, was in ihrer persönlichen Verantwortung stand, weil „Schulderkenntnis und Buße … der einzige Ausweg aus der Hoffnungslosigkeit des Fatalismus" sind. Mit diesem Satz endete dieser bemerkenswerte Artikel, der nach der Einschätzung eines Zeitzeugen die Ansicht der meisten „Pastoren und zur Einsicht bereiten

---

96 Wolters erinnert hier an die Verleugnung Jesu durch Petrus in der Passionsgeschichte; schuldig sei Petrus geworden, als er den Herrn verleugnete, obwohl er sich dessen erst bewußt wurde, als der Hahn dreimal krähte.

Gemeindeglieder" wiedergab.[97] Gewiss ist dieser Text in der Beschreibung des Unrechts vage – es fehlt jeder Hinweis auf die rassisch Verfolgten[98] und auf die Problematik einer Unterscheidung von kriminellen und politischen Häftlingen im NS-System –, aber der Autor bemühte sich, die eigene Schuld so deutlich zu machen, dass ein Ausweichen unmöglich wurde. Damit unterschied sich Wolters in der Frage der politischen Schuld von der Position des Landesbischofs, der noch in den Kategorien der Kriegsschulddebatte nach dem Ersten Weltkrieg dachte. Gerade um künftig wieder eigenverantwortliches Handeln zu ermöglichen, wollte Wolters das eigene Fehlverhalten präzise beschreiben, um implizit die Normen für ein besseres Verhalten in der Zukunft zu definieren. Aber auch er ließ offen, in welcher Form man gegenüber anderen, Außenstehenden, diese Schuld bekennen sollte.

Aber nicht nur in dieser Frage wurde nach einem moralischen Neubeginn gefragt. Auch innerkirchlich wurde nach Konsequenzen aus dem Geschehen gesucht. Stimmführer war hier Hanns Lilje.[99] Auf dem ersten Treffen der Hannoverschen Pfingstkonferenz, die unter dem Namen „Lutherische Vereinigung" vor 1933 die kirchenpolitisch einflussreichste Synodalgruppe gewesen war, hatte Hanns Lilje „die Aufgaben der lutherischen Kirche heute" beschrieben. Im ersten Teil seines Vortrags hatte Lilje drei Gefahren für den künftigen Weg der Kirche genannt: eine konfessionelle Verengung, eine Verabsolutierung der kirchlichen Organisation und ein falsches Verhältnis zur staatlichen Autorität. Die Fehler der Vergangenheit mit ihrer „Verabsolutierung der Obrigkeit und die schlechthinnige Untertanenexistenz der Deutschen"[100] dürften sich nicht wiederholen, zumal für das falsche Staatsverständnis nicht die Reformation, sondern das Zeitalter des Absolutismus verantwortlich sei.[101] In Deutschland hätten die lutherischen Kirchen auf Gewissensbildung und Belehrung der

---

97 Cordes (wie Anm. 15), S. 99.

98 Nur einmal werden die „sogenannte[n] biologische[n] Notwendigkeiten" als Beispiel für die damalige Verwirrung des sittlichen Urteils genannt.

99 In den Jahren 1945/46 führte Lilje einen breit angelegten Dialog mit Jugendlichen an offenen Abenden, nicht nur in Hannover, sondern auch an anderen Orten. Leider fehlen genaue Nachschriften seiner damaligen Reden; es gibt nur nicht-entzifferbare Stenogramme. Über seine Vorträge und ihre Wirkung auf die Studenten Göttingens vgl. Hertha Luise *Busemann*: Deutsche und Juden in Göttingen im ersten Jahr nach dem Holocaust, in: Göttinger Jahrbuch 39, 1991, S. 217f.

100 Die Aufgabe der lutherischen Kirche heute. Ein Vortrag von Hanns Lilje aus dem Jahre 1945, in: JGNKG 81, 1983, S. 12.

101 Ebd., S. 13. – Lilje wies hier auf die schwedischen Theologen hin, die schon darauf aufmerksam gemacht hätten, dass die lutherischen Bekenntnisschriften die Obrigkeiten nur als begrenzte Ordnung Gottes beschrieben hätten.

Obrigkeit nicht völlig verzichtet, aber sie hätten „aus seelsorgerlichen Gründen immer den Weg der persönlichen Anrede der Regierenden unter vier Augen gewählt". [102] Das sei nicht falsch, doch dürfe „aus einer seelsorgerlichen Erkenntnis nicht eine theologische Regel gemacht werden". Der seelsorgerliche Wille werde vielmehr glaubhafter, wenn auch der kirchliche Öffentlichkeitswille deutlich werde: „Tritt aber diese Pflicht der öffentlichen Kritik an Zuständen, die gegen Gottes Gebot verstoßen, zurück, dann wird auch der sogenannte seelsorgerliche Dienst unter vier Augen im gleichen Maße unglaubwürdig." Mit diesen Sätzen zum gesellschaftlichen Auftrag der Kirche markierte Lilje die Differenz zu Marahrens, der immer wieder betont hatte, dass er keine andere Möglichkeit zur Einflussnahme sah, als die Regierenden seelsorgerlich zu ermahnen. [103] Marahrens' Name fiel im Text nicht, Lilje verletzte nicht die Loyalität, die er dem Landesbischof schuldete. Aber er skizzierte einen Weg, der die Landeskirche zu einer reflektierten Wahrnehmung ihrer politischen Aufgaben führen konnte. Gleichzeitig kündigte er damit seine publizistische Offensive an, zu der die Gründung der „Botschaft" als Kirchengebiets-Zeitung und des „Sonntagsblatts" gehörte. Dagegen hatte Marahrens aus seinem Verhalten und Erleben in der Zeit des Nationalsozialismus gefolgert, dass die Kirche und ihre Amtsträger skeptisch-reserviert bleiben müssten. Bei den Jüngeren, die nun energisch Initiativen für neue kirchliche Konzepte ergriffen, schien ein solches Plädoyer für mehr Nüchternheit eher zu einer Lähmung zu führen, wo doch Handeln gefordert war. [104] Deshalb wünschten sie mehr gesellschaftspolitische Aktivität, um die Chancen einer offenen Zukunft zu ergreifen. Ihr Repräsentant war Hanns Lilje. Er hatte erkannt, dass die Landeskirche nicht darauf verzichten konnte, ihren Teil zur politischen Meinungsbildung beizutragen. Deshalb beteiligte er sich von Anfang an an den Überlegungen zur Gründung der Evangelischen Akademie Hermannsburg-Loccum und trieb die Gründung des „Sonntagsblatts" als einer christlichen Wochenzeitung neuen Typs energisch voran. [105] Es war ein anderer, neuer Ton, wenn Lilje als neuer Landesbischof auf seinem ersten

---

102 Ebd., S. 13f. – Daraus auch die beiden folgenden Zitate.

103 August *Marahrens*: Rückblick vor der Bekenntnisgemeinschaft [am 8.8.1945], in: Besier (wie Anm. 2), S. 189; vgl. auch Flugschrift „Die Haltung der Hannoverschen Landeskirche im Kirchenkampf und heute", in: Eberhard *Klügel*: Die lutherische Landeskirche Hannovers und ihr Bischof 1933-1945, Dokumente [= Bd. 2], Berlin-Hamburg 1965, S. 220.

104 Vgl. die Aussagen des Synodalen von Plate in der Vorläufigen Landessynode, denen von einem ganz anderen Standpunkt aus Professor Iwand sofort zustimmte (S. 110); in: Protokolle und Aktenstücke der Vorläufigen Landessynode, o.O. [Pattensen/L.] o.J. [1952], S. 109.

105 Vgl. Ronald *Uden*: Hanns Lilje als Publizist. Eine Studie zum Neubeginn der christlichen Nachkriegspublizistik, Erlangen 1998 (= Studien zur christlichen Publizistik 1), S. 69ff.

Sprengelkonvent in Stade ein Referat zum Thema: „Möglichkeiten einer Welt-
gestaltung vom christlichen Glauben aus" hielt.[106] Dabei hielt er sich mit einer
ausführlicheren Kritik am Verhalten der Kirche und der sie tragenden Gruppen nicht lange auf. Er skizzierte sie knapp, fügte aber dann hinzu, dass er auf
eine ausführliche Kritik verzichte, „weil es augenblicklich leicht ist. Weil ich
aber auch durch solche Außerungen verwechselt werden könnte mit dem, der
dem verstorbenen Löwen nachträglich einen Fußtritt versetzt und der nun
über die hinter uns liegende Zeit sich in Äußerungen ergeht, die keinen persönlichen Mut erfordern."[107] Er glaubte, es sei wichtiger, die kirchlichen Hand-
lungsmöglichkeiten und ihre Verheißung zu beschreiben. Diese Haltung
konnte in einem latent rechtsradikalen Umfeld, das die Vergangenheit verherr-
lichte, gewiss gefährlich werden.[108] Trotz dieser Gefahr förderte Lilje mit
seinem vielfältigen Engagement in der Publizistik und in der ökumenischen
Bewegung langfristige Lernprozesse.[109] Die allmähliche Demokratisierung
und ‚Verwestlichung' der bundesdeutschen Gesellschaft wurde damit leichter,
weil sie – insgesamt gesehen – als Chance verstanden werden konnte.[110]

Die militärische Niederlage Deutschlands und der Zusammenbruch des nationalsozialistischen Regimes bedeuteten für die deutsche Gesellschaft einen so
tiefen Einschnitt, dass davon eine Großorganisation wie die evangelische
Kirche nicht unberührt bleiben konnte. Das lässt sich besonders gut an der
hannoverschen Landeskirche erkennen. Ihre Führung unter Landesbischof
Marahrens betonte den Wert der Kontinuität. Das Insistieren auf Rechtskontinuität und die Kontinuität in den kirchlichen Arbeitsformen bedeutete

---

106 Text in LkAH, Best. S 9 Nr. 55b.

107 Lilje (wie Anm. 100). – Dabei muss man natürlich hinzufügen, dass den Zeitgenossen die kata-
strophalen Folgen der nationalsozialistischen Politik – etwa die zerstörten Städte – unmittelbar
vor Augen standen. Diese Unmittelbarkeit fehlt uns heute.

108 Zu diesem Problem vgl. Günter J. *Trittel*: Die ‚verzögerte' Normalisierung. Zur Entwicklung des
niedersächsischen Parteiensystems in der Nachkriegszeit, in: Hucker (wie Anm. 17), S. 635 ff.,
bes. S. 643 ff.

109 Zu diesen Lernprozessen gehörte bei ihm selbst auch, dass er als Ruheständler sein Verhältnis
zum Krieg ganz anders beschreiben konnte als dreißig Jahre zuvor. Unter der Überschrift „How
my mind has changed" formulierte er 1973: „Ich bin zum Beispiel in der Frage nach der Möglichkeit des Krieges allmählich zu wesentlich anderen Überzeugungen gekommen als zu
Anfang. Ich würde, wenn ich nicht solche Schlagworte verabscheute, mich als einen Pazifisten
bezeichnen können. Das hätte ich früher nicht gekonnt." (Zit. n. Uden [wie Anm. 105], S. 57).

110 Vgl. zur Rolle Liljes bei der ‚Verwestlichung' Thomas *Sauer*: Westorientierung im deutschen Protestantismus? Vorstellungen und Tätigkeit des Kronberger Kreises, München 1999 (= Ord-
nungssysteme 2), passim, bes. S. 139 ff., 252 ff., 261 ff.; allgemeiner zur Akademie Hermanns-
burg/Loccum: Treidel (wie Anm. 24), S. 43 ff., 82 ff. u. ö.

zunächst Stillstand – dies zeigt das Beispiel des Landesbischofs Marahrens eklatant. Er warnte vor gesellschaftspolitischem Engagement und war selbst von ökumenischen Kontakten und Hilfsangeboten weitgehend abgeschnitten. Neben der Akzentuierung der Kontinuität kam es auch in Hannover zu Reformen und zur Verabschiedung bisheriger Verhaltensformen. Die Reformen waren allerdings technokratischer Art; man wollte den Gang der Verwaltung vereinheitlichen und beschleunigen. Diese Reformen waren schon in der NS-Zeit vorbereitet worden, konnten aber nicht verwirklicht werden, weil der nationalsozialistische Staat seit 1937 faktisch alle Reformen blockierte, die einer staatlichen Genehmigung bedurften. Hier kam es zu einem Reformstau, der nach der Installierung der Militärregierung und dem Wiederbeginn einer geordneten Verwaltung abgebaut wurde. Zu diesen Reformen gehörte nicht nur die Unterstellung des Landeskirchenamts unter die Führung des Bischofs, sondern auch die Einführung der Landeskirchensteuer. Derartige Reformen wurden noch intensiviert, als Heinz Brunotte als versierter theologisch gebildeter Verwaltungsbeamter im Landeskirchenamt tätig wurde.

Eine andere Möglichkeit, die Bekundungen einer fortdauernden Kontinuität in ihren Wirkungen zu begrenzen, ergab sich durch die Berufung von Hanns Lilje zum Oberlandeskirchenrat und Beauftragten für die Kontakte zur Ökumene und zur EKD. Lilje war Repräsentant der neuen Arbeitsformen, dazu zählte sein Engagement u. a. für die evangelische Akademiearbeit und für die Publizistik.[111] Selbstverständlich bedurfte Lilje der Unterstützung durch andere Angehörige der Kirchenleitung. Fehlte diese, so konnte auch Lilje wenig bewirken; dies zeigt exemplarisch der späte Beginn des Evangelischen Hilfswerks in Hannover. Die Chancen dieses Werks konnten erst genutzt werden, als dessen Arbeit auf ein breiteres Fundament gestellt worden war. In jedem Fall aber galt Lilje als Repräsentant des Neuen, des Aufbruchs. Dem entsprach auch seine Rhetorik. Sie betonte die Chancen des Aufbruchs, in den möglichst alle einbezogen werden sollten. Damit distanzierte er sich implizit von der Vergangenheit, aber diese Distanzierung blieb indirekt, im Unterschied zu der Rhetorik, die im Bruderrat der EKD und von Martin Niemöller gepflegt wurde. Dort betonte man die Notwendigkeit eines Bruchs mit der bisherigen kirchlichen Arbeit,[112] während Hanns Lilje nur von der Notwendigkeit eines Aufbruchs sprach. Insofern war Lilje für die hannoversche Landeskirche der

---

111 Exemplarisch wird dies unten, S. 129 ff., am Beginn der Arbeit des Evang. Hilfswerks genauer dargestellt.

112 Dafür typisch ist das „Darmstädter Wort" des Reichsbruderrats von 1947.

ideale Bischofskandidat, der eben für den notwendigen Aufbruch und das Neue stand, ohne den Bruch mit der Vergangenheit allzu tief erscheinen zu lassen. Langfristig stellte dieser Aufbruch jedoch die Instrumente bereit, die eine gesellschaftliche Neuorientierung der evangelischen Kirche ermöglichten. Auf diese Weise erleichterte die von den führenden hannoverschen Theologen gepflegte „Vorsicht" in dem Reformprozess der fünfziger und sechziger Jahre des 20. Jahrhunderts den Abschied von den älteren protestantischen Traditionen.[113] Damit lief der gesellschaftliche Wandel, den die Landeskirche volkskirchlich begleitete, ohne große Verwerfungen und Spannungen ab. Diese Überlegungen weisen schon über die hier behandelte Epoche hinaus; sie erweist sich in dieser Perspektive als Etappe, genauer: als Beginn einer Übergangszeit.

---

113 Dazu zählten nicht nur die evangelische Publizistik und die Arbeit der evangelischen Akademien, die seit dem Ende der fünfziger Jahre zu Diskussionsstätten für politische – und wenig später auch für kirchliche – Reformen wurden; dazu zählen auch Einrichtungen wie die Kammer für öffentliche Verantwortung; deren langjähriger Geschäftsführer Erwin Wilkens hatte nach dem Zweiten Weltkrieg als hannoverscher Pastor den Kurs der Kirchenleitung entschieden verteidigt, unterstützte aber in den sechziger Jahren politische Reformen, wie sie etwa 1965 von der sog. Ostdenkschrift der EKD angemahnt wurden.

JOACHIM PERELS

Die hannoversche Landeskirche im Nationalsozialismus als Problem der Nachkriegsgeschichte *

Die Diskussion über die Rolle der hannoverschen Landeskirche im Nationalsozialismus findet mittlerweile unter einem stärker kritischen Vorzeichen
statt. Das zeigen die einstimmigen Beschlüsse der 21. Synode der Evangelisch-
lutherischen Landeskirche Hannovers von 1995 zu der Vorlage des Kirchensenats und des Sonderausschusses „Kirche und Judentum", in denen die „Schuld
unserer Kirche an den Juden" bekannt wird.[1] Auch der von Heinrich Grosse,
Hans Otte und mir im Lutherischen Verlagshaus veröffentlichte Sammelband
„Bewahren ohne Bekennen?"[2] ermöglicht – denke ich – bei aller Vielfalt der
Sichtweisen eine genauere Wahrnehmung und fundierte Bewertung der
Geschichte der Landeskirche im Dritten Reich.

Gleichwohl gibt es nach wie vor eine Reihe offener Kontroverspunkte – etwa
die Frage der Verbindlichkeit der Barmer Theologischen Erklärung für die
Landeskirche nach 1935. Ich möchte ein anderes Problem in den Vordergrund
rücken, das nach meinem Eindruck bisher nicht zureichend wahrgenommen
worden ist. Es läßt sich so formulieren: Welche theologischen und politischen
Implikationen haben eher legitimatorische Darstellungen der Rolle der Landeskirche im nationalsozialistischen Regime? Um es zunächst thesenhaft
zuzuspitzen: Die weitgehende Affirmation der von Landesbischof Marahrens
und seinen Mitstreitern getragenen Kirchenpolitik hat zur Konsequenz, daß
andere zeitgenössische theologische Positionen, zumal lutherischer Prove-
nienz, die Distanz, ja Gegnerschaft zum nationalsozialistischen Regime schärfer und zum Teil offensiv markierten, noch im nachhinein ins Abseits gestellt
werden. Eine immanente, an Schrift und Bekenntnis orientierte Kritik an
Handlungsweisen der Landeskirche im Dritten Reich wird unmöglich, wenn
innerkirchliche Alternativen auch nach dem Ende der Nazi-Herrschaft weiter
in Frage gestellt bleiben.

---

* Zuerst veröffentlicht in: Wolfgang *Vögele* (Hrsg.): „… dass Schuld auf unserem Wege liegt". Die
hannoversche Landeskirche im Nationalsozialismus, Rehburg-Loccum 1998 (= Loccumer Protokolle 58/97), S. 32-43.

1 Abgedruckt in: Heinrich *Grosse*/Hans *Otte*/Joachim *Perels* (Hrsg.): Bewahren ohne Bekennen?
Die hannoversche Landeskirche im Nationalsozialismus, Hannover 1996, S. 471 ff.

2 Ebd.

Im August 1945 hatte Marahrens im Blick auf die Verfolgung der Juden von der „Schuld, die auf unserem Wege liegt" gesprochen; er erinnerte an das, „was in den Irrenanstalten geschah und hinter den Zäunen der Konzentrationslager oder gar Vernichtungslager des Ostens".[3] In die so deutliche Bezeichnung der Schuld ragte freilich eine antijudaistische Formel hinein: Marahrens sprach auch „vom schweren Unheil, das die Juden über unser Volk gebracht haben" mögen.[4]

Die kritische Selbstreflexion des kirchlichen Anfangs nach dem Zerbrechen Nazi-Deutschlands wird freilich schon 1946 weitgehend aufgegeben. In der in diesem Jahr von Heinz Brunotte verfaßten und von Marahrens und von anderen Vertretern der Kirchenleitung unterzeichneten Denkschrift wird die von Marahrens' Schulderkenntnis vom August 1945 und von der Stuttgarter Schulderklärung vom Oktober 1945 grundlegend unterschiedene Behauptung aufgestellt, daß wir, „wo wir konnten, der Obrigkeit Gottes Willen bezeugt und die Wahrheit gesagt"[5] haben. So bleibt die Anknüpfung an die Stuttgarter Erklärung nur formell.

Die leitmotivisch bei Marahrens, bei Brunotte und noch 1989 bei Schmidt-Clausen auftauchende These, die das gesamte Spektrum der einzelnen Handlungen der Landeskirche im nationalsozialistischen System im Prinzip als theologisch gerechtfertigt, ja geboten erscheinen läßt, lautet, daß die Diktatur Hitlers auch im nachhinein als Obrigkeit im Sinne von Römer 13 angesehen werden muß, der Christen grundsätzlich zu gehorchen hatten.[6] In der schon erwähnten Denkschrift der Kirchenleitung von 1946 heißt es:

> „Wir haben allerdings und glauben uns mit der heiligen Schrift und der Lehre Martin Luthers im Einklang zu befinden, auch in den Organen des nationalsozialistischen Staates unsere Obrigkeit gesehen und uns demgemäß verhalten. Es ist auch nicht verborgen geblieben, daß diese Obrigkeit sich in zunehmendem Maße als unchristlich, ja als antichristlich enthüllte.

---

3   Auszug aus einem der Bekenntnisgemeinschaft gegebenen Rückblick von D. Marahrens (8.8.1945), in: Eberhard *Klügel*: Die Lutherische Landeskirche Hannovers und ihr Bischof 1933-1945. Dokumente, Berlin/Hamburg 1965, S. 204.

4   Ebd.

5   Die Haltung der Hannoverschen Landeskirche im Kirchenkampf und heute in: Klügel (wie Anm. 3), S. 221.

6   Rechenschaftsbericht D. Marahrens vor der hann. Landessynode vom 15.4.1947, in: Klügel (wie Anm. 3), S. 213; Die Haltung der Hannoverschen Landeskirche im Kirchenkampf und heute (wie Anm. 5), S. 221; Heinz *Brunotte*: Im Kirchenkampf, in: Walter *Ködderitz* (Hrsg.): D. August Marahrens. Pastor Pastorum zwischen zwei Weltkriegen, Hannover 1952, S. 90; Kurt *Schmidt-Clausen*: August Marahrens. Landesbischof in Hannover, Hannover 1989, S. 26, 101.

Trotzdem haben wir ihr in äußeren Dingen den schuldigen Gehorsam erwiesen."[7]

Diese Sicht, in der Identifikationen mit diktatorischen und imperialen Herrschaftsformen des nationalsozialistischen Regimes[8] zu einem äußerlichen Vorgang gemacht werden, markiert denn auch die Kernposition von Marahrens in seinem Rechenschaftsbericht auf der Synode von 1947. In der Erwähnung einzelner Fehler – dieses Wort ersetzt das frühere von der Schuld – erklärt Marahrens mit Zustimmung der Synode seine Position zum Dritten Reich für theologisch unangreifbar:

„Daß ... meine Grundhaltung gegenüber dem Dritten Reich falsch gewesen sei, könnte mir nur jemand nachweisen, der es fertig brächte, die Lehre von Paulus von der Obrigkeit Römer 13 mit Gründen der Heiligen Schrift ... zu widerlegen oder die Lehre Luthers von den beiden Reichen in ihrem echten ursprünglichen Verstande ‚ad absurdum' zu führen."[9]

Mit diesem Rückgriff auf Römer 13 wird aber die politische Struktur des nationalsozialistischen Regimes politisch und theologisch im Kern verfehlt. Einer der großen Analytiker des Nationalsozialismus, Franz L. Neumann, als Jude und als Justitiar der SPD 1933 exiliert, hat in seiner epochemachenden, 1942 in den USA veröffentlichten Untersuchung Nazi-Deutschlands ein treffendes, aus dem alttestamentlichen Denken entlehntes Begriffsbild geprägt: Das nationalsozialistischen System ist für ihn der „Behemoth", der den Leviathan, in dem Reste der Herrschaft des Gesetzes und individueller Rechte noch gewahrt sind, in seiner schrankenlosen Gewalt qualitativ überbietet. Neumann erläutert das Wort vom Behemoth so:

Der „Nationalsozialismus [ist] ein Unstaat oder [er] entwickelt sich dazu". Er ist „ein Chaos, eine Herrschaft der Gesetzlosigkeit ..., welche die Rechte und die Würde des Menschen verschlungen hat und dabei die Welt durch die Obergewalt über riesige Landmassen in ein Chaos verwandelt".[10]

---

7   Die Haltung der Hannoverschen Landeskirche im Kirchenkampf und heute (wie Anm. 5), S. 221.

8   Joachim *Perels*: Die hannoversche Landeskirche im Nationalsozialismus, in: Grosse/Otte/Perels (wie Anm. 1), S. 164 ff., 167 ff.

9   Rechenschaftsbericht von D. Marahrens (wie Anm. 6), S. 213.

10   Franz L. *Neumann*: Behemoth. Struktur und Praxis des Nationalsozialismus (1942/44), Köln 1977, S. 16, 541 ff.

In der Tat: Ein System – und dies lag nach 1945 vor aller Augen, auch vor denen der Kirchenleitung und der Pastoren –, das die Ermordung von Millionen schuldloser Menschen – Juden, psychisch Kranker, Roma und Sinti, sogenannter Fremdvölkischer, russischer Kriegsgefangener, politischer Oppositioneller und vieler anderer – plante und ausführte, hatte auch mit einer autoritären Obrigkeit nichts gemein. Wenn es bei Paulus heißt, daß die Obrigkeit die Guten lobt und die Bösen straft (Röm. 13,4), so zeigt dies, daß bei ihm der Begriff der Obrigkeit daran gebunden ist, daß sie im Rahmen des Rechts handelt. Im Un-Staat aber werden die Bösen belohnt und die Guten bestraft: Heinrich Himmler, der die Ermordung der Juden organisierte, wird mit einer Festschrift belohnt, Peter Graf York, der das Nein zur Ausrottung der Juden als Motiv für sein Widerstandshandeln vor Freisler bekräftigt, wird mit dem Tode bestraft.[11]

Durch die undifferenzierte Berufung auf Römer 13 kann die Unterscheidung zwischen einem Staat und einer schrankenlosen Mörder-Tyrannis nicht mehr getroffen werden. Gerade diese Unterscheidung aber, die für das jeweils christlich gebotene Verhalten in der Welt äußerst folgenreich ist, findet sich – anders, als Brunotte und Marahrens meinen – bei Luther selber. Schon in seiner Schrift „Von weltlicher Obrigkeit" heißt es unzweideutig:

> „Wie, wenn ein Fürst unrecht hätte, ist ihm sein Volk dann auch schuldig zu folgen? Antwort: Nein. Denn gegen das Recht gebührt niemand zu tun; sondern man muß Gott (der Recht haben will), mehr gehorchen als den Menschen (Apg. 5,29)."[12]

Und in den „Tischgesprächen" führt diese christliche Einsicht zum Handlungsgebot gegenüber dem Tyrannen:

> „Ob es erlaubt sei, einen Tyrannen zu töten, der gegen Recht und Ordnung willkürlich lauter Böses tut?… [W]enn er einem sein Weib, dem anderen die Tochter, dem Dritten sein Feld und Gut und noch einem anderen sein Haus und sein Besitz wegnähme und die Bürger könnten seine Gewalt und das Schreckensregiment nicht länger ertragen und sie verschwörten sich untereinander, dann dürften sie ihn umbringen."[13]

---

11 Festgabe für Heinrich Himmler, mit Beiträgen von Wilhelm Stuckart, Werner Best u.a., Darmstadt 1941; s. hierzu Ulrich *Herbert*: Best: biographische Studien über Radikalismus, Weltanschauung und Vernunft; 1903–1989, Bonn 1996, S. 279; Marion *York von Wartenburg*: Die Stärke der Stille. Erzählung eines Lebens aus dem deutschen Widerstand, Köln 1984, S. 154.

12 Martin *Luther*, Werke, ed. *Aland*, Bd. 7, Göttingen 1991, S. 48.

13 Martin *Luther*, Werke, ed. *Aland*, Bd. 9, Göttingen 1991, S. 192.

Selbst Paul Althaus, geistig befreit von seiner einstigen Hypostasierung des Führer-Staats, arbeitete in einem Vortrag von 1946 heraus, daß eine gegen Gottes Gebot handelnde Obrigkeit „Keine Obrigkeit mehr [ist]" (WA 30, II 197).[14] Die gegen eine „christliche" Legitimation einer Tyrannis gerichtete Linie Luthers hat Hans Joachim Iwand 1952 in seinem wegweisenden Gutachten im Remer-Prozeß in Braunschweig systematisch entfaltet. Der zweite Vorsitzende der in Niedersachsen besonders starken Sozialistischen Reichspartei, Otto Ernst Remer, hatte die Widerstandskämpfer des 20. Juli als Hoch- und teilweise auch als Landesverräter verunglimpft; seine Verteidigung wollte sich sogar auf Marahrens' ablehnende Haltung zur Verschwörung des 20. Juli stützen.[15] Iwand zeigte, daß nach Luther die in Römer 13 intendierte Ordnung in die ihr entgegengesetzte Herrschaft des gesetzlosen Menschen im Sinne des 2. Thessalonicherbriefes umschlagen kann. Angesichts einer derartigen Unordnung gibt es auch für Luther ein Recht auf Widerstand. Sein Gutachten beschließt Iwand mit einem Wort aus der Schrift „Warnung an seine lieben Deutschen": Gegen die „Bluthunde", wie Luther die vom Recht abgefallenen Herrscher nennt, ist „Gegenwehr" erlaubt. Sie ist für Luther nicht „aufrührerisch", weil sie die Wiederherstellung des Rechts intendiert.[16] Diese Sichtweise blieb für die theologische Wertung der Rolle der Landeskirche im Dritten Reich lange folgenlos, zumal Brunotte in dem Gedenkband für Marahrens, der ebenfalls 1952 erschienen war, das nationalsozialistischen Regime weiter als klassische Obrigkeit im Sinne von Römer 13 qualifizierte.[17]

Die legitimatorische Deutung der weitgehenden Staatsergebenheit der Landeskirche im Dritten Reich hat zur Konsequenz, daß die Differenz zwischen dem Evangelium und der Welt – „Wer der Welt Freund sein will, der wird Gottes Feind sein", heißt es bei Jakobus (4,4) –, die bis 1935 vielfach festgehalten wurde,[18] zunehmend eingeebnet wird. Dies zeigt sich in der historischen Betrachtung des innerkirchlichen und politischen Bereichs.

---

14 Paul *Althaus*: Luther und das öffentliche Leben (1946), in: *Ders.*: Um die Wahrheit des Evangeliums, Stuttgart 1962, S. 259 f.; zu Althaus' Stellung zum NS-Staat s. Paul *Althaus*: Obrigkeit und Führertum 1936; s. dazu auch Ernst *Wolf*: Zur Selbstkritik des Luthertums (1946), in: Paul *Schempp* (Hrsg.): Evangelische Selbstprüfung, Stuttgart 1947, S. 114 f.

15 Vgl. NSTA Wolfenbüttel, 61 Nds. FB 1, Nr. 24/2, Blatt 263.

16 Hans Joachim *Iwand*: Gott mehr gehorchen als den Menschen!, in: 20. Juli 1944, bearb. von Hans *Royce*, Bonn o.J. [1952], S. 140 ff., 142, 144; Martin *Luther*: Werke, ed. *Aland*, Bd. 4, Göttingen 1991, S. 241.

17 Brunotte (wie Anm. 6).

18 Vgl. etwa Heidrun *Becker*: Der Osnabrücker Kreis 1931-1939, in: Grosse/Otte/Perels (wie Anm. 1), S. 66 ff.

Ich greife – wegen der gebotenen Kürze – nur vier Fragen heraus, in denen die falsche Nähe zur Welt unreflektiert noch einmal in Erscheinung tritt.

Die Unterschrift von Marahrens unter die fünf Sätze von Hitlers Kirchenminister Kerrl von 1939, in denen unter anderem „die nationalsozialistische Weltanschauung" „als solche auch für den christlichen Deutschen" für „verbindlich" erklärt und „die Reinerhaltung unseres Volkstums" „im Gehorsam gegen die göttliche Schöpfungsordnung" „bejaht" wurde,[19] erscheint in der Selbstdarstellung der Kirchenleitung in der schon erwähnten, von Brunotte verfaßten Denkschrift von 1946 als „Versuch, die Bereiche des Staates und der Kirche gegeneinander abzugrenzen".[20] Diese Deutung verfehlt den auf die Identifikation von nationalsozialistischer Ideologie und christlichem Glauben zielenden Kerngehalt der Sätze Kerrls. Wird so die Frage einer evangeliumsfernen Distanzlosigkeit zur Welt zum Verschwinden gebracht, so wird in der Darstellung von Klügel, das – seiner eigenen vorsichtigen Kritik widersprechende – Urteil gefällt, daß die Schwäche der fünf Sätze weniger in dem, was sie sagten, als in dem, was sie nicht sagten, liege.[21] Auch hier wird – im Jahre 1964 – der Einbruch der Ideologie der Nazi-Welt weder zureichend erkannt noch theologisch reflektiert. Die zeitgenössische Gegenposition der kleinen hannoverschen Pfarrbruderschaft wird nicht einmal als Fragestellung ernst genommen, obgleich auch Marahrens, ohne die Gruppe zu erwähnen, acht Jahre später ihre Intention aufnahm und seine Unterschrift unter Kerrls Sätze zum Teil verwarf.[22] In der Stellungnahme der Pfarrbruderschaft von 1939 ging es um die evangeliumswidrige Verklammerung von Kirche und Welt in den Sätzen des Kirchenministers der Regierung Hitler:

> „[W]ir sehen uns … außerstande, Sätzen zuzustimmen, deren Inkraftsetzung die Kirche an den völkischen Mythos binden, von der Verpflichtung zu bekenntnismäßiger Predigt und Ordnung aber entbinden würde."[23]

Selbst heute gibt es Stimmen, die diese frühe Erkenntnis negieren. In einer kürzlich bei Vandenhoek & Ruprecht erschienenen Kirchengeschichte Niedersachsens von Hans-Walter Krumwiede werden die Beschlüsse der 21. Synode

---

19 Fünf Grundsätze des Reichskirchenministers (1939), in: Klügel (wie Anm. 3), S. 153.

20 Die Haltung der Hannoverschen Landeskirche im Kirchenkampf und heute (wie Anm. 5), S. 221.

21 Eberhard *Klügel*: Die Lutherische Landeskirche Hannovers und ihr Bischof 1933-1945, Berlin/Hamburg 1964, S. 365.

22 Rechenschaftsbericht von D. Marahrens (wie Anm. 6), S. 212.

23 Joachim *Beckmann* (Hrsg.): Kirchliches Jahrbuch 1933-1944, Gütersloh 1948, S. 305.

der Landeskirche zur Schuld gegenüber den Juden mit der Bemerkung teilweise in Frage gestellt, daß die Kirche in die Rassenpolitik verstrickt gewesen sei, sie aber weder bejaht nocht selbst gefördert habe.[24] Die in den Sätzen Kerrls sich ausdrückende Verpflichtung der Christen auf die nationalsozialistische Weltanschauung deutet Krumwiede um. Er meint, daß diese Grundsätze „nicht als Annäherung an die nationalsozialistischen Doktrin"[25] verstanden werden dürften – eine Behauptung, die nicht nur vor dem Text der Sätze von Hitlers Kirchenminister die Augen verschließt, sondern auch die Haltung der Kirchenregierung unerwähnt läßt. Die Kirchenregierung – und nicht nur Marahrens – ordnete die Kerrlschen Sätze in einem öffentlichen Wort vom 23. 6. 1939 in ein kirchenpolitisches Konzept ein, das auf ein „fruchtbares Miteinander" von Staat und Kirche zielte und in den Satz mündete: „Wir [treten] für das Werk unseres Führers mit dem Besten ein, was wir haben."[26] Wenn die Sätze Kerrls die Gestalt hätten, wie sie Krumwiede unterstellt, wäre es zudem überflüssig gewesen, daß Marahrens seine Unterschrift unter sie im nachhinein zum Teil verworfen hätte.[27]

Daß die falsche Nähe zur Welt, zum antisemitischen Fundament des nationalsozialistischen Staats, im Umgang mit den Judenchristen und mit den Juden am stärksten zum Ausdruck kam, wurde lange Zeit nur unzureichend wahrgenommen. In Klügels breit angelegtem Buch ist die Frage in einem neun Seiten umfassenden Anhang abgehandelt worden.[28] In keiner der frühen Nachkriegspublikationen – von Brunotte bis Klügel – wird die ins Zentrum christlichen Glaubens und Nichtglaubens führende Tatsache erwähnt, daß der hannoversche Landesbischof in einem von ihm als Mitglied des Geistlichen Vertrauensrats mit unterzeichneten Schreiben vom 20. 5. 1942 an Wurm forderte, daß die mit dem Judenstern gebranntmarkten Christen als Angehörige eines sogenannten „Feindvolks" aus dem Gottesdienst ausgeschlossen werden, dem „kirchlichen Leben der deutschen Gemeinde fernbleiben... sollen".[29] Die

---

24 Hans-Walter *Krumwiede*: Die Hannoversche Landeskirche im Hitler-Reich. Sonderdruck aus: *Ders.*: Kirchengeschichte Niedersachsens, Bd. 2, Göttingen 1996, S. 72.

25 Ebd., S. 68.

26 Wort der Kirchenregierung an die Landeskirche (1939), in: Beckmann (wie Anm. 23), S. 302.

27 Rechenschaftsbericht von D. Marahrens (wie Anm. 6), S. 212.

28 Klügel (wie Anm. 21), S. 491 ff.

29 Wolfgang *Gerlach*: Als die Zeugen schwiegen. Bekennende Kirche und die Juden, Berlin 1993, S. 333, 336. Zur Gesamtanalyse s. die grundlegende Arbeit von Gerhard *Lindemann*: „Typisch jüdisch". Antijudaismus, Judenfeindschaft und Antisemitismus im Bereich der evangelisch-lutherischen Landeskirche Hannovers 1919-1949, Berlin 1998.

Übernahme der antisemitischen Diskriminierungsnormen der Welt hatte die Konsequenz, daß auch der Herr der Kirche als sogenannter „Sternträger" aus dem Gottesdienst hätte verbannt werden müssen. Dies war ein Menetekel für das Auseinanderfallen von Kirche als Institution und der Präsenz Christi. Der Vorgang erinnert an Dostojewskis Schilderung des Großinquisitors, der den wiederkehrenden Jesus als Störenfried selbstherrlicher, weltlicher Kirchenmacht abweist. Von hier fällt ein kritisches Licht auf Marahrens' Bemerkung von 1947, er habe sein Ziel, „die Kirche durch die Bedrohung des Staates hindurchzuführen…, erreicht".[30]

Marahrens' Haltung zu den Judenchristen war alles andere als alternativlos. Christen wie Bischof Wurm, die Mitglieder der Vorläufigen Kirchenleitung, Pastor Kurtz in Berlin und Vikarin Staritz in Breslau – um nur einige zu nennen – widersetzten sich dem Ausschluß der Judenchristen aus dem Gottesdienst;[31] Pfarrer Kurtz feierte am Gründonnerstag und Karfreitag 1942 mit vierzig, von Judensternen gekennzeichneten Menschen das Abendmahl.[32]

Die Problematik der Haltung der Landeskirche zum politischen Bereich ist bereits von verschiedenen Seiten benannt worden. Erwin Wilkens spricht von der „unkritischen Staatsnähe des späten Luthertums" und Hans Otte führt diesen Gedanken weiter.[33] Was dies aber für die grundsätzliche Stellung zur Diktatur hieß, erschließt sich, wenn man den Zentralbegriff vergegenwärtigt, den Ernst Fraenkel in den dreißiger Jahren als bestimmendes Moment des nationalsozialistischen Regimes herausgearbeitet hat: den des Maßnahmenstaates.[34] Dieser Begriff, den Fraenkel vor allem im Gespräch mit seinem Freund, dem später ermordeten Justitar des Lutherischen Rats, Martin Gauger, entwickelt hat,[35] bedeutet, daß sämtliche Rechtspositionen der Individuen – Leben, Freiheit, Eigentum, körperliche Integrität etc. – unter dem Vorbehalt ihrer Durchbrechung durch die Staatsgewalt stehen, sofern politische Ziele des Regimes dies erfordern.

---

30 Rechenschaftsbericht von D. Marahrens (wie Anm. 6), S. 212.

31 Gerlach (wie Anm. 29), S. 330, 331, 284 ff., 239.

32 Ebd., S. 239.

33 Erwin *Wilkens*: Der Fall Marahrens aus der Sicht eines Zeitzeugen (1988), in: Schmidt-Clausen (wie Anm. 6), S. 120, 134; diese Interpretation führt Hans *Otte*: Ein Bischof im Zwielicht. August Marahrens (1875-1950) fort, in: Grosse/Otte/Perels (wie Anm. 1), S. 214 ff. Die Differenzen in der Wertung der Rolle von Marahrens zwischen Otte und mir (s. die Kritik an meiner Position, ebd., S. 215 ff.) können in dieser Skizze nicht zureichend behandelt werden.

34 Ernst *Fraenkel*: Der Doppelstaat (1941), Frankfurt/M. 1974.

35 Ebd., S. 17.

Marahrens' Staatsnähe schloß die zum Maßnahmenstaat, zur Herrschaft des gesetzlosen Menschen, ein. Dies zeigt sich bei der Hinnahme des Anstaltsmords in staatlichen Einrichtungen. Anders als in der schon mehrfach genannten Denkschrift Brunottes und zum Teil in späteren Veröffentlichungen behauptet,[36] ist Marahrens nicht gegen die nationalsozialistische „Euthanasie"-Aktion in staatlichen Anstalten vorstellig geworden. Allein im innerkirchlichen Bereich versuchte er, der Tötung Kranker entgegenzuwirken.[37] Die „Euthanasie"-Aktion – Radbruch nennt sie treffender Anstaltsmord – wird in einem von Marahrens mit unterschriebenen Brief des Geistlichen Vertrauensrats und der Kirchenkanzlei vom 16. 7. 1940 nicht grundsätzlich abgelehnt; es wird nur eine vorherige gründliche Prüfung verlangt.[38] Das heißt, daß das Recht auf Leben für psychisch Kranke nicht prinzipiell verteidigt wird. Insofern ist es nur zu konsequent, daß Marahrens, wie Johannes Schulze im Gespräch mit Horst Hirschler berichtet,[39] seinen Pastoren untersagt, die Predigten des Grafen Galen zu verlesen. Denn in ihnen war die rechtsstaatliche Schranken zerstörende Struktur der nationalsozialistischen „Euthanasie" benannt und verurteilt worden:

„Nach mir zugegangenen Nachrichten soll im Laufe dieser Woche … eine große Anzahl Pfleglinge der Provinzheilanstalt Marienthal bei Münster als sogenannte ,unproduktive Volksgenossen' nach der Heilanstalt Eichberg überführt werden, um dann alsbald, wie es nach solchen Transporten aus anderen Heilanstalten nach allgemeiner Überzeugung geschehen ist, vorsätzlich getötet zu werden. Da ein derartiges Vorgehen nicht nur dem göttlichen und natürlichen Sittengesetz widerstreitet, sondern auch als Mord nach § 211 des Strafgesetzbuches mit dem Tode zu bestrafen ist, erstatte ich gemäß § 139 des Strafgesetzbuchs pflichtgemäß Anzeige … "[40]

---

36 Die Haltung der Hannoverschen Landeskirche im Kirchenkampf und heute (wie Anm. 5), S. 220.

37 Perels (wie Anm. 8), S. 171 ff.

38 Schreiben des Geistlichen Vertrauensrates und des Leiters der Kirchenkanzlei vom 16.7.1940 zur Weiterleitung der Eingabe des Centralausschusses für Innere Mission vom 15.7.1940 (mit Anlage der Denkschrift Braune – Lobetal) an den Herrn Reichsminister und Chef der Reichskanzlei in Berlin, in: Klügel (wie Anm. 3), S. 174; vgl. hierzu die differenzierte Gesamtuntersuchung des Anstaltsmords von Hans-Walter *Schmuhl*: Rassenhygiene, Nationalsozialismus, Euthanasie. 1890-1945, Göttingen 1987, S. 337.

39 Horst *Hirschler*: Landessuperintendent i. R. Johannes Schulze im Gespräch mit Studiendirektor Horst Hirschler, in: Grosse/Otte/Perels (wie Anm. 1), S. 130.

40 Predigt von Bischof Clemens August Graf von Galen vom 3.8.1941, in: Georg *Denzler*/Volker *Fabricius* (Hrsg.): Die Kirchen im Dritten Reich, Bd. 2, Frankfurt/M. 1984, S. 202.

Dies Eintreten für das Leben der psychisch Kranken in staatlichen Einrichtungen findet sich beim hannoverschen Landesbischof nicht, während Bischof Wurm und der der Bekennenden Kirche angehörende Richter Lothar Kreißig der rechtsfreien Auslöschungspraxis des Maßnahmenstaates widersprechen.[41] Das aber bedeutet: Selbst die mordende Obrigkeit bleibt, in bestürzender Weltlichkeit, doch Obrigkeit.

Die weitgehende theologische Akzeptanz des Maßnahmenstaates, die ihre Parallele in der Mitwirkungsbereitschaft führender Gruppen der traditionellen Eliten wie der Bürokratie, der Justiz und des Militärs im nationalsozialistischen Regime besitzt, hat Folgen für die Frage eines christlich begründeten Widerstandsrechts. Auch nach dem Ende des Dritten Reiches wird es von der hannoverschen Kirchenleitung wie schon nach dem 20. Juli 1944 entschieden negiert. Dies ist das einzige Mal, daß in der schon erwähnten Denkschrift der Kirchenleitung von 1946 das Wort Mord auftaucht. Im Blick auf das Attentat des 20. Juli 1944 wird von einem „politischen Mordanschlag"[42] gesprochen; von den Verbrechen des nationalsozialistischen Staats ist nicht die Rede. Daß das Wort Mord auch den Bedeutungshorizont niedriger Beweggründe einschließt, wird nicht bewußt gewesen sein. Immerhin wurde damit Hans-Bernd von Haeften, ein Christ von großer Klarheit, Diplomat des Auswärtigen Amtes, Angehöriger des Kreisauer Kreises, theologisch ins Unrecht gesetzt. Dabei hatte von Haeften, der am 15. 8. 1944 vom Volksgerichtshof zum Tode verurteilt und am selben Tage auch zu Tode gebracht wurde, schon in einem Brief vom Januar 1941 sein Handeln theologisch so begründet:

> „Nicht ist es so, daß die Gnade den passiv Duldenden einfach erfaßte. Es ist und bleibt Sache des Menschen, die angebotene Gnade zu ergreifen. Und ergreifen läßt sie sich nur von dem Ringenden, der unter Aufbietung letzter Kräfte um seine Läuterung kämpft, der bis aufs Blut widersteht dem Bösen..."[43]

1944 löste von Haeftens Wort im Volksgerichtshof, daß Hitler „ein großer Vollstrecker des Bösen ist", die schärfste Attacke des Oberreichsanwalts Lautz

---

41 Schreiben von Landesbischof T. Wurm an Reichsinnenminister Frick vom 19. 7. 1940, ebd., S. 193; Helmut *Kramer*: Lothar Kreißig (1898-1986). Richter und Christ im Widerstand, in: Thomas *Blanke* u.a. (Hrsg.): Streitbare Juristen. Eine andere Tradition, Baden-Baden 1988, S. 347 ff.

42 Die Haltung der Hannoverschen Landeskirche im Kirchenkampf und heute (wie Anm. 5), S. 222.

43 Barbara von *Haeften*: „Nichts Schriftliches von der Politik". Hans-Bernd von Haeften. Ein Lebensbericht, München 1997, S. 46.

aus.[44] Anders als von Haeften und andere christliche Märtyrer des Widerstands urteilt die hannoversche Kirchenleitung 1946: Sie habe, heißt es, „dem Gericht Gottes, das die Tyrannen dieser Welt noch immer zur rechten Zeit ereilt hat", nicht vorgegriffen.[45] Diese geschichtstheologische Behauptung impliziert, daß es geboten war, die unter die Mörder Gefallenen, in vorgeblich „christlicher" Kontemplation, ihrem Schicksal zu überlassen, das allein in den Händen Gottes liege. Dieser Begriff Gottes hat mit dem fordernden Menschensohn Jesus nichts mehr gemein. Der Versuch, die Todesmaschinerie der Vernichtungslager und des Krieges anzuhalten und die Herrschaft des Rechts wiederherzustellen, wird zum Eingriff in die Souveränität Gottes. Die Verweltlichung der Kirche wird unsichtbar, sie geschieht unter einer geistlichen Maske.

Daß die Landeskirche ihre Aufgabe, Ärgernis in der Welt zu sein – in einer Auslegung des Galaterbrief von Hans Asmussen von 1936 findet sich die Bemerkung, daß es ein „Segen der Bekenntnisbewegung [ist], daß sie der Staatsfeindschaft bezichtigt worden ist"[46] –, vielfach verfehlte und daß dies lange Zeit nicht angemessen aufgearbeitet wurde, hat verschiedene Ursachen. Diejenigen, die in Artikeln, Aufsätzen und Büchern die Rolle der Landeskirche im Nationalsozialismus zunächst darstellten, spielten selber in der Zeit des nationalsozialistischen Regimes eine maßgebliche kirchenpolitische Rolle. Wer über die Nazi-Zeit schrieb, urteilte auch über sein eigenes Verhalten – ein Phänomen, das nicht nur für die Kirchengeschichtsschreibung Bedeutung hatte, sondern auch für den exkulpierenden Umgang der Justiz mit ihrer Vergangenheit.[47] So konnten Formen unkritischer Selbstlegitimation entstehen. Um ein Beispiel zu geben: Wie sollte Heinz Brunotte, der an der Ausarbeitung der fünf Sätze Kerrls beteiligt war, der 1939 in der Kirchenkanzlei in Berlin einen Entwurf einer Verordnung verfaßt hatte, die den Judenchristen „die äußeren kirchlichen Rechte der Mitglieder einer Kirchengemeinde" absprach,[48] in der Denkschrift von 1946 den kirchlichen Umgang mit den Christen jüdischer Herkunft selbstkritisch bewerten? Eine Alternative wäre gewesen, wenn die 1945 zunächst auch von Marahrens und Wurm, vor allem

---

44 Ebd., S. 87.

45 Die Haltung der Hannoverschen Landeskirche im Kirchenkampf und heute (wie Anm. 5), S. 222.

46 Hans *Asmussen*: Galaterbrief, 3. Aufl. München 1936, S. 180.

47 Vgl. Joachim *Perels*: Die schrittweise Rechtfertigung der NS-Justiz, in: Peter *Nahamowitz*/Stefan *Breuer* (Hrsg.): Politik – Verfassung – Gesellschaft. Traditionslinien und Entwicklungsperspektiven, Baden-Baden 1995, S. 51 ff.

48 Kurt *Meier*: Der evangelische Kirchenkampf, Bd. 3, Halle/Saale 1984, S. 77; Gerlach (wie Anm. 29), S. 333, 336.

aber von Niemöller im August 1945 und im Oktober 1945 in Stuttgart aufgeworfene Schuldfrage zum Ausgangspunkt eines Neubeginns geworden wäre.[49] Diese Frage, die in jener Zeit, philosophisch, politisch und juristisch vor allem von Karl Jaspers, Hannah Arendt und Eugen Kogon ins Zentrum einer die ganze Gesellschaft ergreifenden Selbstbesinnung gestellt wurde,[50] hot die Chance, mit der „Befreiung aus den gottlosen Bedingungen dieser Welt" (Barmen) ernst zu machen.

Die Entwicklung verlief anders. Nicht nur Lilje, auch Wurm – der erste Ratsvorsitzende der EKD – nahmen den wichtigsten Satz der Stuttgarter Schulderklärung – „Durch uns ist unendliches Leid über viele Völker gebracht worden" – der Sache nach weitgehend zurück; in einem vervielfältigten Schreiben vom November 1945 sprach Lilje davon, daß die Erklärung von Stuttgart nicht so aufzufassen sei, als ob „das Deutsche Volk sich als schuldig an diesem Krieg und seinen Greueln bekenne"; in einer Eingabe an die Besatzungsmächte wandte sich Wurm am 26.4.1946 gegen eine allgemeine „Schuldbelastung" von Staatsbeamten, Wirtschaftlern, Juristen und Militärs.[51] Daß sich die Tendenz einer Schuld- und Erkenntnisabwehr mit Blick auf die eigene Rolle im nationalsozialistischen Regime – trotz mancher Gegenpositionen – durchsetzte, hängt mit der institutionellen Kontinuität und der legitimatorischen Selbstvergewisserung des bürgerlichen Nationalprotestantismus zusammen.[52]

---

49 Rückblick von D. Marahrens (wie Anm. 3), S. 204; Treysa 1945. Die Konferenz der evangelischen Kirchenführer 27.-31.8.1945, hrsg. von Fritz *Söhlmann*, Lüneburg 1946, S. 12ff., 20, 22ff.; Joachim *Beckmann* (Hrsg.): Kirchliches Jahrbuch 1945-1948, Gütersloh 1950, S. 26f.

50 Karl *Jaspers*: Die Schuldfrage (1946), München 1987; Hannah *Arendt*: Organisierte Schuld (1944/45), in: *Dies.*: Die verborgene Tradition, Frankfurt/M. 1976, S. 32ff.; Eugen *Kogon*: Frankfurter Rede, gehalten auf der ersten Kundgebung der CDU am 11.11.1945, in: *Ders.*: Die restaurative Republik, Weinheim 1996, S. 135ff.

51 Diether *Koch*: Heinemann und die Deutschlandfrage, München 1972, S. 41, 44, mit weiteren Nachweisen; Beckmann (wie Anm. 49), S. 191ff., 194.

52 Clemens *Vollnhals*: Die Hypothek des Nationalprotestantismus, in: Geschichte und Gesellschaft 18 (1992), S. 51ff.; vgl. auch Norbert *Frei*: Vergangenheitspolitik. Die Anfänge der Bundesrepublik und die NS-Vergangenheit, München 1996, S. 135ff.

GERHARD LINDEMANN

Die Kritik der innerkirchlichen Opposition am Umgang mit der nationalsozialistischen Vergangenheit in der Ev.-luth. Landeskirche Hannovers

Hannoversche Kirchenopposition im Nationalsozialismus

Bereits gegen Ende der Weimarer Republik begegneten im Bereich der hannoverschen Landeskirche die kirchliche Publizistik – zum Beispiel der spätere Landesbischof Hanns Lilje[1] – und auch kirchenleitende Funktionsträger wie Landesbischof August Marahrens[2] der NSDAP mit deutlicher Sympathie, ja bisweilen sogar Hochachtung. Dies dürfte im niedersächsischen Raum mit dazu beigetragen haben, daß diese völkisch-antisemitisch ausgerichtete Partei salon- und mehrheitsfähig wurde. Zumindest brauchten jene Teile des Kirchenvolkes, die der braunen Partei ihre Wählerstimme gaben, dabei kein schlechtes Gewissen zu haben. Männer wie Hanns Lilje leisteten ihnen bei der Verdrängung der antisemitischen Kernpunkte der nationalsozialistischen Ideologie wirkungsvollen Beistand. Landesbischof Marahrens übte gar öffentliche Kritik an der demokratischen Staatsform. Wie andere „nicht-nationalsozialistische[.] bürgerliche[.] Milieus"[3] hatte sich auch die Landeskirche gegenüber der NSDAP weitgehend geöffnet und somit ihren Aufstieg mit begünstigt.

Kritische Stimmen zum Nationalsozialismus kamen vor allem von Anhängern der Wort-Gottes-Theologie, die in Hannover aufgrund der weitgehenden lutherischen Homogenität der Pfarrerschaft nur eine geringe Zahl ausmachten

---

1 Vgl. Hanns *Lilje*: Das politische Gesicht der Zeit, in: Evangelische Wahrheit 23 (1931/32), S. 70-72. Vgl. insgesamt Gerhard *Lindemann*: „Typisch jüdisch". Die Stellung der Ev.-luth. Landeskirche Hannovers zu Antijudaismus, Judenfeindschaft und Antisemitismus 1919-1949, Berlin 1998 (= Schriftenreihe der Gesellschaft für Deutschlandforschung 63), S. 73 f.; Harry *Oelke*: Hanns Lilje. Ein Lutheraner in der Weimarer Republik und im Kirchenkampf, Stuttgart/Berlin/Köln 1999, S. 143-145. Zur Haltung der Publizistik insgesamt vgl. Lindemann (wie oben), S. 53-80.

2 Vgl. August *Marahrens*: Die Forderung der Stunde, in: Beilage zum Hannoverschen Kurier vom 20.11.1932. Vgl. ausführlicher Lindemann (wie Anm. 1), S. 76-78. Von einer Radikalisierung der Position des Landesbischofs spricht auch Hans Otte: Bischof im Zwielicht, in: Heinrich *Grosse*/Hans *Otte*/Joachim *Perels* (Hrsg.): Bewahren ohne Bekennen? Die hannoversche Landeskirche im Nationalsozialismus, Hannover 1996, S. 179-221; hier: S. 188.

3 So Adelheid von *Saldern*: Sozialmilieus und der Aufstieg des Nationalsozialismus in Norddeutschland, in: Frank *Bajohr* (Hrsg.): Norddeutschland im Nationalsozialismus, Hamburg 1993 (= Forum Zeitgeschichte 1), S. 20-52; hier: S. 41. Zur Ambivalenz des Milieubegriffs vgl. S. 20 f.

und sich in der Jungevangelischen Bewegung engagierten, welche sich für eine Kirchenpolitik auf der Grundlage des christlichen Glaubens aussprach.[4] Hermann Ubbelohde, Pastor in Stolzenau bei Loccum und bereits seit den zwanziger Jahren ein Anhänger Karl Barths,[5] zeigte in der von ihm mitherausgegebenen Zeitschrift „Mutiges Christentum" wiederholt die Unvereinbarkeit von nationalsozialistischer Ideologie und christlichem Glauben auf, wobei er insbesondere auf ihren Antisemitismus hinwies und den Haß, mit dem sie ihre politischen Widersacher verfolgte.[6] Richard Karwehl, Pastor in Osnabrück-Schinkel und mit Karl Barth gut bekannt,[7] hatte bereits 1924 den religiösen Charakter der Völkischen Bewegung erkannt, die gleichermaßen gegen das Christen- wie das Judentum gerichtet war.[8] In einem 1931 vor der Jungevangelischen Konferenz in Hannover gehaltenen Vortrag forderte Karwehl von der Kirche, der nationalsozialistischen Ideologie, deren Antisemitismus den göttlichen Geboten widersprach, mit der Konzentration auf das Wort Gottes zu begegnen. Die christliche Eschatologie stelle eine Grenze für jede menschliche Hoffnung dar.[9]

Auch nach der Machtübergabe an die Nationalsozialisten 1933 stießen die wesentlichen Inhalte der nationalsozialistischen Weltanschauung nicht auf Kritik von seiten der hannoverschen Kirchenleitung.[10] Insgesamt konnten die Machtansprüche der Deutschen Christen und der Reichskirche abgewehrt werden.[11] Landesbischof Marahrens erhielt die 1934 kurzzeitig außer Kraft

---

4   Vgl. Jungevangelische Tagung für Kirchenpolitik, in: Mutiges Christentum!, Nr. 18, 5.5.1929, S. 70. Vgl. insgesamt Heinz *Brunotte*: Die jungevangelische Bewegung 1927-1933, in: JGNKG 77, 1979, S. 175-196.

5   Vgl. Lindemann (wie Anm. 1), S. 126.

6   Vgl. dazu Lindemann (wie Anm. 1), S. 127-134.

7   Vgl. Eberhard *Busch*: Karl Barths Lebenslauf. Nach seinen Briefen und autobiographischen Texten, 3. Aufl. München 1975, S. 193.

8   Vgl. LkAH, Best. N 86: Brief Karwehls an seine Mutter.

9   Vgl. Richard *Karwehl*: Politisches Messiastum, in: ZZ 9, 1931, S. 519-543. Ausführlicher dazu Dirk *Glufke*: Richard Karwehls „Politisches Messiastum. Zur Auseinandersetzung zwischen Kirche und Nationalsozialismus". Einleitung und Erläuterung, in: JGNKG 90, 1992, S. 201-218. Vgl. auch Heidrun *Becker*: Der Osnabrücker Kreis 1931-1939, in: Grosse u.a. (wie Anm. 2), S. 43-104; hier: S. 55-59.

10 Vgl. Lindemann (wie Anm. 1), S. 229-239. Vgl. auch Detlef *Schmiechen-Ackermann*: Nazifizierung der Kirche – Bewahrung des Bekenntnisses – Loyalität zum Staat. Die Evangelische Kirche in der Stadt Hannover 1933 bis 1945, in: NSJ 62, 1990, S. 97-132; hier: S. 100 ff. Zur Haltung von Marahrens vgl. auch Otte (wie Anm. 2), S. 190.

11 Zur kirchenpolitischen Entwicklung in der Landeskirche bis 1935 vgl. Kurt *Meier*: Der evangelische Kirchenkampf, Bd. 1: Der Kampf um die Reichskirche, Halle (Saale)/Göttingen 1976, S.

gesetzte Vollmacht, Gesetze – auch verfassungändernden Charakters – zu erlassen, womit sich die Landeskirche an dem im staatlichen und gesellschaftlichen Bereich allgemein akzeptierten Führerprinzip orientierte. Mit der Bildung der Vorläufigen Kirchenregierung 1934 wurde die zwischen Landeskirchentag, Landeskirchenausschuß und Kirchensenat bestehende Gewaltenteilung aufgehoben. Allerdings war zunächst beabsichtigt, ein ordnungsgemäß zustande gekommenes synodales Organ zu bilden. Im Zuge der Kirchenausschußpolitik des Reichskirchenministers Hanns Kerrl – vom Minister ernannte Organe zur Befriedung der zerstörten Landeskirchen unter Ausschluß der entschlossenen Bekennenden Kirche und radikaler Deutscher Christen[12] – entstand Ende Februar 1936 die hannoversche Kirchenregierung, ein von Kerrl im Einvernehmen mit Marahrens eingesetzter Kirchenausschuß.[13] Ihm gehörte mit dem Lüneburger Superintendenten Gustav Rose auch ein Deutscher Christ an, auf dessen Bedenken man in der Folgezeit häufig Rücksicht nahm.[14] Marahrens' Unterstützung für Kerrl ging so weit, daß er 1939 einen vom Minister vorgelegten Text, die sogenannten „Grundsätze", unterzeichnete, in dem die NS-Ideologie als für den Christen im politischen Bereich verbindlich bezeichnet und die nationalsozialistische Judenpolitik bejaht wurde.[15]

Nach 1945 wurde in Hannover wiederholt darauf verwiesen, daß der von Marahrens und seinen Beratern eingeschlagene Kurs die Freiheit der Wortverkündigung in den Gemeinden garantiert hätte.[16] Für das historisch-theologische Urteil steht dem gegenüber das weitgehende Schweigen der Kirchenleitung zum Antisemitismus und der Verfolgung und Ermordung der Jüdinnen

---

389-396; Hans-Walter *Krumwiede*: Kirchengeschichte Niedersachsens, Bd. 2: Vom Deutschen Bund 1815 bis zur Gründung der Evangelischen Kirche in Deutschland 1948, Göttingen 1996, S. 460-465, 473 f., 480-483, 493-497; Waldemar R. *Röhrbein*: Gleichschaltung und Widerstand in der Evangelisch-lutherischen Landeskirche Hannovers, in: Grosse u.a. (wie Anm. 2), S. 11-42.

12 Vgl. dazu Heike *Kreutzer*: Das Reichskirchenministerium im Gefüge der nationalsozialistischen Herrschaft, Düsseldorf 2000 (= Schriften des Bundesarchivs 56), S. 265 ff.; Gerhard *Besier*: Die Kirchen und das Dritte Reich. Spaltungen und Abwehrkämpfe 1934-1937, Berlin/München 2001, S. 339 ff.

13 Vgl. Paul *Fleisch*: Die Entwicklung der leitenden Organe der Evang.-luther. Landeskirche Hannovers von 1922-1953, in: JGNKG 51, 1953, S. 174-185; hier: S. 181.

14 Vgl. Fleisch, ebd.

15 Vgl. Lindemann (wie Anm. 1), S. 261 ff.

16 Vgl. bereits die offizielle Denkschrift „Die Haltung der Hannoverschen Landeskirche im Kirchenkampf und heute", in: Eberhard *Klügel*: Die lutherische Landeskirche Hannovers und ihr Bischof 1933-1945. Dokumente, Berlin/Hamburg 1965, S. 215-226; hier: S. 219; Punkt 1. b.

und Juden,[17] die Hinnahme der Zwangssterilisierungen[18] und der nur äußerst zaghafte Protest gegen die Morde an Kranken und Behinderten,[19] August Marahrens' Hitlerverehrung[20] und die kritiklose Akzeptanz, ja sogar Unterstützung des Zweiten Weltkrieges.[21] Mit der Versetzung der vier Pastoren jüdischer Herkunft in den einstweiligen Ruhestand in den Jahren 1937 bis 1939 und dem 1933 verhängten Einstellungsstopp für Theologen jüdischer Herkunft nahm die Landeskirche Taufe und Ordination nicht mehr wirklich ernst.[22] Bei der 1942 landeskirchlich verordneten Verbannung aller Gemeindeglieder jüdischer Herkunft, sofern sie „Sternträger" waren, aus dem gottesdienstlichen Leben[23] handelte es sich gar um eine offenkundige Verleugnung des christlichen Bekenntnisses.

Die Linie der hannoverschen Kirchenleitung wurde von der Bekenntnisgemeinschaft mitgetragen, einer 1934 entstandenen kirchenpolitischen Gruppierung, die sich die Unterstützung von Marahrens in seiner Auseinandersetzung um die Unabhängigkeit der Landeskirche von der Reichskirche zum Ziel setzte. Ihr gehörte der Großteil der hannoverschen Pastoren, aber auch nicht wenige Laien an.[24] Zunächst im Osnabrücker Raum entstand eine zahlenmäßig kleine Oppositionsgruppe, der „Osnabrücker Kreis", der an den Ergebnissen der Bekenntnissynoden von Barmen und Dahlem orientiert war. Sein führender Kopf war Richard Karwehl.[25] Die Osnabrücker kritisierten die Entstehung der Kirchenregierung 1936 als nicht ordnungsgemäß und damit dem christlichen Bekenntnis widersprechend, da sie laut Verordnung auf Initiative

---

17 Vgl. Lindemann (wie Anm. 1), passim.

18 Vgl. allgemein Jochen-Christoph *Kaiser*: Konfessionelle Wohlfahrtspflege im Nationalsozialismus. Caritas und Innere Mission, in: Hans Otte/Thomas *Scharf-Wrede* (Hrsg.): Caritas und Diakonie in der NS-Zeit. Beispiele aus Niedersachsen, Hildesheim/Zürich/New York 2001 (= Veröffentlichungen des Landschaftsverbandes Hildesheim e.V. 12), S. 45-61; hier: S. 57 f.

19 Vgl. Joachim *Perels*: Die hannoversche Landeskirche im Nationalsozialismus 1933-1945. Kritik eines Selbstbildes, in: Grosse u.a. (wie Anm. 2), S. 153-177; hier: S. 170-172; Otte (wie Anm. 2), S. 205.

20 Vgl. Inge *Mager*: August Marahrens (1875-1950), der erste hannoversche Bischof, in: Grosse u.a. (wie Anm. 2), S. 135-151; hier: S. 146 f.; Perels (wie Anm. 19), S. 175 f.

21 Vgl. Kathrin *Meyn*/Heinrich *Grosse*: Die Haltung der hannoverschen Landeskirche im Zweiten Weltkrieg, in: Grosse u.a. (wie Anm. 2), S. 429-460.

22 Vgl. Lindemann (wie Anm. 1), passim.

23 Vgl. ebd., S. 641 ff.

24 Zu ihrer Gründung vgl. Röhrbein (wie Anm. 11), S. 34 f.; Eberhard *Klügel*: Die lutherische Landeskirche Hannovers und ihr Bischof 1933-1945, Berlin/Hamburg 1964, S. 125.

25 Vgl. insgesamt Becker (wie Anm. 9).

des Kirchenministers gebildet worden war und ihr ein Deutscher Christ angehörte. Dies sei eine Preisgabe des Anliegens der Bekennenden Kirche, die
bereits in Barmen feststellte, „daß Kirche nur dort ist, wo die Irrlehre der DC
aus der Kirche ausgeschieden wird". Dieser Kirchenleitung versagten sie ihre
Anerkennung.[26] Im Februar 1939 fand auf Initiative des Lautenthaler Hilfs-
geistlichen Winfried Feldmann, eines Schülers Karl Barths,[27] eine Erweiterung
des kleinen Oppositionskreises in die Hannoversche Pfarrbruderschaft statt.[28]
Auch Hermann Ubbelohde, mittlerweile Stade, gehörte diesem 1940 25 Mitglieder umfassenden Kreis an.[29] In Göttingen bestand 1936/37 eine kleine ent-
schiedenere Bekenntnisgruppe um den Juristen Arnold Fratzscher, die sich
jedoch wieder in die Bekenntnisgemeinschaft integrieren ließ.[30]

Mahnrufe von Richard Karwehl und Wilhelm Thimme (Oktober 1945)

Nach Kriegsende meldeten sich Vertreter der Pfarrbruderschaft in unterschiedlichen Kontexten zu Wort. Da die hannoversche Bekenntnisgemeinschaft nicht
gedachte, von Landesbischof Marahrens abzurücken,[31] plante Richard Karwehl
die Reaktivierung der Hannoverschen Pfarrbruderschaft, an deren vorläufiger
Leitung auch Pastor Wilhelm Thimme, Iburg, beteiligt sein sollte.[32] Beide erhoben im Oktober 1945 ihre Stimme. Karwehl gab seinem Text den dramatisch
akzentuierten Titel „Hannover lutherisch am Scheidewege. Ein Appell in letzter
Stunde an die verantwortlichen Männer der Hann. Landes-Kirche"[33]. Der

---

26 Brief und Erklärung hannoverscher Pfarrer an Marahrens zu der am 28.2.1936 gebildeten hannoverschen Kirchenregierung vom 13.3.1936, in: Kurt Dietrich *Schmidt* (Hrsg.): Dokumente
des Kirchenkampfes II. Die Zeit des Reichskirchenausschusses 1935-1937. Erster Teil, Göttingen
1964 (= AGK 13), S. 446-449; Zitat: S. 448. Vgl. insgesamt auch Becker (wie Anm. 9), S. 81-93.

27 Vgl. Hartmut *Ludwig*: Für die Wahrheit des Evangeliums streiten. Die Entlassung des Hilfspredigers Winfried Feldmann aus dem Dienst der Landeskirche 1939, in: Grosse u.a. (wie Anm. 2), S.
105-126; hier: S. 108.

28 Zum Gründungsprozeß vgl. Ludwig (wie Anm. 27), S. 124-126; Lindemann (wie Anm. 1), S. 545 f.

29 Vgl. Lindemann (wie Anm. 1), S. 546, Anm. 1534.

30 Vgl. Schmiechen-Ackermann (wie Anm. 10), S. 118-120.

31 Vgl. dazu Schreiben Mahner an Bodelschwingh vom 17.8.1945, in: Gerhard *Besier*: „Selbstreinigung" unter britischer Besatzungsherrschaft. Die Evangelisch-lutherische Landeskirche Hannovers und ihr Landesbischof Marahrens 1945-1947, Göttingen 1986 (= SKGNS 27), S. 193-195.

32 Vgl. Christian *Simon*: Richard Karwehl (1885-1979). Der streitbare Pastor aus Osnabrück und
sein Kampf gegen die hannoversche Kirchenleitung nach 1945, in: Osnabrücker Mitteilungen
99, 1994, S. 185-198; hier: S. 189 f.

33 LkAH, Best. N 35 Nr. 4.

Osnabrücker Theologe stellte zunächst fest, daß seit der Entstehung der Kirchenregierung 1936 in Hannover ein Kirchenregiment ohne „eine echte Vollmacht" bestand. Damit sei „eine verhängnisvolle Fehlentwicklung eingeleitet" worden, „deren Folgen wir nun zu tragen haben und die es außerordentlich erschwert, zu einer Kirchenleitung mit echter Vollmacht wieder zurückzufinden".

Im folgenden benannte Karwehl Beispiele für diesen Kurs, der sich im Staat-Kirche-Verhältnis durch eine Abhängigkeit der Kirchenregierung und des ihr vorsitzenden Landesbischofs vom nationalsozialistischen Regime und der von ihm vertretenen Ideologie auszeichnete.[34] Karwehl nannte hier die Distanzierung Marahrens' von den für die während der Sudetenkrise 1938 verfaßte Gebetsliturgie der Zweiten Vorläufigen Kirchenleitung der Bekennenden Kirche Verantwortlichen und seinen Protest gegen den Text.[35] Die Deutschen Christen wurden mit der Volksmission beauftragt.[36] Weiter kritisierte Karwehl Marahrens' Pläne eines Simultaneum, das den Deutschen Christen eine eigene Kirchenleitung ermöglicht hätte.[37] Er hielt der Kirchenregierung die Einführung des „Arierparagraphen" vor, womit Karwehl ein 1937 erlassenes Kirchengesetz meinte, das erlaubte, Pfarrer in den einstweiligen Ruhestand zu versetzen, wenn sich in ihren Gemeinden Konflikte ergaben, die ein dortiges Verbleiben verboten, und gleichgelagerte Schwierigkeiten auch in anderen Gemeinden zu erwarten waren.[38] Das Gesetz wurde auf die vier in der Landeskirche amtierenden Pastoren jüdischer Herkunft angewandt und kam dadurch einem ‚Arierparagraphen' gleich.[39]

---

34 So auch Perels (wie Anm. 19), S. 162-164.

35 Vgl. Kurt *Meier*: Kreuz und Hakenkreuz. Die evangelische Kirche im Dritten Reich. Überarbeitete Neuausgabe, München 2001, S. 141; Günther *Harder*: Die Bekennende Kirche und der Staat, in: Tutzinger Texte, Sonderband 1: Kirche und Nationalsozialismus. Zur Geschichte des Kirchenkampfes, München 1969, S. 151-181; hier: S. 174; Meyn/Grosse (wie Anm. 21), S. 434-438.

36 Vgl. Marahrens an Bergholter vom 26.8.1933, in: Klügel (wie Anm. 16), S. 26 f.; Anschreiben Marahrens vom 17.9.1933: „Volksmissionarische Arbeit – das Gebot der Stunde", in: Günther van *Norden*: Der deutsche Protestantismus im Jahr der nationalsozialistischen Machtergreifung, Gütersloh 1979, S. 125-127; vgl. Röhrbein (wie Anm. 11), S. 28.

37 Vgl. Klügel (wie Anm. 24), S. 352-354; Wort der Kirchenregierung an die Landeskirche betr. Verordnung über die innere Befriedung der Landeskirche (einschl. Verordnung vom 28. 7. 1938), in: Klügel (wie Anm. 16), S. 140-145.

38 Vgl. Verordnung über die Versetzung eines Geistlichen in den einstweiligen Ruhestand, in: KABl. 1937, S. 25 f. Vgl. dazu Lindemann (wie Anm. 1), S. 472-474; zur zeitgenössischen Bewertung vgl. auch die Folgeseiten.

39 Vgl. Lindemann (wie Anm. 1), S. 496 ff.; 588 ff.; 597 ff.

Weiter sei die „Nebenregierung der Finanzabteilung" geduldet worden. Tatsächlich gibt es Hinweise darauf, daß Marahrens die Übernahme der die kirchliche Haushaltsführung kontrollierenden Finanzabteilung durch den Deutschen Christen Cölle hinnahm, ohne die anderen Bischöfe konsultiert zu haben. Den süddeutschen intakten Landeskirchen Württemberg und Bayern gelang es hingegen, die staatlichen Kontrollbestrebungen abzuwehren.[40] Zudem kritisierte Karwehl die „Anordnung des Führereides ohne Befehl des Staates" – der Eidesverweigerer Feldmann war nicht in den Pfarrdienst übernommen worden.[41] Des weiteren nannte Karwehl die landeskirchlichen bzw. bischöflichen Kanzelabkündigungen, die den „Führer" verherrlichten[42] bzw. die nationalsozialistische Kriegsführung unterstützten.[43] Hingegen wurde zu den Morden an Jüdinnen und Juden sowie Kranken bzw. Gemeinschaftsfremden geschwiegen, womit Karwehl die öffentlichen Reaktionen der Landeskirche meinte.[44] Durch dieses Verhalten sei das Luthertum der Landeskirche diskreditiert worden – „der landeskirchliche Apparat blieb zwar ‚intakt', aber die Vergiftung der Kirche und des Volkes durch die nationalsozialistische Ideologie wurde nicht verhindert, sondern gerade umgekehrt gefördert".

Karwehl forderte, daß der Landesbischof sich für sein Verhalten während der nationalsozialistischen Zeit vor einer Landessynode verantworten sollte, anstatt weiterzuregieren, „als wenn nichts geschehen wäre", obwohl nahezu die gesamte Bekennende Kirche in Deutschland seine Stellung für fragwürdig hielt.[45] Er kritisierte, daß Marahrens unter Berufung auf seine 1936 erloschene Kompetenz, Gesetze zu erlassen, nunmehr auch Vorsitzender des Landeskirchenamtes geworden war.[46] Darüber hinaus stand er dem noch von der Kirchenregierung beschlossenen und von ihm selbst einberufenen Vorläufigen Kirchensenat vor[47]

---

40 Vgl. ebd., S. 246.

41 Vgl. insgesamt Ludwig (wie Anm. 27).

42 Vgl. dazu Otte (wie Anm. 2), S. 208 f.; Beispiele auch bei Meyn/Grosse (wie Anm. 21).

43 Vgl. Meyn/Grosse (wie Anm. 21), S. 448 ff.

44 Vgl. oben, S. 63 f.

45 Vgl. dazu Besier (wie Anm. 31), S. 118 ff.

46 Vgl. Kirchengesetz über die Bevollmächtigung des Landesbischofs. Vom 30. 5. 1945, § 1: „Die dem Landesbischof durch Notverordnung vom 22. Mai 1933 … erteilte Vollmacht tritt mit sofortiger Wirkung wieder in Kraft." In: KABl. 1945, S. 21 (Nr. 44). – Vgl. Kirchengesetz über die Aenderung der Kirchenverfassung. Vom 15. 8. 1945, § 1, in: KABl. 1945, S. 21 (Nr. 45).

47 Vgl. Verordnung über die Bildung eines Vorläufigen Kirchensenates. Vom 1. 9. 1945, in: KABl. 1945, S. 21 f. (Nr. 46). Danach hatte die Kirchenregierung die Verordnung verabschiedet. Abschließend heißt es: „Unter Bezugnahme auf meine Vollmacht vollzogen. Der Landesbischof der Ev.-luth. Landeskirche Hannovers. D. Marahrens." Den Vorsitz regelt § 2 der Verordnung.

und war zum ersten Mitglied der Vorläufigen Landessynode geworden,[48] deren Beschlußvorlagen er zuvor zu billigen hatte.[49] „Die Möglichkeit, den Führer zur Rechenschaft zu ziehen, ist genau so sicher beseitigt wie in irgendeiner Diktatur politischen Charakters."[50] Das potentielle Kritikpotential in der Synode hatte sich zusätzlich noch durch die gegenüber dem Landeskirchentag der Weimarer Zeit geringere Zahl von Wahlmitgliedern verringert, deren Wahl zudem von der dem Landesbischof gegenüber loyal eingestellten Bekenntnisgemeinschaft organisiert wurde.[51] „Das bedeutet, daß die vorl. Synode als ernsthaftes Korrektiv des landesbischöflichen Amtes überhaupt nicht in Frage kommt, daher des Charakters einer wahren Synode entbehrt und nur als eine *Scheinsynode* bezeichnet werden kann." Mit dieser deutlichen Erweiterung seiner Kompetenzen auf Kosten des synodalen Elements habe Marahrens „sein autoritäres Regiment [ge]sichert, dem jede geistliche Autorität fehlt". Die Kirche baue sich von unten, von den Gemeinden her auf,[52] wo das „Bekenntnis … seine innere Kraft entfaltet".

Auf dem in Hannover gewählten Weg sei die Krise nicht zu bewältigen, sondern werde im Gegenteil immer gravierender. „Nein, jetzt ruht *Gottes* Zorn auf uns, die wir geglaubt haben, die Nöte der letzten Jahre durch kluge Kompromisse meistern zu können, statt zu bekennen und um des Bekenntnisses willen zu leiden. … Möchten die Gemeinden unserer Landeskirche bedenken, daß die ihnen jetzt drohende Entmündigung lediglich die Folge ihrer Gleichgültig-

---

48 Vgl. Kirchengesetz über die Bildung einer Vorläufigen Landessynode. Vom 4. 9. 1945, in: KABl. 1945, S. 2 f. (Nr. 49). „Auf Grund meiner Vollmacht habe ich das nachstehende Kirchengesetz beschlossen. … D. Marahrens." Der Landesbischof war unter den Mitgliedern an erster Stelle neben dem Abt zu Loccum und dem Präsidenten des Landeskirchenamts in § 2 unter a genannt. Vgl. ebd., S. 22. Nach § 9 hatte der Landesbischof die Synode zu eröffnen und zu schließen. Vgl. ebd., S. 23.

49 Vgl. ebd., S. 23: § 11: „Die Synode berät und beschließt über die Vorlagen, die ihr der Landesbischof, der Kirchensenat oder mit seiner Billigung das Landeskirchenamt machen. Für Kirchengesetze gelten die Vorschriften der Artikel 68 bis 70, 72 und 73."

50 Karwehl (wie Anm. 33). Daraus auch die folgende Zitate.

51 Wahlleiter waren die Landessuperintendenten. Vgl. ebd., S. 22, § 3 (3). Vgl. auch Anweisung zur Durchführung des Kirchengesetzes über die Bildung einer Vorläufigen Landessynode. Hannover, am 5. 9. 1945, ebd., S. 23 f. (Nr. 50).

52 Vgl. auch Verfassungsurkunde für die Evangelische Kirche der Altpreußischen Union vom 29. 9. 1922, Art. 4 (1): „Die Kirche baut sich aus der Gemeinde auf", in: Ernst Rudolf *Huber* / Wolfgang *Huber* (Hrsg.): Staat und Kirche im 19. und 20. Jahrhundert. Dokumente zur Geschichte des deutschen Staatskirchenrechts, Bd. IV: Staat und Kirche in der Zeit der Weimarer Republik, Berlin (West) 1988, S. 545-587; hier: S. 546.

keit und ihres Kirchenschlafs ist, aus dem sie erwachen müssen, um wahrhaft Kirche zu werden."

Voraussetzung einer wahrhaften Erneuerung sei die konkrete und unvoreingenommene Aufarbeitung der Verstrickung der Landeskirche in den nationalsozialistischen Staat, das Bekenntnis der Schuld und Buße sowie die Abkehr von dem Führungsgedanken in der Landeskirche.[53] Es gelte, „Wege der Wahrheit und des Rechtes" zu beschreiten.[54]

Karwehl machte deutlich, daß ein Neuanfang der Kirche nur nach einer schonungslosen Aufarbeitung ihrer Vergangenheit möglich war. Die auf den Landesbischof zugeschnittene Übergangsordnung der Landeskirche machte nach Auffassung des Osnabrücker Pfarrers einen Neubeginn nicht möglich.

Wilhelm Thimme, Pastor in Iburg bei Osnabrück und zugleich außerplanmäßiger Professor in Münster,[55] setzte bei der Situation des deutschen Volkes im Jahr 1945 ein. Die verwirrten und geistlich leeren Menschen wandten sich wieder der Kirche zu, so daß er meinte, von einer volksmissionarischen Stunde sprechen zu können, die die Kirche zu nutzen habe.[56] Aus dieser Prämisse ergab sich für Thimme „die Frage nach der rechten Kirchenleitung".[57] Die Kirche benötigte eine „synodale Führung", „eine[.] wahrhaft geistliche[.]

---

53 Vgl. dazu Gerhard *Lindemann*: August Marahrens und die hannoversche Geschichtspolitik, in: KZG 8, 1995, S. 396-425; hier: S. 396 f.

54 LkAH, Best. N 35 Nr. 4.

55 Thimme hatte im Auftrag des Osnabrücker Kreises 1939 gegen eine von Marahrens erwogene Einschränkung der kirchlichen Rechte von Gemeindegliedern jüdischer Herkunft protestiert. Vgl. Lindemann (wie Anm. 1), S. 544 f.

56 Dieser Gedanke war, verbunden mit einem Programm zur Rechristianisierung der deutschen bzw. europäischen Gesellschaft, 1945 weit verbreitet. Vgl. Martin *Greschat*: Die evangelische Kirche nach 1945, in: Klaus Erich *Pollmann* (Hrsg.): Der schwierige Weg in die Nachkriegszeit. Die Evangelisch-lutherische Landeskirche in Braunschweig 1945-1950, Göttingen 1994 (= SKGNS 34), S. 13-25; hier: S. 20 f. Vgl. auch die Ansprache des EKD-Ratsvorsitzenden Theophil Wurm am 18.10.1945 in Stuttgart, in: Carsten *Nicolaisen* / Nora Andrea *Schulze* (Bearb.): Die Protokolle des Rates der Evangelischen Kirche in Deutschland. Im Auftrag der Ev. Arbeitsgemeinschaft für Kirchliche Zeitgeschichte und des Ev. Zentralarchivs in Berlin, Bd. 1: 1945/46, Göttingen 1994 (= AKZG, A 5), S. 40 f.

57 Die Wortwahl erinnert an die Denkschrift des Bruderrates der ApU „Von rechter Kirchenordnung" (1944). Vgl. dazu Albert *Stein*: Die Denkschrift des altpreußischen Bruderrates „Von rechter Kirchenordnung". Ein Dokument zur Rechtsgeschichte des Kirchenkampfes, in: Heinz *Brunotte* / Ernst *Wolf* (Hrsg.): Zur Geschichte des Kirchenkampfes. Gesammelte Aufsätze II, Göttingen 1971 (= AGK 26), S. 164-196.

Leitung". An ihrer Spitze solle jemand mit klar begrenzten Befugnissen stehen, der „dem Kirchenvolk und dessen erwählten Vertrauensleuten verantwortlich ist", ein Mensch mit „nötige[r] Einsicht und Initiative" und einem „gefestigte[n] christliche[n] Charakter".

In diesem Zusammenhang stelle sich die Frage, wie sich die Leitung der Landeskirche in der nationalsozialistischen Zeit bewährt und ob sie das Vertrauen der Gemeinden und Pfarrerschaft verdient habe. Thimme setzte im Jahr 1933 ein. Dem Staatskommissar Hahn habe sich die Landeskirche letztlich „gefügt", sei einem Kampf ausgewichen[58] und habe damit bereits ihre „Unabhängigkeit … preisgegeben". Nach den Kirchenwahlen 1933 kooperierte Marahrens aus taktischen Gründen, aber auch aus volksmissionarischem Interesse mit den Deutschen Christen,[59] anstatt „die Gemeinden zum Widerstand" aufzurufen. Der Kampf gegen die Eingliederung Hannovers in die Reichskirche 1934 geschah um der Wahrung des lutherischen Bekenntnisstandes willen, nicht wegen der Abwehr der antichristlichen Haltung des Kirchenregimentes von Müller.[60] Wie Karwehl kritisierte Thimme die Einrichtung der Kirchenregierung 1936.[61] Gegen die Installierung Cölles als Leiter der Finanzabteilung habe Marahrens keinen öffentlichen Protest erhoben:[62]

> „Die hannoversche Landeskirche geriet immer mehr ins Schlepptau einer Staatsführung, deren christentumsfeindliche Haltung von Jahr zu Jahr offenbarer wurde. Sich gegen den Willen des Führers selber aufzulehnen unter Berufung auf das Schriftwort: ‚Man muß Gott mehr gehorchen als den Menschen' [Apg 5, 29], hat Marahrens nie gewagt."

---

58 Vgl. Röhrbein (wie Anm. 11), S. 23 ff.

59 Vgl. oben, S. 66; zur Kooperation vgl. auch Gerhard *Besier*: Der Prozeß „Schramm gegen die Landeskirche". Zur Rolle der niedersächsischen Justiz im hannoverschen Kirchenkampf, in: *Ders.*: Die evangelische Kirche in den Umbrüchen des 20. Jahrhunderts. Gesammelte Aufsätze, Bd. 1: Kirche am Übergang vom Wilhelminismus zur Weimarer Republik. Von der Weimarer Republik ins „Dritte Reich" – der „Kirchenkampf", Neukirchen-Vluyn 1994 (= Historisch-Theologische Studien zum 19. und 20. Jahrhundert 5/1), S. 183-226; hier: S. 187-190.

60 Vgl. Röhrbein (wie Anm. 11), S. 31-33.

61 Vgl. oben, S. 63, 66.

62 Allerdings gab es auf verschiedenen Ebenen breite Proteste, darunter auch von 972 Pastoren, die an Kirchenminister Kerrl gerichtet waren. Vgl. Klügel (wie Anm. 24), S. 309 f. Marahrens betonte gegenüber Kerrl: „Keiner von uns würde die Möglichkeit haben, auch der anderen Sicht vor der Öffentlichkeit zu ihrem Recht zu verhelfen." Schreiben vom 22.7.1938 (LkAH, Best. S 1 H I 957; zit. nach Klügel [wie Anm. 24], S. 311).

Die antichristliche Haltung der NSDAP habe der hannoversche Landesbischof zunächst übersehen. Im November 1933 dankte er Hitler für Bewahrung „vor dem bolschewistischen Unheil",[63] anstatt angesichts des „offenkundige[n] gehässige[n] Antisemitismus … der Bewegung" und der ersten Judenverfolgungen vor der nationalsozialistischen Regierung zu warnen.[64] In diesem Zusammenhang verwies auch Thimme auf den Umgang mit Kandidaten und Pfarrern jüdischer Herkunft, auf das Schweigen nach der Pogromnacht. „Vielleicht war es nicht Mangel an persönlicher Einsatzbereitschaft, sondern der Wunsch, den Frieden der Kirche und der Pfarrhäuser nicht zu gefährden.[65] Aber um der Ehre Gottes und um des irregeleiteten Gewissens des Volks willen mußte der Landesbischof, der damals in der Deutschen Evangelischen Kirche die angesehenste Persönlichkeit war, Zeugnis ablegen." Gleiches galt im Blick auf den Mord an Kranken und Behinderten.[66] Breit ging Thimme auf die Kundgebungen des Bischofs zu bestimmten politischen Ereignissen und Hitlers Geburtstagen[67] ein. Irdische Erfolge habe Marahrens mit dem Segen Gottes überhöht, die Politik des nationalsozialistischen Staates in Gebeten gebilligt. Eine Mahnung „zu Mäßigung und Milde" erfolgte nicht, des „Jammer[s] und … Elend[s]" der Kriegsopfer wurde nicht gedacht.

„Das Ergebnis unserer Prüfung ist schmerzlich. Die landesbischöfliche Führung hat gegen die Aufrichtung der Fremdherrschaft einer antichristlichen Staatsleitung in der Kirche nicht den erforderlichen Widerstand geleistet, sie hat, beruhigt durch die Tatsache, daß das christliche Dogma, wenn auch oft genug öffentlich bekämpft und verspottet, noch von den Kanzeln gelehrt werden durfte, das christliche Ethos, soweit es auch auf Beachtung im öffentlichen Leben Anspruch erheben muß, nicht vor den Ohren der Führer und des Volkes zur Geltung gebracht, ja es ohne laute Klage und Anklage mit Füßen treten lassen. Sie hat das Schwert des Wortes Gottes in Watte gewickelt. Auch an dem Maßstabe strenger Wahrhaftigkeit und Liebe gemessen kann sie nicht bestehen. Was von dem Landesbischof gesagt werden mußte, gilt nicht minder von

---

63 Vgl. Hannoverscher Anzeiger vom 11.11.1933. Vgl. dazu Schmiechen-Ackermann (wie Anm. 10), S. 105.

64 Vgl. oben, S. 66.

65 Vgl. Rechenschaftsbericht D. Marahrens vor der hannoverschen Landessynode vom 15. 4. 1947, in: Klügel (wie Anm. 16), S. 205-215; hier: S. 213: „Das für mich Entscheidende wurde folgendes: Mein Ziel, die Kirche durch die Bedrohung des Staates hindurchzuführen, den Gemeinden die Predigt des Evangeliums, den Pfarrhäusern den Frieden und die Ruhe der Arbeit zu erhalten, war erreicht."

66 Vgl. oben, S. 64.

67 Vgl. oben, S. 67.

seinen nächsten Mitarbeitern, insbesondere seinem Stellvertreter, der auch aus anderen Gründen in der Pfarrerschaft kein Vertrauen genießt."[68]

Die neue Führung der Landeskirche, die eine gewählte Synode der Landeskirche zu bestimmen habe, solle unbelastet sein, um „die seit 1933 erlassenen Gesetze und Verordnungen sorgfältig zu überprüfen" und das „teilweise[.] Versagen" der bisherigen Kirchenleitung aufzudecken.[69]

Thimme verband seine Vorschläge zur Neuordnung der Landeskirche mit einer kritischen, theologisch urteilenden, an manchen Stellen allerdings ein wenig überspitzten Analyse vor allem des Verhaltens von Marahrens in der nationalsozialistischen Zeit. Zugleich warnte er jedoch vor einer absoluten Personalisierung der Debatte und baute der Kirchenleitung Brücken zu einem geordneten und würdigen Rückzug.

Unter den Pastoren gab es nur wenige, die das Anliegen dieser Aufrufe eindeutig befürworteten.[70] Eine breite Oppositionsbewegung gegen die hannoversche Kirchenleitung entstand nicht.[71] Diese Haltung wird zum einen mit der oben skizzierten, wohl vor allem theologisch begründeten Außenseiterstellung der Osnabrücker bzw. der Pfarrbruderschaft in der Landeskirche zusammengehangen haben. Ihre Gedanken orientierten sich an der Theologie Karl Barths, und ihr Gemeinde- und Kirchenverständnis nahm aktuelle Positionen aus dem Bereich der Evangelischen Kirche der Altpreußischen Union auf, die in Hannover verpönt bzw. fremd war.[72] Auf der anderen Seite wird es wohl tatsächlich eine gewisse Dankbarkeit gegenüber dem Kurs von Marahrens gegeben haben, der in der Regel für ein ruhiges Arbeiten der Pastoren sorgte, ohne daß es zu größeren existentiellen Konflikten gekommen war, sofern sie nicht durch entschiedene Auslegung von Schrift und Bekenntnis in Predigt oder Unterricht der herrschenden Ideologie widersprachen und damit bei den örtlichen Machthabern Anstoß erregten. Darüber hinaus war in den ersten Monaten nach Kriegsende besonders im weitgehend agrarisch strukturierten Gebiet der Landeskirche das Kommunikationsnetz schwach ausgeprägt, die

---

68 Gemeint war OLKR Karl Stalmann. Biographische Angaben bei Lindemann (wie Anm. 1), S. 328.

69 Abschrift, LkAH, Best. E 6 Nr. 58.

70 Vgl. Simon (wie Anm. 32), S. 192.

71 Vgl. ebd., S. 192 f.

72 Zu den Wurzeln vgl. Klügel (wie Anm. 24), S. XX. Zur zeitgenössischen Haltung vgl. z. B. Marahrens an Meiser vom 4.6.1945, in: Besier (wie Anm. 31), S. 167.

einzelnen Pastoren hatten den politisch-gesellschaftlichen Umbruch zu verarbeiten, häufig auch um das materielle Überleben zu kämpfen und waren infolge der massiven zahlenmäßigen Einberufung von evangelischen Geistlichen zur Wehrmacht[73] und des fehlenden theologischen Nachwuchses sowie der Notlage in den Gemeinden arbeitsmäßig überlastet. Hinzu kam, daß die jüngeren Amtsträger, unter denen in der Regel das Kritikpotential stärker ausgeprägt war und die auch in einem deutlich höheren Maße für die Wort-Gottes-Theologie empfänglich waren, sich zumeist noch in Kriegsgefangenschaft befanden oder im Krieg gefallen waren. Den im Amt verbliebenen, fast durchweg älteren Kollegen wird größtenteils die Kraft zu kirchenpolitischer Oppositionsarbeit gefehlt haben.

Das Landeskirchenamt bot der Osnabrücker Gruppe die Mitwirkung „an den weiteren Entscheidungsprozessen ‚zur Gewinnung des Kirchenvolks'" an.[74] Die persönliche Reaktion von Oberlandeskirchenrat Hanns Lilje blieb in der Sache allerdings unverbindlich.

Wegen der mangelnden Unterstützung ihres Anliegens in Hannover wandten sich Thimme und Karwehl mit ihrem Anliegen an den Ratsvorsitzenden der EKD, den württembergischen Landesbischof Theophil Wurm.[75] Im Rat der EKD erklärte der hannoversche Oberlandeskirchenrat Hanns Lilje im Dezember 1945, es handle sich bei der „Osnabrücker Pfarrergemeinschaft" um eine „theologisch und geistig bei weitem nicht so hochstehend[e]"[76] Gruppe wie beispielsweise die württembergische Sozietät.[77] Es sei ein „klein[er] und unbedeutend[er]"[78] Kreis, der Positionen der Dialektischen Theologie vertrete. In seinen Ausführungen ging er auf die Schuldfrage im Bereich der hannoverschen Landeskirche nur mit einer polemischen Nebenbemerkung ein,[79] die

---

73 Zahlenmaterial bei Klügel (wie Anm. 24), S. 410 f.

74 Vgl. Simon (wie Anm. 32), S. 193.

75 Zur Persönlichkeit vgl. David *Diephouse*: Theophil *Wurm* (1868-1953): in: Rainer *Lächele*/Jörg *Thierfelder* (Hrsg): Wir konnten uns nicht entziehen. 30 Porträts zu Kirche und Nationalsozialismus in Württemberg, Stuttgart 1998, S. 13-33.

76 Protokoll über die Sitzung des Rates der EKiD am 13.12.1945, von 15-19.30 Uhr, in: Nicolaisen/Schulze (wie Anm. 56), S. 151-172; hier: S. 166.

77 Vgl. dazu Martin *Widmann*: Die Geschichte der kirchlich-theologischen Sozietät in Württemberg, in: Karl-Adolf *Bauer* (Hrsg.): Predigtamt ohne Pfarramt? Die „Illegalen" im Kirchenkampf, Neukirchen-Vluyn 1993, S. 110-190.

78 Nicolaisen/Schulze (wie Anm. 56), S. 168.

79 „Thimme hat die Verdorbenheit der hannoverschen Landeskirche festgestellt." (Nicolaisen/Schulze [wie Anm. 56], S. 166).

Frage nach der Legitimität der Synode bezeichnete er bei gewissem Verständnis für den Ansatz von Karwehls Kritik als „juristische Quisquilien", zumal die Vorläufige Landessynode vor allem „juristisches Sprungbrett für die rechte Synode" sei.[80] Die hannoversche Bekenntnisgemeinschaft sei „in Ordnung".[81] Auch Bayerns Landesbischof Meiser fragte an: „Wohin kommen wir, wenn kleine Gruppen in den Landeskirchen den ganzen Rat in Bewegung setzen können." Ein Notstand, der zum Einschreiten zwänge, sei in Hannover nicht gegeben.[82] Dennoch plädierte der Rat schon wegen ständiger Anfragen aus der Ökumene[83] dafür, Marahrens auf dem Weg des persönlichen Gesprächs zum Rücktritt zu bewegen.[84] Diesem Vorgehen widersprach auch der hannoversche Vertreter Lilje nicht.[85]

Die Schulddebatte der Vorläufigen Landessynode

Am 30.11.1945 hatte Hermann Ubbelohde auf der Vorläufigen Landessynode,[86] dort das einzige Mitglied der Pfarrbruderschaft, ein Wort an die Gemeinden eingebracht, das auch die Frage der kirchlichen Schuld im nationalsozialistischen Staat konkret ansprach. Die zentralen Passagen lauteten:

> „Die jetzt durch den Landesbischof D. Marahrens zusammenberufene Vorläufige Landessynode, die in Hannover im Henriettenstift getagt hat, weiß im Rückblick auf die vergangenen 12 Jahre um den schweren Leidens- und Kreuzesweg der Kirche, wie oft sie in ihrer Leitung wie in ihren Gliedern ihren Herrn und Heiland verleugnet und geschwiegen hat, wo sie hätte reden und handeln sollen. Sie weiß aber auch, daß sie trotz aller Versäumnisse und ihrer Schuld, den Reichtum und Segen ihrer Vollmacht nicht in seinem ganzen Ernste erfüllt zu haben, dennoch unter die Glaubensbotschaft ihres Herrn gestellt ist, der dem reuigen Sünder vergibt.

---

80 Vgl. ebd., S. 166 f.

81 Ebd., S. 168. Dieses Urteil stieß auf Meisers Unterstützung. Vgl. ebd., S. 169.

82 Ebd., S. 167.

83 Vgl. Besier (wie Anm. 31), S. 113 f.; 235.

84 Vgl. dazu ebd., S. 135 f.

85 Vgl. Nicolaisen/Schulze (wie Anm. 56), S. 171 f.

86 Zu deren Zustandekommen vgl. Hartwig *Hohnsbein*: Wie die Restauration zustande kam. Ein Blick hinter die Kulissen der Landeskirche Hannovers, in: *Ders.*: Die Vergangenheit ist noch längst nicht vorbei! Kirchengeschichtliche Beiträge aus Wolfsburg und der Landeskirche, Wolfsburg 1992, S. 91-103; hier: S. 94.

Diese Gewißheit schenkt der Kirche in all ihren Organen das Vertrauen, so schwach und gebrechlich sie auch sein mögen, im Aufblick zu dem Herrn der Kirche einen neuen Anfang zu wagen und ihr Feld, das reif zur Ernte ist, zu bestellen."[87]

Dieses Wort entsprach der von Karwehl und Thimme gewonnenen Erkenntnis, daß einem Neuanfang die kritische Reflexion der Vergangenheit, Schuldbekenntnis und Buße voranzugehen hätten.

Ubbelohde begründete sein Vorgehen mit Stimmen aus Gemeinden, von Pastoren und Kirchenvorstehern:

„Man hört: 12 Jahre hat die Kirche öffentlich nicht im vollen Umfang zu den Dingen des Tages sprechen mögen und dürfen. Ich denke z. B. an den 9. November 1938, wo unsere Kirche kein offenes Wort zu den Judenverfolgungen fand.[88] Ebenso zu den Rassegesetzen.[89] ... Ich denke auch an so manches Kriegsgeschehen.[90] ... Es geht darum, daß unsere Kirche jetzt wenigstens nach 12 Jahren ein Wort sagt. Das ist ihr Dienst."[91]

---

87 Eingebracht am 30. 11.1945, in: Vorläufige Landessynode der Ev.-luth. Landeskirche Hannovers. Protokolle und Aktenstücke der Tagungen vom 28. 11. 1945 bis 30. 11. 1945, vom 22. 1. 1946 bis 25. 1. 1946, vom 26. 2. 1946 bis 28. 2. 1946, vom 3. 12. 1946 bis 4. 12. 1946, Pattensen o.J. [1950], S. 35 f. Auch Archiv der Kirchengemeinde St. Cosmae, Stade (im Folgenden: KGA Cosmae): Kirchenpolitisches – für den Kirchlichen Wiederaufbau, I. Vgl. auch Antwort Fritz Starcke auf den Fragebogen der britischen Feldprediger vom 1. 5.1946: „Aus dem Glauben heraus muß das deutsche Volk sich jetzt zu seiner besonderen politischen Schuld bekennen. Diese besteht darin, daß man ein politisches System hat hochkommen lassen und geduldet hat, das grundsätzlich amoralisch im Sinne Nietzsches war, daß man das Unrecht, die Lüge, die brutale Gewalt, den Terror, die Grausamkeit, die leibliche und seelische Mißhandlung der Mitmenschen, den Rassenhaß und den millionenfachen Judenmord zum politischen Prinzip erhob und zwar mit dem Ziele der skrupellosen Machtentfaltung einer Minderheit zum Zwecke der Eroberung des von dieser Minderheit als notwendig erachteten Lebensraumes für das deutsche Volk. Für diese Schuld muß dem deutschen Volk in der christlichen Verkündigung solange der Blick geschärft werden, bis es diese Schuld bekennt und sich ehrlich von ihr lossagt, weil der Weg in die Zukunft und zwar in eine Zukunft, auf der Gottes Segen ruht, erst dann für uns frei ist, wenn wir zuvor unsere Vergangenheit restlos bereinigt haben. Aber aus dem Glauben heraus haben wir mit demselben Nachdruck unserem eigenen Volke und den uns bisher feindlichen Völkern auch das andere zu sagen: Nicht Haß, sondern Barmherzigkeit, nicht Vergeltung, sondern Vergebung!" (Ebd.).

88 Vgl. Lindemann (wie Anm. 1), S. 247 ff.

89 Vgl. ebd., S. 240-244.

90 Vgl. oben, Anm. 21.

91 Vorläufige Landessynode (wie Anm. 87), S. 35.

Am 28.11.1945 hatte Ubbelohde den Synodalen die Frage gestellt: „Wie weit war die Vollmacht, die dem Bischof gegeben und zeitweilig wieder erloschen war,[92] innerlich erfüllt?" und dazu ausgeführt: „Ich stehe hier nicht als Kläger, sondern nur als einer, der unheimlich die Schuld fühlt, die auch die Kirche in diesen 12 Jahren auf sich geladen hat. …Wenn wir in diesen 12 Jahren über manche Dinge geschwiegen haben, so dürfen wir jetzt nicht mehr schweigen, sondern müssen zur Sache reden.

Vor mir steht das Schicksal meines Freundes Leo, der ein Opfer dieser Zeit geworden ist und der doch unserer Kirche gedient und Gottes Wort verkündigt hat. Da ist nicht gesprochen, wie es nötig war.[93]

In der ‚Times' fand sich vor einiger Zeit ein Artikel über die kirchliche Lage, in dem über unseren Landesbischof ausgeführt wurde, er habe mehr als nötig dem Druck des Naziregimes nachgegeben. Ich stehe hier nicht als Kläger, sondern möchte mit ihm als Bruder zu Bruder sprechen."[94]

Das Anliegen Ubbelohdes aufnehmend, ergänzte Pastor Johann Jakob Brammer, Hannover, die Synode werde nur dann wieder völlig handlungsfähig, wenn man Gott in „einer bußfertigen Haltung" begegnet sei: „Wir alle sind unserem Gott vielfach schuldig geworden. Ich erinnere an das Niederbrennen der Synagogen und das Versagen unserer Kirche dazu."[95]

Bei einigen Synodalen stießen diese Äußerungen auf nur wenig Gegenliebe. Superintendent Martin Stünkel, Bevensen, erklärte:

„Gewiß, es mögen Fehler gemacht worden sein. Aber nun stehen wir vor einem neuen Anfang. Darum sollen wir nicht nur von den Dingen der Vergangenheit reden. …Wir sollten den Ruf deutlich hören: Nicht zu sehr rückwärts sehen, sondern den Weg in die Zukunft gehen."[96]

---

92 Vgl. zusammenfassend Lindemann (wie Anm. 1), S. 228 f.

93 Vgl. dazu ebd., S. 559-570; 819-825.

94 Vorläufige Landessynode (wie Anm. 87), S. 10. In einem weiteren Wortbeitrag äußerte Ubbelohde: „Wird die Synode, wenn sie ein Wort zur Lage sagt, nicht auch ein Wort zur Vergangenheit sagen? Wir müssen auch offen über die Schuldfrage sprechen, über die Schuld, die die Kirche in der vergangenen Zeit auf sich geladen hat." (Ebd., S. 14).

95 Ebd., S. 12.

96 Vorläufige Landessynode (wie Anm. 87), S. 14. Zu Stünkels kritischer Haltung gegenüber der Pfarrbruderschaft vgl. auch Simon (wie Anm. 32), S. 192.

Bankrat Thiele aus Hannover ergänzte:

„Wir wollen das Richten unserem Herrgott überlassen, die Buße in unserem Kämmerlein tun und um Stärke für unsere Arbeit bitten. Wird allzuviel von Schuld gesprochen, so möchte das zur Schädigung der kirchlichen Verkündigung führen."[97]

Senatspräsident Wilhelm Redepenning, Celle, früher Präsident des Landeskirchentages und Mitglied der Kirchenregierung, erwiderte auf den konkreten Entwurf für ein Wort der Synode, man müsse doch „überlegen, ob es angezeigt ist, gegenüber den zahlreichen Schuldbekenntnissen der Kirche noch einmal damit zu kommen. Die Frage, ob die Leitung der Kirche oder einzelne Geistliche in einem bestimmten Augenblick etwas hätten sagen sollen, ist zu verwickelt, als daß man jetzt sagen könnte, ob sie es hätten tun sollen."[98]

Die von einem Ausschuß beratene und bereits abgeschwächte[99] Neufassung des Entwurfs verwies die Synode an den Ausschuß zurück.[100] Eine erneute Berufung in die Synode blieb Ubbelohde, der von seiten der Bekenntnisgemeinschaft auf der Synodaltagung nicht unterstützt wurde,[101] versagt.[102]

---

97 Vorläufige Landessynode (wie Anm. 87), S. 15.

98 Ebd., S. 36.

99 Dort heißt es: „Sie hat es getan [scil. die Synode hat in drei Sitzungsperioden die ihr zugewiesenen vordringlichen Arbeiten zu einer Neuordnung der hannoverschen Landeskirche zum Abschluß gebracht] im Bewußtsein letzter Verantwortung vor Gott und im freien Bekenntnis der Schuld, welche unsere Kirche in ihrer Leitung und in allen ihren Gliedern in den letzten Jahren des Ringens durch mancherlei Versäumnisse und mangelnden Bekennermut auf sich geladen hat. Aber sie wagt einen neuen Anfang in dem gläubigen Vertrauen, daß die vergebende Gnade Gottes ihrem in Schwachheit befangenen Tun seinen Segen nicht versagen möge." (Ebd., S. 114).

100 Vgl. ebd.; auch S. 137.

101 Vgl. Lindemann (wie Anm. 1), S. 841.

102 Gegenüber seinem Bremer Kollegen Greiffenhagen vermutete Ubbelohde, „man fürchtete vielleicht Opposition". (Schreiben vom 27.1.1947 [KGA Cosmae, R 162_0]). Vgl. auch Schreiben R. Karwehl an Ubbelohde vom 12.1.1947: "Daß die Amtsbrüder von der Bekenntnisgemeinschaft Sie abgesägt haben, kann ich mir lebhaft vorstellen. ... Nun, Sie werden sich nicht darum grämen. Hannover bleibt eben immer Hannover. Und wenn man den Leuten ihr Unrecht klipp und klar nachweist, so bleiben sie stur bei ihrer Meinung, ‚weil, so schließt er messerscharf, nicht sein kann, was nicht sein darf'. Wir aber müssen Ihnen dankbar sein, daß Sie allein auf weiter Flur in Hannover Ihren Mann gestanden haben." (Ebd.). An Johannes Schulze schrieb Ubbelohde am 7.3.1947: „Ich habe den Eindruck je länger je mehr bekommen, daß die Bekenntnisgemeinschaft mir gegenüber nicht aufrichtig gehandelt hat." Nach seiner Auffassung habe die Synode seinen Antrag nur pro forma behandelt, um nach außen so dazustehen, als ob dem Landeskirchenparlament an einer ehrlichen Aufarbeitung der Vergangenheit gelegen sei. Seine kritische Haltung

Mit den Einwänden gegen das Zustandekommen der Synode setzte sich Landesbischof Marahrens auseinander. Er verwies auf ihre beschränkte Aufgabenstellung, die darin bestand, die Neuordnung der kirchlichen Organe in Zusammenarbeit mit der bestehenden Kirchenleitung vorzunehmen.[103] Die große Zahl der bischöflich Berufenen[104] hing damit zusammen, daß aufgrund des Kirchenkampfes zahlreiche der landeskirchlich Engagierten nicht in Kirchenvorstandsämtern waren[105] und von daher nicht wählbar gewesen wären.[106]

Zu der von Ubbelohde aufgeworfenen Frage nach seiner inneren Vollmacht entgegnete der Bischof: „Gott allein weiß, ob ich versucht habe, in der Verantwortung vor ihm zu handeln. Ich glaube bei aller Fehlsamkeit doch sagen zu können, ich habe ein gutes Gewissen gehabt; ich habe es bis zu dieser Stunde und lasse es mir von keinem bestreiten."[107] Mit überwiegender Mehrheit sah sich die Synodaltagung als bevollmächtigt an.[108]

„Niemand kann zwei Herren dienen!" –
Die Auseinandersetzung um eine landeskirchliche Apologie

Die Pfarrbruderschaft konstituierte sich im Mai 1946 neu. Auf die im Herbst 1946 vom Landeskirchenamt herausgegebene Broschüre „Die Haltung der Hannoverschen Landeskirche im Kirchenkampf und heute", die von innen und außen gegenüber Hannover erhobene Vorwürfe zurückwies, eigene Fehler zwar bekannte, aber nicht direkt benannte und auf bestimmte Fragestellungen überhaupt nicht einging,[109] reagierte das Bruderschaftsmitglied Götz

---

gegenüber „dem landeskirchlichen BK-Kurs" sei nicht mehr erwünscht, resümierte Ubbelohde das „Ausbooten" seiner Person. Deshalb erklärte er – im übrigen zum zweiten Mal – seinen Austritt aus der Bekenntnisgemeinschaft. (Ebd.).

103 Vgl. 1. Sitzung der Vorläufigen Landessynode. Geschehen im Saal des Henriettenstiftes in Hannover am Mittwoch, dem 28.11.1945, in: Vorläufige Landessynode (wie Anm. 87), S. 5 f.

104 Insgesamt 32 gegenüber 32 je zur Hälfte aus Pfarrern und Kirchenvorstehern gewählten Synodalen. Vgl. KABl. 1945, S. 22 (Nr. 49), § 2 b-d.

105 Dies war eine Folge der Kirchenvorstandswahlen im Juli 1933. Vgl. dazu Klügel (wie Anm. 24), S. 62-66.

106 Vgl. 1. Sitzung, in: Vorläufige Landessynode (wie Anm. 87), S. 6.

107 2. Sitzung der Vorläufigen Landessynode. Geschehen im Saal des Henriettenstiftes in Hannover am Mittwoch, dem 28.11.1945, in: ebd., S. 11.

108 Vgl. ebd., S. 12.

109 Der von Brunotte verfaßte Text ist abgedruckt in: Klügel (wie Anm. 16), S. 215-226.

Harbsmeier mit dem Text „Niemand kann zwei Herren dienen!"[110] Darin wurde der Landeskirche Unbußfertigkeit vorgehalten, indem sie am Beginn ihrer Erklärung, wenn auch unkonkret, ihre Schuld bekannte, um sie dann zum Schluß wieder zu entkräften. Im Blick auf die Zeit des Nationalsozialismus sprach Harbsmeier von einem zweipoligen Zweiherrendienst gegenüber dem lutherischen Bekenntnis und dem Staat, einem Weg zwischen den Deutschen Christen und Dahlem. Ein Beispiel für diesen Kurs war nach Harbsmeier der Umgang mit den Pfarrern jüdischer Herkunft. Die Einführung eines konkreten „Arierparagraphen" hätte den Grundsätzen der Bekennenden Kirche widersprochen, so daß die Landeskirche darauf verzichtete. „Weil aber auf der anderen Seite die Verpflichtung gegenüber dem Staate ernst genommen werden mußte, wurde ein Gesetz geschaffen, wonach die Amtsenthebung eines Geistlichen verfügt werden konnte, wenn ein Verbleib im Amt durch Protestkundgebungen und Rebellion unmöglich gemacht erscheint."[111] „Bei diesem weltklugen System hätte die Kirchenleitung sich für die Zukunft eines immer guten Gewissens versichert. Sie konnte im Falle des Endsieges wie im Falle der Endkatastrophe des dritten Reiches *immer* mit reichlichen *Dokumenten* sich selbst in ihrer Haltung rechtfertigen und gleichzeitig auch sich zu einem ernsthaften verbindlichen Schuldbekenntnis nach beiden Seiten bereithalten. … Und wenn nun der Endsieg gekommen wäre, dann hätte man dem Staat gegenüber darauf hinweisen können, daß man auch das Seine zur rassischen Säuberung der Kirche getan habe. Wo nun aber die Endkatastrophe gekommen ist, wird man mit vollem Ernst und einem formalen Recht betonen, daß in der Landeskirche der Arierparagraph nicht eingeführt worden sei."

Es sei christlich unlauter und zeuge von wenig Vertrauen auf das Richteramt Gottes, Kritik um der Pfarrhäuser und Gemeinden willen zu vermeiden[112] und dieses Verhalten der Frage nach Recht und Wahrheit unterzuordnen.[113]

Die Ausführungen stießen auf scharfen Widerspruch seitens des Oberlandeskirchenrats (Geistlicher Vizepräsident i.R.) Paul Fleisch,[114] vor allem auch wegen der ablehnenden Haltung Harbsmeiers gegenüber den Plänen zur Gründung einer Vereinigten Evangelisch-Lutherischen Kirche Deutschlands, die zu der Zeit noch eine stärkere Konkurrenz für die EKD zu werden drohte, als

---

110 Text vom 20.11.1946 (LkAH, Best. L 3 II Nr. 21, Bd. III-IV).

111 Vgl. dazu oben, S. 66.

112 Vgl. oben, S. 71.

113 LkAH, Best. L 3 II Nr. 21, Bd. III-IV.

114 Vgl. Fleisch an Harbsmeier vom 17.5.1947 (LkAH, Best. N 35, Nr. 8).

sie dann letztendlich war.[115] Kritik am Verhalten im nationalsozialistischen Staat, die Fleisch partiell teilte, dürfe aus Anstand nicht in der Öffentlichkeit vorgebracht werden.[116] Alle hätten Buße zu tun, auch Harbsmeier, der aufgrund diplomatischer Verhandlungen Marahrens' im Reichskirchenministerium wieder in ein Pfarramt gelangt sei und dagegen keinen Protest erhoben habe. Die von Harbsmeier kritisierte Unterschrift unter die Grundsätze Kerrls bezeichnete der Vertreter des Landeskirchenamts als Einzelfall, der keineswegs als ein Symptom für einen eingeschlagenen falschen Weg anzusehen war.[117]

Hermann Ubbelohde drohte gar ein Disziplinarverfahren. Der Stader Pastor hatte einen Artikel der sozialdemokratischen Zeitung „Hannoversche Presse"[118] vom 21.2.1947, der Marahrens' baldigen Rücktritt gefordert hatte,[119] in einem Leserbrief begrüßt.[120] Ubbelohdes zustimmender, von ihm allerdings nicht zur Veröffentlichung vorgesehener Brief enthielt den Kernsatz: „Ihren Artikel habe ich mit Beschämung und zugleich mit Dankbarkeit gelesen."[121] An Superintendent Johannes Schulze, Obmann der Bekenntnisgemeinschaft, hatte Ubbelohde am 7.3.1947 geschrieben:

> „Durch diese vermittelnde und ausgleichende Haltung [der Bekenntnisgemeinschaft] ist ja auch leider vermieden worden, damals dem Bischof ernstlich seinen Rücktritt als Buße nahezulegen. Jetzt tut das, was eigentlich Dienst der Bekennenden Kirche gewesen ist, die sozialdemokratische Presse Hannovers. Die Schamröte muß uns als Mitglieder[n] der Bekennenden Kirche wie auch dem Bischof ins Gesicht steigen, denn wie der beiliegende Artikel es ja offen genug ausspricht und wie ich auch aus anderen außerdeutschen kirchlichen Presseberichten weiß, ist die Beurteilung des Landesbischofs und der Zusammensetzung des Landeskirchenamtes doch derart belastend, daß wirklich mein Bußruf zum Eingang der Vorläufigen Landessynode ernstlich hätte gehört werden müssen. ... Die Stunde, die Gott der Herr unserer

---

115 Vgl. insgesamt Christian *Simon*: Hannover und die evangelische Einheit: Die evangelisch-lutherische Landeskirche zwischen EKD und VELKD (1945-1949), in: JGNKG 90, 1992, S. 235-266.

116 Vgl. Fleisch an Harbsmeier vom 17.5.1947 (LkAH, Best. N 35 Nr. 8).

117 Vgl. Fleisch an Harbsmeier vom 11.4.1947 (ebd.).

118 Vgl. Elke *Schröder*: Parteipresse im Wandel. Die *Hannoversche Presse* von 1946 bis 1958, Bielefeld 1996 (= Hannoversche Schriften zur Regional- und Lokalgeschichte 9).

119 Wie lange noch, Herr Landesbischof?, in: Hannoversche Presse, 21.2.1947.

120 Hannoversche Presse, 11.3.1947.

121 Ebd.

Kirche nach dem Zusammenbruch zur Buße auferlegt hat, ist nicht von unserer Landeskirche in dem Maße gehört worden, als es erforderlich war, und es ist für uns als Glieder und Diener der Bekennenden Kirche im höchsten Maße belastend, daß nun von außen her uns noch einmal dieser Bußruf durch die Tagespresse vor die Augen gehalten wird."[122]

Am 8.5.1947 beschloß das Landeskirchenamt, Ubbelohde aufzufordern, seine in dieser Angelegenheit mit der „Hannoverschen Presse" geführte Korrespondenz der Kirchenbehörde zukommen zu lassen.[123] Schließlich verzichtete die Kirchenverwaltungsbehörde jedoch auf die Einleitung eines Verfahrens, „da Pastor Ubbelohde sich bei dem Herrn Landesbischof entschuldigt, dieser ihm verziehen hat".[124]

---

122 KGA Cosmae, R 162₀.

123 Vgl. Niederschrift über die Kollegsitzung vom 8.5.1947 (LkAH, Best. B 1 Nr. 1434₁); vgl. auch Schreiben des Präsidenten des LKA, Ahlhorn, an Ubbelohde vom 9.5.1947 sowie die Erinnerungsschreiben des LKA (Brüel) an Ubbelohde vom 5.7. und 30.8.1947 (KGA Cosmae, R 152₂). Zu dieser Entscheidung vgl. auch das Schreiben Ahlhorns an Ubbelohde vom 23.9.1947 (ebd.: Abschrift). Ahlhorn führte an, das Kolleg habe sich gefragt, ob es sich hier nicht um einen Ordnungsverstoß handle. Deshalb sei die Vorlage dieses Schreibens erforderlich gewesen. Zuvor hatte Ubbelohde dem Präsidenten geschrieben: „Es ist mir sehr fraglich, ob das Landeskirchenamt ein sachliches Recht zu dem ‚Ersuchen' besitzt, eine Privatkorrespondenz einzufordern, auch wenn dieselbe in die Öffentlichkeit gedrungen ist. Es geht ja auch in diesem Falle nicht um Verstöße gegen die Lehre, sondern gegen das kirchliche Handeln einer Person, hier des Bischofs. … Die Bereinigung dieser Differenz ist Sache der unmittelbar Beteiligten. Und die ist erfolgt dadurch, daß ich dem damaligen Landesbischof D. *Marahrens* sofort einen aufklärenden Brief geschrieben habe und er mir dann in sehr feiner und bischöflicher Weise persönlich geantwortet hat." (Schreiben an Ahlhorn vom 15.9.1947, in: Ebd., Abschrift).

124 Niederschrift über die Kollegsitzung vom 13.11.1947 (LkAH, Best. B 1 Nr. 1434₁). In der vom LKA geführten Personalakte Ubbelohde (ebd., Best. B 7 Nr. 1102) ist dieser Konflikt nicht dokumentiert. Vgl. dazu auch Schreiben Ubbelohde an Marahrens vom 19.3.1947: „Anbei übersende ich Ihnen eine Abschrift meiner Zeilen an die Redaktion der ‚Hannoverschen Presse', aus der wenigstens erklärend hervorgeht, daß ich nicht beabsichtigt habe, diese ganze Frage Ihres Dienstes im Blick auf die Zeit ab 33 vor der Öffentlichkeit zu behandeln, und daß ich diese Entwicklung in der Tagespresse bedaure. Grundsätzlich freilich ist das meine Not gewesen, unter der ich in diesen Jahren oft gelitten habe, daß ich im Blick auf die Über- und Eingriffe des Dritten Reiches und die Dämonien des ganzen Systems das kirchliche Handeln und Reden Ew. Hochwürden als des verantwortlichen Führers einer Evangelisch-lutherischen Kirche oft nicht verstanden und mich dadurch in ständiger Mitschuld gefühlt habe. Dies ist ja auch bei der vorläufigen Landessynode mir eingehend zum Ausdruck gebracht worden. Und ich hätte weiß Gott lieber gewünscht, daß Ihnen und uns allen diese Auseinandersetzungen erspart geblieben wären. Diese seelischen Spannungen, unter denen ich auch heute noch im Blick auf den Kurs und die Gestaltung unserer Landeskirche stehe, sind es, die mich nicht zur Ruhe kommen

Mitglieder der Opposition engagierten sich auch für die Rehabilitierung von aus politischen Gründen versetzten Kollegen. Dies gilt für die Osnabrücker Gruppe im Blick auf den ehemaligen Osnabrücker Pfarrer Paul Leo, der in die USA emigriert war.[125] Hermann Ubbelohde setzte sich gemeinsam mit seinem Kollegen Fritz Starcke vergeblich für den 1936 nach Ostfriesland versetzten Kollegen Johann Gerhard Behrens ein, daß ihm die Rückkehr nach Stade ermöglicht werden möge. Entgegen der Aufforderung Starckes und Ubbelohdes wurde das ehemalige NSDAP-Mitglied Crusius, zudem Deutscher Christ, nicht aus dem Superintendentenamt entfernt, ja sein politisches Verhalten erfuhr bei seiner Pensionierung 1958 seitens des Landeskirchenamtes noch implizit eine Anerkennung.[126] In Göttingen engagierte sich der aus Laien bestehende Bekenntniskreis der Mariengemeinde letztlich erfolgreich für die Rückkehr des wegen seiner jüdischen Herkunft vertriebenen Pastors Bruno Benfey in seine alte Gemeinde.[127]

---

lassen. Ich habe deshalb auch meinen Austritt von der Hannoverschen Bekenntnisgemeinschaft angemeldet, um diese nicht mehr mit meiner Person und Haltung zu belasten. … Ich bitte deshalb, meine sachlichen Bedenken nicht persönlich nehmen zu wollen. Denn ich weiß, trotz aller Kritik, wie sehr ich Euer Hochwürden in vielen Dingen zu ganz persönlichem Danke verpflichtet bin." (Abschriftlich KGA Cosmae, R 152₂).

Marahrens entgegnete u.a.: „Über Ihr an die Hannoversche Presse gerichtetes Schreiben war ich sehr traurig. Natürlich ist auch mir die Frage gekommen, ob Sie wohl wirklich die Veröffentlichung Ihrer Zeilen gewollt hätten. Aber der Schade war da: Sie hatten zu einem sachlich den größten Bedenken unterliegenden Schreiben, das aus einem ganz bestimmten Kreise kam, bejahend Stellung genommen. Diese Art der Stellungnahme habe ich nicht verstanden, obwohl ich mir klar darüber war, daß Sie mit meiner Führung oft nicht einverstanden waren. Nach meinem Urteil durften Sie sich nicht an einer gehässigen Fehde in einem politischen Blatt beteiligen, das gar nicht ahnte, um was es letztlich ging. Das hat mir aufrichtig leid getan, durfte ich doch annehmen, daß Sie mich besser kennen würden. Für unser persönliches Verhältnis soll Ihr Schreiben, so an mir liegt, nichts bedeuten. Sie wissen, daß ich Sie, seitdem ich Sie auf der Erichsburg kennengelernt habe, liebgewann. … Ihre Gaben weisen Ihnen ein anderes Betätigungsfeld zu als die politische Fehde oder kirchenpolitische Kämpfe. … Dringend bitte ich, diesen Brief als nur für Sie bestimmt anzusehen." (Schreiben Landesbischof i. R. Marahrens an Ubbelohde vom 29.4.1947, ebd.).

125 Vgl. Lindemann (wie Anm. 1), S. 821 f.; Hans Christian *Brandy*: Gustav Oehlert und Paul Leo. Zwei Pastoren jüdischer Herkunft in der Ev.-luth. Landeskirche Hannovers, in: Grosse u.a. (wie Anm. 2), S. 375-427; hier: S. 421-423. Mit seiner Feststellung, „die Osnabrücker Pfarrbruderschaft unter Karwehl [sei] nach dem Krieg die hannoversche Speerspitze schärfster dahlemitischer Kritik an der Landeskirche und Marahrens geworden", unterstellt Brandy der hannoverschen Opposition, in ihrem Handeln nicht eigenständig gewesen zu sein (ebd., S. 422).

126 Vgl. insgesamt Lindemann (wie Anm. 1), S. 833-839.

127 Vgl. insgesamt ebd., S. 792 ff.

Resümee

Die hannoversche Opposition, bestehend vor allem aus Anhängern des Theologen Karl Barth, hatte seit Beginn der dreißiger Jahre eine an biblisch-theologischen Kriterien orientierte Ethik des Politischen und Kirchenpolitik angemahnt. So wie sie mit der Einforderung einer Ablehnung des dem christlichen Glauben diametral widersprechenden Nationalsozialismus nicht durchdrang, scheiterte sie auch mit ihrer Warnung vor einem zu engen Paktieren mit dem nationalsozialistischen Staat im Blick auf die Einrichtung der Kirchenregierung 1936 oder die kirchliche Stellung von Christinnen und Christen jüdischer Herkunft 1939. Auch nach Kriegsende konnte sie sich gegen die Kirchenleitung, die Bekenntnisgemeinschaft sowie die Mehrheit der Synodalen im Blick auf eine klare Rechenschaft über die landeskirchliche Vergangenheit in der Zeit des Nationalsozialismus, ein konkretes Schuldbekenntnis und kirchliche Buße nicht durchsetzen. Durch den Rücktritt des Landesbischofs im April 1947 [128] wurde dem Wunsch nach personaler Veränderung allerdings in gewisser Hinsicht Rechnung getragen. Jedoch blieb sein damaliger Stellvertreter Stalmann im Amt. Die 1947 gebildete Landessynode setzte sich mehrheitlich aus gewählten Mitgliedern zusammen,[129] womit ebenfalls eine Forderung der Osnabrücker erfüllt war, auch wenn ihre personelle Besetzung nicht ihren Vorstellungen entsprach. Darüber hinaus engagierte sich die Landeskirche auch in der EKD.[130] Eine Aufarbeitung der kirchlichen Vergangenheit gerade im Blick auf die Schuld an der Judenheit fand auch im deutschen Gesamtprotestantismus zunächst nicht statt.[131] Dies soll die Negierung der Osnabrücker Mahnungen und Forderungen nicht entschuldigen, allerdings ins rechte Licht rücken. Ebenso handelte es sich bei dem beklagten Episkopalismus nicht um ein rein hannoversches Phänomen – zum Beispiel übernahmen auch die unierten altpreußischen Provinzialkirchen in der sowjetischen Besatzungszone das Bischofsamt.[132]

---

128 Vgl. dazu Besier (wie Anm. 31), S. 142-151.

129 Vgl. Vorläufige Landessynode (wie Anm. 87), S. 160.

130 Vgl. insgesamt Simon (wie Anm. 115).

131 Vgl. dazu insgesamt Siegfried *Hermle*: Evangelische Kirche und Judentum – Stationen nach 1945, Göttingen 1990 (= AKZG, B, 16).

132 Vgl. Gerhard *Besier*: Der SED-Staat und die Kirche. Der Weg in die Anpassung, München 1993, S. 24-27; Jürgen *Kampmann*: Neuorientierung nach dem Ende des Zweiten Weltkrieges, in: Gerhard *Besier*/Eckhard *Lessing* (Hrsg.): Die Geschichte der Evangelischen Kirche der Union, Bd. 3: Trennung von Staat und Kirche. Kirchlich-politische Krisen. Erneuerung kirchlicher Gemeinschaft (1918-1992), Leipzig 1999, S. 561-603; hier: S. 579-584.

Insgesamt mußte für die innerkirchliche Opposition jedoch der schale Eindruck bleiben, daß eine Bewältigung der Vergangenheit, wenn man davon überhaupt sprechen kann, nur soweit stattfand, wie es für die von den in kirchenleitender Funktion Amtierenden intendierte Neuordnung der Kirche als notwendig angesehen wurde. In diesem Zusammenhang spielte im „Fall Marahrens" auch die Frage des drohenden Imageverlustes der Landeskirche und die künftige Handlungsfähigkeit der größten lutherischen Landeskirche im Nachkriegsdeutschland gegenüber der EKD und der Ökumene eine nicht unwesentliche Rolle.[133] Öffentliche Kritik an Marahrens und dem mit seinem Namen verbundenen kirchenpolitischen Kurs wurde aber weiterhin von der überwiegenden Mehrheit der Synodalen und der Kirchenleitung nicht geübt.[134] Eine konkrete Beschäftigung mit den Vorwürfen der Opponenten unterblieb zugunsten des weitgehend von den alten Eliten der Landeskirche getragenen kirchlichen Neuaufbaus.

133 Vgl. insgesamt Besier (wie Anm. 31), S. 111 ff.
134 Vgl. Lindemann (wie Anm. 53).

II. Probleme

AXEL WUNDERLICH

Entnazifizierung in der hannoverschen Landeskirche

1. Einleitung

Nach der bedingungslosen Kapitulation des Deutschen Reichs am 8./9. 5. 1945 herrschte auf deutscher Seite Klarheit darüber, dass das Personal des nationalsozialistischen Staats von den Siegermächten zur Rechenschaft gezogen werden würde. Schließlich war es erklärtes Kriegsziel der Anti-Hitler-Koalition gewesen, „die Nazi-Partei, Nazi-Gesetze, Organisationen und Einrichtungen aufzuheben; alle nazistischen und militärischen Einflüsse aus öffentlichen Ämtern und aus dem kulturellen und wirtschaftlichen Leben des deutschen Volkes zu entfernen".[1]

Unklar war das Ausmaß des personellen Revirements, das in den vier Besatzungszonen vorgenommen werden würde. Dabei wurde grundsätzlich zwischen einer strafrechtlichen Verfolgung Einzelner und einer politischen Säuberung, d.h. der Ausschaltung der politischen und militärischen, zum Teil der gesellschaftlichen und wirtschaftlichen Spitze, unterschieden. Die Entnazifizierungspolitik in den drei Westzonen, der die Idee einer politischen Säuberung zugrunde lag, wurde von den Vorstellungen der USA entscheidend bestimmt.[2] Die administrativen Maßnahmen der Amerikaner wurden von den Briten und Franzosen im Wesentlichen nachvollzogen.

Das Problem der Entnazifizierung in der hannoverschen Landeskirche umfasst zweierlei: Zum einen geht es um die Frage, wie die Entnazifizierungspolitik der Besatzungsmächte, insbesondere der für Hannover zuständigen Briten, gewertet wurde. Zum anderen geht es um das Personal der Landeskirche selbst: Inwieweit waren die Pastoren von Maßnahmen betroffen, und wie verhielt sich die Kirchenleitung?

Es ist Ausdruck einer hohen Wertschätzung und einer hohen Erwartungshaltung, die die Briten 1945 der evangelischen und katholischen Kirche entgegen-

---

1   Erklärungen und Vereinbarungen von Jalta, 12.2.1945. Zit. nach: Christoph *Kleßmann*: Die doppelte Staatsgründung. Deutsche Geschichte 1945-1955, 5. Aufl. Bonn 1991, S. 345.

2   Vgl. dazu den Überblick bei Clemens *Vollnhals* (Hrsg.): Entnazifizierung. Politische Säuberung und Rehabilitierung in den vier Besatzungszonen. München 1991, S. 7 ff.

brachten, dass diese nicht entnazifiziert wurden, sondern sich selbst „reinigen" konnten. Keiner anderen Institution wurde dieses Privileg zuteil. Feldmarschall Montgomery, 1945/46 Oberbefehlshaber der britischen Besatzungstruppen in Deutschland, sagte: „I consider that the German churches can play a great part in the reconstruction of Germany,"[3] Man hielt die Kirchen für integer und unbelastet genug, außerhalb des sonst üblichen Verfahrens stehen zu können, und erwartete im Gegenzug Unterstützung beim demokratischen Neuaufbau des Landes.

Als eine Grundposition, die aus der Tradition des bruderrätlichen Flügels der Bekennenden Kirche erwuchs, soll am Anfang die Haltung Martin Niemöllers zu dem Fragenkomplex skizziert werden. Sie dient als Folie für die Haltung der im Nationalsozialismus weitgehend intakt gebliebenen hannoverschen Landeskirche.

2. Positionen Niemöllers

Martin Niemöller betonte auf der Kirchenkonferenz von Treysa im August 1945 die Notwendigkeit eines Neuanfangs, die Notwendigkeit, „Buße zu tun und umzukehren zum rechten Gehorsam". Als konkreten Schritt forderte er:

> „Wir müssen auch eine ganze Anzahl von Persönlichkeiten aus den Kirchenleitungen loswerden, die zur Führung der Kirche nicht geeignet gewesen sind. Wenn heute jeder kleine Pg. Amt und Brot verliert, dann ist es unmöglich, daß Männer in den Kirchenleitungen gehalten werden, die sich in Hirtenbriefen oder in gedruckten Äußerungen oder sonst irgendwie so über den Nationalsozialismus und seine Weltanschauung ausgesprochen haben, daß der kleine Mann dadurch das gute christliche Gewissen bekam, sich der Partei anzuschließen."[4]

Diese Äußerung war zuvorderst auf den hannoverschen Landesbischof Marahrens gemünzt, dessen Rücktritt Niemöller vehement forderte, der aber

---

3   Zit. nach Gerhard *Besier*: „Selbstreinigung" unter britischer Besatzungsherrschaft. Die Evangelisch-lutherische Landeskirche Hannovers und ihr Landesbischof Marahrens 1945-1947. Göttingen 1986, S. 29.

4   Zit. nach G. *Besier*/H. *Ludwig*/J. *Thierfelder* (Hrsg.): Der Kompromiß von Treysa. Weinheim 1995, S. 292 f.

erst 1947 erfolgte.[5] Die Kritik hob auf eine Legitimierung von nationalsozialistischem Staat und nationalsozialistischer Ideologie durch Kirchenführer im „Dritten Reich" ab, die eine Unterstützung des Nationalsozialismus durch das (Kirchen-) Volk gefördert habe. Als Akt der Glaubwürdigkeit verlangte Niemöller, wenigstens die Entlassungen der „Verführten" mitzuvollziehen. Er betonte das politische Wächteramt der Kirche und warf Marahrens und anderen vor, sich mit dem Staat arrangiert zu haben, „ohne die Gemeinden mit klaren Worten zu warnen".[6]

Ging Niemöller in seiner öffentlichen Forderung nach Selbstreinigung besonders auch der kirchlichen Führungsetagen weiter als andere Mitglieder des Rates der EKD,[7] so herrschte Einigkeit in der Ablehnung der alliierten Entnazifizierungsmaßnahmen. In einer breit angelegten Kampagne brachten die evangelischen Kirchenführer ihre Haltung zum Ausdruck. Nach dem Urteil von Clemens Vollnhals mischten sich dabei „schlichte Unkenntnis, deutschnationale Denkweisen und Untergangsvisionen"[8] mit berechtigter Kritik am Verfahren. Eines der ersten Dokumente dieser Art war ein Bericht des Rates der EKD an die Interalliierte Kontrollkommission in Berlin vom November 1945.[9] Er war aus der Stuttgarter Ratssitzung im Oktober 1945 hervorgegangen, war also gewissermaßen in einem Atemzug mit dem Schuldbekenntnis verfasst worden.

Martin Niemöller trat in diesem Zusammenhang mehrfach hervor. Dem „Gesetz Nr. 104 zur Befreiung von Nationalsozialismus und Militarismus" warf er vor, „dass in ihm christlicher Geist nicht zur Geltung gekommen ist, sondern nur Rache-Gefühle".[10] Den Bischof von Chichester, George Bell, bat er um eine Intervention zugunsten einer Teilamnestie der von der Entnazifizierung Betroffenen, die zu einer zeitlichen Verkürzung des Verfahrens führen würde:

---

5 Vgl. zum Rückzug Marahrens' aus dem Bischofsamt Besier (wie Anm. 3), S. 111 ff., sowie den Dokumentenanhang ebd.

6 Rede bei der Tagung der Bekennenden Kirche (Reichsbruderratstagung) August 1945 in Frankfurt, zit. nach Besier/Ludwig/Thierfelder (wie Anm. 4), S. 148.

7 Niemöller ging in seiner Frankfurter Rede explizit kritisch auf die hannoverschen Verhältnisse ein. Wurm verhielt sich in Treysa moderater. Vgl. Besier/Ludwig/Thierfelder (wie Anm. 4), S. 148 ff. und 280 ff.

8 Clemens *Vollnhals*: Evangelische Kirche und Entnazifizierung 1945-1949, München 1989, S. 79.

9 Carsten *Nicolaisen*/Nora Andrea *Schulze* (Bearb.): Die Protokolle des Rates der Evangelischen Kirche in Deutschland. Bd. 1: 1945/46, Göttingen 1995, S. 67.

10 Ebd., S. 402.

„Ich bin sicher, daß eine solche Änderung des Verfahrens dazu helfen würde, eine ehrliche geistige Denazifizierung in unserem deutschen Volk
zustande zu bringen, wie es der Wunsch von uns allen ist."[11]

Obwohl die von ihm gewünschten Amnestierungen vorgenommen wurden
und sich die Spruchkammern immer stärker zu „Mitläuferfabriken" (Niet-
hammer) entwickelten, sorgte Niemöller noch kurz vor dem Abschluss der
Säuberungen für einen Höhepunkt der kirchlichen Kampagne. In einer Kanzelabkündigung zum 1. 2. 1948 wandte sich der Kirchenpräsident der hessisch-
nassauischen Landeskirche an seine Gemeinden:

„Heute ist die völlige Katastrophe offenbar. Unser Volk ist nicht auf den
Weg der Versöhnung geführt worden, sondern auf den Weg der Vergeltung,
und die gesäte Saat neuen Hasses ist üppig aufgegangen. ... Nach unserem
Maß der Erkenntnis müssen wir bitten: wirkt an dieser Sache, die so viel
Unrecht im Gefolge hat, nicht länger aus freien Stücken als öffentliche Klä-
ger oder als freiwillige Belastungszeugen mit! Oder ihr kommt in die
Gefahr, das Amt der Versöhnung zu verraten, das euch aufgetragen ist."[12]

Dieser offene, mit religiöser Drohung untermauerte Aufruf zum Boykott ver-
bitterte die Opfer der nationalsozialistischen Herrschaft, da zu diesem Zeitpunkt die Hauptschuldigen ins Zentrum des Verfahrens rückten.[13]

Die Position, die Niemöller in der Entnazifizierungsfrage einnahm, war klar
und radikal: Von der Kirche verlangte er eine konsequente Selbstreinigung. Die
von den Besatzungsmächten verantwortete allgemeine Entnazifizierung lehnte er kategorisch ab.

3. Hannoversche „Selbstreinigung": Organe, Prinzipien, Verantwortliche

Die evangelische Kirche beanspruchte schon unmittelbar nach der Kapitulation ein Recht auf Selbstreinigung. Der Rat der EKD lehnte einmütig „Eingriffe von politischer Seite und aus politischen Gründen in das Recht der Verkündigung und des Amtes"[14] ab. Dieser Anspruch konnte im wesentlichen erfolg-

---

11 Ebd., S. 734.

12 Zit. nach Vollnhals (wie Anm. 2), S. 316.

13 Vgl. Vollnhals (wie Anm. 8), S. 103 ff.

14 Nicolaisen/Schulze (wie Anm. 9), S. 329.

reich gegenüber den Besatzungsmächten und später gegenüber deutschen Entnazifizierungsstellen durchgesetzt werden.

Für die hannoversche Landeskirche hat Gerhard Besier das Selbstreinigungsverfahren in einem chronologischen Zugriff geschildert.[15] Systematisch lassen sich drei verschiedene Stränge ausmachen, die punktuell miteinander verbunden waren und sich zeitlich überlappten:

1. mündliche Verhandlungen zwischen dem Landeskirchenamt und der britischen Militärregierung;

2. die Tätigkeit des Außerordentlichen Kirchengerichts (AOKG);

3. die Tätigkeit der Entnazifizierungs-Jury.

Von November 1945 bis Mitte 1946, bis zur Einführung der Entnazifizierungs-Jury, fanden etwa einmal monatlich Gespräche zwischen Vertretern der hannoverschen Landeskirche und der britischen Militärregierung statt, bei denen die Fälle von Geistlichen besprochen wurden, die durch ihr Verhalten im „Dritten Reich" belastet erschienen. Auf Seiten der Kirche führten Landesbischof Marahrens und der Personaldezernent, Oberlandeskirchenrat (OLKR) Karl Stalmann, die Verhandlungen. Beide hatten ihre Funktionen bereits vor 1945 inne.

August Marahrens, dessen Wirken im „Dritten Reich" in den vergangenen Jahren verstärkt einer kritischen Würdigung unterzogen worden ist,[16] hatte durch seine Unterzeichnung der „Fünf Grundsätze" des Reichskirchenministers Kerrl am 31. 5. 1939 bekundet:

„1. ... Die Evangelische Kirche ehrt im Staate eine von Gott gesetzte Ordnung. Sie fordert von ihren Gliedern treuen Dienst in dieser Ordnung und

---

15 Besier (wie Anm. 3), S. 66-99.

16 Vgl. v.a. Joachim *Perels*: Die hannoversche Landeskirche im Nationalsozialismus 1935-1945. Kritik eines Selbstbildes; Inge *Mager*: August Marahrens (1875-1950), der erste hannoversche Bischof, sowie Hans *Otte*: Ein Bischof im Zwielicht. August Marahrens (1875-1950). Alle Aufsätze in: Heinrich *Grosse*/Hans *Otte*/Joachim *Perels* (Hrsg.): Bewahren ohne Bekennen? Die hannoversche Landeskirche im Nationalsozialismus, Hannover 1996. Ausgangspunkt der zuvor dominanten affirmativen Sicht war die Arbeit von Eberhard *Klügel*: Die lutherische Landeskirche Hannovers und ihr Bischof 1933-1945. Bd. 1: Darstellung, Berlin/Hamburg 1964. Tradiert wurde sie insbesondere durch Marahrens' Amtsnachfolger Lilje (vgl. dessen Geleitwort zu Klügels Arbeit, ebd., S. VII f.), Lohse (vgl. Eduard *Lohse*: August Marahrens – Abt zu Loccum, in: KZG 3 [1990], S. 499ff.) und Hirschler (vgl. Horst *Hirschler*: Daß Schuld auf unserem Wege liegt ... Die Landeskirche im NS-Staat, in: Grosse/Otte/Perels [s.o.], S. 487ff.).

weist sie an, sich in das völkisch-politische Aufbauwerk des Führers mit voller Hingabe einzufügen. ...

3. ... Im Bereich des völkischen Lebens ist eine ernste und verantwortungsbewußte Rassenpolitik zur Reinerhaltung unseres Volkes erforderlich."[17]

Wenige Monate nach der „Reichskristallnacht" drückte er dadurch seine grundsätzliche Zustimmung zur nationalsozialistischen Politik gegenüber den Juden und seinen Willen zur Unterordnung der Kirche unter die Maßgaben des nationalsozialistischen Staates aus. Seine Vorstellung von einer strikten Trennung der beiden „Reiche" ließ sich nicht durch den Terror des Regimes erschüttern. Die britische Besatzungsmacht sah Marahrens durch seine Äußerungen diskreditiert. Ihre zurückhaltende Politik der Nichteinmischung in deutsche Kirchenangelegenheiten[18] ging jedoch so weit, dass sie trotz aller Bedenken Marahrens als Verhandlungspartner bei Entnazifizierungsgesprächen akzeptierte.

Der zweite Gesprächspartner der Briten, Karl Stalmann, war seit dem 1.10.1933 als Oberlandeskirchenrat im Landeskirchenamt tätig.[19] Nach Eberhard Klügel, selbst „aktiv und in unbezweifelbarer Loyalität" in den hannoverschen Kirchenkampf involviert,[20] wurde er dorthin berufen, weil man einen „sachkundigen Personaldezernenten" brauchte.[21] Stalmann selbst sprach gegenüber der britischen Militärregierung von seiner „Abberufung" vom Amt des Generalsuperintendenten von Hannover, die erfolgt sei, „weil ich weder Parteimitglied noch Mitglied der Deutschen Christen war". Daraufhin sei er ins Landeskirchenamt „übernommen" worden.[22] Stalmann war hier bemüht, seinen Wechsel als Degradierung auf Grund seiner politischen und kirchenpolitischen Standhaftigkeit darzustellen. Als Personaldezernent war Stalmann maßgeblich an Maßnahmen gegen Personen beteiligt, die der Landeskirche aus unterschiedlichen Gründen missliebig waren.[23]

---

17 Eberhard *Klügel*: Die lutherische Landeskirche Hannovers und ihr Bischof 1933-1945. Bd. 2: Dokumente, Berlin/Hamburg 1965. S. 154 f. Mitunterzeichner Wurm bedauerte, anders als Marahrens, noch vor 1945 seine Unterschrift.

18 Vgl. Besier (wie Anm. 3), S. 25 ff., dazu die Dokumente im Anhang.

19 KABl. 1933, S. 181.

20 So Lilje im Geleitwort zu Klügel (wie Anm. 16), S. VIII.

21 Klügel (wie Anm. 16), S. 71.

22 Schreiben vom 16.5.1945 (LkAH, Best. N 64 Nr. 16).

23 Vgl. unten den Fall Benfey. Ebenso ließe sich das Verhalten Stalmanns gegenüber Winfried Feldmann heranziehen. Vgl. Hartmut *Ludwig*: Für die Wahrheit des Evangeliums streiten. Zur Entlassung des Hilfspredigers Winfried Feldmann aus dem Dienst der Landeskirche 1939, in: Grosse/Otte/Perels (wie Anm. 16), S. 105-126.

In den Gesprächen mit den Briten bestimmte eine Reihe grundsätzlicher Anliegen die Verhandlungstaktik der Kirchenvertreter: Sie spielten auf Zeit, gaben immer wieder an, dass angeforderte Berichte über Pastoren noch nicht vorlägen, um endgültig ablehnende Voten der Briten hinauszuzögern.[24] Des weiteren waren sie bemüht, auf konkurrierende Kompetenzen innerhalb der britischen Militärregierung einzuwirken, wo diese negative Folgen für die Kirche hatten. So bat Stalmann die Militärregierung 229 in Hannover, Entlassungen von Geistlichen, die eine andere britische Stelle vorgenommen hatte, rückgängig zu machen. Der Landeskirche sei mehrfach versichert worden, „dass andere englische Stellen nicht das Recht hätten, Pastoren zu entlassen, sondern diese Entscheidung der Militärregierung 229 vorbehalten bleiben müsse".[25] Als sich im Frühjahr 1946 die Bildung von Entnazifizierungsausschüssen für Geistliche abzeichnete, begrüßte Stalmann, dass der „Ausschuß für unsere Landeskirche im Benehmen mit uns gebildet werden soll. Dabei setzen wir als selbstverständlich voraus, daß dieser Ausschuß nicht zuständig sein wird zur Nachprüfung von Maßnahmen, die seitens kirchlicher Stellen auf Grund kirchengesetzlicher Bestimmungen erfolgt sind."[26]

Der Anspruch der Landeskirche auf eine Reinigung in eigener Regie wurde hier sehr deutlich gemacht. Die kirchliche Rechtshoheit sollte über dem Besatzungsrecht der Briten stehen.

Der Vorläufige Kirchensenat der hannoverschen Landeskirche erließ am 22.1.1946 eine „Notverordnung über Maßnahmen bei Verletzung der Amtspflicht in den Jahren 1933 bis 1945". § 1 lautete:

„Hat ein Geistlicher in der Zeit zwischen der Einsetzung des Staatskommissars für die Preußischen Landeskirchen (24.6.1933) und der Umbildung der Finanzabteilung (7.6.1945) durch seine Haltung, insbesondere durch seine kirchenpolitische oder politische Betätigung, gegen das Bekenntnis oder die Ordnung der Landeskirche verstoßen, so kann gegen den Geistlichen vor dem Außerordentlichen Kirchengericht (AOKG) ein Verfahren nach den Vorschriften dieser Verordnung durchgeführt werden."[27]

---

24 Vgl. Besier (wie Anm. 3), S. 68.

25 Schreiben Stalmann an Militärregierung 229 in Hannover, 25.6.1946 (LkAH, Best. B 1 Nr. 2056, Bl. 77).

26 Schreiben Stalmann an Lyle, 19.3.1946, (LkAH, Best. B 1 Nr. 2056, Bl. 44).

27 KABl. 1946, S. 5 f.

Politische Aktivitäten von Geistlichen sollten nur Konsequenzen nach sich ziehen, wenn dadurch die Landeskirche in ihrer Substanz tangiert war. Schon die gewählten Eckdaten brachten zum Ausdruck, dass durch das AOKG keine politische, sondern eine kirchenpolitische Säuberung stattfinden sollte. Für die hannoversche Kirche begann die aufzuarbeitende Zeit nicht mit der Machtübernahme Hitlers im Reich, sondern mit der Machtübernahme der Deutschen Christen in der Altpreußischen Union fünf Monate später.[28] Sie endete nicht mit dem Zusammenbruch des NS-Regimes, sondern mit der Ausschaltung des entscheidenden Machtinstruments der Deutschen Christen, der Herrschaft über die Finanzabteilung, einen Monat nach der Kapitulation.[29] Klaus Erich Pollmann hat für die braunschweigische Landeskirche festgestellt, dass „seit Mitte 1945 das Feindbild Finanzabteilung überdimensional wahrgenommen" worden sei.[30] Die Wahl des Eckdatums für das AOKG ist ein Indiz dafür, dass es in Hannover nicht anders war.

Zusammengesetzt war das AOKG aus zwei Mitgliedern des Kirchensenats, einem rechtskundigen und einem geistlichen Mitglied des Landeskirchenamts und einem Mitglied des Pfarrerausschusses (§ 2,1). Vorsitzender des Gremiums war Eberhard Hagemann, Mitglied des Vorläufigen Kirchensenats. Als geistlicher Vertreter des Landeskirchenamts fungierte OLKR Stalmann. In der Zeit des Nationalsozialismus waren sich Hagemann und Stalmann im Fall des Göttinger Pastors Bruno Benfey begegnet.

Benfey, dessen jüdisch geborene Eltern als Erwachsene der evangelischen Kirche beigetreten waren,[31] war seit 1927 Pastor in der Göttinger Mariengemeinde. Nach 1933 geriet er auf Grund seiner Abstammung verstärkt unter Druck: Kirchenvorstand, Amtsbrüder und Superintendent rückten von ihm ab und forderten, unterschiedlich vehement, seine Entfernung aus der Gemeinde.[32] Hagemann setzte sich als juristischer Vertreter Benfeys sehr umsichtig und engagiert für dessen Belange ein. OLKR Stalmann betrieb, den lokalen Forde-

---

28 Vgl. Klaus *Scholder*: Die Kirchen und das Dritte Reich. Bd. 1: Vorgeschichte und Zeit der Illusionen 1918-1934, Frankfurt a.M. u.a. 1977, S. 453 ff.

29 Vgl. zur Finanzabteilung Klügel (wie Anm. 16), S. 307 ff.

30 Klaus Erich *Pollmann*: Die Entnazifizierung in der Braunschweigischen Landeskirche nach 1945, in: Ders. (Hrg.): Der schwierige Weg in die Nachkriegszeit. Die Evangelisch-lutherische Landeskirche in Braunschweig 1945-1950, Göttingen 1994, S. 33.

31 Vgl. Gerhard *Lindemann*: „Typisch jüdisch". Die Stellung der Ev.-luth. Landeskirche Hannovers zu Antijudaismus, Judenfeindschaft und Antisemitismus 1919-1949, Berlin 1998, S. 104 f.

32 Vgl. die detaillierte Schilderung der Vertreibung Benfeys aus dem Amt ebd., S. 346-495.

rungen folgend, energisch Benfeys Versetzung und hoffte dabei, dass dieser den Schritt freiwillig tun würde. Da er aber auf der Ausübung seines Amtes in Göttingen beharrte, wurde er schließlich mit Hilfe eines neuen „Gesetzes zur Versetzung im Interesse des Dienstes" zum 1.6.1937 in den Ruhestand geschickt.

Stalmanns Verhalten war dabei durch zweierlei gekennzeichnet; zum einen durch seine Regimetreue: Er ließ es an Unterstützung für den ordinierten Geistlichen, der sich gegen Anfeindungen des Regimes zur Wehr setzen musste, fehlen. Ihm war stärker daran gelegen, die Kirche vor gegen Benfey gerichteten Unruhen zu schützen als Benfey vor antisemitisch motivierten Angriffen. Als Vorwurf formulierte er, Benfey werde von Regimegegnern unterstützt.

Zum anderen wurde deutlich, dass Stalmann in seiner ablehnenden Einstellung gegenüber dem Judentum jenen gesellschaftlichen Grundkonsens teilte, der einen entscheidenden Pfeiler für „Hitlers Macht"[33] bildete. Den Aufzeichnungen Benfeys zufolge „sieht [Stalmann] Juden als Unheil unseres Volkes an".[34] Für eine derart offene antisemitische Äußerung des Personaldezernenten ist Benfey der einzige Zeuge, so dass das Wort unter einem gewissen Vorbehalt betrachtet werden muss. Unzweideutig war Stalmanns Bestreben, Benfey mit Hilfe des o.g. Gesetzes loszuwerden, dessen Inkrafttreten von Hagemann mit guten Gründen als „Einführung des Arier-Paragraphen in die Landeskirche" gedeutet wurde.[35]

Die Bilanz des Außerordentlichen Kirchengerichts geht aus einem Bericht Hagemanns vom September 1947[36] hervor. Gegen 23 Geistliche wurde ermittelt. Die härteste Maßnahme, Entfernung aus dem Dienst, wurde in drei Fällen verhängt. Weiterhin erfolgten: Entfernung aus dem Amt (3 Fälle), Versetzung in den Wartestand (1), Gehaltskürzung (3), Geldbuße (2), Einleitung eines Disziplinarverfahrens (1). In zehn Fällen wurde „kein Anlass zum Einschreiten" gesehen.

---

33 So der Titel der Analyse von Ian *Kershaw*: Hitlers Macht. Das Profil der NS-Herrschaft, 2. Aufl. München 2000. Vgl. ebd., S. 120 ff.

34 Zit. nach Lindemann (wie Anm. 31), S. 458.

35 Zit nach ebd., S. 482.

36 LkAH, Best. B 1 Nr. 2051 (Bericht Hagemann).

Hagemann bezeichnete den Anteil der nicht geahndeten Fälle als „mit etwa 40 % sehr hoch". Er führte dies nicht auf eine „zu grosse Milde" des AOKG, sondern auf die mangelnde Kooperation der Superintendenten und Landessuperintendenten zurück. Sie hätten nicht in erforderlichem Umfang „Tatsachenmaterial" bereitgestellt, das notwendig gewesen wäre, um die Aktenlücke nach dem Brand des Landeskirchenamtes 1943 zu schließen.

Der Bericht enthält Konkretionen der Tatbestände „Verstoß gegen die Ordnung" und „Verstoß gegen das Bekenntnis der Landeskirche". Viele Punkte waren speziell auf die Deutschen Christen gemünzt, doch nicht ausschließlich auf diese zu beziehen. So sollten etwa „Drohungen gegen kirchenpolitische Gegner", „Beschwerdeeingaben an ausserlandeskirchliche Stellen, wie Reichsministerium für die kirchlichen Angelegenheiten" oder „unbrüderliches Verhalten gegen Amtsbrüder" geahndet werden. Eine Anwendung dieser Punkte auf Benfeys Göttinger Amtsbruder Runte, der entscheidend an dessen Sturz beteiligt war, hätte ernsthaft geprüft werden können,[37] doch eine Anklage unterblieb. Der Vorsitzende des AOKG Hagemann wusste um die Umstände genauestens Bescheid. Das Mitglied des AOKG Stalmann war tief in den Vorgang involviert und hätte in einem Verfahren praktisch über sich selbst entscheiden müssen. Hier zeigen sich sehr deutlich die Grenzen eines Selbstreinigungsinstruments, das in den Händen von Personen gehalten wurde, die in die Vergangenheit verstrickt waren.

Hagemann befand „das Gesamtergebnis wenig befriedigend". Wegen des unterschiedlichen Kenntnisstandes in den einzelnen Fällen habe man das Ziel der „wahren Gerechtigkeit" verfehlt.[38] Diese selbstkritische Sicht wurde vom Landeskirchenamt nicht geteilt. Im Verwaltungsbericht für die 14. Ordentliche Landessynode hieß es:

> „Das Verfahren vor dem Außerordentlichen Kirchengericht bedeutet … auch gleichzeitig eine Reinigung der Kirche von nationalsozialistischen Einflüssen, und man konnte erwarten, daß darüber hinaus eigentlich politische Maßnahmen gegen Geistliche nicht mehr erforderlich gewesen wären."[39]

---

37 Runte intervenierte nicht gegen Ausschreitungen und Störungen der Gottesdienste Benfeys, sondern deckte sie. In einem nur teilweise überlieferten Schreiben an das Reichskirchenministerium forderte er mit hoher Wahrscheinlichkeit die Entfernung Benfeys aus Göttingen. Vgl. Lindemann (wie Anm. 31), S. 437, 453 f.

38 Bericht Hagemann (wie Anm. 36).

39 14. Ordentliche Landessynode, Aktenstück Nr. 4, o.O., o.J., S. 21.

Das Landeskirchenamt sah in der Selbstreinigungsfrage keinen weiteren Handlungsbedarf, die Bestrafung von 13 der insgesamt etwa 1.500 Pastoren der Landeskirche wurde als ausreichend empfunden.

Drei Monate vor Inkrafttreten der hannoverschen Notverordnung hatte der Rat der EKD „Richtlinien für eine Verordnung zur Wiederherstellung eines bekenntnisgebundenen Pfarrerstandes" erlassen.[40] Man leitete sie „an die Landeskirchen mit der Bitte weiter, sie zu verwenden".

Die hannoversche Landeskirche verwendete sie in deutlich modifizierter Form. Die Richtlinien waren schärfer gehalten und verlangten für Pastoren, die durch ihre Nähe zur nationalsozialistischen Weltanschauung für eine „bekenntnisgebundene Weiterführung ihres Amtes unglaubwürdig" geworden waren, die Entfernung aus dem Dienst oder aus dem Amt (§ 2). Durch die hannoversche Notverordnung konnten nur positive Verstöße gegen Bekenntnis und Ordnung geahndet werden.

Die Richtlinien schlugen als Selbstreinigungsgremien „Spruchkammern der Landeskirche" vor, die aus zwei Geistlichen und einem Juristen, „die von der Kirchenleitung berufen werden", bestehen sollten (§ 5). Die Rolle der Kirchenleitung war hier eine gänzlich andere als in Hannover: Sie sollte zwar die Mitglieder der dezentralen Spruchkammern berufen, war aber nicht notwendiger Weise in ihnen vertreten. Das AOKG bestand zu 80 Prozent aus Mitgliedern der Kirchenleitung, die im hannoverschen Fall, anders als in den im „Dritten Reich" zerstörten Landeskirchen, in Teilen mit der aus der Zeit des Nationalsozialismus identisch war.

Handelte es sich beim AOKG um eine freiwillig eingerichtete Instanz, so erfolgte die Einsetzung einer Entnazifizierungs-Jury unfreiwillig auf Grund britischer Vorgaben. Die Zonenpolitikanweisung Nr. 3 in ihrer geänderten Fassung vom April 1946 enthielt einen Anhang B[41], in dem die Bestimmungen der Kontrollratsdirektive Nr. 24[42] auf ordinierte Geistliche angewendet wurden. Ein gesondertes Verfahren wurde mit der „besseren Stellung, welche die

---

40 Nicolaisen/Schulze (wie Anm. 9), S. 62-65.

41 „Anweisung Nr. 3 über Zonenpolitik des Hauptquartiers der britischen Militärregierung vom 24.4.1946 betr. Entnazifizierung in der britischen Zone", in: Irmgard *Lange* (Bearb.): Entnazifizierung in Nordrhein-Westfalen. Richtlinien, Anweisungen, Organisationen, Siegburg 1976, Anhang B: S. 256 ff.

42 In Auszügen abgedruckt bei Vollnhals (wie Anm. 2), S. 107 ff.

Geistlichen auf Grund der von ihnen übernommenen Gelübde in der Gesellschaft inne haben", begründet (Abs. 2). Der evangelischen und katholischen Kirche wurde zugestanden, besondere Kirchenausschüsse einzurichten. Sie sollten aus fünf bis acht Personen, darunter mindestens zwei Laien, bestehen: „Dies sollten hervorragende antinazistische Mitglieder der Kirche sein; sie können von den Kirchenbehörden selbst ernannt werden" (Abs. 4). Auch die Zusammensetzung von Kirchenberufungskammern wurde „völlig in das Belieben der Kirchenbehörden gestellt" (Abs. 10).

Die außergewöhnlichen Privilegien, die durch die Zonenpolitikanweisung den Kirchenleitungen zuteil wurden, gingen der hannoverschen Kirchenleitung nicht weit genug. OLKR Stalmann bemühte sich mehrfach, im Widerspruch zum Wortlaut der ihm bekannten Direktive, auch nichtgeistliche Kirchenbeamte und Mitarbeiter der Diakonie dem kirchlichen Verfahren zuzuordnen.[43] Nach zwischenzeitlichem Erfolg scheiterte der Versuch schließlich – die Laien mussten sich dem allgemeinen Entnazifizierungsverfahren stellen.[44] Auch bei der Auswahl der Ausschuss-Mitglieder wurden die Vorgaben der Briten nicht vollständig berücksichtigt. So lehnte die Militärregierung zwei Mitglieder ab, „one as being a pro-Nazi before 1933, the other as a member of the Stahlhelm".[45]

Zwischenbilanzen der Jury, die sich im Juli 1946 konstituiert hatte,[46] stießen bei den Briten auf Kritik. Dem Gremium wurde eine übermäßig lockere Einstellung („unduly lax view of its responsibilities") und zu ausgeprägte Milde („too lenient") vorgeworfen.[47] Nachdem das Verfahren Ende 1947 auf deutsche Stellen übertragen wurde, kam es zwischenzeitlich zu Konflikten, die jedoch bereinigt wurden. 1952 konnte das Verfahren schließlich endgültig zum Abschluss gebracht werden.[48]

In einem Abschlussbericht vom Januar 1953[49] legte der zuständige Sachbearbeiter im Landeskirchenamt, Herbert Wiese, die Bilanz der Jury-Arbeit vor:

---

43 Vgl. Besier (wie Anm. 3), S. 76 f.

44 Vgl. ebd., S. 89.

45 Schreiben Regional Intelligence Officer von Hannover an Religious Affairs Branch, Dezember 1946. Zit. nach ebd., S. 86.

46 Vgl. ebd., S. 76.

47 Einschätzungen des Hauptquartiers der Militärverwaltung Region Hannover, Ende 1946. Zit. nach ebd., S. 78 f.

48 Vgl. ebd., S. 90 ff.

49 LkAH, Best. B 1 Nr. 2050, Bl. 202.

1.460 Fragebogen wurden überprüft. Die Kategorien I und II (Hauptschuldige und Belastete[50]) behielten die Briten während des gesamten Verfahrens in ihrer Zuständigkeit. Niemand wurde von der Jury in die Kategorie III (Minderbelastete), 23 Geistliche wurden in die Kategorie IV (Mitläufer), 265 in die Kategorie V (Entlastete) eingestuft. Die übrigen 1.172 waren „von dem Entnazifizierungsverfahren nicht betroffen".

Wieses Bericht enthält eine Behauptung, die bereits zuvor Stalmann aufgestellt hatte[51]: „[Die Jury] war in ihrer Tätigkeit vom Landeskirchenamt völlig unabhängig." Da das Landeskirchenamt nach dem Wortlaut der Zonenpolitikanweisung wie nach der geübten Praxis die Zusammensetzung des Gremiums vornahm, konnte von Unabhängigkeit keine Rede sein. Das gesamte Selbstreinigungsverfahren lag also in seinen drei Strängen fast ausschließlich in der Obhut der hannoverschen Kirchenleitung, speziell des Landeskirchenamtes.

Die beiden Selbstreinigungsorgane, AOKG und Jury, reichten nicht aus, ein ganz naheliegendes Problem zu lösen: das der Entfernung der Deutschen Christen aus ihren Stellungen.[52] Vor der Vorläufigen Landessynode konstatierte Wilhelm Mahner Ende 1946, dass die hannoversche Landeskirche die letzte sei, „in der noch Ephoren tätig sind, die als Deutsche Christen in ihr Amt hineingekommen sind". Er stellte daher den Antrag:

„Die Vorläufige Landessynode erwartet, daß die Superintendenten, die als Deutsche Christen in das Ephoralamt gekommen sind, abgelöst werden!"[53]

Landesbischof Marahrens brachte seine „Abneigung gegen den Antrag" zum Ausdruck und verwies auf die Zuständigkeit des AOKG.[54] Die Entfernung der betreffenden Superintendenten auf der Grundlage einer neuen Verordnung sei „nicht unbedenklich": „Es ist ein Abweichen von dem sachlichen Weg, der sich bei uns bewährt hat." Der Synodale Avenriep bemerkte, dass man eigentlich

---

50 Terminologie des „Befreiungsgesetzes" vom 5.3.1946 (Art. 4). In Auszügen abgedruckt in Vollnhals (wie Anm. 2), S. 262 ff.

51 Vgl. Besier (wie Anm. 3), S. 79.

52 Vgl. zu den Deutschen Christen nach 1945 Rainer *Lächele*: Religionsfreiheit und Vergangenheitsbewältigung. Die Deutschen Christen und die Besatzungsmächte nach 1945, in: EvTh 51, 1991, S. 131-154; für Hannover Besier (wie Anm. 3), S. 53-66.

53 19. Sitzung, 4.12.1946. Protokolle und Aktenstücke der Vorläufigen Landessynode, o.O. [Pattensen] o.J. [1950], S. 139.

54 Marahrens sprach von „Jury", wurde aber von Stalmann korrigiert. Ebd.

einen freiwilligen Rückzug der Superintendenten hätte erwarten können. Auch er sprach sich gegen den Antrag aus: „Wir wollen nicht die verurteilen, die von den Engländern freigesprochen sind." Schließlich wurde der Antrag dem Synodalausschuss überwiesen und tauchte in der Synode nicht wieder auf.[55]

Der Versuch Mahners, die Selbstreinigungslücke zu schließen, wurde von der Synode abgewehrt. Der als „bewährt" empfundene Kurs landeskirchlicher Milde sollte nicht geopfert werden, obwohl die deutschchristlichen Superintendenten als unerwünschte Belastung erkannt wurden. In einer Paarung von amtsbrüderlicher und nationaler Solidarität mit ihnen wollten die Synodalen nicht härter als die Briten sein.

Auch 1949 war das Problem der Deutschen Christen noch virulent. In einem Urantrag wurde die Synode aufgefordert, den Pastoren der Landeskirche die Erwartung auszusprechen, deutschchristlichen Geistlichen im Warte- oder Ruhestand die Kanzel zu verweigern. Gegen das Votum Stalmanns, der wegen Einzelvorkommnissen nicht „gleich eine neue Bestimmung" erlassen wollte, wurde der Antrag „mit großer Mehrheit" angenommen.[56]

4. „Positive Entnazifizierung"

Hanns Lilje war bis zur Jahreswende 1947/48 nicht mit öffentlichen Erklärungen zur Entnazifizierungsfrage in Erscheinung getreten. Lediglich in seiner Funktion als Mitglied des Rates der EKD war er für zentrale Kundgebungen in dieser Angelegenheit mitverantwortlich.[57]

Im Frühjahr 1948 intervenierte der neue hannoversche Landesbischof, als das Verfahren in der britischen Zone dem Abschluss nahe war und in die Kompetenz der Landesparlamente fiel. In einem Offenen Brief wandte er sich an die Abgeordneten des Niedersächsischen Landtages. Die erste Ausgabe des von ihm herausgegebenen „Sonntagsblattes" nutzte Lilje zur Veröffentlichung seiner Stellungnahme. Zwei Wochen später erschien sie auch in der „Botschaft".[58]

---

55 Zitate ebd., S. 139-141.

56 14. Synode, 31. Sitzung, 28.10.1949, o.O. [Stolzenau] o.J. [1952].

57 Vgl. Vollnhals (wie Anm. 8), passim.

58 Sonntagsblatt 1.2.1948, Botschaft Nr. 7/8, 15.2.1948. Abgedruckt in Clemens *Vollnhals*: Entnazifizierung und Selbstreinigung im Urteil der evangelischen Kirche, München 1989, S. 220 f. Zitate danach.

Der Offene Brief bildet gemeinsam mit Schreiben an den britischen Regional Commissioner Lingham und an den niedersächsischen Ministerpräsidenten Kopf vom April 1948[59] die Basis für eine Positionsbestimmung des Bischofs.

Im Mittelpunkt des Interesses stand bei Lilje die „Gesundung unseres Volkes". Dabei sah er die „Klärung unserer Vergangenheit" als notwendiges Übel, als „unerläßlich" an. Schwerer wogen jedoch die „Nachkriegsfolgen [sic]", unter denen das deutsche Volk litt: Not, Hunger und drohende Verelendung. Diese Erschwernisse, die Lilje offenbar nicht Hitlers Krieg, sondern der von den Alliierten kontrollierten Nachkriegszeit anlastete, machten die Situation zu einer „Stunde höchster Gefahr", die vor allem eines erfordere: Ruhe.

„Wir können es uns nicht leisten, auf lange hinaus einen Herd der inneren Beunruhigung zu erhalten, indem wir Monat um Monat immer noch mit der Liquidation der Vergangenheit beschäftigt sind."[60]

Entnazifizierung bedeutete für Lilje Verschärfung der Not, Zuspitzung der Lage, Störung der Volksgesundung. Er hielt es für unverantwortlich, „daß auf die Dauer so viele wertvolle Kräfte ausgeschaltet oder in ihrer Arbeit beeinträchtigt werden".[61] Der Gesetzentwurf der Landesregierung, der sich auf Personen konzentriere, „die als Nutznießer des Nationalsozialismus angesehen werden müssen und gegen die politische Sicherungsmaßnahmen erforderlich sind",[62] richte sich, wie er Kopf schrieb, gegen „Kreise der Intelligenz". Diese seien von den Einschränkungen der Entnazifizierung ausgenommen, so dass die Veränderungen „nur bestimmten sozialen Kreisen" zugute kämen.

Liljes feste Verankerung im bürgerlichen Lager drückte sich schon in der Wortwahl aus und begründete die Stoßrichtung seiner Eingabe. Das große Bemühen um die oberen Schichten der deutschen Gesellschaft, die die evangelische Kirche trugen, war ein Strukturelement kirchlicher Stellungnahmen.[63]

---

59 Schreiben Lilje an Kopf, 9.4.1948, Schreiben Lilje an Lingham, 10.4.1948 (LkAH, Best. B 1 Nr. 2050, Bl. 157 und 156).

60 Alle Zitate nach Vollnhals (wie Anm. 58), ebd.

61 Lilje an Lingham (wie Anm. 59), ebd.

62 Schriftliche Begründung der Gesetzesvorlage des niedersächsischen Ministers für Entnazifizierung. Zit. nach Rudolf *Billerbeck*: Die Abgeordneten der ersten Landtage (1946-1951) und der Nationalsozialismus, Düsseldorf 1971, S. 148.

63 Vgl. Vollnhals (wie Anm. 8).

Der konkrete Ansatzpunkt für Liljes Kritik lag in seinem Vorwurf, die Entnazifizierung bedeute Sühne ohne voraufgegangene Schuld. Der Schuldige müsse bestraft werden, nämlich „wer sich gegen göttliche und menschliche Gesetze vergangen hat, wer anderen Gewalt angetan oder sich unrechtmäßig bereichert hat". Aber: „Wenn keine Straftat und keine nachweisbare verwerfliche Handlung oder Haltung vorliegt, muß der Grundsatz großzügiger Amnestie walten."[64]

Die klare Trennung, die Lilje hier zwischen Schuldigen und Unschuldigen zog, ließ sich in dieser Weise nicht ziehen. Das Entnazifizierungsverfahren betraf, gerade zu diesem späten Zeitpunkt, Personen, die mehr als nominell ein Regime, das notorisch gegen göttliches und menschliches Recht verstoßen hat, unterstützt hatten, ohne unbedingt direkt Gewalt anzuwenden. Dieser Aspekt wurde von Adolf Arndt, Mitarbeiter am Befreiungsgesetz für die Länder der amerikanischen Zone, betont. In Erwiderung ablehnender Eingaben der evangelischen Kirche stellte er als Kern der Entnazifizierungsmaßnahmen heraus: „Nicht also um Strafe handelt es sich, sondern um politische Folgen einer politischen Verantwortung."[65]

Konkret dachte Lilje an eine Amnestierung einerseits der jungen Menschen, denen zu einer „Zeit eigener politischer Unreife" die nationalsozialistische Ideologie „gleichsam aufgenötigt" worden sei. Dabei plädierte er dafür, die Altersgrenze „so hoch wie möglich" anzusetzen. Andererseits sollte „den geistigen Opfern oder Mitläufern des Nationalsozialismus" eine Amnestie zuteil werden.[66]

Am Gesetzentwurf der Regierung kritisierte er, dass man das vorgesehene Strafmaß „allein nach dem oft ein Jahrzehnt lang zurückliegenden Verhalten gegenüber dem Nationalsozialismus bemißt, ohne die heutige, oft durchaus loyale und bereitwillige Mitarbeit an der Demokratie" zu berücksichtigen. So sei der „Gedanke der Sühne und Vergeltung vorherrschend".[67]

---

64 Vollnhals (wie Anm. 58), ebd.

65 Adolf *Arndt*: Die Evangelische Kirche in Deutschland und das Befreiungsgesetz, in: Frankfurter Hefte 1, 1946, S. 35-46, hier S. 41. Vgl. auch die Antwort der Kanzlei der EKD: Elisabeth *Schwarzhaupt*: Die Evangelische Kirche in Deutschland und das Befreiungsgesetz, in: Frankfurter Hefte 1, 1946, S. 872-875.

66 Vollnhals (wie Anm. 58), ebd.

67 Lilje an Kopf (wie Anm. 59), ebd.

Lilje offenbarte hier, dass es ihm nicht um eine Ausschaltung des den National-sozialismus vor 1945 tragenden Personals, sondern um eine Integration dieses Personals in das neue Staatswesen ging. Vergangenes Verhalten sollte mit gegenwärtigem Verhalten verrechnet werden. Diese Rechnung war höchst problematisch, bedeutete sie doch eine bewusste Entscheidung gegen einen unbelasteten Neuanfang und für die Kontinuität der belasteten Funktionseliten unter dem Primat der Effizienz.[68] Es war im Sinne der Vorschläge Liljes, dass mit fortschreitender Zeit die Einstufungen immer stärker in Richtung der Kategorien IV und V gingen. So wurde etwa Alfred Hugenberg, der entscheidend zum Untergang der Weimarer Republik und zum Aufstieg Hitlers beigetragen hatte, von einer Detmolder Spruchkammer 1949 als „Mitläufer" eingruppiert.[69]

Seinem Konzept gab Lilje die Bezeichnung „positive Entnazifizierung". Das Attribut implizierte ein „negativ" im alliierten Konzept, das „fruchtlos" und „wertlos" sei, da es „keine Möglichkeit der politischen Umbesinnung und Umkehr" biete.[70] Nicht ganz deutlich wurde, wie sich die Forderung nach „positiver Entnazifizierung" zur Amnestieforderung verhielt. Die politische Bewährung sollte zur Voraussetzung haben, dass sich der Betroffene „klaren Auges von seinem Irrtum getrennt hat". Eine möglichst großzügige Amnestie konnte kaum mit einer Prüfung der politischen Haltungen beginnen. So lässt sich schließen, dass nach jungen Menschen und „geistigen Opfern" durch die „positive Entnazifizierung" denjenigen geholfen werden sollte, die so stark ins System des Nationalsozialismus involviert waren, dass man für sie nicht ohne weiteres eine Amnestierung fordern konnte. Auf den offenen Ruf nach einer Generalamnestie verzichtete Lilje zu diesem Zeitpunkt.

Die praktische Umsetzung der „positiven Entnazifizierung" sollte mit Hilfe von Bürgen funktionieren. Lilje schlug vor, „daß eine verantwortungsfähige und verantwortungsfreudige Persönlichkeit für die Zuverlässigkeit eines vom Gesetz formell Betroffenen die persönliche Bürgschaft übernimmt".[71] Auch dieser Vorschlag zielte eindeutig auf die oberen Schichten, deren Mitglieder auf der Grundlage einer Standessolidarität füreinander eintreten sollten.

---

68 Vgl. Joachim *Perels*: Die Nachwirkungen der NS-Diktatur im demokratischen Rechtsstaat, in: *Ders.*: Das juristische Erbe des „Dritten Reiches", Frankfurt a.M. u.a. 1999, S. 11-38, bes. S. 12 ff.

69 Vgl. den Kommentar des „Neuen Westfälischen Kurier" in Vollnhals (wie Anm. 2), S. 326 ff. Vgl. auch die Analyse des Ausgangs der Entnazifizierung von John H. *Herz*: The Fiasco of Denazification in Germany, in: Political Science Quarterly 63, 1948, S. 569-594.

70 Vollnhals (wie Anm. 58), ebd.

71 Lilje an Kopf (wie Anm. 59), ebd.

Gerhard Besier, der sich zwar nicht auf den Offenen Brief an die Landtagsabgeordneten,[72] wohl aber auf die Schreiben an Lingham und Kopf stützt, beurteilt Liljes Position folgendermaßen:

> „Mit seinem Engagement zugunsten der Belasteten, Minderbelasteten und Mitläufer … brachte Lilje letztlich den christlichen Grundsatz zum Ausdruck, daß der einmal gefällte Spruch über begangene Schuld nicht das letzte sein kann, sondern aufgrund der göttlichen Rechtfertigungs-Zusage die Schuldigen auf Vergebung und damit auf die Chance für einen Neubeginn hoffen dürfen."[73]

Diese Deutung ignoriert die politischen Implikationen des Engagements des hannoverschen Landesbischofs vollkommen und greift dadurch wesentlich zu kurz. Davon abgesehen, gibt sie den Inhalt der Äußerungen Liljes falsch wieder. Es ging Lilje gerade nicht um Vergebung von Schuld – er negierte eine Schuld der von der Entnazifizierung Betroffenen. Er lehnte die Ausschaltung von Funktionseliten des nationalsozialistischen Systems ab, weil „bei unvoreingenommener Beurteilung kein akuter und konkreter Anlaß" dafür vorliege.[74]

5. Schluss

Die hannoversche Selbstreinigung reichte nicht an das heran, was Martin Niemöller gefordert hatte. Landesbischof Marahrens und OLKR Stalmann hatten nach dem 20. 7. 1944 gemeinsam einen mit „Dank für die gnädige Errettung des Führers" überschriebenen Gebetstext im Amtsblatt unterzeichnet:

> „Heiliger barmherziger Gott! Von Grund unseres Herzens danken wir Dir, daß Du unserm Führer bei dem verbrecherischen Anschlag Leben und Gesundheit bewahrt und ihn unserem Volke in einer Stunde höchster Gefahr erhalten hast. In Deine Hände befehlen wir ihn. Nimm ihn in Deinen gnädigen Schutz."[75]

---

72 Besiers Darstellung erschien 1986, vor der grundlegenden Arbeit Vollnhals'. Dessen Quellenedition, die ebenfalls 1989 erschien, enthält den Offenen Brief.

73 Besier (wie Anm. 3), S. 97.

74 Lilje an Kopf (wie Anm. 59), ebd. Aus diesem Brief zitiert Besier!

75 KABl. 1944, S. 43.

Nach der Kapitulation übernahmen sie gemeinsam die Verantwortung für die Durchführung der Selbstreinigung – eine paradoxe Konstellation. Die personelle Kontinuität über das Jahr 1945 hinaus wurde auf diese Weise von der Spitze bis in die unteren Ebenen der Landeskirche übertragen.

Kritik an dieser Kontinuität kam aus der Osnabrücker Gemeinde von Pastor Richard Karwehl. Der dortige Kirchenvorstand war am 31.8.1945 „in voller Einmütigkeit zu der Überzeugung gekommen, daß die Landeskirche in dieser entscheidungsreichen Zeit einer neuen, unbelasteten, kraftvollen und zielbewußten Leitung bedarf. Wir hoffen, daß die gegenwärtige Kirchenleitung diese unsere Überzeugung teilt und von sich aus zum Rücktritt bereit ist.“[76] Marahrens trat 1947 von seinem Amt zurück, Stalmann ging 1953 in Ruhestand.

In ihrer Kommentierung der allgemeinen Entnazifizierung herrschte zwischen Martin Niemöller und Hanns Lilje grundsätzliche Einigkeit. Vergleicht man die öffentlichen Stellungnahmen der beiden vom 1. 2. 1948, Niemöllers Kanzelabkündigung und Liljes Offenen Brief, fallen zunächst Unterschiede im Duktus auf: Niemöllers Formulierungen sind ungleich schärfer als Liljes. Inhaltlich ging Lilje jedoch wesentlich weiter: Während Niemöller die Gemeinden seiner Landeskirche einzig aufforderte, sich der Mitarbeit in den Spruchkammern zu verweigern, riet Lilje dem niedersächsischen Gesetzgeber, das gesamte Verfahren zu beenden und für die Betroffenen folgenlos zu gestalten.

Kritik am Entnazifizierungsverfahren der Besatzungsmächte, zum Beispiel an der ausufernden Größe des zu überprüfenden Personenkreises, war durchaus berechtigt. Eugen Kogon etwa verband mit seiner Kritik konstruktive Gegenvorschläge.[77] Kirchliche Säuberungsvorstellungen zielten kaum auf die Aufhebung personeller Kontinuitäten, sondern auf eine „echte Umkehr des Volkes und eine wirkliche Reinigung vom Geist des Nationalsozialismus“ durch das Mittel der „Verkündigung der Kirche“[78], die mit der Konzeption einer Rechristianisierung verbunden war.[79]

---

76 LkAH, Best. E 6 Nr. 61.

77 Eugen *Kogon*: Das Recht auf den politischen Irrtum, in: Frankfurter Hefte 2, 1947, S. 641-655.

78 Erklärung des Rates der EKD vom Mai 1946, in: KJB 1945-1948, S. 197 ff.

79 Vgl. Vollnhals (wie Anm. 8). Zum Rechristianisierungs-Konzept vgl. Martin *Greschat*: „Rechristianisierung“ und „Säkularisierung“. Anmerkungen zu einem europäischen interkonfessionellen Interpretationsmodell, in: Jochen-Christoph *Kaiser* u.a. (Hrsg.): Christentum und politische Verantwortung. Kirchen im Nachkriegsdeutschland, Stuttgart u.a. 1990, S. 1-24.

CHRISTIAN SIMON

Hannover und die evangelische Einheit. Die lutherische Landeskirche zwischen EKD und VELKD (1945 bis 1949)

Das Erscheinungsbild der 1945 konstituierten Evangelischen Kirche in Deutschland (EKD) wurde durch scharfe konfessionelle und kirchenpolitische Auseinandersetzungen bestimmt. Im Vordergrund stand zunächst das Ziel, kirchliche Anliegen gemeinsam vertreten zu können. Die Mitglieder der vorläufigen Leitungen und der innerkirchlichen Fraktionen wurden beeinflußt von den überkommenen landeskirchlichen Instanzen und prägten ihrerseits die Meinungen in der Provinz. Am Beispiel Hannovers wird sich jedoch zeigen, daß auch in einer lutherischen Landeskirche keineswegs konfessioneller und juristischer Konservatismus vorherrschen mußte. Die Kirchenversammlung von Treysa 1947 stellte schließlich einen Wendepunkt für die EKD, aber auch für Hannover dar.[1]

Die Gruppen, die nach dem Krieg die Ordnungsdebatten bestimmten, hatten sich im Kirchenkampf herausgebildet. Das Kirchliche Einigungswerk von Theophil Wurm – 1941 begonnen, weil die Deutsche Evangelische Kirche von 1933 zuletzt nur noch durch die Kirchenkanzlei hervortrat – bildete die Grundlage der Kirchenkonferenz von Treysa (27.-31.8.1945), in deren Rahmen Wurm alle maßgeblichen Kreise der Bekennenden Kirche (BK) ins Gespräch bringen konnte.[2]

Der Reichsbruderrat, der sich nun unter Leitung Martin Niemöllers Bruderrat der EKD nannte, hatte schon am 21./22.8.1945 auf seiner 1. Tagung in Frankfurt/M. die DEK aufgrund ihrer Anbindung an den Nationalsozialismus als nicht mehr existent deklariert und sich auf die notrechtlichen Beschlüsse von Barmen und Dahlem 1934 berufen. Den Gemeinden gehöre die Zukunft, nicht den Amtskirchen, die ihren Bekenntnisstand lehrgesetzlich absicherten. Man forderte in Treysa energisch sein Mitspracherecht ein.[3]

---

1 Neufassung eines Aufsatzes in: JGNKG 90, 1992, S. 235-266.

2 Gerhard *Besier*/Jörg *Thierfelder*/Ralf *Tyra* (Hrsg.): Kirche nach der Kapitulation. Das Jahr 1945. Eine Dokumentation, 3 Bände, Stuttgart 1989/90.

3 Annemarie *Smith-von Osten*: Von Treysa 1945 nach Eisenach 1948. Zur Geschichte der Grundordnung der Evangelischen Kirche in Deutschland, Göttingen 1980 (=AKiZ, Reihe B, Bd.9), S. 37-69.

Die schon im 19. Jahrhundert anvisierte lutherische Konfessionskirche sollte dagegen aus Sicht des1936 nach der Spaltung der Bekennenden Kirche in Oeynhausen gegründeten Lutherrats zur bestimmenden Säule in der gesamtprotestantischen Institution werden. Das war das erklärte Ziel des Lutherrats, der sich unter Führung des bayerischen Landesbischofs Hans Meiser am 25. und 26. 8. in Treysa formierte. Man signalisierte Gesprächsbereitschaft, lehnte aber die These des Bruderrats strikt ab, daß die Barmer Theologische Erklärung kirchliche Gemeinschaft über die reformatorischen Lehrdifferenzen hinweg begründen könne.[4]

Unter diesen Voraussetzungen waren die Verhandlungen in Treysa schwierig. Aber es gelang, in den wichtigen Fragen einen Kompromiß zu erzielen. Die EKD erhielt eine Vorläufige Ordnung und einen zwölfköpfigen Rat als kollektive Leitung. Wurm wurde Ratsvorsitzender, Niemöller Stellvertreter, der auch das ökumenisch wichtige Außenamt leitete. Die Kirchenkanzlei als Verwaltungsstelle unterstand Hans Asmussen. Die EKD konnte so in der Folgezeit zwar Stellung zu wichtigen Fragen der Gegenwart beziehen, diese Äußerungen – als eklatantes Beispiel wäre das Stuttgarter Schuldbekenntnis von 1945 zu nennen – wurden aber besonders von lutherischer Seite immer wieder durch die strittige innerkirchliche Kompetenzzuweisung in ihrer Gültigkeit in Frage gestellt.[5]

Der Lutherrat arbeitete weiter am Bau einer eigenen Bundeskirche, vorangetrieben von bayerischer und hannoverscher Kirchenleitung. Auf der Göttinger Herbstsitzung 1946 stellte man entscheidend die Weichen in Richtung Vereinigter Evangelisch-Lutherischer Kirche Deutschlands (VELKD). Erst nach dieser Klarstellung waren lutherische Kirchenführer bereit, intensiver über den Fortgang der EKD zu verhandeln. Der Bruderrat trug diesen vollendeten Tatsachen in seinem Grundordnungsentwurf vom Frühjahr 1947 letztlich Rechnung. Die EKD sollte ihre Selbstbestimmung nicht mehr aus den Barmer Thesen ableiten, sondern sich als Kirchenbund verstehen, der sich auf drei Konfessionen – lutherisch, reformiert, uniert – aufbaute.[6]

---

4 Joachim *Beckmann* (Hrsg.): Kirchliches Jahrbuch für die EKD 1945-1948, 72.-75 Jg., Gütersloh 1950, S. 7/8.

5 Treysa 1945. Die Konferenz der evangelischen Kirchenführer, 27.-31. 8. 1945, hrsg. von Fritz *Söhlmann*, Lüneburg 1945. Dazu: Ralf *Tyra*: Treysa 1945. Neue Forschungsergebnisse zur ersten deutschen Kirchenversammlung nach dem Krieg, in: KZG 2, 1989, S. 239-275; besonders S. 260-267.

6 Jürgen *Jeziorowski* (Hrsg.): Kirche im Dialog 1948/1988. 40 Jahre VELKD, Hannover 1988; Smith-von Osten (wie Anm. 3), S. 236-249.

Unter Landesbischof August Marahrens (1875-1950, im Amt bis 1947) konzentrierte man sich in Hannover eher auf die VELKD als auf die EKD. Diese Prämisse hatte theologische und kirchenpolitische Gründe. Marahrens stand fest auf dem Boden des lutherischen Bekenntnisses. Für ihn konnte die EKD niemals mehr sein als ein auf den drei konfessionellen Säulen aufgebauter Kirchenbund, der landeskirchliche Autonomie zuließe. Die VELKD sollte die Einheit nicht sprengen, aber doch ein lutherisches Übergewicht garantieren. Das richtete sich gegen die früher übermächtige Altpreußische Union und gegen den Bruderrat der EKD. Dessen Mitspracherechte waren für Marahrens unverständlich, denn die intakten oder wiederhergestellten Landeskirchen galten ihm als einzig legale Träger des gesamtkirchlichen Aufbaus. Die Eindämmung der Kreise um Niemöller, Asmussen und Karl Barth war ihm wichtig, weil von ihnen die schärfste Kritik an seiner Rolle im Kirchenkampf und seinem Verbleiben im Bischofsamt geübt wurde. Unterstützung fand er fast nur noch in Hannover selbst; aber auch hier nahm die Zustimmung ab. Diese Zustimmung richtete sich jedoch eher gegen Einmischungsversuche von außen und Spaltungstendenzen bei der Reorganisation der Landeskirche. Das galt auch für den loyal zum Landesbischof stehenden Landesbruderrat, die Bekenntnisgemeinschaft.[7] Marahrens machte nicht den Fehler, die EKD offen zu boykottieren. Er stellte sich ausdrücklich hinter das Einigungswerk Theophil Wurms. Aber eine energische Förderung eines gesamtevangelischen Zusammenschlusses war von ihm nicht zu erwarten.[8]

Bis zum Frühjahr 1947 konnte Paul Fleisch (1878-1962) fest auf die Rückendeckung durch den Landesbischof vertrauen. Der Vizepräsident des Landeskirchenamts und Sekretär des Lutherrats erhielt so die Möglichkeit, zugunsten der VELKD zu arbeiten. Fleisch versuchte, Hannover als Koordinierungsstelle zwischen den norddeutschen Kirchen und der EKD unter seiner Kontrolle zu etablieren und seinen ohnehin nicht geringen Einfluß durch zahlreiche Denkschriften zu verstärken.[9]

Fleisch legte die lutherischen Bekenntnisschriften unter besonderer Betonung ihrer juristischen Aspekte aus. Ordnung und Verkündigung stellten bei ihm eine Einheit dar, aber eben nicht aufgehoben im Akt aktuellen Bekennens wie

---

7   Gerhard *Besier*: „Selbstreinigung" unter britischer Besatzungsherrschaft. Die Ev.-luth. Landeskirche Hannovers und ihr Bischof Marahrens 1945-1947, Göttingen 1986.

8   Simon (wie Anm. 1), S. 238.

9   Christian *Simon*: Die EKiD (1945-49) im Spannungsfeld kirchenpolitischer Auseinandersetzungen – unter Berücksichtigung der hannoverschen Landeskirche, Staatsexamensarbeit, Hannover 1987, S. 52-88.

im Falle der Barmer Theologischen Erklärung. Besonders durch die Hannoversche Pfingstkonferenz hatte er dafür gesorgt, daß der lutherische Zusammenschluß gegenüber der EKD in den Vordergrund rückte.[10] Fleisch bediente sich scharfer Polemik. Die VELKD galt ihm als Bollwerk gegen Unionismus und gegen Angriffe auf den ,verehrten' Bischof Marahrens. So wurde er alsbald als hannoverscher Konfessionalist abgestempelt. Eine Kanzel- und Abendmahlsgemeinschaft lehnte er kategorisch ab. Dagegen sollte die VELKD, für die er schon 1945 einen Verfassungsentwurf vorgelegt hatte, in ihrer geistlichen und organisatorischen Substanz mehr sein als die EKD. Es galt, Kirche mit völliger Lehr- und Gottesdienstgemeinschaft wirksam werden zu lassen und die Lutheraner zur tragenden konfessionellen Säule der EKD zu machen.[11]

Hanns Lilje (1899-1977) war keine vorwärtstreibende Kraft im Rat der EKD. Die Diskussion über die Auslegung des Stuttgarter Schuldbekenntnisses hatte gezeigt, wie stark das Leitungsgremium inhaltlich auseinanderstrebte. Auch die Personalentscheidungen seit 1945 hielten sein Mißtrauen wach. Lilje war der Bekennenden Kirche ebenso wie dem Einigungswerk immer verbunden gewesen, die schließlich die Kompromißformeln der Treysarer Konvention von 1945 prägten. Er war nicht nur von Anfang an für die Pressearbeit zuständig, sondern war auch Mitglied eines Ausschusses, der sich mit dem in Treysa gestellten Ordnungsauftrag für die EKD zu beschäftigen hatte. Die VELKD sah er nicht als Majorisierungs- gar als Spaltungsinstrument, aber wohl doch auch als Ordnungszelle im Gesamtgefüge.[12] Liljes theologische Ausrichtung, mit der er sich international im lutherischem Weltkonvent und späteren Weltbund bewährte, war bekannt. Die VELKD stand dazu für ihn nicht im Gegensatz. Sie war ihm, der später Hans Meisers Nachfolger als deren Leitender Bischof wurde, ein echtes Anliegen. Die VELKD bedeutete die bekenntnisbestimmte Überwindung landeskirchlicher Abgeschlossenheit, die sich im Kirchenkampf als schwerwiegendes Problem auch für das Luthertum erwiesen hatte; sie bedeutete eine Bundeskirche zur Verbreitung lutherischen Denkens, eine Instanz zur Diskussion von Lehre und Sakramentsverwaltung, eine Chance in der Ökumene für die deutschen Landeskirchen.[13]

10 Hierzu: Paul *Fleisch*: Das Werden der Vereinigten Ev.-Luth. Kirche in Deutschland, in: ZevKR 1, 1951, S. 15-55.

11 *Ders.*: Zehn Jahre Rat der ELKD, Informationsdienst der Evang.-Luth. Kirche Deutschlands, 1. Jg., München 1945/46, 8. Folge, März 1946, S. 1/2.

12 Tyra (wie Anm. 5), S. 261-264; Simon (wie Anm. 9), S. 41-51.

13 Hanns *Lilje*: Aufbruch der Evangelischen Kirche in Deutschland, Hannover 1945; LkAH, Best. L 3 Nr. II 14 Bd. IIa: *Ders.*: Überschau über die kirchliche Lage [Abschrift]; auch: *Ders.*: Memorabilia. Schwerpunkte eines Lebens, Nürnberg 1973.

Das besondere Interesse Liljes galt den neuen öffentlichen Aufgaben der Kirche. Hier bot die EKD die richtige Antwort nach den Erfahrungen des Nationalsozialismus. Versiert in der internationalen Studentenbewegung, wußte er, daß die reformatorischen Lehrunterschiede für die jüngere Generation zurücktraten hinter den Fragen, die die moderne Welt der ganzen evangelischen Kirche stellte. Deshalb lohnte auch eine Koalition mit dem Bruderrat der EKD.[14]

Bei der Beurteilung der überregionalen Zuammenschlüsse stand auch für Heinz Brunotte (1896-1984) die pragmatische Sicht der Dinge vor bekenntnismäßiger Exklusivität. Er kannte die kirchenpolitisch brisante Konstellation in der EKD; sie war ihm bei seiner Abberufung als Leiter der Kirchenkanzlei zugunsten von Asmussen widerfahren. Wichtig war Brunotte vor allem die Rechtskontinuität gegenüber politischen Mächten und gegenüber der Ökumene. Es ging Brunotte um eine starke Präsentation protestantischer Anliegen nach außen; es ging ihm aber auch um den Erhalt bestehender, nicht unwesentlicher Privilegien der Vergangenheit für die Gegenwart.[15] Kirchenrecht und -ordnung waren für ihn nur im Verhältnis zu Bekenntnis und rechter Verkündigung denkbar. Jeder kirchenpolitische Pragmatimus hatte dort haltzumachen, wo die reformatorischen Bekenntnisschriften in ihrer Gültigkeit angetastet wurden. Eine konfessionelle Einengung wie bei Paul Fleisch war hier jedoch nicht auszumachen. Brunotte war davon überzeugt, daß VELKD und EKD dann in Einklang zu bringen waren, wenn sie sich in ihrer Ordnung jeweils an ihren Aufgaben für die gesamte evangelische Kirche orientierten. Daß Barmen in seiner überragenden Bedeutung für die Bekennende Kirche, für VELKD und EKD nicht übergangen werden konnte, war eindeutig. Ohne Hinweis auf das Erbe des Kirchenkampfes würde es mit der Integrationswilligkeit des Bruderrats bald vorbei sein. Ohne dessen Mitarbeit wäre aber ein erneute Spaltung der Kirche nicht zu verhindern gewesen.[16]

Lange Zeit war die Gründung der VELKD als Angelegenheit der Kirchenleitungen betrachtet worden, die Gemeinden wurden bis 1946 kaum beteiligt. Dann zeigte es sich, daß die Stimmung der EKD gegenüber weit freundlicher ausfiel als gegenüber einer lutherischen Konfessionskirche. Die Frage der Lehrunterschiede erschien weniger wichtig als der konkrete Nutzen einer

---

14 Allgemein: Ronald *Uden*: Lutherische Theologie zwischen Widerstand und Anpassung. Das öffentliche Wirken des Nachkriegsbischofs Hanns Lilje, in: Luther 71, 2000, Heft 3, S. 125-142.

15 Heinz *Brunotte*: Die Grundordnung der Evangelischen Kirche in Deutschland. Ihre Entstehung und ihre Probleme, Berlin 1954.

16 Simon (wie Anm. 1), S. 241-242, sowie wie Anm. 15.

gemeinsamen Vertretung in der schwierigen Nachkriegszeit. Lilje und Brunotte kannten die Stimmung in den Gemeinden. Der Kurs Hannovers konnte nur der Ausgleich zwischen der EKD und der VELKD sein; und das mit Zustimmung des bisher abwartenden Landesbruderrats, wollte man die lutherische Bundeskirche hier doch zum Ordnungspfeiler im kirchlichen Gesamtgefüge aufbauen.[17] In der Vorläufigen (1945-47) und der 14. Ordentlichen Landessynode (seit 1947) kam es zu engagierten Debatten darüber. Am Ende stand ein Zusatzkommentar zur Verfassung der VELKD, der ein Schlaglicht auf die zukünftige Haltung Hannovers warf:

„Die Zugehörigkeit der Evangelisch-lutherischen Landeskirche Hannover zur EKiD bleibt durch den Beitritt zur VELK unberührt. Die Evangelisch-lutherische Landeskirche steht nach wie vor zu der theologischen Erklärung von Barmen".[18]

Das erste Halbjahr 1947 war wohl für die gesamtkirchliche Entwicklung von entscheidender Bedeutung. Theophil Wurm versuchte sich erfolglos als Vermittler, und Hans Asmussen begann, mit dem ‚Detmolder Kreis' eigene Kirchenpolitik zu betreiben. Die VELKD war beschlossene Sache. Der Bruderrat löste sich vom Gedanken einer echten Kirchengründung im Rahmen der EKD.[19]

In Hannover wurde alles von der Isolation des Landesbischofs überlagert. Auf der Kirchenführerkonferenz im Januar 1947 war Marahrens anwesend, aber nicht willkommen. Eine frühere Indiskretion von Asmussen gegenüber den Besatzungsmächten trug ein übriges zum gegenseitigen Mißtrauen bei. Nur das angestrebte gute Verhältnis zu Hanns Lilje, dem potentiellen Nachfolger

---

17 Simon (wie Anm. 9), S. 52-88.

18 Protokolle und Aktenstücke der Vorläufigen Landessynode (Dez. 1946), o.O. [Pattensen] o.J. [1950], S. 116-128, 134/135; Protokolle der 14. Ordentl. Landessynode der Evang.-luth. Landeskirche Hannovers 1947-52, o.O. [Pattensen] o.J. [1952], S. 1-5, 16-18, 28/29.

19 Beckmann (wie Anm. 4), S. 68-91, bes. S. 82-84; Smith-von Osten (wie Anm. 3), S. 202-276. Asmussen hatte bereits im Herbst 1946 einen Gesprächskreis zusammengerufen, der versuchen sollte, lutherische Interessen mit den Forderungen nach der ‚Gemeindekirche' durch den EKD-Bruderrat in der zukünftigen Ordnung zu vereinen. Die Runde sah er als Gegenpol zu Niemöller und Barth und später als Ergänzung zum Verfassungsausschuß der EKD, zumal er auch als Leiter der Kirchenkanzlei der EKD zunehmend isoliert war und heftig gegen das ‚Darmstädter Wort' 1947 argumentierte. Seine Annäherung an die Linie der VELKD war jedoch theologisch zu diffus, um dort Anklang zu finden. Allerdings sah man z. B. in Hannover den Nutzen Asmussens beim vorgebenen Aufbau eines bekenntnisbestimmten Gegengewichts zu den ‚Kirchenrevolutionären' im Bruderrat, die doch nur eine Union anzustreben schienen. Vgl. Hans *Asmussen*: An den Bruderrat der EKD, Brief vom 19.8.1947, in: Ev.-Luth. Kirchenzeitung 1, 1947, S. 9-11.

von Marahrens, vermied den Eklat in Bruderratskreisen. Zudem mußte es auch Lilje darauf ankommen, daß die Wertschätzung für den Alt-Bischof in Hannover auf ihn selbst überging. Am 15. 4. 1947 trat Marahrens zurück – aus freiem Entschluß, betonte er. Während er den lutherischen Zusammenschluß seit 1936 hervorhob, zeichnete sich bei seinem Nachfolger ein von Pragmatismus geprägtes Engagement für die EKD ab.[20]

Im Kontext der forcierten Verfassungsarbeit unterstützte Brunotte zwar den Lutherrat in der Bewertung Barmens als Bekenntnis „in actu", doch sei die EKD mehr als nur ein Kirchenbund, eine Vertretungskörperschaft nach außen. Diesen Standpunkt vertrat auch Hanns Lilje erfolgreich gegenüber dem Theologischen Konvent der Bekenntnisgemeinschaft.[21] Der neue Bischof selbst hatte im Januar 1947 die Denkschrift „Über den engeren Zusammenschluß der lutherischen Kirchen" publiziert. Konfessioneller Separatismus sei eine „Entartungserscheinung". An der Rechtmäßigkeit der VELKD bestehe kein Zweifel, doch dürften sich die Lutheraner ihrer Verantwortung für das protestantische Ganze nicht entziehen, wollten sie nicht das Vertrauen der Gemeinden verlieren.[22]

Die vom Rat der EKD angestrebte Kirchenkonferenz war von Hannover positiv bewertet worden. Sie dürfe allerdings keine Zwischeninstanz zwischen Rat der EKD und den Gliedkirchen bilden. Eine starke landeskirchliche Position müsse gewährleistet bleiben. Mindestens die Hälfte der Delegierten sollte von den Kirchenleitungen benannt werden, damit die unitaristische Stimmung kontrollierbar bleibe. Auch solle durch die Einrichtung von Bekenntniskonventen ein Vetorecht – für den Lutherrat de facto jederzeit anwendbar – durchgesetzt werden. Hannovers relativ gemäßigte Position war innerhalb von Landeskirche, EKD und VELKD durchaus mehrheitsfähig.[23] Die Abgeordneten

---

20 Quellenangaben bei Simon (wie Anm. 1), S. 243-244. Dazu: Besier (wie Anm. 7), S. 136-152; Christian *Simon*: Der Glanz jener Stunde. Der hannoversche Bischofswechsel 1947 und seine kirchengeschichtliche Bedeutung, in: HGBl 48, 1994, S. 327-337.

21 LkAH, Best. L 3 Nr. II 14 Bd. IIb: Dibelius an Lilje, 4.7.1946; LkAH, Best. N 72 Bd. I: Niederschrift über Besprechungen des Lutherrats, 20.1.1947; LkAH, Best. B 1/830 Bl. 20-22: Rundschreiben (20.3.1947) und Erklärung (6.2.1947) des Theol. Konvents der Bekenntnisgemeinschaft; LkAH, Best. L 3 Nr. II 19c: Brunotte: Das Verhältnis der Barmer Theol. Erklärung zum luth. Bekenntnis, Sonderdruck für die evang.-luth. Geistlichen Bayerns.

22 Ebd. Auch: LkAH, Best. L 3 Nr. II 19b: Lilje auf der Stuttgarter Tagung, Protokoll vom 18.2.47; LkAH, Best. L 3 Nr. II 14 Bd. IIa: Meiser an Lilje, 14.4.1947.

23 LkAH, Best. B 1/8352 Bl. 8: Stellungnahme Hannovers. Weitere Quellen bei Simon (wie Anm. 1), S. 245.

111

für die Konferenz in Treysa wurden mit großer Sorgfalt bestimmt. Kein erklärter Konfessionalist fand sich in deren Reihen. Ihre Unterstützung würde also nicht allein auf der Loyalität gegenüber dem Landesbischof beruhen.[24]

Unmittelbar vor der Kirchenversammlung stimmte der Lutherrat sein Vorgehen ab. Heinz Brunotte ebnete am 4.6.1947 den Weg für eine lutherische Erklärung und brach die starre Front der Bayern auf. Er zitierte die Zusatzerklärung der hannoverschen Synode zur VELKD-Verfassung und betonte: „Wir müssen zur Ordnung der EKD kommen. Wir dürfen nicht mehr warten." Gesprächsbereitschaft in der Frage der Kanzel- und Abendmahlsgemeinschaft sowie zur Auslegung der Barmer Thesen wurde signalisiert.[25]

Auf der Kirchenversammlung in Treysa (Treysa II) am 5./6.6.1947 selbst schlugen sich vor allem die Laien auf die Seite Theophil Wurms, der als alleingültiges Ziel die geordnete Einheit der EKD beschwor. Meiser stellte sich dem weiterhin entgegen. Brunotte forderte dagegen, den konkreten Versuch, eine Verfassung für die EKD auszuarbeiten. Das Verhandlungsergebnis, das Wort „Zur innerkirchlichen Lage", machte schließlich den Weg frei für den Verfassungsausschuß, der im August 1947 seine Arbeit aufnahm.[26]

Hannover neigte in der Folgezeit weder der Euphorie bei dem Leiter der Kirchenkanzlei der EKD Asmussen noch bayerischer Skepsis zu. Zwar waren die konfessionalistischen Stimmen auch in Hannover noch nicht verstummt, wie die Denkschrift von Paul Fleisch „Was ist die Evangelische Kirche in Deutschland und wie ist sie zu gestalten?" zeigte. Hier zog jener sich allein auf die Bekenntnisschriften und die tradierte Rechtsetzung zurück; und hier wurden auch wieder die alten Ängste vor einer expansiven Altpreußischen Union geschürt. Das reichte aus, um die Ergebnisse von Treysa II durch einen theologischen Ausschuß der Landessynode überprüfen zu lassen.[27] Der offizielle hannoversche Kurs war aber längst ein anderer. Heinz Brunotte schloß aus, daß im gemeinsamen Hören auf das Wort Gottes ein Weg zu einer „Einheitskirche im vollen Sinne des Wortes" liege. Barmen sei auch geistliche Grundlage der

---

24 Die Botschaft 2, Nr. 11/12, 13.4.1947, S. 1; ebd., Nr. 13/14, 4.5.47, S. 4; Aktenstücke der 14. Ordentlichen Landessynode (wie Anm. 18), Nr. 7, S. 34; Protokolle (ebd.), S. 23.

25 LkAH, Best. B 1/831 Bl. 41; LkAH, Best. L 3 Nr. II 18: Lilje an Niemöller, 30.10.1947.

26 Smith-von Osten (wie Anm. 3), S. 277-293; Brunotte (wie Anm. 15), S. 43-48; LkAH, Best. L 3 Nr. II 14 Bd. IIa: Wurm an Lilje, 17.6.1947.

27 Simon (wie Anm. 1), S. 246-247; LkAH, Best. N 72 Bd. I: Denkschrift; Protokolle der 14. Ordentl. Landessynode (wie Anm. 18), S. 96.

zukünftigen Ordnung, den reformatorischen Lehren aber nicht gleichgeordnet. In der EKD könne es somit nicht zu einer rechtlich fixierten Kanzel- und Abendmahlsgemeinschaft kommen. Das theologische Gespräch jedoch dürfe nicht abgebrochen werden.[28]

Noch in Treysa war ein Ausschuß gebildet worden, der mit Erik Wolf, Hermann Ehlers und Heinz Brunotte kirchenpolitisch ausgeglichen besetzt war. An deren juristischer Kompetenz konnte ohnehin kein Zweifel bestehen. Einig waren sie sich darin, daß eine nüchterne Angelegenheit zu erledigen war. Allzu feste Vorbedingungen konnten dem Diskurs nur schaden. Die Einheit war unverrückbares Ziel. Selbst wenn die EKD mehr sein sollte als nur ein Kirchenbund: eine Union konnte nicht am Ende der Beratungen stehen. Die Atmosphäre war positiv. Nur der Lutherrat brachte gelegentlich Spannungen in das Gremium, indem er Brunotte zu verstehen gab, daß dieser vor allem lutherische Prinzipien und Ziele zu vertreten habe. Der konnte aber immer auf die Rückendeckung durch Hanns Lilje bauen.[29] Um Hannover ein letztes Mal auf den bayerischen konfessionalistischen Weg zu ziehen, wurde im Juli 1947 ein Verfassungsentwurf von Paul Fleisch verbreitet; als Privatarbeit bezeichnet, aber doch als Votum des Lutherrats zu verstehen. Hier erschien die EKD als loser Bund ohne jedes geistliche Profil und ohne wirkliche Befugnisse. Die VELKD als einer der drei konfessionellen Blöcke wurde als lutherisches Kontrollinstrument für die EKD vorgestellt.[30]

Der Verfassungsausschuß dagegen orientierte sich auf seiner ersten Sitzung an den „methodischen Vorbemerkungen" Brunottes. Eine entsprechende Arbeitsvorlage wurde am 21. 9. zum 1. Grundordnungsentwurf formuliert. Der verzögernde Gang zu den Landeskirchen sollte vermieden und stattdessen das Votum der kirchenpolitischen Gruppen eingeholt werden. Im November 1947 stimmten das Moderamen des Reformierten Bundes und der Bruderrat der EKD zu. Im Lutherrat wurde bald deutlich, daß Hannover gegenüber Bayern an Gewicht gewonnen hatte: Ein Rückzug hinter Treysa I und II komme nicht in Frage. Es gelte vielmehr, einen theologischen Vorsprung des Bruderrats, der

28 LkAH, Best. L 3 Nr. II/21 Bd. II: Rundschreiben, 6.6.1947; LkAH, Best. N 72 Bd. I: Mahner an Bekenntnisgemeinschaft, 15.9.1947; LkAH, Best. B 1/1553 Bl. 7: Sitzung Landessynodalausschuß, 9.9.1947.

29 Meiser an Brunotte, 19.7.1947. Am 22.8. fand in München eine Unterredung statt. LkAH, Best. D 15 V Nr. 19: Brunotte an Meiser, 6.9.1947; LkAH, Best. D 15 V Nr. 14: Lilje an Meiser, 21.8.1947.

30 LkAH, Best. B 1/801 Bl. 245-247. Auch: LkAH, Best. D 15 V Nr. 14: Meiser an Fleisch, 22.7.1947, Katterfeld an Fleisch, 11.8.1947.

besonders an den Universitäten spürbar geworden sei, aufzuholen. Gleichzeitig sei eine stärkere Beteiligung der Gemeinden bei der Meinungsfindung vonnöten. Dazu Lilje:

„Wir müssen auch unseren eigenen Kirchen sagen, was wir uns vorstellen. Wenn wir die EKD bloß als eine Agentur wollen oder wenn wir nur eine VELKD und gar keine EKD wollen, müssen wir es auch aussprechen. Dabei wäre nur zu bedenken: 1. Wir übersehen wohl nicht die tatsächliche Reaktion, die so eine Darstellung der EKD auch in unseren Kirchen haben würde; 2. die theologische und kirchenrechtliche Substanz des Verfassungsentwurfs ist dieselbe wie 1922 und 1933. Warum sind wir jetzt dagegen? Unsere Schwierigkeiten auch für die VELKD hängen mit diesem Punkt zusammen."[31]

Vom Reichsbruderrat, so wußte man in Hannover, war kein heftiger Widerstand mehr zu erwarten, da dieser nach der Veröffentlichung des „Darmstädter Wortes" (1947) immer noch mit sich selbst beschäftigt war. Asmussens ‚Detmolder Kreis‘ blieb ein isoliertes Phänomen. Meisers Niederlage bei der Erörterung der Frage der VELKD vor der bayerischen Synode schuf Freiraum für Hannover.[32] Die Sitzung des Rats der EKD vom 18.11.1947 bestätigte diese Einschätzung. Der Verfassungsausschuß legte dem Rat im März 1948 einen 2. Grundordnungsentwurf vor. Unstimmigkeiten – die Präambel, der Artikel 1 und die Frage der Kanzel- und Abendmahlsgemeinschaft – sollten in Gesprächen mit Vertretern des Bruderrats und des Lutherrats geklärt werden.[33]

Vor dem Lutherrat waren Lilje und Brunotte am 11./12.3.1948 nicht mehr bereit, eine provokante Kommentierung des Grundordnungsentwurfs hinzunehmen. Aber auch sie waren weiterhin der Meinung, daß es keine Abendmahlsgemeinschaft geben könne. Hier liege der „neuralgische Punkt des Ganzen", die „Dynamik der unionistischen barthianischen Kreise müsse abgewehrt werden". Man einigte sich darauf, Barmen in der Grundordnung zu nennen, doch durch die Platzierung in der Präambel rechtlich zu entschärfen. In der Abendmahlsfrage wurde Gesprächsbereitschaft bekundet. Eine sehr

---

31 Brunotte (wie Anm. 15), S. 53/54; Smith-von Osten (wie Anm. 3), S. 333-335; LkAH, Best. B 1/801 Bl. 308-314 (Zitat): Lutherratssitzung Oktober 1947.

32 LkAH, Best. L 3 Nr. II 14 Bd. IIa: Brunotte an Lilje, 16.11.1947.

33 LkAH, Best. L 3, Nr. II 15: Protokoll; LkAH, Best. B 1/801 Bl. 334-342: Lutherratssitzung 28.1.1948.

weitgehenden Autonomie der Landeskirchen konnte Brunotte verhindern. Er und Lilje setzten auch die Beibehaltung des Namens der EKD durch; hier wurde das Wort Kirche nicht durch Kirchenbund ersetzt. Das sollte auch die Verbundenheit mit anderen kirchlichen Gruppen ausdrücken.[34]

Die Karlsruher Konferenz am 10. und 11.4.1948 war jedoch atmosphärisch zwischen Lutherrat und Bruderrat vergiftet. Unter großem Engagement Brunottes gab es zumindest eine Einigung über die wesensbestimmenden Eingangspassagen der Grundordnung. Der Verfassungsausschuß sandte nunmehr sein abschließendes Urteil an den Rat der EKD mit der Empfehlung, die noch ungeklärten Probleme selbst zu lösen. Ende April war der Rat so in der Lage, den Landeskirchen einen Grundordnungsentwurf für die anberaumte Kirchenversammlung in Eisenach vorzulegen.[35]

Schon im Herbst 1947 hatten sich Lilje und Brunotte zwar für eine lutherische Generalsynode ausgesprochen, aber es reichte zunächst nur zu einer Vorbereitungskommission. Brunotte hatte im Norden bereits die Gemeinden und Kirchenleitungen hinter sich gebracht. Paul Fleisch setzte durch die Pfingstkonferenz und die „Denkschrift zur Verfassung der VELKD" vom Februar 1948 Gegenpositionen, die sich aber nicht mehr auswirkten.[36] Die hannoversche Führung lehnte die Bevorzugung der VELKD scharf ab. In einer Sonderbesprechung setzte man zudem die unmittelbare Abfolge der Generalsynode und der Kirchenversammlung der EKD in Eisenach durch.[37]

Jene Generalsynode stand ganz im Zeichen der Demonstration lutherischer Einheit, war aber auch Gradmesser für die allgemeine Stimmungslage, denn

---

34 LkAH, Best. B 1/801 Bl. 359-369: Protokoll der ELKD-Ratssitzung (Bl. 363: Zitat Lilje); LkAH, Best. B 1/8300 Bl. 86-89: Stellungnahme des Lutherrats, 9.3.1948; ebd.: Brunotte an Mitglieder des Verf.Ausschusses, 16.3.1948; weitere Quellenhinweise bei Simon (wie Anm. 1), S. 249.

35 Brunotte (wie Anm. 15), S. 65-66. Smith-von Osten (wie Anm. 3), S. 359-364. Es kam zu der vom Ausschuß angeregten Sitzung mit Vertretern des Lutherrats (Meiser und Sommerlath), der Reformierten (Steiner), der Konsensus-Unierten (Friedrich) und des Bruderrats (Niemöller und Mochalski). Der Lutherrat bezeichnete die übrigen Kirchen im Sinne der kirchlichen Wahrheitsfrage in provozierender Weise praktisch als Missionsobjekte für die Lutheraner, so daß die EKD niemals mehr als nur ein Kirchenbund sein könnte. Niemöller, der in der EKD mehr sah als einen Zweckverband und dieses mit Blick auf die inzwischen überkonfessionell aufgebauten Gemeinden zu untermauern versuchte, widersprach heftig und in einer zugespitzten Wortwahl.

36 Simon (wie Anm. 1), S. 250

37 Ebd.

die Synodalen waren zum größten Teil auch die Vertreter für die Kirchenversammlung. Hans Meiser nannte schon zu Beginn die VELKD „unsere geistliche Mitte, die Heimat unserer Seele".[38] Spannungen waren jedoch vorgezeichnet. Brunotte, Mitglied im eingesetzten Verfassungsausschuß, führte aus, daß die VELKD in ihrem Wesen mehr sein müsse als die EKD, wenn sie Sinn haben sollte. Aber ihre Wesensmerkmale dürften sich nicht in Abwehrformulierungen gegen die evangelische Einheit erschöpfen.[39]

Brunotte selbst klärte alle kritischen Fragen im eingesetzten Ausschuß. Durch Brunottes Arbeit wurde die VELKD nicht als Zwischeninstanz aufgebaut; das unmittelbare Verhältnis der Landeskirchen zur EKD blieb gewahrt. Eine eigene lutherische Verwaltungsstelle erschien jedoch nötig, um unitaristische Strömungen zu kontrollieren. Gegen bayerische Pläne, die Barmer Erklärung zu ignorieren, wurde in der Verfassung dieses Erlebnis überkonfessioneller Gemeinschaft positiv benannt.[40] Die Hannoveraner regten zudem an, durch Schaffung eines theologischen Ausschusses den Vorsprung des Bruderrats, der besonders im theologischen Nachwuchs Wirkung zeigte, aufzuholen.[41] Am Sinn der lutherischen Vereinigung bestand jedoch bei den Synodalen kaum Zweifel, wie Hanns Lilje abschließend mit Genugtuung aussprechen konnte.[42]

Am Schlußtag der Generalsynode sollte zu einer einheitlichen Linie für die unmittelbar folgende Kirchenversammlung der EKD gefunden werden. Auch hierbei stellten sich Brunotte und Lilje den Bayern, die eine Verzögerung des Beschlusses über die Grundordnung anstrebten, entgegen. Es sei genügend Zeit verstrichen, um jeder Landeskirche ein endgültiges Urteil abverlangen zu können. Die Beteiligung des Bruderrats habe sich als ein lösbares Problem erwiesen und war besonders im Ordnungswerk aufgenommen worden. In der Abendmahlsfrage kam es zur offenen Kontroverse zwischen Brunotte und

---

38 Darstellungen und Dokumente zur Geschichte der lutherischen Kirchen: Lutherische Generalsynode [im Folgenden: LGenSyn] 1948. Bericht über die Tagung der Verfassunggebenden Generalsynode der VELKD vom 6. bis 8. 7. 1948, Hannover 1956. Allgemein S. 27-50, 83-99, 192-201; Rede Meisers S. 17-23, Zitate S. 17, 30. Dazu: Paul *Fleisch*: Erlebte Kirchengeschichte. Erfahrungen in und mit der hannoverschen Landeskirche, Hannover 1952, S. 338-339.

39 LGenSyn 1948, S. 52-85, 73/74, 152-191. Zu Barmen S. 87, 95-99. Annahme der Verfassung S. 123/124.

40 Simon (wie Anm. 1), S. 251-252.

41 LGenSyn 1948, S. 105-108.

42 Mit den Worten Soederbloms: „Ich danke Gott täglich dafür, daß ich als Lutheraner geboren bin." Ebd., S. 123.

Meiser. Zwar könne die EKD durch die bestehenden Lehrunterschiede keine echte Kirche sein, und die gegenwärtig feststellbare Aufhebung konfessioneller Unterschiede in den Gottesdiensten könnte eine rechtliche Sanktionierung nicht rechtfertigen. Aber die Diskussion über diese Fragen gänzlich zu unterdrücken war für Hannovers Vertreter nicht mehr akzeptabel. Nur die Aussprache könne zu einer befriedigenden Lösung führen. Artikel 4, 4 der Grundordnung stelle bei strikter Anwendung keine Gefahr dar. Mit dieser Ansicht fanden Brunotte und Lilje eine deutliche Mehrheit in der Generalsynode.[43]

Paul Fleisch drückte die Bedenken des Lutherrats gegenüber der Eisenacher Kirchenversammlung der EKD allerdings so aus: „Selbst der Name der Kirchenversammlung ist kirchengeschichtlich und rechtstechnisch mißverständlich und deshalb abzulehnen."[44] Solche Äußerungen nahm etwa Hans Asmussen zum Anlaß, an Hannovers Loyalität gegenüber der EKD zu zweifeln. Brunotte versuchte, die Situation zu entkrampfen. Der Rat als legales Organ der seit 1945 rechtmäßig bestehenden EKD könne durchaus eine Kirchenversammlung einberufen. Den Gliedkirchen stehe aber die Entscheidungskompetenz zu, während eine Versammlung eher deklamatorischen Charakter habe. So hatte er auch im Verfassungsausschuß argumentiert, wo ihm die Chance gegeben war, sein Bestreben nach protestantischer Einheit mit seinen Aufgaben als lutherischer, landeskirchlicher Interessenvertreter zu koordinieren.[45]

Im November erhielten die Landeskirchen einen Erstentwurf mit der Aufforderung, bis zum 20. 1. 1948 ihre Stellungnahme vorzulegen und frühzeitig für die Wahl der Vertreter zu sorgen.[46] Hannover bemängelte in seiner Antwort besonders die Bestimmung über die Bekenntniskonvente, da die Gefahr bestehe, daß der eigene Konvent von Unionslutheranern unterlaufen werden könnte. Im Ganzen stimmte man dem Verordnungsentwurf der EKD jedoch zu. Wenige Tage zuvor hatte die hannoversche Landessynode die Abgeordneten für

---

43 Ebd., S. 125-148, bes. S. 141-148. Zur Durchsetzung hannoverscher Positionen: LkAH, Best. D 15 V Nr. 15: Katterfeld an Merz (Bayern), 30.9.1948.

44 LkAH, Best. L 3 Nr. II 14 Bd. 1: ELKD-Rat/Meiser-Rundschreiben, 22.7.1947, Zitat aus der beigefügten Stellungnahme von Fleisch.

45 LkAH, Best. B 1/8352 Bl. 29-30: Briefwechsel Brunotte-Asmussen; auch: ebd., Bl. 32-33: Landeskirchenamt Hannover an EKD-Kanzlei, 30.8.1947.

46 Smith-von Osten (wie Anm. 3), S. 309-311.

Eisenach gewählt. Man griff weitgehend auf die Delegation von Treysa 1947 zurück, die dort die Linie des Interessenausgleichs erfolgreich vertreten hatte.[47]

Die offizielle Position der Landeskirche hatte Brunotte bereits im Dezember 1947 im Kirchenblatt „Die Botschaft" dargelegt. Der Entwurf für eine Grundordnung der EKD sei ein nach allen Seiten hin abgesicherter Kompromiß, ein „Mittelweg zwischen einer dezentralisierten Einheitskirche und einem losen Kirchenbund".[48] Aufklärungsarbeit in den Gemeinden erschien dringend nötig, denn Paul Fleisch stellte sich immer noch – etwa in der Pfingstkonferenz – gegen die Struktur der EKD und versuchte, die Teilnehmer in Eisenach von theologischen und rechtlichen Zugeständnissen abzuhalten.[49]

Auf der von Theophil Wurm angesetzten Kirchenführerkonferenz vom 12.5.1948 konnten letzte organisatorischen und rechtliche Fragen geklärt werden. Der Bruderrat war nur noch bemüht, sein Mitspracherecht zu erhalten. Verzögerungen sollte es nicht mehr geben. Lilje ließ sich als Stütze des Einigungswerks herausstellen, während Meiser für den Lutherrat erneut eine Verzögerung aufgrund der erwarteten Währungsreform durchsetzen wollte.[50] Trotz aller Hemmnisse fand die Kirchenversammlung statt. Im Vordergrund stand das Ziel, der protestantischen Einheit durch eine Ordnung Ausdruck zu verleihen. Der Tagungsort Eisenach war symbolischer Rückbezug auf ähnliche Versuche in der Vergangenheit. Vor den Augen politischer und ökumenischer Beobachter sollte ein Bindeglied zwischen den auseinanderdriftenden deutschen Verwaltungszonen und den ost- und westdeutschen Kirchen deutlich werden.[51]

Zweitägige nichtöffentliche Gespräche sollten eine Generaldebatte zugunsten von Wurms Einigungswerk einleiten. Der forderte in einer emotional gehalte-

---

47 Protokolle der 14. Ordentl. Landessynode (wie Anm. 18), S. 94; LkAH, Best. B 1/8300 Bl. 45: Brunotte an Landessuperintendenten, 17.12.47; ebd., Bl. 42: Stellungnahme Hannovers, 15.12.1947.

48 Die Botschaft 2, Nr. 43/44, 21.12.1947, S. 4.

49 LkAH, Best. B 1/8300 Bl. 96-98 und B 1/8352 Bl. 63: Zwei Eingaben der Pfingstkonferenz; LkAH, Best. D 15 IV Nr. 9: Fleisch-Rundschreiben, 3.5.1948; LkAH, Best. D 15 IV Nr.9: Broschüre von Brunotte: Erläuterungen zu dem Entwurf einer Grundordnung der EKiD, Mai 1948.

50 Sonntagsblatt, Hrsg. Hanns Lilje, 1. Jg. Hamburg 1948, Nr. 2. 8.2.48, S. 2. Auch: Smith-von Osten (wie Anm. 3), S. 364-369.

51 Gerhard Besier: Die Kirchenversammlung von Eisenach (1948), die Frage der „Entstehung einer vierten Konfession" und die Entlassung Hans Asmussens, in: KuD 34, 1988, S. 252-281, hier S. 262/263.

nen Rede den Abschluß seines Lebenswerks ein. Brunotte und Ehlers erläuterten den Grundordnungsentwurf. Hierin sei letztlich geordnet, was sich ohnehin aus der Praxis ergebe. Lutherrat und Bruderrat waren skeptisch, weil sie sich jeweils mehr versprochen hatten, trugen aber die angezeigte Zielsetzung mit.[52] Den Zauderern aus Bayern trat Heinz Brunotte mit Rückendeckung Liljes ein weiteres Mal entgegen. Die Kirchenversammlung sei die Verkörperung der evangelischen Kirche, und er sprach ihr damit Synodencharakter zu. Er würdigte die positive Aufbauarbeit des Bruderrats und kritisierte die unnötigen Verzögerungen durch den Lutherrat. Er betonte:

„Wenn wir von der ‚Evangelischen Kirche in Deutschland‘ sprechen, dann gebrauchen wir den Begriff ‚Kirche‘ nicht im kirchenrechtlichen und theologischen Sinne, sondern wir gebrauchen ihn in dem Sinne, daß wir das Vertrauen, den Glauben und die Hoffnung haben, daß in diesem Kirchenbund Kirche im Sinne des Herrn Christus geschieht.“[53]

Viele Synodale sparten dennoch nicht mit Kritik. Flüchtlingsvertreter beklagten ihre Integrationsprobleme, ostdeutsche Delegierte forderten die Zurückstellung konfessioneller Einwände zugunsten nationaler Einheit, was wiederum die lutherische Furcht vor dem Erstarken der Altpreußischen Union schürte. Als dann die vorgeblich ineffiziente Arbeit des Rates seit 1945 angegriffen wurde und der Versuch einer Neuformulierung des Abendmahlsartikels scheiterte, entglitt die Debatte der Kontrolle Wurms. Der ging die „Ultras“ im Lutherrat scharf an und stellte seine Teilnahme am Festakt auf der Wartburg zur Disposition. Nur durch Liljes Druck auf den Lutherrat konnte ein Scheitern der Konferenz verhindert und die Feierlichkeiten am 11. 7. zu einem „Fest ohne Zwischenfall“ werden.[54]

Die eigentlichen Verhandlungen fanden öffentlich am 12. und 13. 7. statt. Organisatorische Fragen und die Ablösung Hans Asmussens als Leiter der Kirchenkanzlei der EKD konnten schnell geklärt werden. Alle Problemfälle wurden im permanent arbeitenden Verfassungsausschuß vorberaten. Brunotte profilierte sich hier als ausgleichende Kraft und wurde von den hannoverschen

---

52 Eisenach 1948. Verhandlungen der verfassunggebenden Kirchenversammlung der EKiD vom 9.-13. 7. 1948, hrsg. von der *Kirchenkanzlei der EKiD*, Berlin 1951, S. 5, 9-26.

53 Ebd., S. 23.

54 Ebd., S. 42-49, Zitat S. 58. LkAH, Best. D 15 V Nr. 18: Niederschrift der Sonderbesprechung der VELKD-Lutheraner, 10.7.1948. Vgl. Theophil *Wurm*: Erinnerungen aus meinem Leben, Stuttgart 1953, S. 194.

Synodalen in seiner Arbeit unterstützt.[55] In beiden Lesungen wurden Präambel und Artikel 4 ans Ende der Beratungen gesetzt. Die Bekenntniskonvente wurden zum Exemplum. Brunotte erzielte ein Votum zugunsten der Lutheraner, indem er auf die begrenzten Aufgaben der Konvente und damit auf die Limitierung des vom Bruderrat gefürchteten Vetorechts verwies.[56] Am Abend des 12.7. konnte die Präambel, die die geistlichen Grundlagen der EKD umschrieb, formuliert werden. Ein Antrag Hans Joachim Iwands zur Barmer Theologischen Erklärung hatte dazu beigetragen: „Indem sie diese Grundlage anerkennt, bekennt sie sich zu dem einem Herrn der einen heiligen allgemeinen und apostolischen Kirche."[57]

Am nächsten Vormittag war die Behandlung der Abendmahlsfrage nicht mehr hinauszuschieben. Ein Scheitern der Konferenz drohte jedoch nicht mehr, denn die erzielte Kompromißformel, die die geistlichen Unterschiede als Charakteristikum des Protestantismus zum Ausdruck brachte und Differenzen mit Kann-‚Bestimmungen' ausglich, mochte niemand antasten. Die Euphorie von Treysa II war zwar verflogen, aber die Interpretationsfreiräume wurden gewürdigt. Auch Martin Niemöller begab sich für den Bruderrat auf diese Linie, da die Lutheraner ohnehin zu weiteren Zugeständnissen nicht bereit waren.[58] Man hoffte, daß die auch in den lutherischen Gemeinden geübte Praxis der Kanzel- und Abendmahlsgemeinschaft langfristig die theologischen und kirchenpolitischen Gegensätze beseitigen könnte. An diesem Punkt hatte sich der von Brunotte aufgezeigte und von Lilje vorangetriebene Weg der EKD zwischen Kirche und Kirchenbund – auch gegenüber Hans Meiser - durchgesetzt.[59]

Die Annahme der Präambel und des vierten Artikels erfolgte schließlich mit überwältigender Mehrheit, nachdem Brunotte als Sprecher des Verfassungsausschusses jegliche Korrekturforderung in den Details abgewehrt hatte. So wurde auch die 2. Lesung erfolgreich abgeschlossen. Am Nachmittag des 13.7. konnte die gesamte Grundordnung ohne Gegenstimme angenommen werden.[60] Damit war zumindest in der Schlußabstimmung vor der Öffentlichkeit

---

55 Ebd., S. 87-91. Erläuternd: Simon (wie Anm. 1), S. 256.

56 Kirchenkanzlei der EKiD (wie Anm. 52), S. 96-111.

57 Ebd., S. 98, 141-143. Zur Präambel: Brunotte (wie Anm. 15), S. 110-117.

58 Kirchenkanzlei der EKiD (wie Anm. 52), S. 144-164.

59 Ebd. S. 153, 160-161.

60 Ebd., S. 164-175, bes. S. 171-173. LkAH, Best. D 15 V Nr. 18: Protokoll der Sonderbesprechung der Bischöfe und Mitglieder der Generalsynode der VELKD während der Kirchenversammlung am 13.7.1948. Die Präambel sagt aus: „Grundlage der EKiD ist das Evangelium von Jesus

Einmütigkeit demonstriert worden, durch drei Entschließungen an das Kirchenvolk bekräftigt. Einheit schien notwendiger denn je. In den Schlußreden zeigte sich die Befürchtung, daß nunmehr die Zeit des Aufrechnens von Versagen und Erfolgen der Landeskirchen und der Fraktionen innerhalb der EKD beginnen könnte. Aber die tragfähige Ordnung der Evangelischen Kirche in Deutschland war ohne das Zutun der Hannoveraner schwer vorstellbar gewesen.[61]

Die Ratifizierung der Grundordnung durch die Gliedkirchen der EKD erfolgte schnell; in lutherischen Kreisen vor allem auch deshalb, weil der Bruderrat durch seine schnelle Zustimmung Integrationswilligkeit (allerdings ohne institutionelle Selbstauflösung) demonstriert hatte.[62] Während man aber in Bayern der VELKD immer noch Vorrang vor der EKD einräumte, wurde in Hannover die Synodenentscheidung im November intensiv vorbereitet. Dem „Zusammenschluß des deutschen Luthertums" widmete die „Botschaft" nur einen kurzen Artikel. Das Blatt berichtete ausgiebiger über die Kirchenversammlung der EKD. Alle Kundgebungen wurden abgedruckt, das positive öffentliche Echo herausgestellt.[63] Ein Interview mit Brunotte förderte diesen Standpunkt, indem es Bezug nahm auf das Zusammenwirken von Wurm, Niemöller und Lilje gegenüber der lutherischen „Fraktionsdisziplin". Kein

---

Christus, wie es uns in der Heiligen Schrift Alten und Neuen Testaments gegeben ist. In dem sie diese Grundlage anerkennt, bekennt sich die EKiD zu dem Einen Herrn der einen heiligen allgemeinen und apostolischen Kirche. Gemeinsam mit der alten Kirche steht die EKiD auf dem Boden der altkirchlichen Bekenntnisse. Für das Verständnis der Heiligen Schrift wie auch der altkirchlichen Bekenntnisse sind in den lutherischen, reformierten und unierten Gliedkirchen und Gemeinden die für sie geltenden Bekenntnisse der Reformation maßgebend." Kirchenkampf und Barmer Theologische Erklärung finden sich in Artikel 1: „Sie ruft die Gliedkirchen zum Hören auf das Zeugnis der Brüder. Sie hilft ihnen, wo es gefordert wird, zur gemeinsamen Abwehr kirchenzerstörender Irrlehre." In der Definition der EKD als Kirchenbund wird der Bruderrat der EKD nicht als gleichwertiger Vertragspartner der Landes(Glied)kirchen genannt. Die entscheidenden Passagen des Artikels 4 lauten: „1. Der Dienst am Wort und die Verwaltung der Sakramente geschieht in den Gliedkirchen und Gemeinden nach der Ordnung ihres Bekenntnisses. Vereinbarungen über Kanzel- und Abendmahlsgemeinschaft bleiben Aufgabe der Gliedkirchen. ... 4. Über die Zulassung zum Heiligen Abendmahl besteht innerhalb der EKiD keine volle Übereinstimmung. In vielen Gliedkirchen werden Angehörige eines anderen in der EKiD geltenden Bekenntnisses ohne Einschränkung zugelassen. In keiner Gliedkirche wird einem Angehörigen eines in der EKiD geltenden Bekenntnisses der Zugang zum Tisch des Herrn verwehrt, wo seelsorgerliche Verantwortung oder gemeindliche Verhältnisse die Zulassung gebieten. Die rechtliche Kirchenzugehörigkeit und die Bestimmungen über die allgemeine Kirchenzucht bleiben in jedem Falle unberührt."

61 Kirchenkanzlei der EKiD (wie Anm. 52), S. 180-195. Zur Bewertung von Eisenach vgl. die Berichte in: ThLZ 73, 1948, Sp.473-486.

62 Simon (wie Anm. 1), S. 257-258.

63 Ebd., S. 258.

unionistisches Gefälle gebe es in der EKD, auch keine Kanzel- und Abendmahlsgemeinschaft: das Bekenntnis der Landeskirche bleibe gesichert. Trotzdem vermutete etwa Wilhelm Mahner für die Bekenntnisgemeinschaft, daß noch schärfere Dissonanzen bevorstünden, als es der Kirchenleitung angenehm sein könne.[64]

Nachdem der Vorläufige Kirchensenat beiden Eisenacher Verfassungswerken zugestimmt hatte, war die hannoversche Landessynode zur Beschlußfassung aufgerufen. Der Ständige Ausschuß bereitete die Verhandlungen vor, und am 3. 11. 1948 wurde die Beratung der Aktenstücke Nr. 41 und Nr. 42 aufgenommen.[65] Eine Dreiviertelmehrheit war zur Annahme notwendig, und so versuchte Hanns Lilje einleitend, die drei wesentlichen Problemfelder in ihrer Brisanz für das Abstimmungsverhalten zu entschärfen: keine Antastung des landeskirchlichen Bekenntnisses, der EKD komme auch kein Kirchenstatus zu. Als dritten Punkt hob er die Abendmahlsfrage heraus. Ihre Beantwortung sei nach Artikel 4 nur den einzelnen Gliedkirchen überlassen. Es könne auch hier nicht von einer geistlichen Vollmacht der EKD gesprochen werden. Lilje plädierte für die gemeinsame Annahme beider Verfassungen, gerade um der Grundordnung im Sog der bereits feststehenden lutherischen Einigung zum Erfolg zu verhelfen. Hannover stehe auf beiden Seiten. Unterstützung fand er zwangsläufig von Teilnehmern an der Eisenacher Kirchenversammlung. Besonders bei Laien und jungen Theologen könnte ein Zögern der Synode als Rückfall in die Zeit vor Treysa 1947 verstanden werden.[66]

Störfeuer kam aus zwei Lagern. Die Pfingstkonferenz versuchte, mit Hilfe von Eingaben eine Zusatzerklärung zur Grundordnung nach bayerischem Muster durchzusetzen, und Vertreter der einflußreichen Hermannsburger Mission sahen immer noch Einflußmöglichkeit der EKD in den Bekenntnisstand der Gliedkirchen, was negative Wirkungen in den lutherischen Auslandsgemeinden hätte. Auch August Marahrens intervenierte. Sein Antrag, das Gespräch zwischen VELKD und Freikirchen zu intensivieren, zeigte das Befremden darüber, daß die Kirchenleitung bereit sei, für das Zusammengehen mit Reformierten und Unierten das Gespräch mit anderen Lutheranern zu ver-

---

64 Das Einigungswerk der evangelischen Kirche – Eisenacher Kirchenversammlung verabschiedet die Grundordnung, in: Die Botschaft 3, Nr. 31/32, 1.8.1948, S. 1-2; und: Mahner, Die EKD vor der Landessynode, ebd., Nr. 44/45, 30.10.1948, S. 1. LkAH, Best. D 15 IV Nr. 7: Rede Liljes auf dem Norddeutschen Luth. Tag, 7.8.9.48, Programmheft.

65 Aktenstücke der 14. Ordentl. Landessynode (wie Anm. 18), S. 62-63.

66 Ebd.

nachlässigen.[67] Solche Einwände zeigten Wirkung. Eine Zusatzerklärung wurde erwogen. Heinz Brunotte gelang es schließlich nur noch, die Kommentierung der Grundordnung auf einen Kernsatz zu reduzieren:

„Die letzte Entscheidung liegt in Zweifelsfällen über ein bekenntnisgebundenes Handeln bei den Gliedkirchen."[68]

Landesbischof Lilje sah die Gefahr, daß das in Eisenach wiedergewonnene hannoversche Gewicht, auch in Bruderratskreisen, leiden könnte. Er forderte ein uneingeschränktes Ja zur Grundordnung und hoffte, durch eine Sitzungsunterbrechung seine Argumente wirken zu lassen. Die Zusatzerklärung hatte in 1. Lesung eine Mehrheit für beide Ordnungen ermöglicht. Die Verfassung der VELKD überstand die 2. Lesung. Jetzt fiel aber die Grundordnung der EKD überraschend durch. Entsetzt ergriff Lilje das Wort: Eine Minderheit der Verweigerer arbeite hier ohne Rücksicht auf das Kirchenvolk um einer imaginären Gewissensnot willen gegen die Interessen der Landeskirche und betreibe so erneut eine Isolation Hannovers. Er setzte letztlich auf die Einforderung der Loyalität der Synode gegenüber dem Landesbischof. Jetzt wurde mit 64 Stimmen die nötige Mehrheit erzielt. Es blieb ein bitterer Zug. Für die meisten stand am Ende der Beratungen der nüchterne Satz von Hans Hoyer: „Meine Zustimmung galt dem Fortschritt."[69]

In seiner Dezembersitzung konnte der Rat der EKD die Grundordnung endgültig in Kraft setzen und die Verfassungsorgane für Januar 1949 einberufen. Wie die Kirchenversammlung von Eisenach war die erste Synode eine symbolträchtige Zusammenkunft zwischen Ost und West im deutschen Kirchengebiet. In Bethel kehrte man zu einem Zentrum des Einigungswerks zurück, denn nur Wurms Zusammenarbeit mit Friedrich von Bodelschwingh hatte 1945 den Erfolg möglich gemacht. Niemöller verlas das Abschiedswort des erkrankten Ratsvorsitzenden. Der Verkündigungsauftrag der Kirche könne nur in der geordneten Einheit wurzeln. Die EKD als echte Kirche bleibe Vision, aber mit der Einberufung der Verfassungsorgane erfolge nun der Abschluß des

---

67 Simon (wie Anm. 1), S. 259.

68 Protokolle der 14. Ordentl. Landessynode (wie Anm. 18), S. 100-102, 105, 116-117. Brunotte (wie Anm. 15), S. 78/79.

69 Protokolle der 14. Ordentl. Landessynode (wie Anm. 18), S. 116-119 (bes. S. 117), S. 148-150. Vgl. Simon (wie Anm. 1), S. 260. Zitat: Hans *Hoyer*: Partner im Gespräch. Sechs Jahrzehnte im Dienst der Kirche, Hannover 1982, S. 138.

institutionellen Provisoriums.[70] Martin Niemöller blieb auf dieser Linie wegen eigener Führungsambitionen und der übrigen personellen Entscheidungen.[71]

Er hielt wegen der lutherischen Mehrheit und aufgrund der Tatsache, daß die Reformkräfte sich längst in landeskirchliche Strukturen integriert hatten, seinen Rechenschaftsbericht betont versöhnlich. Er erhoffte sich einen Bonus bei den anstehenden Ratswahlen. Die bisher sichtbar gewordene Einheitsstimmung müsse nur noch auf die Personalentscheidungen abgeleitet werden.[72]

Ein „Nominierungsausschuß" sollte von Anfang an ein ausgeglichen besetztes Leitungsgremium für die EKD aufstellen. Majorisierung durch die gut vorbereiteten Lutheraner sollte unmöglich sein. Das Schlußvotum mit elf Namen (Gustav Heinemann war als Synodenpräses 12. Ratsmitglied) lag schließlich am 11.1.1949 vor und wurde von den Ausschußmitgliedern mit Vehemenz verteidigt. Der anstehende Wahlgang müsse zu einer Einheitsdemonstration werden trotz der „schweren Last des unheimlichen Mißtrauens". Der Vorsitz sollte an den Osten, die Stellvertretung an die Bekennende Kirche oder an den Lutherrat fallen. Nicht die Ratskandidaten aber, sondern die potentiell Leitenden – Dibelius als Vorsitzender, Lilje oder Niemöller als Stellvertreter – standen im Brennpunkt der „spannungsreichen Erörterung". Bei der Ratswahl erzielten Otto Dibelius und Hanns Lilje herausragende Ergebnisse, während Martin Niemöller schlecht abschnitt. In Einzelfällen zeigten die Lutheraner der VELKD Entgegenkommen gegenüber der Bekennenden Kirche, das später bei der Durchsetzung Liljes zum 2. Vorsitzenden wieder eingefordert werden konnte.[73]

Am Abend des 12. 1. erfolgte die Einführung des neuen Rates. Die „Totalitätsansprüche" der einzelnen Fraktionen hatten sich jedoch schon angedeutet. Bei der Wahl seines Vorsitzenden besaß der Rat Vorschlagrecht, aber man kam hier nur schwer zu einer Einigung. Erst gegen 23 Uhr verlas Heinemann die

---

70 Smith-von Osten (wie Anm. 3), S. 377-382; Brunotte (wie Anm. 15), S. 87-88; Joachim *Beckmann* (Hrsg.): Kirchliches Jahrbuch für die EKiD 1949, 76. Jg., Gütersloh 1950, S. 1-4; Sonntagsblatt 2, Nr. 1, 2.1.1949, S. 13; Bethel 1949. Bericht über die Tagung der 1. Synode der EKiD, hrsg. von der *Kirchenkanzlei der EKiD*, Göttingen 1953, S. 15-17.

71 Ebd., S. 17-21. Erläuternd: Simon (wie Anm. 1), S. 261–262.

72 Kirchenkanzlei der EKiD (wie Anm. 70), S. 23-29. Auch: Hans *Meiser*: Geeintes deutsches Luthertum, in: Die Botschaft 4, Nr. 3/4, 16.1.1949.

73 Kirchenkanzlei der EKiD (wie Anm. 70), S. 34-37. Zur Ratswahl ebd., S. 78, 103-109, 158-161, 177, Zitat S. 161. Zu den personellen Vorstellungen der Lutheraner: LkAH, Best. D 15 V Nr.15, Protokoll der Bischofskonferenz der VELKD, 30.11.1948;

Entscheidung zugunsten von Dibelius, allerdings ohne Begründung, was zu Argwohn bei Synodalen aus der Bekennende Kirche gegenüber kirchenpolitischen Strategien führte.[74] Selbst in die Defensive gedrängt, waren die Ratsmitglieder froh, daß die Hannoveraner auf eine beschleunigte Abwicklung des Verfahrens und die bedingungslose Übernahme des Ratsentscheids drängten.[75] Niemöller verzichtete schließlich, um sich dadurch zumindest das Stellvertreteramt zu sichern. Seine Demontage als Führungsperson war aber eingeleitet. Die Synode wählte mit 110 von 141 Stimmen Dibelius, der in seiner Rede beschwichtigende Worte fand.[76]

Der kirchenpolitische Hintergrund bestätigte sich letztlich bei der Wahl des Stellvertreters. Bei der vorhergehenden Zurückhaltung des Bruderrats kam die Kandidatur Liljes für viele überraschend. Sein Rückhalt in der übermächtigen VELKD-Fraktion war sicher; seine Ambitionen zuvor angekündigt. Lilje sah sich als Exponent der Gemäßigten, betrachtete sein Antreten aber auch als Zeichen für die Rückkehr Hannovers an die Spitze der evangelischen Kirche. Die Interessenlage war erkennbar, als der vom Hannoveraner Eberhard Hagemann ausgesprochene Wahlvorschlag in provokanter Weise zu einem Votum der VELKD ausgebaut wurde. Die Gegenleistung für die Zustimmung zum Unierten Dibelius wurde eingefordert. Der Rat war hilflos, weil er auf Zuraten Brunottes auf einen eigenen Vorschlag verzichtet hatte. Die Synodalen aus der Bekennenden Kirche sahen sich getäuscht, es drohte ein Scheitern. Ein erster Wahlgang brachte Lilje deutlich mehr Stimmen als Niemöller, aber nicht die nötige Zweidrittelmehrheit. Niemöller verzichtete auf jede weitere Kandidatur; auch Lilje zog es vor, zunächst auf keine neuerliche Abstimmung zu drängen.[77]

Einziger Ausweg war ein Sonderausschuß, den Heinz Brunotte letztlich doch als Sachverständiger zugunsten Liljes erwirken konnte. Eine Grundordnungsänderung wurde ausgeschlossen, damit auch ein Dreierkollegium ‚Dibelius-Lilje-Niemöller‘. Niemöller müsse zudem nach Meinung des Bruderrats als der Repräsentant der EKD in der Ökumene herausgestellt werden. Allerdings gelang es Hans Meiser mit dem Anführen theologischer und kirchenpoliti-

---

74 Kirchenkanzlei der EKiD (wie Anm. 70), S. 191-217. Zitat: Wilhelm *Stählin*: Via Vitae. Lebenserinnerungen, Kassel 1968, S. 512.

75 Kirchenkanzlei der EKiD (wie Anm. 70), S. 197-205.

76 Ebd., S. 210-218. Dazu: Robert *Stupperich*: Otto Dibelius. Ein evangelischer Bischof im Umbruch der Zeiten, Göttingen 1989.

77 Kirchenkanzlei der EKiD (wie Anm. 70), S. 216-224, besonders S. 216, 218, 223. Auch: Lilje (wie Anm. 13), S. 144-224.

scher Bedenken, das Anliegen, nämlich Vereinheitlichung der Außenvertretung mit einem Vertrauensvotum für Niemöller zu verbinden, auszuhebeln. Übrig blieb die bloße Ehrenrettung für eine Person.[78]

Niemöller wandte sich gegen jedes „Koppelungsgeschäft" und drohte mit Austritt aus dem Rat. Diese Eskalation kam Lilje entgegen, brauchte er bisher doch nicht einmal in die Debatte einzugreifen. Im Bewußtsein der Synodalen zählte auch er zur Bekennenden Kirche, sein Ansehen im Ausland war unbestritten. Auch hatte er die evangelische Einheit nachweislich gefördert. Es fiel ihm leicht, die Ansprüche der VELKD als echtes theologisches Anliegen zu rechtfertigen und das Bestreben, Niemöller zu entschädigen, als Streit um Posten herunterzuspielen.[79] Tumultartige Anfeindungen im Plenum folgten; Lilje verblieb als einziger Kandidat. Mit 101 von 134 Stimmen wurde er gewählt. Doch für ihn, der betonte, „daß ich keinen Tag gehabt habe, wo ich dieses Amt mir gewünscht habe", hatte der Verhandlungsverlauf auch sein Ansehen und seine Führungsambitionen zunächst beschädigt.[80]

„Man wird nicht sagen können, daß die Synodalen der Betheler Synode in jeder Hinsicht befriedigt von dieser ersten Tagung nach Hause gereist sind. Viele waren jedenfalls sehr niedergeschlagen, denn sie haben sich mehr von dieser Synode versprochen."[81]

Das galt vor allem für den Bruderrat der EKD. Mit Niemöller trat ein Mann der im Kirchenkampf gewachsenen Bekennenden Kirche in den Hintergrund, der trotz seiner nicht gern gesehenen Radikalität im Umgang mit alten Werten und neuen Problemen doch ein Symbol einer sich nach dem Krieg erneuernden evangelischen Kirche war. Er selbst analysierte die Ereignisse mit großer Nüchternheit. Er ließ keinerlei Zweifel an der Loyalität gegenüber der neuen Leitung aufkommen. Das Wächteramt war dadurch nicht aufgehoben; dem Bruderrat war es vorbehalten, es mit Leben zu erfüllen.[82] Die Lutheraner konnten mit den Ergebnissen zufrieden sein. Sie betonten die föderale Struktur des Rates, die den Unierten Dibelius in eine lutherische Mehrheit einschloß, und sahen die Entscheidungen als Abstimmung über die Standpunkte der Vergangenheit:

---

78 Kirchenkanzlei der EKiD (wie Anm. 70), S. 245-253, 261-263.

79 Ebd., S. 256-276. Zur Entscheidung ebd., S. 283-286.

80 Zitat Lilje ebd., S. 287. Schlußreden in: Kirchenkanzlei der EKiD (wie Anm. 71), S. 298-302.

81 Beckmann (wie Anm. 70), S. 19. Heinz *Brunotte*: Die Evangelische Kirche in Deutschland. Geschichte, Organisation und Gestalt der EKD, Gütersloh 1964, S. 64.

82 Simon (wie Anm. 1), S. 265.

„In der Wahl der beiden genannten [Dibelius und Lilje] spiegelt sich die Überzeugung der überwiegenden Mehrheit der Synode wider. Sie wünschte in den Inhabern der beiden obersten Ämter der Kirche das brüderliche Zusammenwirken des unierten und des lutherischen Bekenntnisses verkörpert und zugleich das praktische Zusammenwirken der Kirchen in Ost- und Westdeutschland gesichert zu sehen".[83]

In Hannover wurde Bethel mit Genugtuung betrachtet. Lilje stand im Mittelpunkt, ohne auf die Spannungen einzugehen. Sein gemäßigter Kurs hatte sich durchgesetzt, wie die Lutherische Generalsynode in Leipzig kurz darauf zeigte. Lilje vereinigte Mehrheiten hinter sich, die etwa Meiser mit seiner Kompromißlosigkeit nicht mehr mobilisieren konnte. Die hannoversche Ansicht des Zusammenwirkens von EKD und VELKD wies den Weg in die Zukunft.[84] Zudem war der Einfluß des Bruderrats zurückgedrängt worden, das landeskirchliche Gewicht war stark und die Wirksamkeit der reformatorischen Bekenntnisse ungebrochen. Und dennoch war die Zentralinstanz handlungsfähig. Das galt sowohl für die geschaffene Grundordnung der EKD als auch für die personelle Zusammensetzung des Leitungsgremiums. Hanns Lilje wußte, daß die Bewegungsmöglichkeit des deutschen Protestantismus dadurch im politischen, sozialen und ökumenischen Umfeld zunahm. Den evangelischen Christen, für ihn und Brunotte immer noch repräsentiert durch die Amtskirche, war durch die EKD ein Forum zur Erörterung und Bewältigung der Probleme der modernen Welt gegeben. Das wirkte nach außen, ließ aber auch die Kritiker in den lutherischen Landeskirchen verstummen.[85]

Neben dem persönlichen Erfolg war es für Lilje zudem wichtig, daß Hannover wieder seinen Zugang zu den Spitzenpositionen gefunden hatte. Der überragende Einfluß in den fünfziger Jahren zeichnete sich ab, und das verstärkte sich noch, als die Sekretariate von EKD und VELKD, die überregionalen Schaltzentralen, in der Hand seines Vertrauten Heinz Brunotte vereinigt und in Hannover angesiedelt wurden.[86]

---

83 Sonntagsblatt 2, Nr. 3, 17.1.49, S. 1; Zitat: Sonntagsblatt 2, Nr. 4, 23.1.49, S. 1. Lilje (wie Anm. 13), S. 145-146.

84 Beckmann (wie Anm. 70), S. 113, 118-121. Auch: Die Botschaft 4, Nr. 7/8, 13.2.1949, S. 1; und Nr. 5/6, 30.1.1949, S. 1-2.

85 Vgl. Simon (wie Anm. 1), S. 266.

86 Vgl.: Christian *Simon*: Der Weg zur Hauptstadt des Protestantismus, in: Provinz und Metropole, Hannover 1900-1999, Katalog zur Ausstellung, Historisches Museum Hannover, Hannover 2000, S. 79-90.

HANS OTTE

Diakonie in der Nachkriegszeit.
Der Aufbau des Evangelischen Hilfswerks

Der Aufbau des Evangelischen Hilfswerks als zentraler Agentur für Hilfe an allen, die infolge des Zweiten Weltkriegs in Not geraten waren, gehört zu den großen karitativen Leistungen der evangelischen Kirche im 20. Jahrhundert.[1] Dieses Hilfswerk verdankte sich einerseits Überlegungen und Planungen des Ökumenischen Rats der Kirchen, dessen Stab in Genf seit 1937 aufgebaut wurde. Dort waren schon bald im Krieg Hilfsmaßnahmen für das zerstörte Europa und für die evangelische Kirche Deutschlands geplant worden. Andererseits verdankte sich das Evang. Hilfswerk den Überlegungen Eugen Gerstenmaiers und seiner Freunde. Dieser hatte in Verbindung mit Landesbischof Theophil Wurm und dessen Kirchlichem Einigungswerk den Aufbau eines kirchlichen Selbsthilfewerks schon beraten, als sich die kommende Katastrophe erst abzeichnete. Nach dem Ende des Krieges konnte auf diese Planungen zurückgegriffen werden, und Gerstenmaier begann in Zusammenarbeit mit dem Wiederaufbau-Ausschuss des Ökumenischen Rates, die Gründung des neuen Hilfswerks energisch voranzutreiben. Noch im Sommer 1945 stellte der Ökumenische Rat der Kirchen die ersten Mittel bereit, damit Medikamente, Lebensmittelspenden und Kleidung verteilt und bald auch (provisorische) Übernachtungsmöglichkeiten geschaffen werden konnten. Dabei grenzte Gerstenmaier das neue Hilfswerk deutlich von der traditionellen Inneren Mission ab: Das Hilfswerk sollte nicht als freier Verein neben der Kirche agieren, sondern innerhalb der evangelischen Kirche als deren sozialer Arm wirken. Nur dann, wenn sich alle kirchlichen Gliederungen von den Kirchengemeinden über die Kirchengemeinden bis zu den Leitungsgremien der Kirche an der Hilfswerkarbeit beteiligten, konnte nach Gerstenmaiers Überzeugung die riesige Not in Deutschland bewältigt werden. Um die ökumenische Hilfe optimal einzusetzen, sollten sich die deutschen Gemeinden von Anfang an mit Samm-

---

1 Grundlegend für eine Beschäftigung mit der Geschichte des Hilfswerks ist Johannes Michael *Wischnath*: Kirche in Aktion. Das Evangelische Hilfswerk 1945-1957 und sein Verhältnis zu Kirche und Innerer Mission, Göttingen 1986 (=AKZG, B 14). – Leider geht Wischnath nicht auf die Entstehung des Evang. Hilfswerks in Hannover ein; er erwähnt S. 62, Anm. 292, nur, dass sich die hannoversche Landeskirche „erst 1946 und auch dann nur zögernd zur Mitarbeit im Hilfswerk" entschloss.

lungen und eigenen Aktionen beteiligen; das Prinzip ‚Hilfe zur Selbsthilfe' wurde in diesem Zusammenhang entwickelt und propagiert.[2]

Von Anfang an wurde die Idee des Hilfswerks von Landesbischof Theophil Wurm in Stuttgart unterstützt. Auf der ersten Konferenz der evangelischen Kirchenführer in Treysa, auf der Wurm zum Vorsitzenden des Rats der EKD gewählt wurde, sorgte er dafür, dass Gerstenmaier das Konzept des Evangelischen Hilfswerks wenigstens knapp vorstellen konnte und dass die Konferenzteilnehmer am 29. 8. 1945 beschlossen, neben der Kirchenkanzlei und dem Kirchlichen Außenamt das Evangelische Hilfswerk als dritte Einrichtung der neu gebildeten Evangelischen Kirche in Deutschland anzuerkennen.[3] Neben dem von Gerstenmaier geleiteten Zentralbüro wurde als wichtigstes Organ ein zentraler Wiederaufbau-Ausschuss des Evang. Hilfswerks gebildet, der regelmäßig tagen sollte. Seine Mitglieder sollten dort die Interessen der Landeskirchen vertreten, und umgekehrt sollten sie als Bevollmächtigte des Hilfswerks dessen Anliegen in den Landeskirchen vertreten. Sitz des Zentralbüros wurde die württembergische Hauptstadt Stuttgart, in der auch Wurm seinen Dienstsitz hatte.

Das neue Evangelische Hilfswerk bedurfte einer Unterstützung durch den Ratsvorsitzenden der EKD. Schließlich gab es ja überall im Deutschen Reich die Innere Mission, die – geleitet vom Berliner ‚Centralausschuss für Innere Mission' – evangelische Sozial- und Wohlfahrtsarbeit leistete. Sie war geprägt von den Einrichtungen, Anstalten, Vereinen und Stiftungen, die seinerzeit geschaffen worden waren, um in freier Form und nur in lockerer Verbindung zur kirchlichen Organisation die sozialen und seelischen Notlagen der entstehenden Industriegesellschaft zu bekämpfen. Allerdings hatte die Innere Mission ein Problem: Viele ihrer Einrichtungen waren auf kommunale und staatliche Zuschüsse angewiesen und hatten deshalb selbstverständlich mit den Behörden des nationalsozialistischen Deutschlands kooperiert. Daher galt die Innere Mission als ‚belastet', während das neu gegründete Hilfswerk als unbelastet erschien. Deshalb förderten die Repräsentanten der Ökumene von Anfang an die Gründung des Evangelischen Hilfswerks, weil sie vermuteten, dass ausländische Christen ein Werk ohne solche Belastung großzügiger unterstützen würden.[4] Dennoch war das mit der Gründung des Hilfswerk ent-

---

2 Vgl. Wischnath (wie Anm. 1), S. 91f.

3 Vgl. Gerhard *Besier* u.a. (Hrsg.): Der Kompromiß von Treysa, Wiesbaden 1995 (= Schriftenreihe der Pädag. Hochschule Heidelberg 24), S. 230f.; Wischnath (wie Anm. 1) S. 75ff.

4 Vgl. Wischnath (wie Anm. 1), S. 109ff.

standene Nebeneinander von zwei Institutionen, die beide evangelische Sozi-
al- und Wohlfahrtsarbeit leisteten, irritierend. In Deutschland warben Innere
Mission und Evangelisches Hilfswerk bei der gleichen Klientel um Spenden
und Zuwendungen, daher war eine vernünftige Kooperation langfristig unabdingbar. Allerdings verhinderten der Unterschied im Ansatz – als kirchliches
Werk (so das Hilfswerk) oder als relativ offene Organisation mit verschiedenen
Einrichtungen (so die Innere Mission) – und der unterschiedliche Erfahrungs-
horizont der Protagonisten einen baldigen Zusammenschluss. Erst 1957 kam
es auf EKD-Ebene zum Zusammenschluss der beiden diakonischen Werke
unter dem Namen „Innere Mission und Hilfswerk der EKD", der 1965 den
Namen „Diakonisches Werk ... der EKD" erhielt.

Nach dem Zweiten Weltkrieg war die Diakonie aller Landeskirchen von einem
Nebeneinander von Innerer Mission und Evangelischem Hilfswerk geprägt.
Sieht man genauer hin, zeigen sich jedoch beträchtliche Unterschiede – jedenfalls dann, wenn man auf die Situation der hannoverschen Landeskirche
blickt. Im Vergleich zur EKD und zu anderen Landeskirchen gab es hier in der
Gründungsphase eine charakteristische Verspätung, während später, nach
dem sehr mühevollen Aufbau, die hannoversche Diakonie organisatorisch
eher eine Vorreiterrolle übernahm. Dies ist kein Zufall, vielmehr zeigt sich in
beidem das besondere Profil der hannoverschen Kirchengeschichte nach dem
Zweiten Weltkrieg. Deshalb wird im Folgenden die Organisationsgeschichte
der Diakonie Hannovers bis 1949 nachgezeichnet. Nach einem ganz kurzen
Rückblick auf die Organisation der Inneren Mission wird der Aufbau der Leitung des Evangelischen Hilfswerk geschildert, dann wird ein Blick auf das
Nebeneinander der beiden Institutionen geworfen und zuletzt wird gefragt,
warum es zunächst – bei der Gründung des Hilfswerks – zur Verspätung kam,
die dann durch eine organisatorische Vorreiterrolle abgelöst wurde.

In Hannover war der Landesverein für Innere Mission das traditionelle Zentrum der Inneren Mission gewesen. Geleitet von den beiden ‚Vereinsgeistlichen' Alfred Depuhl und Victor Bode,[5] hatte er in der NS-Zeit an Bedeutung
gegenüber den großen diakonischen Einrichtungen verloren. Weil aber für die
landeskirchliche Diakonie eine Koordinationsstelle nötig war, war 1942 ein

---

5   Pastor Victor Bode (1889-1968) und Pastor Dr. Alfred Depuhl (1892-1957). Zu beiden vgl. Hans
    Otte: Die Tradition der hannoverschen Diakonie und der Landesverein für Innere Mission in der
    NS-Zeit, in: *Ders.* und Thomas *Scharf-Wrede* (Hrsg.): Caritas und Diakonie in der NS-Zeit. Bei-
    spiele aus Niedersachsen, Hildesheim 2001 (= Veröffentlichungen des Landschaftsverbandes
    Hildesheim 12), S. 107-127, hier S. 116.

„Hannoverscher Gesamtausschuss für Innere Mission" gebildet worden.[6] Der Ausschuss arbeitete nach dem Prinzip des ‚runden Tischs', die Teilnehmer – die Leiter der großen Anstalten, die Vereinsgeistlichen und der für die Diakonie zuständige Dezernent im Landeskirchenamt – waren gleichberechtigt. Wichtigste Aufgabe war die Verteilung der Kollekten und Spenden, die der Inneren Mission zugingen. Geschäftsführer des Gesamtausschusses war als Verwaltungsfachmann der Vereinsgeistliche Depuhl; dieser beschränkte sich in seiner Arbeit allerdings auf die Wirtschaftsführung und juristische Beratung der angeschlossenen Anstalten.

Auch wenn er verbandspolitisch keine herausragende Rolle mehr spielte, war der Landesverein nicht handlungsunfähig. Angehörige der hannoverschen Stadtmission, die in den Landesverein eingebunden war, hatten schon im April 1945 die Flüchtlingsbetreuung im dortigen Bahnhofsbunker übernommen; Fürsorgerinnen versorgten gemeinsam mit ehrenamtlichen Helferinnen in Tag- und Nachtschichten die aus dem Osten ankommenden Flüchtlinge, Vertriebenen und entlassenen Kriegsgefangenen.[7] Selbstbewusst konnte die Innere Mission auch darauf hinweisen, dass auf ihre Initiative die Gründung evangelischer „Gemeindehilfen" zurückging. Diese Gemeindehilfen waren eine hannoversche Besonderheit und waren im Zusammenhang mit dem sog. „Hilfswerk Niedersachsen" entstanden.[8] Der hannoversche Oberpräsident Hinrich Wilhelm Kopf hatte ein solches Hilfswerk angeregt, in dem die freien Wohlfahrtsverbände zusammenarbeiten sollten,[9] die nach der alliierten Beset-

---

6 Zum Gesamtausschuss als Spitzenorgan der hannoverschen Inneren Mission vgl. Otte (wie Anm. 5), hier S. 125f.

7 Götz *Maltusch*: Wandel der Formen der Diakonie, in: *Ders.* (Hrsg.): 100 Jahre Innere Mission Hannover. Festschrift, Hannover 1965, S. 17. – Wilhelm *Dornblüth*: Aus der Arbeit des Stadtverbandes für Innere Mission, in: Herbert *Reich* u.a. (Hrsg.): Das lutherische Hannover, Detmold (1952), S. 204, nennt den 20.5.1945 als Termin der Eröffnung des Bahnhofsbunkers: An diesem Tag wurde der Bunker der Stadtmission von der Reichsbahndirektion offiziell übergeben; in den ersten Wochen nach der Besetzung Hannovers hatten die Mitarbeiterinnen der Inneren Mission die Flüchtlinge freiwillig spontan betreut.

8 LkAH, Best. B 1/6114: Landesverein für Innere Mission (P. Bode) an Superintendent Schulze, 22.11.1947: „Zu dem Satz der Erklärung, dass von der Leitung der Inneren Mission irgendwelche treibenden Kräfte, die in die Gemeinden der Landeskirche einströmen, nicht zu erkennen seien, bemerken wir, dass wir bereits im Sommer 1945 allenthalben die Gründung evangelischer Gemeindehilfen, die in den einzelnen Gemeinden Träger der Inneren-Missions-Arbeit sein sollten, angeregt haben und dass späterhin im Rahmen des Hilfswerks der 4 Wohlfahrtsverbände mancherlei Anstoss an die Gemeinden herangetragen wurde."

9 Ursprünglich als Hilfswerk Niedersachsen bezeichnet, bezeichnete es sich später nur noch als Hilfswerk der freien Wohlfahrtsverbände, vielleicht weil der Name Niedersachsen durch das neu

zung und dem Verbot der Nationalsozialistischen Volkswohlfahrt wieder entstanden waren. Gemeinsam führten sie Haus- und Straßensammlungen durch, dafür verzichteten die Einzelverbände auf eigenständige Sammlungen; auf die einzelnen Verbände wurden anschließend die Erträge aufgeteilt, die in Absprache mit den staatlichen Fürsorgestellen an Notleidende weitergegeben wurden.[10] ‚Selbsthilfe innerhalb der Provinz' war das Motto dieses Hilfswerks; die Einheimischen, die noch mehr besaßen, sollten von ihrem Besitz den Neuankommenden, Vertriebenen und Kriegsgefangenen helfen. Auf Provinz- und später Landesebene führte der Vorsteher des hannoverschen Stephansstifts, Pastor Johannes Wolff, den Vorsitz;[11] er repräsentierte hier die Innere Mission und damit den größten und schlagkräftigsten Wohlfahrtsverband in der Provinz. Um bei diesen Sammlungen, aber darüber hinaus auch bei der Bahnhofsmission und Flüchtlingsfürsorge einen festen Stamm an ehrenamtlichen Mitarbeitern zu gewinnen, hatte die Landeskirche im November 1945 zur Gründung örtlicher „Gemeindehilfen" aufgerufen.[12] In jeder Kirchengemeinde sollten möglichst viele Gemeindeglieder als Mitglieder der Gemeindehilfe gewonnen werden: Sie sollten angeben, ob sie Sachspenden (Kleider, Bettzeug usw.) zur Verfügung stellen konnten, monatlich sollten sie einen Mindestbeitrag von 1,- RM zahlen, und ihre Aktivisten wurden an Hilfsaktionen am Ort beteiligt, etwa an der Ausgabe von Lebensmitteln und anderen Spenden oder beim Paketversand.

---

gegründete Land besetzt war. So vermied man den Anschein einer staatlichen Organisation, wie es die Nationalsozialistische Volkswohlfahrt gewesen war. Ihm gehörten Innere Mission, Caritas, Arbeiter-Wohlfahrt und das Rote Kreuz an, später kam noch der Paritätische Wohlfahrtsverband hinzu; gelegentlich wurde auch die Jüdische Wohlfahrt als Teilnehmerin bezeichnet.

10 LkAH, Best. L 3 II Nr. 29: Rundschreiben des Hannoverschen Gesamtausschusses für Innere Mission (Dr. Depuhl) an die Superintendenten, 20.10.1945. – Auf Kreis- und Ortsebene hatten im Streitfall „die Vertreter der öffentlichen Fürsorge ... als unparteiische 5. Person den Vorsitz übernommen"; an dieser Regelung lässt sich noch die staatliche Initiative für ein solches Hilfswerk erkennen.

11 Zu Wolff (1884-1977) vgl. Christoph *Mehl*: Das Stephansstift 1924 bis 1946, in: 125 Jahre Stephansstift. Festschrift, Hannover 1994, S. 39-103; zu Wolffs Aktivitäten auf Landesebene vgl. Hans *Otte*: Mehr als ein loses Nebeneinander von Sozialarbeit und Volksmission. Grundlinien der Geschichte des Landesverein für Innere Mission in Hannover, in: Jochen-Christoph *Kaiser* (Hrsg.): Soziale Arbeit in historischer Perspektive. Zum geschichtlichen Ort der Diakonie in Deutschland, Stuttgart 1998, S. 1-24, hier S. 12 ff. .

12 LkAH, Best. S 8a: Rundverfügungen vom 17.11.1945 und 5.7.1946. – Zur Arbeit der Gemeindehilfen vgl. Cord Cordes: Geschichte der Kirchengemeinden der Ev.-luth. Landeskirche Hannovers, Hannover 1983, S. 120f., und Hans *Otte*: Die Geschichte der Kirchen, in: Rudolf von *Thadden* u.a. (Hrsg.): Göttingen. Geschichte einer Universitätsstadt, Bd. 3, Göttingen 1999, S. 660f.

Diese Aktivitäten, die die Not der ersten Nachkriegszeit lindern sollten, entstanden unabhängig vom Evang. Hilfswerk. Noch in Treysa, auf der Kirchenführerkonferenz, hatte Landesbischof August Marahrens, der dort zusammen mit Oberlandeskirchenrat Hanns Lilje die hannoversche Landeskirche vertrat, Lilje als hannoversches Mitglied des zentralen Wiederaufbau-Ausschusses benannt.[13] So schien die Mitarbeit Hannovers im Evangelischen Hilfswerk von Anfang an gesichert zu sein. Aber vielleicht gerade deshalb stagnierte die Beteiligung der hannoverschen Landeskirche am Hilfswerk. Lilje war durch seine volksmissionarischen Aktivitäten, ökumenischen Kontakte und Repräsentanz in den EKD-Gremien so in Anspruch genommen, dass er in Hannover keinen Arbeitsstab aufbaute. Wohl erreichten ihn schon bald Spenden aus der Schweiz und Schweden,[14] doch leitete er sie ohne weitere Absprache an Anstalten der Inneren Mission weiter.

Noch problematischer als Liljes Desinteresse an Organisationsfragen war die Distanz von Landesbischofs Marahrens zum Evang. Hilfswerk. Verfassungsmäßig gehörten die Arbeiten der Inneren Mission zum Aufgabenbereich des Landesbischofs;[15] Marahrens war Vorsitzender des Landesvereins für Innere Mission und des Hannoverschen Gesamtausschusses für Innere Mission, aber eine Aktivität zugunsten des EKD-Hilfswerks ließ er nicht erkennen. In dem Bericht über die Kirchenführerkonferenz in Treysa, den er in seinem Wochenbrief an die Pastoren gab, erwähnte er dessen Gründung gar nicht. Auch als er im Herbst 1945 an den kommenden Winter und die Nöte der Flüchtlinge und Ausgebombten erinnerte, ignorierte er das Evang. Hilfswerk.[16]

Dennoch war die Sache des Hilfswerks der EKD in der Landeskirche nicht schlichtweg vergessen. Schon Alfred Depuhl hatte es im Nebensatz eines Rundschreibens erwähnt. In dem Rundschreiben vom 20. 10. 1945 stellte er die Arbeitsweise des Hilfswerks Niedersachsen vor und wies gleichzeitig darauf hin, dass „auch ein Hilferuf an die evangelischen Christen in aller Welt (ergeht). Es ist aber noch nicht abzusehen, wann diese Hilfe wirksam wird.

---

13 Paul *Fleisch*: Erlebte Kirchengeschichte. Erfahrungen in und mit der hannoverschen Landeskirche, Hannover 1952, S. 323f., nennt die Nominierung Liljes „kirchenpolitisch sehr geschickt, ... aber es fehlte dadurch nun die Verkoppelung mit der Inneren Mission".

14 LkAH, Best. L 3 II Nr. 29: Internationales Rotes Kreuz, Genf, an Lilje, 24.9.1945; Birger Forell an Lilje, 29.10.1945.

15 Kirchenverfassung von 1922/24, Art. 100 in Verbindung mit Art. 102.

16 LkAH, Wochenbriefe Marahrens XII 11 vom 1.9.1945 und Nr. XII 14 vom 26.10.1945.

Darum müssen wir uns selber helfen."[17] Vor allem drängte die Bekenntnisgemeinschaft. Am 5.11.1945 erinnerte ihr Geschäftsführer, Pastor Wilhelm Mahner, den Landesbischof, dass er ihm schon vorgeschlagen habe, hauptamtliche Mitarbeiter zu gewinnen.[18] Nach Rücksprache mit Hanns Lilje bat er Marahrens, nun endlich tätig zu werden, weil „manche unserer Brüder [in der Bekenntnisgemeinschaft] betroffen sind, von der Langsamkeit, mit der dieses Unternehmen in Gang kommt".[19] Doch Marahrens handelte nicht, er schrieb auf Mahners Brief nur „Zu den Akten".

Pastor Johannes Wolff griff die Initiative Mahners auf. Er leitete neben dem Stephansstift in Hannover noch das Staatliche Landesjugendamt und das Hilfswerk der freien Wohlfahrtspflege (Hilfswerk Niedersachsen),[20] aber er sah wohl, dass Spendenmittel verloren gingen, wenn kein fester Kontakt zum Evang. Hilfswerk in Stuttgart und den Hilfsgruppen im Lande aufgebaut würde. Auf seine Anregung lud der für die Diakonie zuständige Dezernent im Landeskirchenamt, Paul Fleisch, zu einer Besprechung am 28.1.1946 in das Stephansstift.[21] Thema war „die Aktivierung des Hilfswerks".[22] Wolff erklärte sich bereit, die Leitung der Geschäftsstelle im Stephansstift zu übernehmen, während Lilje als „Beauftragter nach außen, besonders zur Ev. Kirche in Deutschland hin" erscheinen sollte. Diese Aufgabenverteilung belastete Lilje nicht, er wurde nur als Aushängeschild gebraucht. Tatsächlich ließ er nach innen keine Aktivität erkennen. So nahm er an den Sitzungen nicht teil,

---

17 LkAH, Best. L 3 II Nr. 29: Rundschreiben des Hannoverschen Gesamtausschusses für Innere Mission (Dr. Depuhl) an die Superintendenten, 20.10.1945. – Das Desinteresse der Vereinsgeistlichen am Evang. Hilfswerk hatte wohl seinen Grund auch darin, dass der Landesverein für das Evang. Hilfswerk keine Räume freimachen konnte; ihm fehlte größerer Lagerraum, eingehende Spenden mußten im Bahnhofsbunker zwischengelagert werden.

18 LkAH, Best. L 2 Nr. 610/11 Bd. I: Mahner an Marahrens, 5.11.1945: Leider wird aus dem Schreiben nicht deutlich, welche Personen Mahner vorgeschlagen hatte; zur Finanzierung schreibt er nur: „Ich würde meinen, daß die Innere Mission sich doch dazu entschließen sollte, diese Männer zu gewinnen."

19 Ebd. – Am 21.12.1945 hatte Oberkonsistorialrat Heinz Brunotte, der am 1.4.1946 in das Landeskirchenamt Hannover eintreten sollte, von Göttingen aus bei Lilje nachgefragt, ob das Evang. Hilfswerk „anfängt, Ergebnisse zu zeitigen". (LkAH, Best. L 3 II 29) – Eine Antwort von Lilje liegt nicht vor.

20 LkAH, Best. L 3 II 29: Wolff an Lilje, 21.1.1946: Wolff berichtet, dass Landesbischof Marahrens einverstanden sei, dass das Hilfswerk im Stephansstift untergebracht wird.

21 Ebd.: Am 24.1.1946 schreibt Fleisch an Lilje, dass für das Evang. Hilfswerk die Bildung eines Geschäftsführenden Ausschusses nötig ist.

22 LkAH, Best. 2 Nr. 610/11 Bd. I: Vermerk Fleisch vom 29.1.1946 über die Besprechung im Stephansstift am 28.1.1946.

obwohl hier die Grundzüge der Arbeit festgelegt wurden: Die Sitzungsteilnehmer konstituierten sich als Geschäftsführender Ausschuss des Evang. Hilfswerks,[23] die Geschäftsstelle wurde ins Stephansstift gelegt, die Gemeindehilfen, für die inzwischen die Werbung lief, sollten als örtliche Einrichtungen des Evang. Hilfswerks dienen. Es sollte sich vier Aufgaben widmen: der Unterstützung der östlichen Kirchen mit ihrer Flüchtlingsnot, der Flüchtlingshilfe im Gebiet der Landeskirche, der Unterstützung der Inneren Mission und der Verteilung der Auslandsgaben. Grundsätzlich weitete sich damit der Blick über die eigene Landeskirche hinaus; man wollte primär die Ostkirchenhilfe verbessern. Mit diesem Programm gewann man Anschluss an das von Eugen Gerstenmaier formulierte Selbstverständnis des Evang. Hilfswerks. Allerdings waren sich die hannoverschen Beteiligten über den Umfang der Arbeit, der auf sie zukam, noch nicht im klaren: Die nebenamtlichen Sprengelbeauftragten, für die man schon die ersten Namen nannte, sollten als „Redner über Hilfswerk und Gemeindehilfen" wirken. Die Zurückhaltung gegenüber der ausländischen Hilfe war vielleicht auch realistisch: Noch lief die Auslandshilfe nicht in großem Stil, sondern beschränkte sich auf Einzelaktionen, vor allem aber erreichte sie Hannover und Norddeutschland kaum. Immerhin wurde zügig gearbeitet, schon zehn Tage später fand die zweite Sitzung des Geschäftsführenden Ausschusses statt; ein hauptamtlicher Geschäftsführer wurde berufen,[24] Richtlinien für die Arbeit des Evang. Hilfswerks in der Landeskirche wurden konzipiert und in den Räumen des Stephansstifts ein Hauptlager eingerichtet. Damit war die Arbeit des Evang. Hilfswerks auf ein sicheres Fundament gestellt worden, am 15.2.1946 erschien der erste Aufruf des Evangelischen Hilfswerks an die Gemeinden;[25] wenig später wurde die Karfreitagskollekte, immer eine der ertragreichsten Kollekten, zugunsten des Hilfswerks ausgeschrieben,[26] das damit eine sichere Kapitalbasis gewann.

---

23 Neben Wolff und Paul Fleisch waren das Alfred Depuhl, Superintendent Kayser (Nienburg) sowie die Oberlandeskirchenräte Lilje und Bartels; Bartels war für die missionarischen Werke in der Landeskirche zuständig.

24 LkAH, Best. L 2 Nr. 610/11 Bd. I: Vermerk Bartels vom 9.2.1946 über die 2. Sitzung des GA am 8.2.1946. – Die Berufung von Dr. Seebass wird nicht explizit ausgeführt, es heißt nur: „Der Ausschuss wird durch Zuwahl der Vikarin Daasch [Leiterin des Frauenwerks] und des Herrn Dr. Seebass erweitert, der Pastor Wolff in der Leitung der Geschäftsstelle unterstützen wird." – Seebass, der vor seiner Tätigkeit in Hannover Oberpostpräsident in Berlin gewesen war, blieb stets Geschäftsführer des Evang. Hilfswerks; warum er nicht als Hauptgeschäftsführer in Betracht gezogen wurde, ließ sich nicht ermitteln.

25 LkAH, Best. B 1/61183 Bd. I: Bl. 9 und 19: Gemeindehilfe für Innere Mission in Hannover/Hilfswerk der EKD, o.D. (verschiedene Fassungen).

26 LkAH, Best. S 8a: Rundverfügung vom 14.3.1946.

Allen Beteiligten war klar, dass sich die neue Organisation auf einem Feld bewegte, auf dem schon andere kirchliche Organisationen agierten. So musste das Verhältnis zwischen dem Evang. Hilfswerk und der Inneren Mission einerseits und dem Zentralbüro des Evang. Hilfswerks und dem hannoverschen Hauptbüro andererseits noch geklärt werden. Schon auf der zweiten Sitzung des Geschäftsführenden Ausschusses des Evang. Hilfswerks war festgelegt worden, dass die Gesamtleitung für die Gemeindehilfen und das Evang. Hilfswerk weiterhin beim Landesverein liegen solle; es blieb jedoch offen, was das bedeutete. Wolff als „Hauptgeschäftsführer" des Evang. Hilfswerks konnte mit dieser Lösung gut leben, wusste er doch aus Erfahrung mit den Vereinsgeistlichen, dass diese seiner Aktivität keinen Widerstand entgegensetzten.

Problematischer war das Verhältnis zu Stuttgart, zum Zentralbüro. Hier kam es im Sommer 1946 zu heftigen Auseinandersetzungen, die letztlich zum Rücktritt Wolffs im September 1946 führten. Ausgangspunkt des Streits war die Weigerung des hannoverschen Hauptbüros, eine öffentliche Sammlung für das Evang. Hilfswerk durchzuführen. Der westfälische Bevollmächtigte des Hilfswerks, Pfarrer Karl Pawlowski,[27] hatte das auf der Sitzung des Exekutivausschusses des Evang. Hilfswerks berichtet. Daraufhin empörten sich natürlich alle Sitzungsteilnehmer über das hannoversche Hilfswerk. Ein hannoverscher Vertreter fehlte – Lilje war als Bevollmächtigter für das Hilfswerk nicht erschienen –, daher wurde dem Evang. Hilfswerk in Hannover ganz selbstverständlich unterstellt, es sei noch gar nicht so ausgebaut, „dass die Durchführung unserer Aufgaben, wie sie das Gesamtwerk ausländischen Spenderorganisationen gegenüber übernommen hat, gesichert erscheint".[28] Was die Teilnehmer der Stuttgarter Sitzung nicht wussten: In Niedersachsen hatte das Hilfswerk der freien Wohlfahrtsverbände das Monopol für Straßensammlungen, und es bestand auch keine Aussicht, dass der niedersächsische Innenmini-

---

27 Zu Pawlowski (1898-1964) und seiner Bedeutung für das Hilfswerk vgl. Thomas *Kleinknecht*: Der Wiederaufbau der westfälischen Verbandsdiakonie nach 1945, in: Westfälische Forschungen 40, 1990, S. 527-616, hier: S. 552 ff. – Für Pawlowski ging es bei dieser Frage auch um seine Autorität im Hilfswerk. Die Betheler Konferenz, der alle Landeskirchen in der britischen Zone angehörten, hatte ihn zum Hilfswerk-Beauftragten für die britische Zone ernannt. Pawlowski fühlte sich daher als Vorgesetzter der anderen Evang. Hilfswerke in der britischen Zone. An der Betheler Konferenz, auf der dieser Beschluss gefasst wurde, hatte kein Vertreter der hannoverschen Landeskirche teilgenommen, Wolff glaubte sich dementsprechend auch nicht durch einen solchen Beschluss gebunden. – Zur Betheler Konferenz vgl. Jürgen *Kampmann*: Die Konferenz der evangelischen Kirchen in der britischen Zone und ihr politisches Engagement, in: Wolfgang *Vögele* (Hrsg.): Kann man eine Demokratie christlich betreiben? Politische Neuordnung und Neuorientierung der hannoverschen Landeskirche in der unmittelbaren Nachkriegszeit, Rehburg-Loccum 1999 (= Loccumer Protokolle 68/98), S. 24-54, hier S. 28.

28 LkAH, Best. L 3 II 29: Wolff an Gerstenmaier, 9.7.1946 (Abschrift).

ster dieses Monopol, das natürlich auf dem nationalsozialistischen Sammlungsgesetz beruhte, beseitigen würde. Als Vorsitzender des niedersächsischen Hilfswerks hatte Wolff auch kein Interesse an der Aufhebung des Monopols, hätte er doch einen heftigen Konflikt mit den anderen Wohlfahrtsorganisationen riskiert. Außerdem war er sicher, dass die Kollekten und die Sammlungen innerhalb der Gemeindehilfen genügend Geld erbrachten.[29] Als Wolff nun im Protokoll des Exekutivausschusses des Evang. Hilfswerks die Kritik am Evang. Hilfswerk in Hannover las, protestierte er sofort bei Pawlowski und Gerstenmaier. Das hannoversche Werk habe nie zugesagt, sich an einer allgemeinen Opferwoche (Straßensammlung) für das zentrale Evang. Hilfswerk zu beteiligen, es sei auch nie gefragt worden:

> „Es scheint mir nicht gut zu sein, in einer Zeit, in welcher alle Welt von ‚Demokratie' spricht und in welcher die Kirche ihre Befriedigung darüber ausspricht, einem diktatorischen Regime entronnen zu sein, Erklärungen im Namen einer ganzen Reihe von Landeskirchen abzugeben, wenn diese Landeskirchen nicht alle zugestimmt haben oder überhaupt nicht gefragt worden sind."[30]

Genauso heftig protestierte Wolff gegen die Herabsetzung der Arbeit des hannoverschen Hauptbüros. Seine Zahlungsverpflichtungen gegenüber dem Zentralbüro habe es pünktlich erfüllt, und auch ohne allgemeine Sammlungen seien durch die Kollekten und Gemeindehilfen binnen drei Monate 3.200.000 RM für das Hilfswerk gesammelt worden:

> „Vielleicht überlegen Sie sich einmal, ob es in irgend einer anderen Kirchenprovinz oder Landeskirche vorgekommen ist, dass innerhalb von drei Monaten ein derartig erfreuliches Ergebnis herausgekommen ist."

Gerstenmaier reagierte kühl, er überging Wolff und wandte sich an Lilje als den Bevollmächtigten der Landeskirche für das Hilfswerk. Richtig sei, dass Hannover allen Zahlungsverpflichtungen gegenüber dem Zentralbüro nachgekommen sei, doch fehlten bisher alle Verteilerberichte und Dankschreiben für empfangene Auslandsgaben:

> „Wir erhielten weder Berichte über Flüchtlingshilfe und Medikamentenversorgung noch irgend einen Bericht, aus dem sichtbar geworden wäre,

---

29 Sofern die Sammlungen für die Gemeindehilfen als Einsammeln von Mitgliedsbeiträgen firmierten, verstießen sie nicht gegen das Sammlungsgesetz.

30 Ebd. – Daraus auch das folgende Zitat.

dass über die Stadt Hannover hinaus eine Verteilerorganisation für das Gebiet der Hannoverschen Landeskirche vorhanden wäre."[31]

Abschließend wies Gerstenmaier darauf hin, dass Hannover von ihm keinerlei Direktiven erhalten habe; im übrigen sei das hannoversche Hilfswerk bei den ausländischen Spenden genauso wie die anderen Hilfswerke versorgt worden. Unter diesen Umständen sei doch wohl zu fragen, ob die hannoversche Kirchenleitung Wolffs Vorgehen decke. Bleibe dieser bei seiner Weigerung und weiche damit von den allgemeinen Grundsätzen des Hilfswerks ab, so könne er, Gerstenmaier, kaum noch „die mir weiterhin gegenüber dem Alliierten Kontrollrat für das Gesamtwerk auferlegten Verpflichtungen wahrnehmen". Wolff, der nur eine Abschrift des Briefes erhielt, verstand die versteckte Drohung sofort, er bot seinen Rücktritt an: „Auf mein persönliches Schreiben hat Herr Dr. Gerstenmaier mir überhaupt nicht geantwortet, sondern lediglich in dienstlicher Form dekretiert, dass er im Rechte sei", seine Aussagen ließen befürchten, „dass die Zuweisung von Auslandsspenden an das Hannoversche Hilfswerk sparsamer kommen werden [!], wenn und solange ich das Amt des Hauptgeschäftsführers verwalte".[32] In der Sache aber blieb Wolff hart:

„Die von mir angestellten Mitarbeiter geben sich die allergrösste Mühe und ich darf ihnen das Zeugnis geben, dass sie tun, was sie können; es muss verbitternd wirken, wenn von Stuttgart in hochfahrendem Tone Schreiben losgelassen werden, die den Anschein erwecken, als ob die Hannoversche Landeskirche und ihr Werk von Stuttgart aus Befehle entgegenzunehmen hätten."

Zwar versuchte Marahrens zunächst noch, Wolff zu halten,[33] doch erklärte Wolff am 17.9. definitiv seinen Rücktritt. Entsprechend informierte Lilje Gerstenmaier, ohne ihm in der Frage der Selbständigkeit des hannoverschen Hilfswerks Zusicherungen zu machen.[34] Wolff hatte empfohlen, „dass man Herrn Oberlandeskirchenrat Dr. Lilje bitten sollte, die Leitung praktisch fernerhin zu

---

31 LkAH, Best. L 3 II 29: Gerstenmaier an Lilje, 19.7.1946. – Daraus auch das folgende Zitat. – Wolff und die anderen Hannoveraner hatten nicht erkannt, dass Publizität eine wichtige Voraussetzung für den Erfolg des Hilfswerks war. – Zu Gerstenmaiers publizistischen Ambitionen im Vergleich mit Hanns Liljes vgl. Ronald *Uden:* Hanns Lilje als Publizist. Eine Studie zum Neubeginn der christlichen Nachkriegspublizistik, Erlangen 1998 (= Studien zur christlichen Publizistik 1), S. 88 ff.

32 LkAH, Best. L 2 Nr. 610/129: Wolff an Landesbischof, 27.7.1946. – Daraus auch das folgende Zitat.

33 LkAH, Best. L 3 II 29: Wolff an Lilje, 3.8.1946.

34 LkAH, Best. L3 II 29: Lilje an Gerstenmaier, 18.10.1946. – Die Frage der Autonomie wird in dem Schreiben nicht angesprochen.

übernehmen und nicht nur, wie bisher, seinen Namen für die Sache herzuge-ben".[35] Lilje schlug jedoch sehr schnell einen Vetter seiner Frau vor, den Betriebswirt Dr. Curt Puvogel,[36] der am 13.11.1946 das Amt als Hauptge-schäftsführer des hannoverschen Evang. Hilfswerks übernahm.[37]

In der Zeit zwischen dem Rücktritt Wolffs und dem Amtsantritt Puvogels war auch das Landeskirchenamt nicht untätig. Dort leitete Paul Fleisch neben sei-nen anderen Aufgaben das Dezernat für Fragen der Diakonie; da er zu Beginn seiner Karriere selbst einmal Vereinsgeistlicher gewesen war, lagen ihm die Innere Mission und der Landesverein immer am Herzen. Fleisch war ent-schlossen, die Vakanzzeit zu nutzen, um die Stellung der Inneren Mission gegenüber dem Evang. Hilfswerk festzuschreiben. Auslöser seiner Aktivität war ein Hinweis des Zonenausschusses des Hilfswerks: Jedes Hilfswerk brau-che aus steuerrechtlichen Gründen eine eigene Satzung mit der Bestimmung, dass es ausschließlich kirchlichen, mildtätigen und gemeinnützigen Zwecke diene.[38] Daraufhin ließ er das Landeskirchenamt „Richtlinien über das Hilfs-werk der Evangelischen Kirche in Deutschland und die Evangelischen Gemeindehilfen in Hannover" beschließen, die am 2.11.1946 veröffentlicht wurden.[39] In Finanzangelegenheiten wurde das Evang. Hilfswerk dem Landes-verein für Innere Mission eingegliedert, generell wurde es als „ein Werk der Ev.-luth. Landeskirche" bezeichnet. Der bisherige Geschäftsführende Aus-schuss wurde in Beirat umbenannt; er verlor seine bisherige Leitungsfunktion. Diese Funktion erhielt ein kleiner Ausschuss, dem nur der Landesbischof als Vorsitzender des Landesvereins für Innere Mission, der Landesbevollmächtig-te für das Hilfswerk, also Hanns Lilje, und der Diakoniedezernent des Landes-kirchenamts angehörten.[40] Faktisch wurde damit die Stellung des Diakonie-dezernenten gestärkt, da er dem Hilfswerk mehr Zeit als Marahrens und Lilje widmen konnte. Die Einbindung des Evang. Hilfswerks in den Landesverein

---

35 LkAH, Best. L 2 Nr. 610/11: Wolff an Marahrens, 17.9.1946.

36 LkAH, Best. L 3 II 29: Lilje an Puvogel, 19.8.1946.

37 LkAH, Best. L 2 Nr. 610/11: Puvogel an Marahrens, 14.12.1946.

38 LkAH, Best. B 1/61181 Bd. I, Bl. 34: Evang. Hilfswerk Hannover (Dr. Seebass) an Landeskirchen-amt, 2.9.1946.

39 KABl. 1946, S. 80: Nr. 145. – Fleischs Autorschaft ergibt sich aus seinen Lebenserinnerungen (Fleisch [wie Anm. 13], S. 324) und aus der Tatsache, dass Curt Puvogel in seinem Vermerk für den Landesbischof am 5.12.1946 (LkAH, Best. L 2 Nr. 610/11) erklärt, dass „weder dem Landes-bevollmächtigten [sc. Lilje] noch der Geschäftsführung des Hilfswerks vor Veröffentlichung der Richtlinien eine Möglichkeit zur Stellungnahme gegeben war".

40 Ebd., Ziff. 5: Der „Hauptgeschäftsführer handelt im Rahmen der Beschlüsse des Ausschusses nach den Weisungen des Landesbevollmächtigten."

für Innere Mission wurde durch mehrere Bestimmungen abgesichert: Eigene Werke sollte das Evang. Hilfswerk nicht einrichten;[41] sie waren also nur im Rahmen des Landesvereins möglich. Der Landesverein sollte auch als Anstellungsträger für die Mitarbeiter des Evang. Hilfswerks fungieren, und die Evangelischen Gemeindehilfen waren die Ortsverbände des Landesvereins. Von den Sammlungen der Evang. Gemeindehilfe blieben 50 % in der Gemeinde, 5 % erhielt der Landesverein und 45 % das Evang. Hilfswerk. Die Finanzhoheit lag außerdem beim Landesverein: Er erhielt die gesamten Gelder der Evang. Gemeindehilfe, zahlte dem Evang. Hilfswerk dessen Anteil aus und konnte später auch die Rechnungen des Evang. Hilfswerks einsehen. Diese Regelung hatte einen großen Vorteil: Die heftigen konzeptionellen Kontroversen, wie sie in Stuttgart, aber auch in anderen landeskirchlichen Hilfswerken mit der Inneren Mission geführt wurden,[42] blieben in Hannover aus. Die Repräsentanten des Hilfswerks betonten andernorts immer, dass das Evang. Hilfswerk ein kirchliches Werk sei, während die Innere Mission aufgrund ihrer dominierenden Vereinsstruktur nicht genuin kirchlich sei und in der Gefahr stehe, ein wohlfahrtspolitischer Verband wie andere auch zu werden. Als dezidierter Lutheraner lehnte Paul Fleisch solche Thesen ab, da ihm klar war, dass solche Organisationsfragen keine Bekenntnisfragen waren. Aus der Organisationsform als Werk oder Verein könne nicht auf die Kirchlichkeit einer Einrichtung geschlossen werden, auch die vereinsmäßige Diakonie sei Kirche. Deshalb könne das Evang. Hilfswerk grundsätzlich auch in die Innere Mission integriert werden.[43]

Da Puvogel sein Amt als Hauptgeschäftsführer erst am 13.11.1946 antrat, erfuhr er von diesen Richtlinien erst, nachdem sie schon in Kraft gesetzt worden waren. Er protestierte beim Landesbischof, weil er fürchtete, dass durch sie „die dem Hilfswerk gestellten Aufgaben und seine Wirkungsmöglichkeit wesentlich eingeengt und gleichzeitig der Zusammenhang mit dem Gesamthilfswerk der EKiD grundsätzlich gelockert" würde.[44] Es gelang Marahrens jedoch, Puvogel davon zu überzeugen, dass die Richtlinien nicht so streng ausgelegt werden sollten und dass Lilje eine für ihn und das Hilfswerk positivere Interpretation unterstütze. So blieb das Verhältnis zum Landesverein zunächst in der Schwebe.

---

41 Ebd., Ziff. 6.

42 Vgl. Wischnath (wie Anm. 1), S. 184 ff.; Kleinknecht (wie Anm. 27), S. 571 ff.

43 Vgl. Fleisch (wie Anm. 13), S. 323.

44 LkAH, Best. L 2 Nr. 610/11: Vermerk Puvogel vom 5.12.1946.

Landesbischof Marahrens sicherte jedoch – noch in der Übergangszeit zwischen seinem Rücktritt und Hanns Liljes Einführung als neuer Landesbischof – die Autonomie des hannoverschen Evang. Hilfswerks gegenüber der Stuttgarter Zentrale erneut ab. Ausgangspunkt war wieder die Frage der Beteiligung Hannovers an öffentlichen Sammlungen für das Hilfswerk der EKD, da Hannover weiterhin jede Beteiligung verweigerte. Am 6. 2. 1947 wandte sich daraufhin Landesbischof Wurm, der Vorsitzende des Rats der EKD und des Exekutivkomitees des Hilfswerks der EKD, an Marahrens und bat ihn „mit allem Ernst", dafür zu sorgen, dass Hannover sich beteilige. Diese Sammlungen seien von der British Control Commission genehmigt, und Hannovers Weigerung mache es den benachbarten Landeskirchen schwer, solche Sammlungen zu begründen. Einen Bekenntnisvorbehalt könne man in dieser Frage nicht machen, so dass die Landeskirche das Abkommen mit den anderen freien Wohlfahrtsverbänden über das niedersächsische Hilfswerk unbedingt kündigen müsse, um in der Sammlungsfrage wieder freie Hand zu erhalten.[45] Marahrens antwortete erst am 20. 4. 1947, nun schon als „Landesbischof i. R."[46] Er wiederholte die Argumente Wolffs: Das niedersächsische Hilfswerk sei früher als das Hilfswerk der EKD entstanden und arbeite gut. Wichtig sei dessen politische Unterstützung:

> „Die niedersächsische Landesregierung steht mit ihrer Autorität hinter dieser Arbeitsgemeinschaft und stützt sie nach besten Kräften; bei der politischen Zerrissenheit, die leider auch hier in Hannover große [!] ist, wird die gemeinsame Wohlfahrtsarbeit der großen Verbände als ein besonders wertvolles Gut empfunden."

Politische Autorität, die politische Zerrissenheit überwinde, hatte in Marahrens' Bild einer funktionierenden Gesellschaft immer eine Schlüsselstellung;[47] diesen zentralen Wert wollte er auch jetzt nicht aufgeben. Im übrigen, so fuhr Marahrens fort, gebe es keinen Grund für eine Änderung der Sammlungsweise: Da die hannoversche Landeskirche durch die ‚Gemeindehilfen' so viel

---

45 LkAH, Best. L2 Nr. 610/11 Bd. II: Landesbischof Wurm an Landesbischof Marahrens, 6.2. 1947. – Wurm schloss den Brief mit der Drohung, dass die Zentrale des Hilfswerks wegen der fortgesetzten Weigerung Hannovers „dann genötigt [wird], Konsequenzen zu ziehen in der Frage der Verteilung von Auslandsmitteln, die es unter allen Umständen vermeiden möchte".

46 LkAH, Best. L 2 Nr. 610/11 Bd. II: Marahrens an Wurm, 20.4./20.5.1947. – Daraus auch das folgende Zitat.

47 Dies entspricht Marahrens' Politikverständnis am Ende der Weimarer Republik, vgl. Hans *Otte*: Ein Bischof im Zwielicht. August Marahrens, in: Heinrich *Grosse* u.a. (Hrsg.): Bewahren ohne Bekennen? Die hannoversche Landeskirche im Nationalsozialismus, Hannover 1996, S. 187f.

Geld sammle, wie sie sonst die allgemeinen Sammlungen erbrächten, seien die vom Hilfswerk der EKD erbetenen allgemeinen Sammlungen unnötig:

> „Infolgedessen vermag ich nicht einzusehen, warum die hannoversche Landeskirche unter allen Umständen den Weg gehen soll, der in anderen Landeskirchen, worüber ich mir kein Urteil erlaube, möglich und durchführbar sein mag, in der alten Provinz Hannover aber zu nicht unbedenklichen Erschütterungen führen würde."[48]

Selbstverständlich, so schloss Marahrens seinen Brief, überprüfe die Landeskirche immer wieder ihren Standpunkt:

> „Die hannoversche Landeskirche legt Wert darauf, voll und ganz in der evangelischen Kirche Deutschlands ihre Pflicht zu tun und mitzuarbeiten; aber sie kann sich nicht ohne weiteres entschließen, ihr Eigenleben aufzugeben."

Damit war die bisherige kirchenpolitische Linie der Landeskirche noch einmal klar beschrieben: Ihre Repräsentanten wollten die Autonomie der Landeskirche nicht aufgeben, die „sie aus inneren und äußeren Gründen für richtig halten".

Marahrens' Skepsis gegenüber den von Stuttgart und Bielefeld[49] so favorisierten allgemeinen Sammlungen war sachlich auch berechtigt: Die evangelischen ‚Gemeindehilfen' waren sehr viel ertragreicher als die monatlichen bzw. vierteljährlichen Haus- und Straßensammlungen des niedersächsischen Hilfswerks der freien Wohlfahrtsverbände. Die Menschen waren der regelmäßigen öffentlichen Sammlungen müde; vielleicht erinnerte dies Hilfswerk sie auch zu sehr an die obligatorischen Sammlungen der früheren Nationalsozialistischen Volkswohlfahrt und des Winterhilfswerks. Dagegen war die individuelle Nachfrage ansprechender, wie sie die evangelischen Gemeindehilfen praktizierten, hier waren die Menschen eher bereit zu spenden. Der Wandel in der Beurteilung von Evang. Hilfswerk und niedersächsischem Hilfswerk wird im Lauf des Jahres 1947 sichtbar, denn nun fragten mehrfach Gemeinden an, ob man die Sammlungen für das niedersächsische Hilfswerk tatsächlich noch

---

48 LkAH, Best. L 2 Nr. 610/11: Marahrens an Wurm, 20.4./20.5.1947. – Daraus auch das folgende Zitat.

49 Hinter dem Beharren auf den allgemeinen öffentlichen Sammlungen steckte wohl der Hauptgeschäftsführer des Bielefelder Hilfswerks der westfälischen Kirche, Karl Pawlowski. Er hatte von der britischen Besatzungsmacht die Sammlungsgenehmigung erhalten, und diese ließ sich im Gebiet der hannoverschen Landeskirche nicht nutzen. Zu Pawlowski vgl. Wischnath (wie Anm. 1), passim, und Kleinknecht (wie Anm. 17), passim.

weiterführen müsse.[50] Trotz dieser Zweifel hielt das Landeskirchenamt eisern an der bewährten Zusammenarbeit im Hilfswerk fest, die Gemeinden durften die allgemeine Sammlungsarbeit nicht einfach aufgeben.[51]

In den Auseinandersetzungen mit dem Stuttgarter Zentralbüro wurden die Gemeindehilfen als Organ des Evang. Hilfswerks behandelt, obwohl die Richtlinien des Landeskirchenamts vom 3. 11. 1946 sie eindeutig als Teil der Inneren Mission definiert hatten. Doch auf Gemeindeebene wurde nicht zwischen der Inneren Mission und dem Evang. Hilfswerk unterschieden. So galten die Gemeindeschwestern, die neben den Pfarrern und ihren Ehefrauen die Not einzelner Gemeindeglieder am besten kannten, als Angehörige der Inneren Mission. Selbstverständlich gaben sie aber auch die Hilfen aus, die vom Hilfswerk in Form von Care-Paketen, Kleiderspenden und Medikamentengaben kamen. Oberhalb der lokalen Ebene blieb das Verhältnis zwischen Innerer Mission und Evang. Hilfswerk jedoch schwierig. Bei Rückfragen der Gemeinden war oft nicht klar, wohin sich Gemeindpfarrer wenden sollten, an den Landesverein oder an das Hilfswerk. Die Zusammenarbeit mit den Mitarbeitern des Landesvereins für Innere Mission war auch für die hauptamtlichen Mitarbeiter des Hilfswerks nicht leicht. Die Vertreter des Landesvereins sahen sich als diejenigen, die vor unkalkulierbaren Risiken warnen mussten, die die Vertreter des Hilfswerks auf sich nähmen, wenn sie etwa in großem Stil Krankenhäuser und Lager für Vertriebene aufbauen wollten. Da der Landesverein ja den rechtlichen Rahmen für die Aktivitäten bildete und zusammen mit dem Landeskirchenamt das Finanzgebaren des Evang. Hilfswerks kontrollieren sollte, konnte Depuhl als der für die Finanzfragen verantwortliche Vereinsgeistliche die einschlägigen Aktivitäten des Evang. Hilfswerks leicht abbremsen. Der Hauptgeschäftsführer des Evang. Hilfswerks sprach es offen aus, „daß hinter der abwartenden Haltung der I.M. Befürchtungen der Anstalten zu stehen scheinen, daß das Hilfswerk in irgendeiner Weise als Konkurrent auftreten könnte. Von Seiten der Landeskirche ist bisher nichts unternommen worden, um das Hilfswerk, das ausdrücklich als Werk der Kirche bezeichnet wird, gegen diese lähmenden Einflüsse abzuschirmen …"[52]

Dieses Problem löste der Nachfolger Hanns Liljes als Landesbevollmächtigter für das Hilfswerk, Heinz Brunotte. Nachdem Lilje zum Landesbischof gewählt

---

50 LkAH, Best. B 1/61183 Bd. I.

51 LkAH, Best. S 8a: Rundverfügung vom 29.9.1947.

52 LkAH, Best. L 3 III 205: Vermerk Puvogel vom 7.8.1947: „Entwurf! I[nnere] M[ission] – E[vang.] H[ilfswerk]".

worden war, übergab er sein Amt als Landesbevollmächtigter für das Evang. Hilfswerk an Heinz Brunotte, der schon seit dem 1. 3. 1946 im Landeskirchenamt die Nachfolge von Paul Fleisch als Diakoniedezernent angetreten hatte.[53] Zunächst meinte Brunotte noch, den Streit zwischen dem Evang. Hilfswerk und dem Landesverein durch Absprachen lösen zu können. Auf einer Besprechung zwischen den Beteiligten, die von Landesbischof Lilje geleitet wurde, einigte man sich darauf, die Arbeitsgebiete so abzugrenzen, dass „die Innere Mission die gesamte, auf lange Dauer berechnete Liebesarbeit der Kirche betreibt, während das Hilfswerk grundsätzlich sich der aktuellen Nöte unserer Zeit annimmt".[54] Um künftig zu besseren Absprachen zu kommen, sollte nicht nur von Zeit zu Zeit eine Verständigung über die Abgrenzung der Arbeitsgebiete stattfinden, vielmehr sollte ein Vereinsgeistlicher in den Ausschuss des Evang. Hilfswerks eintreten, und umgekehrt sollte der Geschäftsführer des Hilfswerks in den Geschäftsführenden Ausschuss des Landesvereins berufen werden. Dass auch diese Absprache nicht alle Konflikte beseitigen würde, ließ jedoch die Auslegung der Ziffer 6 der Richtlinien vom 2. 11. 1946 vermuten, auf die man sich einigte. In Ziffer 6 war bestimmt worden, dass das Evang. Hilfswerk keine eigenen Werke einrichte, entsprechend wurde zunächst bekräftigt, dass das Hilfswerk auch künftig nicht als Rechtsträger für eigene Unternehmungen auftrete, aber dann hinzugesetzt:

„Das schließt nicht aus, daß Einrichtungen und Anstalten vom Hilfswerk aufgezogen werden können, die auch unter dem Namen des Hilfswerks gehen; jedoch ist für solche Werke ein besonderer Rechtsträger zu schaffen oder ein vorhandener zu beteiligen."

Damit hatte das Hilfswerk faktisch freie Hand erhalten.

Als Brunotte diese Absprachen in Form einer Amtsblatt-Verfügung bekannt machen wollte, wurde er jedoch gestoppt.[55] Offensichtlich war in der Bischofskanzlei deutlich geworden, dass mit solchen Regelungen keine Klarheit geschaffen wurde. Erneut begann eine Gesprächsrunde zwischen allen Beteiligten, um eine gemeinsame Position zu gewinnen. Als dabei die Vertreter des

---

53 Zu Brunottes anderen Aufgaben vgl. in diesem Band die Aufsätze von Grosse, S. 201ff., und Simon, Einheit, S. 105ff.

54 LkAH, Best. L 3 III 205: Vermerk Brunottes über eine Besprechung ... am 13.5.1947. Daraus auch das folgende Zitat. – Ähnliche Formulierungen finden sich in allen Hilfswerk-Satzungen jener Zeit.

55 LkAH, Best. L 3 III 205: Entwurf einer Amtsblatt-Verfügung, datiert: „Bru[notte] 8.7."

Landesvereins für Innere Mission zögerten, auf die Vorschläge Brunottes einzugehen, kam von außen ein erneuter Anstoß. Der Obmann (Vorsitzende) der hannoverschen Bekenntnisgemeinschaft, Superintendent Johannes Schulze, wandte sich im Namen der Pfarrerschaft des Sprengels Stade an das Landeskirchenamt, den Landesverein, das Evang. Hilfswerk und die Bischofskanzlei.[56] Er monierte, dass in der Landeskirche das Verhältnis zwischen Innerer Mission und Evangelischem Hilfswerk noch immer ungeklärt sei. Immerhin sei man „insbesondere dem Hilfswerk und seiner Leitung dankbar für manchen kräftigen Anstoß". Dies gelte jedoch nicht für die Innere Mission:

> „Von der Leitung der Inneren Mission sind irgend welche treibenden Kräfte, die in die Gemeinden der Landeskirche einströmen, nicht zu erkennen. Wir können uns eine Zweigleisigkeit nicht leisten."

Noch einmal wurde hier deutlich, dass das Evang. Hilfswerk eher den jungen vorwärts treibenden Kräften der Bekennenden Kirche zugerechnet wurde, während die Innere Mission als Teil der ‚alten' Kirche galt. Einer solchen Sichtweise entsprach denn auch das Verhalten der angegriffenen Vereinsgeistlichen. Während Bode in seinem Schreiben vor allem die Probleme der diakonischen Arbeit betonte,[57] schrieb Depuhl Anfang Januar 1948 an alle Pastoren, die im Bereich der Inneren Mission arbeiteten. Er übersandte einen Bericht über die Arbeit der Inneren Mission nach dem Krieg, um „Mißdeutungen" entgegenzutreten. Bisher habe man auf Publizität verzichtet, „… weil ich annahm, daß die dem Wesen der I[nneren] M[ission] entsprechende in der Stille geleistete Arbeit nicht übersehen werden könne".[58] Dieser Hinweis auf ihr ‚Wesen' zeigt die Rückzugsposition der Inneren Mission. Schließlich hatte sie früher geradezu als Zentrum der kirchlichen Öffentlichkeitsarbeit gegolten. Dort war die publizistische Arbeit in der Landeskirche koordiniert worden: die Vereins-

---

56 LkAH, Best. B 1/61122 Bd. I: Schulze an den Landesverein für Innere Mission, 29.10.1947 (Abschrift). Daraus auch die folgenden Zitate. – Möglicherweise verdankt sich das Schreiben auch einer Anregung Brunottes. Schulze und Brunotte kannten sich aus dem Predigerseminar Loccum; drei Monate nach diesem Schreiben wurde Schulze erster Landesbevollmächtigter für die Innere Mission und das Hilfswerk und übernahm dabei Brunottes Funktion.

57 LkAH, Best. B 1/6114: Landesverein für Innere Mission (P. Bode) an Superintendent Schulze, 22.11.1947.

58 LkAH, Best. B 1/61122 Bd. I, Bl. 44. – Dabei wollte Depuhl sein eigenes Licht nicht unter den Scheffel stellen. Er fügte hinzu: „Wenn ich auch meine persönliche Mitarbeit bei den einzelnen Arbeitsgebieten nicht besonders erwähnt habe, so darf ich doch zu Erhöhung der Glaubwürdigkeit darauf hinweisen, daß ich fast nur von Arbeiten erzähle, bei denen ich mehr oder weniger als Geschäftsführer des Hannoverschen Gesamtausschusses für Innere Mission beratend oder gestaltend mitgewirkt habe."

geistlichen hatten bis 1941 das Hannoversche Sonntagsblatt und den Evangelischen Pressedienst herausgegeben. Nun signalisierte der Landesverein, dass er sich aus der Publizistik zurückgezogen habe, damit hatte er natürlich auch auf Einfluss und Werbemöglichkeiten verzichtet.[59] Wichtiger war aber noch, dass kein konstruktiver Vorschlag vom Landesverein kam, hier verschanzte man sich bloß hinter der Richtlinie vom 2. 11. 1946.

Die defensive Haltung der Repräsentanten der traditionellen Inneren Mission erleichterte es Brunotte, sein Anliegen weiter voranzutreiben. Er warb nun dafür, dass die Führung beider Einrichtungen personell zusammengefasst und dass künftig beide durch den landeskirchlichen Diakoniedezernten fester geführt werden müssten.[60] Im Rahmen dieser Überlegungen legte er Ende Oktober 1947 den Entwurf einer Rechtsverordnung über die Zuordnung von Kirche, Innerer Mission und Evang. Hilfswerk vor, die die bisherigen Bahnen verließ. Neu geschaffen wurde der Landesverband für Innere Mission, dem alle im Bereich der Landeskirche arbeitenden Werke, Anstalten und Einrichtungen angehören mussten. Innerhalb des Verbandes blieb den einzelnen Einrichtungen ihre bisherige Handlungsfreiheit, doch sollte der Verband die Diakonie nach außen repräsentieren, die einzelnen Einrichtungen unterstützen, ihre Zusammenarbeit anregen und eine gemeinsame Arbeitsplanung ermöglichen. Innerhalb des Landesverbands wurden Fachverbände geschaffen, beispielsweise für Einrichtungen der Kinderpflege, für Anstalten zur Betreuung von Körperbehinderten oder für die Seemannsmission. Zu jeweils eigenen Fachverbänden wurden auch der Landesverein für Innere Mission und das Evang. Hilfswerk erklärt. Damit konnten Einrichtungen auch weiterhin entweder über den Landesverein oder über das Hilfswerk dem Landesverband angehören. Geleitet wurde der Landesverband vom Landesbevollmächtigten für die Innere Mission; dieser sollte auch den Gesamtausschuss der Inneren Mission leiten. Dieses Gremium wurde beibehalten, sollte aber nicht bloß die Kollekten verteilen, sondern grundsätzlich die Arbeit der Inneren Mission steuern. Der Hauptgeschäftsführer des Hilfswerks und der erste Vereinsgeistliche verloren ihre Spitzenfunktion, sie sollten nur noch – wie die Vorsitzenden

---

59 Depuhls Kollege als Vereinsgeistlicher, Victor Bode, wollte als ehemaliger Herausgeber des „Hannoverschen Sonntagsblatts" diese Tradition weiterführen, konnte sich aber damit weder gegen seinen Amtsbruder Depuhl noch gegen die ganz anderen Interessen von Hanns Lilje durchsetzen, der ein neues Gemeindeblatt für die hannoversche Landeskirche kreierte, die „Botschaft". – Vgl. dazu Beate *Blatz*: Erbstücke aus der hannoverschen Kirchengeschichte. 50 Jahre Amt für Gemeindedienst, Hermannsburg 1991, S. 124 ff.

60 Das ergibt sich aus einer Notiz (in: LkAH, Best. L 3 III Nr. 205) von Erich Ruppel über eine Besprechung mit den Geschäftsführern des Evang. Hilfswerk, Puvogel und Seebass, am 6.8.1947.

der anderen Fachverbände – als Repräsentanten ihres Fachverbandes dem Gesamtausschuss der Inneren Mission angehören. Überdies sollten – analog zum Landesbevollmächtigten – für jeden Sprengel Sprengelbevollmächtigte eingesetzt werden, die auf dieser Zwischenebene die Arbeit des Hilfswerks und der Inneren Mission zu koordinieren hatten.

Dieser Entwurf nahm die bisherigen Organisationsformen auf, gruppierte sie aber neu, so dass die bisherigen Rivalitäten zwischen Innerer Mission und Evang. Hilfswerk relativiert wurden. Damit griff er jedoch tief in die bisherigen Rechte und Arbeitsabläufe ein. Als erstes signalisierte der Hauptgeschäftsführer Puvogel seinen Widerspruch. Er hatte schon im Vorfeld der Beratungen Lilje gegenüber seine Unzufriedenheit signalisiert.[61] Mit den neuen Regelungen wurde er zwar nicht den Geistlichen des Landesvereins, aber doch dem neuen Landesbevollmächtigen in einer Weise unterstellt, die seinen eigenen Ambitionen keinen genügenden Raum mehr ließ; er bat um Entbindung von seiner Funktion und wechselte als Geschäftsführer in die Evangelische Akademie Hermannsburg. Auch der Landesverein für Innere Mission protestierte. Er legte einen Gegenentwurf vor, in der die Funktion, die in Brunottes Entwurf der Landesverband hatte, dem Landesverein übertragen wurde. Gleichzeitig bat der frühere Landesbischof Marahrens, der noch immer Vorsitzender des Landesvereins war, den Vorläufigen Kirchensenat um Anhörung.[62] Offensichtlich erwartete Marahrens vom Landeskirchenamt nicht mehr, dass es diese Vorschläge berücksichtigte, und wandte sich deshalb direkt an den Vorläufigen Kirchensenat; der Kirchensenat musste nämlich – anstelle des früheren Landeskirchenausschusses – den Rechtsverordnungen des Landeskirchenamts zustimmen. Aber auch dieses Gremium unterließ es, Marahrens und den Landesverein anzuhören.[63] Am 27.2.1948 trat die neue Rechtsverordnung

---

Unter anderem heißt es: „Im Verf. Entwurf nicht klar: Was ist der Landesverein u. Hilfswerk? Tendenz Personalunion. / Klare Zusammenfassung in Führung. Arbeitsbesprechungen. Unter Brunotte festere Führung. Vorbereitung dieser Stimmung durch Besprechung [mit] Landessup[erintendenten] … Marahrens Entschlußlosigkeit." – Dr. Erich Ruppel (1903-1975) war bis 1945 Oberregierungsrat im Berliner Reichskirchenministerium gewesen und arbeitete seit 1947 in der Bischofskanzlei; als versierter Kirchenjurist wurde er später Oberlandeskirchenrat und Rechtskundiger Vizepräsident des Landeskirchenamts.

61 LkAH, Best. L 3 III 205: Puvogel an Lilje, 14.10.1947.

62 LkAH, Best. L 3 III 205: Landesverein für Innere Mission (Marahrens) an den Vorläufigen Kirchensenat, 9.1.1948. – Es hatte schon einmal nach dem Ersten Weltkrieg kurzfristig einen Landesverband für Innere Mission gegeben, doch war dieser dann zugunsten des Landesvereins für Innere Mission aufgelöst worden; vgl. Otte (wie Anm. 11), S. 8-11.

63 LkAH, Best. L 3 III 205: Landesverein für Innere Mission (Marahrens) an das Landeskirchenamt, 4.3.1948. – Während Brunotte und das Landeskirchenamt gegenüber den landeskirchlichen

über die Zuordnung von Kirche, Innerer Mission und Evangelischem Hilfswerk in Kraft.[64] Ergänzt wurde die Rechtsverordnung durch die Berufung des neuen hauptberuflichen Landesbevollmächtigen, Johannes Schulze, bis dahin Superintendent in Bremervörde, und des neuen Hauptgeschäftsführers des Evang. Hilfswerks, lic. theol. Wilhelm Thomas aus Hildesheim.[65] Beide hatten aktiv in der Bekennenden Kirche mitgearbeitet, beide legten Wert auf eine theologisch fundierte Begründung der diakonischen Arbeit. Die praktische Arbeit, die unter Puvogel schon erfolgreich ausgebaut worden war, wurde nun durch eine breite publizistische und volksmissionarische Tätigkeit ergänzt, dadurch erhielt das Evang. Hilfswerk die langfristige Akzeptanz, die es für seine diakonische Arbeit brauchte.

Mit der Rechtsverordnung vom 27.2.1948 hatte die Landeskirche auch auf diakonischem Gebiet Handlungsfreiheit gewonnen. Sie wurde durch den Zusammenschluss von Innerer Mission und Evang. Hilfswerk zum Schrittmacher einer Entwicklung, die die größeren Landeskirchen und die EKD erst später vollzogen. Brunotte hatte sie in Zusammenarbeit mit Landesbischof Lilje und seiner Kanzlei durchgesetzt. Dafür hatte er vorher natürlich die Satzungen der Hilfswerke anderer Landeskirchen studiert und sich auch intensiv an der gesamtdeutschen Debatte über das Verhältnis des von der EKD getragenen Hilfswerks zur Inneren Mission und ihrem Centralausschuss beteiligt.[66] Auch das war neu. Dabei stimmte Brunotte in der Abwehr der zentralistischen Tendenzen des von Eugen Gerstenmaier geführten Stuttgarter Zentralbüros gerade mit den Repräsentanten der württembergischen Landeskirche überein. Die neue Stellung der Landeskirche in dieser Frage wurde besonders deutlich, als das Zentralbüro vorschlug, dass in allen Landeskirchen eine neue regelmäßige Sammlung, der „Diakoniegroschen" eingeführt

---

Kritikern des Entwurfs keine Kompromissbereitschaft zeigten, war der Ton dem Zentralbüro in Stuttgart gegenüber viel konzilianter. Als dessen leitender Jurist von Gersdorff bei Brunotte wegen des Entwurfs nachfragte, da er von ihm gehört hatte, antwortete Brunotte zuvorkommend. Der Entwurf sei nur als vorläufige Regelung gedacht, so dass er nicht als Gesetz, sondern als Rechtsverordnung erlassen sei, in den inneren Aufbau des Hilfswerks sei nicht eingegriffen worden, und: „Die ,Verkirchlichung' der diakonischen Arbeit geht bei uns nicht so weit, dass die Innere Mission oder das Hilfswerk bürokratisch eingeengt würden. Wir glauben, beiden Werken jede Freiheit gelassen zu haben." (LkAH, Best. B 1/61181 Bd. I, Bl. 102: Brunotte an von Gersdorff, 23.2.1948).

64 KABl. 1948, S. 21 ff.

65 Zu Thomas vgl. Herbert *Naglatzki* (Hrsg.): Wilhelm Thomas 1896-1978. Zu seinem 100. Geburtstag, Hermannsburg 1996, passim.

66 Diese Diskussion ist breit dokumentiert bei Wischnath (wie Anm. 1), S. 169 ff.; sie wird deshalb hier nicht weiter zitiert.

werden solle.[67] Wie schon früher bei den Bitten um regelmäßige Sammlungen konkurrierte der Diakoniegroschen mit den Evang. Gemeindehilfen. So war es klar, dass die hannoversche Landeskirche und ihr Hilfswerk dieses neue Sammelprojekt ablehnen würden. Aber Brunotte beschränkte sich in seiner Antwort auf den entsprechenden Vorstoß aus Stuttgart nicht auf die Negation,[68] sondern ging offensiv vor. Er schlug eine Beratung auf EKD-Ebene vor und kritisierte die Vorlage aus Stuttgart auch inhaltlich. Die Währungsreform bedeute eine solche Krise für die kirchlichen Finanzen, dass es nicht darum gehen könne, „neue Einnahmen für die Organisation Evang. Hilfswerk zu erschließen, ja nicht einmal darum, der diakonischen Arbeit der Kirche Mittel zuzuführen. Vielmehr bedarf die gesamte kirchliche Arbeit in den Gemeinden, in den Landeskirchen und in der EKD der tatkräftigen Unterstützung durch unsere Gemeindeglieder…"[69] Damit pries Brunotte die Einrichtung der Gemeindehilfen als Muster für die gesamte EKD an. Dementsprechend machte er das Schreiben auch den anderen Landeskirchen zugänglich, und tatsächlich scheiterte das Projekt dann am Widerstand der Landeskirchen. Brunotte dachte nicht landeskirchlich beschränkt, gerade deshalb hatte sein Widerstand sofort Erfolg, ohne als hannoversche Eigenbrötelei zu gelten.

Überblickt man den Aufbau des Evang. Hilfswerk als Teil der Diakonie, so lässt sich folgendes Fazit ziehen: Die Gründung des Evang. Hilfswerks erfolgte in Hannover bemerkenswert spät. Das lag nicht nur daran, dass die Vorkämpfer der Inneren Mission skeptisch und auf die Mitarbeit im halbstaatlichen Hilfswerk Niedersachsen fixiert waren. Es lag auch daran, dass die Landeskirche – und vor allem ihre Leitung – in der ersten Zeit nach Gründung der EKD eine erhebliche Distanz zu deren Einrichtungen pflegte, und das Hilfswerk war eine Einrichtung der EKD. Bis zum Ende des Jahres 1945 war unklar, welches Verhältnis die EKD, ihr Ratsvorsitzender Wurm und ihre Kanzlei, zur hannoverschen Kirchenleitung einnehmen würden. Die hannoversche Pfarrbruderschaft hatte versucht, die EKD einzuschalten, um die hannoversche Kirchenleitung unter Landesbischof Marahrens abzulösen.[70] Der Leiter der Kanzlei der EKD, Hans Asmussen, hatte daraufhin an Landesbischof Marah-

---

67 Vgl. Wischnath (wie Anm. 1), S. 218f.

68 Pastor Wilhelm Mahner, inzwischen „Hilfsarbeiter" für Fragen der Diakonie im Landeskirchenamt, hatte zunächst ein Schreiben an das Zentralbüro formuliert, das nur negativ die Ablehnung der hannoverschen Kirche begründete (LkAH, Best. B 1/61183 Bd. I, Bl. 102; mit handschriftlichem Vermerk Brunottes: „neuer Entwurf anbei").

69 LkAH, Best. B 1/61183 Bl. 113: Brunotte an Kanzlei der EKD, 24. 8. 1948.

70 Vgl. den Beitrag von Gerhard *Lindemann* in diesem Band, oben S. 73f.

rens geschrieben und ihm unter Hinweis auf die Beurteilung seines Falls in der Ökumene den Rücktritt nahegelegt.[71] Das Hilfswerk der EKD lebte nun gerade von den Hilfen, die der Genfer Ökumenische Rat der Kirchen ihm gewährte, daher erschien es in Marahrens' Optik wohl als Teil der ,feindlichen' EKD. Erst als deutlich wurde, dass nicht nur die Mehrheit der hannoverschen Pastoren, sondern auch die Mehrheit der Mitglieder des Rates der EKD Asmussens Drängen ablehnten,[72] konnten sich die Hannoveraner den Initiativen der EKD stärker öffnen. Seit dem Jahreswechsel 1945/46 stellte die EKD die Legitimität der hannoverschen Kirchenleitung nicht mehr in Frage,[73] so dass von der EKD keine Gefahr für die hannoversche Kirchenleitung mehr drohte. Damit konnte nun auch deren Hilfswerk bejaht werden.[74]

Das Evang. Hilfswerk blieb allerdings umstritten. Schließlich war es zunächst in Abgrenzung zur Inneren Mission und zu deren Centralausschuss entstanden. Allerdings war allen Beteiligten schon bald deutlich, dass die Kluft zwischen Hilfswerk und Innerer Mission, die durch die Aktivität und das theologische Selbstbewusstsein Eugen Gerstenmaiers noch vertieft wurde, überwunden werden musste. In Hannover war das leichter möglich, da hier Ordnungsfragen pragmatisch gelöst werden sollten. Außerdem sahen die zuständigen Dezernten im Landeskirchenamt, wie sehr sich andere Landeskirchen mit einer sinnvollen Abgrenzung abmühten. So drängte das Landeskirchenamt schon früh auf eine rechtlich abgesicherte Zusammenarbeit unter dem

---

71 Vgl. Besier (wie Anm. 2), S. 128ff. – Das Schreiben Asmussens vom 10. 11. 1945 ist abgedruckt bei Besier, S. 223-225.

72 Asmussen selbst sprach in der Sitzung des Rats der EKD davon, dass er wegen dieses Briefs vom Rat nun „einen aufs Dach" kriege. (In: Carsten *Nicolaisen* u.a. [Hrsg.]: Die Protokolle des Rates der Evangelischen Kirche in Deutschland, Bd. 1: 1945-1946, Göttingen 1995 [= AKZG, A 5], S. 169).

73 Der Rat der EKD einigte sich darauf, dass der Vorsitzende, Landesbischof Wurm, in einem persönlichen Schreiben Marahrens den Rücktritt nahelege, weitere Maßnahmen wurden nicht ergriffen: Beschluss des Rats vom 13. 12. 1945, in: Nicolaisen (wie Anm. 72), S. 172 und 226.

74 LkAH, Best. L 3 II 29: Wolff an Karl Pawlowski, 10.7.1946: „Nicht verschweigen will ich Ihnen, dass der Grund dafür, dass das Ev. Hilfswerk in unserer Landeskirche erst so spät in Angriff genommen worden ist, zum wesentlichen Teil auch daran liegt, dass uns die ganze Art, wie unser Landesbischof un[d] unsere ganze Landeskirche von mehreren anderen Seiten behandelt worden sind, nicht gefallen hat; über die wirkliche Gesinnung des grössten Teils der Pfarrerschaft in unserer Landeskirche und namentlich über unsere Stellung zu dem gegenwärtigen Landesbischof … scheint nicht überall im evangelischen Deutschland eine klare Vorstellung bestanden zu haben. … Wir haben … zu diesen Dingen weitgehend geschwiegen und wir haben uns – was das Hilfswerk anbetrifft – schlisslich [!] auch dazu bereit gefunden, in dieser gemeinsamen Sache ernsthaft mitzuarbeiten; aber diese Willigkeit darf nun nicht dahin missverstanden werden, dass wir die Absicht haben, uns eine unwürdige Behandlung gefallen zu lassen."

Dach des Landesvereins für Innere Mission. Allerdings war dessen Führungspersonal so initiativlos,[75] dass die rechtlich vorgesehene enge Verbindung von Innerer Mission und Evang. Hilfswerk faktisch zu keinen Synergieeffekten führte. Außerdem waren dem Evang. Hilfswerk durch die Richtlinien vom 2.11.1946 Fesseln angelegt worden waren, und die Bemühungen des Stuttgarter Zentralbüros, das Hilfswerk möglichst straff zentralistisch zu führen, trugen auch nicht dazu bei, Initiative und Einsatz zu fördern.

Erst als Heinz Brunotte in einer Doppelfunktion das Amt des Diakoniedezernenten im Landeskirchenamt und des Landesbevollmächtigten für das Hilfswerk übernommen hatte, war auch für die Diakonie ein Neuansatz möglich. Verhältnismäßig rasch setzte Brunotte eine sinnvolle Form in der Organisation beider Einrichtungen durch. Die Bildung von Fachverbänden im Landesverband für Innere Mission ermöglichte eine sinnvolle Form der Spezialisierung. Die hannoversche Diakonie führte damit die Entwicklung im übrigen Deutschland an; dies wurde noch dadurch befördert, dass Brunotte durch seine frühere Tätigkeit in der Kirchenkanzlei der DEK bzw. der EKD viele Ansprechpartner in den anderen deutschen Landeskirchen besaß. Durch seine entscheidende Mitarbeit im Verfassungsausschuss der EKD konnte er sehr klar die Erwartungen formulieren, die die evangelische Kirche gegenüber ihrer Diakonie hegte, und hatte mit dem Landesverband für diesen Leistungsanspruch auch ein sinnvolles institutionelles Gehäuse geschaffen. Die von ihm durchgesetzte Organisationsform der Diakonie blieb grundsätzlich erhalten, bis die EKD durch den Zusammenschluss von Evang. Hilfswerk und Innerer Mission zum Diakonischen Werk einen neuen Rahmen setzte.

---

75 LkAH, Best. L 3 III 205: Wolff an Lilje, 8.5.1947: „Nachdem der Landesverein dadurch, dass er nichts getan und die Sache einfach dem Stephansstift überlassen hatte, sich selbst ausgeschaltet hatte, ergab es sich ganz zwangsläufig, dass er auch bei der weiteren Durchführung des Werkes im Jahre 1946 nicht beteiligt wurde. Ich habe in jeder Zeit wiederholt sowohl an den Herrn Landesbischof [Marahrens] wie auch an Amtsbruder Dr. Depuhl und an Herrn Amtsbruder Bode die Bitte gerichtet, in der Sache hilfreiche Hand zu leisten; es ist jedoch nichts in dieser Richtung geschehen ... Es stellte sich dann aber immer wieder heraus, dass wir in unseren Bemühungen beim Landesverein keinerlei Resonanz fanden, so dass wir schliesslich ganz und gar verzichtet haben und auch die Organisation der ‚Gemeindehilfe‘ vom Stephansstift aus zwar langsam, aber doch zielbewusst in die Wege geleitet haben." – Bedenken muss man hierbei auch Wolffs altes Ressentiment gegenüber dem Landesverein, vgl. Otte (wie Anm. 27), S. 113 ff. Dass die Kritik am Landesverein aber weit verbreitet war, zeigt auch das oben zitierte Schreiben von Superintendent Schulze (Bremervörde) vom 29.10.1947 (wie Anm. 56).

CHRISTIAN SIMON

Schulpolitik ohne Schulkampf. Die Haltung der hannoverschen Landeskirche in den ersten Jahren nach dem Zweiten Weltkrieg

Die Kirchen konnten die positive Einstellung, die ihnen von vielen Seiten nach Ende des Zweiten Weltkriegs entgegengebracht wurde, nutzen, um ihren gesellschaftlichen Einfluß auszubauen, der langfristig darauf abzielte, die politischen Bedingungen in Deutschland wieder auf eine christliche Basis zu stellen. Das gilt auch für den Bereich des öffentlichen Erziehungswesens.[1]

In den Jahren des Nationalsozialismus waren die Kirchen kontinuierlich aus dem Bildungssektor herausgedrängt und die auch im 20. Jahrhundert immer noch spürbare christliche Grundlegung des Erziehungswesens organisatorisch-rechtlich und auch inhaltlich durch die nationalsozialistische Weltanschauung ersetzt worden. So stellten die Kirchenleitungen 1945 fest, daß zunächst einmal der christliche Einfluß in Staat und Gesellschaft erneuert werden müßte, wollte man tatsächlich zu einer eindrucksvoll spürbaren öffentlichen Verantwortung der Kirchen gelangen.[2] Die Schließung aller Schulen, die personellen Säuberungen in den Lehrerkollegien und Schulbehörden und die strikte Kontrolle durch die Militärregierungen 1945 bedeuteten eine einschneidende Zäsur im Schulbereich, die den Kirchen neue Möglichkeiten der

---

1 Aktualisierte Fassung eines Vortrags in der Ev. Akademie Loccum im Rahmen der Tagung „Kann man eine Demokratie christlich betreiben? – Politische Neuordnung und Neuorientierung der Hannoverschen Landeskirche in der unmittelbaren Nachkriegszeit", in: Wolfgang *Vögele* (Hrsg.): Kann man eine Demokratie christlich betreiben?, Rehburg-Loccum 1999 (= Loccumer Protokolle 68/98), S. 99-108. Es geht in diesem Aufsatz vor allem um die Volksschulen; sie erfaßten die Masse der Kinder und Jugendlichen, später fortgeführt durch den Übergang zu den Berufsschulen. Gymnasien und Privatschulen stellten immer einen eigenen Bereich dar; Realschulen waren in der heute festgefügten Form noch nicht etabliert. Vgl. Christian *Simon*: Die evangelischen Kirchen und das Volksschulwesen in Niedersachsen 1945 bis 1955, Diss. Hannover 1997, S. 24-29; auch: Frank-Michael *Kuhlemann*: Nachkriegsprotestantismus in Westdeutschland. Religionssoziologische und mentalitätsgeschichtliche Perspektiven, in: Mitteilungen der Ev. AG für Kirchliche Zeitgeschichte, Folge 19, München 2001, S. 1-29.

2 Simon (wie Anm. 1), S. 14-24. Zu den gewünschten Verhältnissen wie vor 1933 vgl. Gerd-Eberhard *Tilly*: Schule und Kirche in Niedersachsen (1918-1933). Die Auseinandersetzungen um das Elternrecht und das Reichsschulgesetz in der Schulpolitik der niedersächsischen Kirchen im Weimarer Staat, Hildesheim 1987 (= Beiträge zur Historischen Bildungsforschung 4); allgemein zur Situation an deutschen Schulen: Artur *Dumke*: Schuldienst in Niedersachsen (1945-1975). Erlebte Schulgeschichte, Hildesheim 1987 (= Beiträge zur Historischen Bildungsforschung 5).

Einflußnahme gab, ihnen aber auch eine Selbstdefinition innerhalb der modernen Welt abverlangte.[3]

Schon bald nach Kriegsende gab es in Deutschland Ansätze dazu, eine gesamt-evangelische Zentralinstanz zu reorganisieren. Zwar gelang es in Treysa 1945, die Repräsentanten der Landeskirchen, auch den streng konfessionell orien-tierten Lutherischen Rat und den Reichsbruderrat unter einem organisatori-schen Dach zu vereinigen, doch war die interne Konstellation der Evangeli-schen Kirche in Deutschland von Beginn an nicht dazu angetan, Mißtrauen der Kirchenfraktionen untereinander abzubauen.[4] Das machte die EKD zumindest bis zum Inkrafttreten der Grundordnung im Jahre 1948 in vielen Fragen handlungsunfähig. Wer auf kirchlicher Seite mitreden wollte, formu-lierte vor allem landeskirchliche Interessen und zog seine Argumentations-kraft aus seiner jeweiligen landeskirchlichen oder konfessionellen Hausmacht.[5] Für den Bildungssektor bedeutete das, daß es im ersten Nachkriegsjahrzehnt zu keiner überregional gültigen Verlautbarung gekommen ist, mit Ausnahme einer vom Rat der EKD veranlaßten Eingabe Hanns Liljes an den Parlamenta-rischen Rat vom März 1949.[6] Auch der Treysaer Beschluß zur Schulfrage von 1945, der zwar einige Grundzüge späterer protestantischer Schulpolitik vor-wegnahm, hatte keinen offiziellen Charakter. Das erste offizielle Wort der EKD zur Schulfrage wurde erst 1958 von der Synode beschlossen und resümierte praktisch nur die Entscheidungsvorgänge der vergangenen Nachkriegsjahre in den Landeskirchen und in den Bundesländern.[7]

Allerdings zog der Rat der EKD schon 1945 die „Kammer für Erziehung und Unterweisung" als Beratungsgremium hinzu. Die Kammer war von der Lei-tung der EKD weisungsabhängig. Oskar Hammelsbeck, der wichtige, nicht

---

3 Hierzu: Bildungspolitik in Deutschland 1945-1990. Ein historisch-vergleichender Quellenband, hrsg., eingeleitet und erläutert von Oskar *Anweiler* u.a., Bonn 1992 (= Schriftenreihe der Bundeszentrale für politische Bildung 311), S. 11-43.

4 Annemarie *Smith-von Osten*: Von Treysa 1945 bis Eisenach 1948. Zur Geschichte der Grundord-nung der Evangelischen Kirche in Deutschland, Göttingen 1980 (= Arbeiten zur Kirchlichen Zeitgeschichte, Reihe B, Band 9); Simon (wie Anm. 1), S. 29-33; Gerhard *Besier*: „Selbstreini-gung" unter britischer Besatzungsherrschaft. Die Evangelisch-lutherische Landeskirche Hanno-vers und ihr Landesbischof Marahrens 1945-1947, Göttingen 1986 (= skgns 27), S. 99-111.

5 Simon (wie Anm. 1), S. 97-109.

6 Hierzu die einleitenden Passagen bei Sebastian *Mueller-Rolli*: Evangelische Schulpolitik in Deutschland 1918-1958. Dokumente und Darstellung. Unter Mitarbeit von Reiner Anselm und Karl Ernst Nipkow. Eine Veröffentlichung des Comenius-Instituts Münster, Göttingen 1999.

7 Simon (wie Anm. 1), S. 33-39.

landeskirchlich gebundene Religionspädagogen versammelt hatte, sah sich als ihr Vorsitzender in inhaltlichen Fragen jedoch immer eher unabhängig vom gesellschaftspolitischen Kalkül landeskirchlicher Interessen. An seiner fachlichen Qualifikation als Religionspädagoge bestand kein Zweifel. Auch in Lutherratskreisen war sein guter Kontakt zur Lehrerschaft sehr wohl akzeptiert. Aber vielen Lutheranern erschien er als zu lehrerfreundlich, da er deren jahrzehntelange Forderung nach der Simultanschule als Inbegriff pädagogischer Freiheit und Ausschaltung kirchlichen Einflusses für den praktischen Schulalltag guthieß.[8]

Dagegen gelang Edo Osterloh als dem in der Kirchenkanzlei der EKD weisungsbefugten Schulreferenten seit 1949 die wichtige Integration der Interessen, indem er die landeskirchlichen Freiräume nicht über Gebühr einzuschränken versuchte. Das zeigten die jährlichen Tagungen der landeskirchlichen Schulreferenten. Hierdurch gewann er selbst wiederum Spielraum für eigene Initiativen, etwa für überregionale Eltern- und Lehrerkongresse. Osterloh sprach viel häufiger als sein Kontrahent Hammelsbeck von juristischen, theologischen und moralischen Ansprüchen und nicht von Wünschen der Kirche. Somit gewann etwa das traditionelle lutherische Bekenntnis zum Ideal der Konfessionsschule eine ganz andere Qualität.[9] Die Effizienz des informellen Austausches und der Interessenkoordinierung konnte durch das Schulreferat der EKD wesentlich gesteigert werden. Auf ihren jährlichen Tagungen brauchten sich die landeskirchlichen Schulreferenten nicht wie gegenüber der „Schulkammer" dafür zu rechtfertigen, daß man in regionalen Schultraditionen verhaftet war und auch so an die Lösung der Probleme heranging.[10]

---

8   Fachleute aus lutherischen Landeskirchen waren in den Folgejahren nur sporadisch vertreten. Die Sitzungen wurden unregelmäßig einberufen. Hammelsbeck trat für eine weniger strikt an die Bekenntnisse gebundene Ausbildung von Religionslehrern ein, hinterfragte den kirchlichen Prüfungs- und Bestellungsmodus und stand letztlich wohl auch nicht voll hinter dem Postulat der Bekenntnisschule. Vgl. Simon (wie Anm. 1), S. 48-60. Simultanschule bedeutete in der Diskussion der ersten Nachkriegszeit – vor allem im Volksschulsektor – die gemeinsame schulische Ausbildung eines Jahrgangs ohne Rücksicht auf die Konfession. Das galt für alle Schulfächer außer Religion. Hier wurde genau darauf geachtet, daß die Schüler und Schülerinnen jeweils nach ihrem Bekenntnis – evangelisch (in Hannover evangelisch-lutherisch) oder katholisch – unterrichtet wurden. Das Lehrerkollegium sollte nach dem konfessionellen Proporz besetzt sein.

9   Edo Osterloh war zuvor in Oldenburg für Schulfragen zuständig. Er war seit 1949 Schulreferent der EKD. Osterloh berief sich hierbei nicht allein auf juristisch feststehende Regeln, sondern bemühte auch innerkirchlich und in der Presse Gewohnheitsrechte der Kirchen. Vgl. Simon (wie Anm. 1), S. 60-76.

10 Osterloh förderte geradezu die Integration der unterschiedlichen landeskirchlichen Interessen (wie er es aus Oldenburg kannte, das eine ganz andere Schul- und Kirchenstruktur besaß als

Die Treysaer Schulerklärung vom Ende August 1945 wurde eine Woche zuvor auf einer Reichsbruderratstagung in Frankfurt/Main durch Oskar Hammelsbeck vorbereitet.[11] In Treysa wurde das Schulproblem als Sache der Kirche ausgiebig diskutiert. Die Bekenntnisschule erschien als bildungspolitisches Ideal der evangelischen Kirche, während die christliche Gemeinschaftsschule mit einem bekenntnisgebundenen Religionsunterricht als Nahziel besonders für die Volksschulen verstanden wurde.[12] Für Hammelsbeck und viele Religionspädagogen (so Ernst Kleßmann) gab es handfeste Gründe zugunsten der Gemeinschaftsschule, zumal in fast allen sich demokratisch verstehenden politischen Parteien, in Verbänden und Gewerkschaften – auch in der Lehrerschaft – der christliche Grundcharakter öffentlicher Erziehung in Deutschland nicht in Zweifel gezogen wurde. Die pädagogische Gestaltung und die materiell-finanzielle Ausstattung seien an den größeren Gemeinschaftsschulen besser als in reinen Konfessionsschulen, bei denen es sich oft um ein- bis zweiklassige Landschulen handelte. Außerdem sei die konfessionelle Durchmischung der Bevölkerung sehr weit fortgeschritten. Hierbei fördere die Gemeinschaftsschule den toleranten Umgang miteinander.[13]

Dennoch schlug auch das Herz fortschrittlicher Schulfachleute in den protestantischen Reihen für die Bekenntnisschule. Gefordert wurde eine vertrauensvolle Zusammenarbeit aller Erziehungspartner. Rechtlich war die Bekenntnisschule aus den natürlichen Selbstbestimmungsrechten und -pflichten der Eltern und aus dem kirchlichen Anspruch auf religiöse Unterweisung der getauften Kinder abzuleiten. Wären hier die Grundlagen erst einmal geschaffen, so ergäben sich auch pädagogische Vorteile: Eine in sich geschlossene Erziehung und Bildung erspare den Kindern den verwirrenden Meinungspluralismus einer säkularisierten und in ihren sittlichen Werten orientierungslos

---

etwa Hannover oder Braunschweig. Er versuchte zu Beginn der fünfziger Jahre außerdem, die Elternarbeit durch überregionale Großveranstaltungen anzuregen und hier ein kirchen-schulpolitisches Gewicht gegenüber der organisierten Lehrerschaft und den Regierungen im Bund und in den Ländern zu etablieren. Die kontinuierlichen Tagungen der landeskirchlichen Schulreferenten sollten die regionalen Eigeninteressen bündeln und ein einheitliches Bild protestantischer Schulpolitik zeigen. Vgl. Simon (wie Anm. 1), S. 60-75.

11 Vgl. allgemein die recht unvollständige Dokumentation: Treysa 1945. Die Konferenz der evangelischen Kirchenführer 27.-31. August 1945, hrsg. von Fritz *Söhlmann*, Lüneburg 1946. Erläuterungen: Ralf *Tyra*: Treysa 1945. Neue Forschungsergebnisse zur ersten deutschen Kirchenversammlung nach dem Krieg, in: KZG 2, 1989, S. 239-276.

12 Simon (wie Anm. 1), S. 33-34.

13 Ebd., S. 35-36.

gewordenen modernen Lebenswelt. Inhaltliche Kompromisse und damit eine Werteaufweichung wären ausgeschlossen. [14]

Es fehlte bis 1949 an einer zentralen Kirchenschulpolitik durch die EKD. Außerdem lag die Kulturhoheit bei den einzelnen Ländern, was später im Grundgesetz auch so festgelegt wurde. Den Landeskirchen oblag de facto die kirchliche Zuständigkeit für die Schulpolitik. Wie sahen die Verhältnisse im niedersächsischen Gebiet aus?[15] Zunächst muß betont werden, daß das Land Niedersachsen so, wie es sich uns heute staatspolitisch darstellt, erst im November 1946 auf Anordnung der Engländer gebildet wurde. Es setzte sich zusammen aus den bisher selbständigen Ländern Hannover (preußische Provinz bis August 1946), Braunschweig, Oldenburg und Schaumburg-Lippe.[16] Diese staatlichen Gebilde besaßen jeweils ein erheblich voneinander abweichendes Schulrecht, das bis 1946 fortbestanden hatte und vor allem für das oldenburgische Gebiet noch bis in die sechziger Jahre fortgeschrieben wurde.[17] Zu weiterer schulrechtlicher Zersplitterung führte der Umstand, daß auf dem neuen Territorium die vier lutherischen Landeskirchen von Schaumburg-Lippe, Braunschweig, Oldenburg, Hannover und die Evangelisch-reformierte Kirche in Nordwestdeutschland existierten. Diese eigenständigen Kirchen, die sich erst Mitte der fünfziger Jahre in der „Konföderation evangelischer Kirchen in Niedersachsen" zu größerer organisatorisch-rechtlicher Einheit bereit fanden, standen ihrerseits wieder für voneinander abweichende kirchenschulrechtliche Traditionen.[18]

Zweifellos wurde der Interessenausgleich zwischen den niedersächsischen Landeskirchen von Anfang an gesucht. Dieser Austausch galt zunächst der Durchschlagskraft eigener Zielvorstellungen. Seit Herbst 1945 gab es ein Beratungsgremium für die ganze britische Zone. Bei diesen Treffen, die seit 1945 in

---

14 Ebd., S. 36-38.

15 Ebd., Kapitel „Der schwindende Einfluß des Bruderrats der EKD in der Schulpolitik", S. 39-41. Zu den Verhandlungen in der EKD-Synode und in der VELKD-Synode bis Mitte der fünfziger Jahre vgl. ebd., S. 41-48, 76-87. Zu den Erörterungen auf den Kirchentagen seit 1949: ebd., S. 87-97. Auch: Christian *Simon*: „Eure Herren gehen, unser Herr aber kommt". Der 2. Deutsche Evangelische Kirchentag in Essen 1950, in: Essener Beiträge 112, 2000, S. 218-233.

16 Ulrich *Schneider*: Niedersachsen 1945/46. Kontinuität und Wandel unter britischer Besatzung, Hannover 1984. Auch: Geschichte des Landes Niedersachsen, Geschichte der deutschen Länder – Territorien-Ploetz, Würzburg 6./1994.

17 Beispielhaft: Hilke *Günther-Arndt*: Lehrerbildung in Oldenburg 1945-1973. Von der Pädagogischen Akademie zur Universität, Oldenburg 1991 (= Geschichte der Oldenburgischen Lehrerbildung 3).

18 Simon (wie Anm. 1), S. 146-171.

Bethel stattfanden, ging es um die Fragen der Umsetzung von Schulbestimmungen der britischen und deutschen Behörden. Es gab informellen Austausch, Orientierungshilfen der größeren gegenüber den kleineren Kirchen, Problemerörterungen der Kirchen des ehemaligen Landes Preußen untereinander; und es gab Besprechungen im kleineren Kreis, besonders zwischen Hannover, Oldenburg und Braunschweig.[19] Seit 1947 kam es auch zu unregelmäßigen Tagungen der Schulreferenten der niedersächsischen Landeskirchen. Auf der Grundlage der Erkenntnis, daß es das Ziel von SPD-geführter Landesregierung und Lehrerschaft sein würde, die Simultanschule durchzusetzen, bemühte man sich hier, Einigkeit in den Grundsatzfragen darzustellen, um Freiräume für die spezifischen und nachhaltig gewünschten Eigentraditionen und für die Bekenntnisschule als Regelform zu gewinnen.[20]

Die Evangelisch-lutherische Landeskirche Hannovers war die bei weitem größte Landeskirche in Niedersachsen. Das gilt sowohl für ihre territoriale Ausdehnung als auch für ihre Mitgliederzahl. Und: Hannover war nach 1945 die Kirche in Niedersachsen, die kirchenpolitisch und in Fragen des öffentlichen Lebens das größte Gewicht im evangelischen Gesamtsystem besaß. Die Evangelisch-reformierte Kirche in Nordwestdeutschland, für die das gleiche preußische Recht weiterbestand, orientierte sich sehr stark an der Verhandlungsführung durch Hannover. Gleiches gilt für Schaumburg-Lippe, während Oldenburg immer ganz deutlich eigene Ziele, auch in Absprache mit der katholischen Kirche, verfolgte. Braunschweig stimmte inhaltlich oft überein, war jedoch immer darauf bedacht, nicht vom übermächtigen Nachbarn Hannover vereinnahmt zu werden.[21]

In Hannover ergab sich im Jahre 1947 eine wichtige Zäsur. August Marahrens, der erste, nicht unumstrittene Landesbischof trat in den Ruhestand; ein Bischof, der in seiner Sicht des Verhältnisses von Kirche und Schule noch ganz den überkommen Rechtsstandpunkten anhing. Ihm hatte mit Paul Fleisch ein gleichgesinnter Mann zur Seite gestanden, der als erster Schulreferent im Landeskirchenamt großen Einfluß auf die ersten kirchenschulpolitischen Entscheidungen der Landeskirche ausübte.[22] Hanns Lilje trat die Nachfolge von

---

19 Ebd., S. 172-202.

20 Ebd., S. 113-145.

21 Zu Oldenburg, das sowohl im Loccumer Vertrag als auch in den Schulgesetzen seine Sonderrechte hinsichtlich Schulform und Lehrerbildung erhalten konnte, vgl. ebd., S. 162-171.

22 Christian *Simon*: Der Glanz jener Stunde – der hannoversche Bischofswechsel 1947 und seine kirchengeschichtliche Bedeutung, in: Hannoversche Geschichtsblätter 48, 1994, S. 327-337; Paul

Marahrens an, und Heinz Brunotte übernahm bis 1949 das Schulressort. Beide vertraten einen neuen schulpolitischen Kurs, der sich auch in der EKD abzeichnete, zumal sich die Verwaltungszentralen von EKD und VELKD seit 1949 unter Brunottes Leitung in Hannover befanden.[23]

Daß es der hannoverschen Kirchenleitung 1945/46 in der Tat erst einmal darum ging, alte Rechtsbestimmungen zu restaurieren, zeigte sich in der gemeinsamen Erklärung von August Marahrens und dem Hildesheimer Bischof Machens an den Oberpräsidenten Hagemann vom 25. 7. 1945: Gefordert wurde unmißverständlich die Bekenntnisschule, die von alters her in Hannover der Regeltyp gewesen sei. Das Volksschulunterhaltungsgesetz von 1906 und die Weimarer Reichsverfassung seien immer noch gültig. Die Rechtsbeugung durch die Nationalsozialisten fordere geradezu als Pflicht, das Unrecht zu revidieren und damit ein Zeichen schulpolitischer Kontinuität zur Weimarer Demokratie zu setzen. Sicher seien in einer Übergangszeit durch die materiellen, personellen und organisatorischen Probleme konfessionelle Öffnungen der Schulen angebracht. Weiter hieß es allerdings:

„Die Bekenntnisschule allein bietet die im Kindesalter unentbehrliche einheitliche Erziehung, hier herrscht Übereinstimmung zwischen Lehre und Denken, Lehrer und Leben, Religion und anderen Fächern, sie durchseelt die gesamte Unterweisung und Erziehung von der Religion her. Die Bekenntnisschule vermittelt mitten in allen Zeitirrtümern die Wahrheit und steuert dem religiösen Indifferentismus. – Die Bekenntnisschule gibt Zielklarheit und feste Grundsätze für ein sittlich hochwertiges Leben, sie bildet ein starkes Bollwerk gegen falsche Moralpinzipien sowohl im privaten wie im öffentlichen und zwischenstaatlichen Leben. – Die Bekenntnisschule sucht den Zwiespalt des Bekenntnisses von innen her in einer geistigen Auseinandersetzung zu überwinden, bei der das Gewissen unter Ausschluß von jeder Art von Druck und Zwang die verantwortliche Führung hat. – So fordern wir die Bekenntnisschule im Namen unserer Kirchen, die sich mehr als alle anderen Faktoren durch ihr Ringen um die geistige Gesunderhaltung des deutschen Volkes Verdienste erworben haben ..."[24]

Fleisch: Erlebte Kirchengeschichte. Erfahrungen in und mit der hannoverschen Landeskirche, Hannover 1952.

23 Heinz *Brunotte*: Die Evangelische Kirche in Deutschland. Geschichte, Organisation und Gestalt der EKD, Gütersloh 1964.

24 Simon (wie Anm. 1), S. 172-180. – Vgl. auch Herbert *Michaelis*/Ernst *Schraeper* u.a. (Hrsg.): Ursachen und Folgen. Vom deutschen Zusammenbruch 1918 und 1945 bis zur staatlichen Neuordnung Deutschlands in der Gegenwart. Eine Urkunden- und Dokumentensammlung zur

159

Diese Position wurde auch gegenüber der Militärregierung vertreten, denn deren erste Anordnungen deuteten tendenziell auf die Gemeinschaftsschule hin. Die Kirchenleitung wollte eine einheitliche Linie der Landeskirche vertreten. Alleingänge auf lokaler oder regionaler Ebene sollte es nicht geben.[25]

Das britische Prinzip der Nichteinmischung – auch aus Unkenntnis des Einflusses der Kirchen in Deutschland auf das Schulwesen – führte dazu, daß auf dem Wege einer Elternabstimmung über die Schulform eine Entscheidungsgrundlage für die deutschen Behörden und die eigene Orientierung geschaffen werden sollte; entgegen einer radikalen Neustrukturierung zugunsten der auch kostengünstigeren Simultanschulen. Am 18.1.1946 erfolgte die Erziehungsanordnung Nr. 1 über die „Einrichtung oder Wiedereinrichtung konfessioneller, aus öffentlichen Mitteln unterstützter Volksschulen". Es ging um die Frage, ob Bekenntnisschulen an solchen Schulstandorten wieder zu errichten seien, an denen sie in der nationalsozialistischen Zeit zu Gemeinschaftsschulen umgeformt worden waren.[26] Per Fragebogen an die Eltern schulpflichtiger Kinder wurde so nicht nur jede seit Kriegsende bestehende konfessionelle Volksschule legitimiert, sondern jede bestehende Gemeinschaftsschule ihrerseits auf ihre Bestandsberechtigung hin untersucht.[27]

Rechtsbelehrung gegenüber den Kirchengemeinden war deshalb von größter Bedeutung. Neben Gerüchten über staatliche Versuche, auf kaltem Wege die Gemeinschaftsschule durchzusetzen, sprachen Eingaben von Pastoren und

Zeitgeschichte. Band XXII: Der militärische Zusammenbruch und das Ende des Dritten Reiches, Berlin 1976, S. 305-307.

25 Simon (wie Anm. 1), S. 175-176, 203-215.

26 Simon (wie Anm. 1), S. 214-236. – Vgl. auch den Briefwechsel zwischen der britischen Militärregierung und deutschen Behörden sowie die Anschreiben an kirchliche Stellen in: Niedersächsisches Hauptstaatsarchiv, Nds. 400 Acc.121/81 Nr. 488. Vgl. zudem die Erörterung der Frage vor der hannoverschen Landessynode und die Ablehnung der Elternabstimmung: Aktenstücke und Protokolle der Vorläufigen Landessynode Hannovers, Protokoll der 14. Sitzung, 27.2.1946, o. O. [Pattensen] o. J. [1950], S. 97-101. Das niedersächsische Kultusministerium sprach sich nicht offiziell für die Bekenntnisschule aus, verwies aber auf die strikte Anwendung der Richtlinien der EIGA Nr. 1. Adolf Grimme war nicht gewillt, unsachgemäße Propaganda gegen Eltern- und Kirchenwünsche zu dulden, aber auch einseitige Agitation von Kirchenvertretern – vornehmlich auf katholischer Seite – lehnte er ab. Allgemein: Julius Seiters: Adolf Grimme – ein niedersächsischer Bildungspolitiker, Hannover 1990, besonders S. 24-34, 61-77, 93-120. Zur Schulreformpolitik vgl. Horst Leski: Schulreformprogramme des niedersächsischen Kultusministeriums 1945-1970, Hannover 1991.

27 Landesbischof Marahrens erhielt die Anordnung am 22.1.1946 und legte am 5.2.1946 nach intensiver Rücksprache mit dem Landeskirchenamt den Kurs in einem Rundschreiben an die Landessuperintendenten und die Superintendenten fest (LkAH, Best. B 1 Nr. 53461 Bd. II/2, Bl. 1-11; das Rundschreiben im LkAH, Best. N 14 Nr. 5).

Kirchenvorständen an das Landeskirchenamt vor allem vom unklaren Abstimmungsmodus, der das Votum erschwerte.[28] Außerdem fühlte man sich gegenüber den katholischen Ortsgemeinden immer im Hintertreffen; Informations- und Argumentationsrückstände waren offenkundig.[29] Das Landeskirchenamt ermahnte Pastoren und Kirchenvorstände zu energischer Präsentation kirchlicher Anliegen, aber auch zu sachlicher Darstellung. Polemik, wie man sie der Gegenseite, der Lehrerschaft, unterstellte, war untersagt. Das Engagement von Pfarrern und Gemeinden war sehr groß. Man versuchte, die Eltern durch Schulversammlungen, Kanzelabkündigungen, öffentliche Vorträge und vor allem durch eine Flugblatt-Aktion, die alle Argumente für die Konfessionsschule sachlich, aber zugespitzt formulierte, zu aktivieren. Man hoffte außerdem, durch Gespräche in den religionspädagogischen Arbeitsgemeinschaften, die gerade in den vierziger Jahren lokal und regional von Pastoren und Lehrern als Diskussionsforen unter inhaltlicher Anleitung durch das Katechetische Amt eingerichtet worden waren, gerade den Lehrern die Furcht vor einer vermeintlichen Kirchenkontrolle zu nehmen.[30]

Die Ergebnisse für die evangelische Bekenntnisschule waren im Vergleich zu den katholischen Resultaten sehr unterschiedlich. Hochburgen bestanden in den ländlichen Gebieten; in den Großstädten waren die Ergebnisse ungleich-

---

28 Hieraus ein sehr eindeutiges Zitat bei Simon (wie Anm. 1), S. 217. Paul Fleisch als zuständiger Schulreferent erläuterte (juristisch-trocken) die Lage gegenüber den Landessuperintendenten am 7.2.1946 (LkAH, Best. B1 Nr. 53461 Bd. II/2, Bl. 14/15). Dazu Auszug aus dem Sitzungsprotokoll des Landeskirchenamts vom 14.2.1946 (ebd., Bl. 20).

29 In der katholischen Kirche vollzog sich die Meinungsbildung während der ersten Jahrzehnte nach dem Krieg noch aufgrund einer eindeutigen Hierarchie: Rom, die Deutsche Bischofskonferenz und die Bistümer mit ihren Verwaltungen. Pfarrer, Gemeinden und einzelne Kirchenmitglieder erhielten, von oben nach unten' eindeutige Vorgaben, die zudem im katholischen „Milieu" vor Ort so verstärkt wurden, daß es kaum Spielräume für gedankliche Abweichler gab, obwohl für die Katholiken gerade in Norddeutschland die gleichen demographischen und gesellschaftlichen Verschiebungen und Durchmischungen galten wie für die Protestanten. Der „katholische" Standpunkt zur Schulfrage wurde immer einheitlich öffentlich dargestellt und zur Durchsetzung gegenüber staatlichen Stellen zur Geltung gebracht. Das imponierte gerade in evangelischen Diasporagebieten (so etwa in Hildesheim) oder stark durchmischten Regionen (wie dem Emsland oder auch einzelnen Teilen der Stadt Hannover). Hier gab es staatliche Stellen, die vor allem aus organisatorischen und finanziellen – aber wohl auch aus ideologischen – Gründen die Simultanschule wollten. Protestantischer Meinungspluralismus wurde in den Ortsgemeinden trotz seiner Modernität und theologischen Ehrlichkeit keineswegs als vorteilhaft gewertet. Zur katholischen Kirche vgl. Hans-Georg *Aschoff*: Die katholische Kirche in Niedersachsen nach 1945, in: JGNKG 91, 1993, S. 211-238.

30 Simon (wie Anm. 1), S. 214-226. Beispielhaft: Rundschreiben des Landeskirchenamts/Fleisch vom 17.5.1946 (LkAH, Best. B1 Nr. 53461); Simon (wie Anm. 1), S. 234-238. Zum Lehreralltag und zur Haltung der Lehrer gegenüber den Kirchen siehe allgemein Dumke (wie Anm. 2), zur Betreuung der Arbeitsgemeinschaften: Simon (wie Anm. 1), S. 180-202.

mäßiger. Im Juni lagen die Endergebnisse landesweit vor. Am 14. 6. kam es zu einer Besprechung im Niedersächsischen Kultusministerium mit Minister Grimme, den katholischen Bischöfen von Hildesheim und Osnabrück und den Referenten der Landeskirchenämter von Aurich und Hannover.[31] Insgesamt betrachtete Hannovers Kirchenleitung das Resultat als Erfolg. Im Frühjahr 1947, nachdem der Niedersächsische Landtag die Umsetzung der Abstimmungsergebnisse bis zu einer regulären Schulgesetzgebung ausgesetzt hatte, waren bereits die meisten Volksschulen durch die kommunalen Schulträger in Bekenntnisschulen umgewandelt. Nur 46 Problemfälle verblieben in Niedersachsen, so auch im hannoverschen Döhren, bis zu Beginn der fünfziger Jahre, wo sich katholische und evangelische Interessen zugunsten jeweils eigener konfessioneller Elementarschulen zusammenfanden.[32] Mit dem Kultusministerium hatte man sich im Landeskirchenamt schnell über die Umsetzung in den meisten Fällen geeinigt. Das Verhältnis zur Lehrerschaft dagegen war nachhaltig getrübt. Hier gab es immer wieder örtliche Streitigkeiten bei der Nutzung vorhandener Schulgebäude und Schulräume, beim konfessionellen Proporz in der Besetzung des örtlichen Kollegiums und bei der Bestellung von Schulleitern und Schulräten. Schadensbegrenzung war das Gebot der Stunde.[33]

Am 12. 8. 1948 versandte das Landeskirchenamt eine Denkschrift von Heinz Brunotte. Dieser hatte keineswegs das Ideal einer inhaltlich ausgefüllten evangelischen Bekenntnisschule fallengelassen, aber er hatte die einseitige Ausrichtung auf diese Schulform offen hinterfragt. Es sei ganz natürlich, daß die kirchlichen Kreise sie für die beste Schulform hielten: also die evangelische Schule, in der Lehrer und Schüler im gleichen Bekenntnis verbunden waren; in der der Religionsunterricht ein zentrales Lehrfach war; in der evangelische Schulfeiern und Andachten echte Glaubensgemeinschaft darstellten. Brunotte zeigte aber auch Verständnis für die Lehrer, die in der Gemeinschaftsschule größere pädagogische Freiräume erblickten und gleichzeitig die Überwindung konfessioneller

---

31 Bericht des Landeskirchenamts, Sitzungsprotokolle vom 25.4. und 9.5.1946 (LkAH, Best. B1 Nr. 53461). Die Ergebnisse wurden in der Regel von den Schulräten den Superintendenten übermittelt und dann von den Landessuperintendenten an das Landeskirchenamt weitergegeben. Die örtlichen Kirchengemeinden und Schulen wurden von den Schulbehörden bzw. vom Landeskirchenamt über die Lage informiert.

32 Simon (wie Anm. 1), S. 226-229, S. 235-236. Zum Aufschub der Umsetzung des Abstimmungsergebnisses durch den Niedersächsischen Landtag (auf Antrag der FDP) und der praktisch doch erfolgten Umsetzung sowie zu einzelnen Problemfällen siehe ebd., S. 236-237. Zum Fall Döhren (bis zu Beginn der fünfziger Jahre) im grundsätzlich immer konfessionell umstrittenen Stadtgebiet von Hannover: ebd., S. 231/232, S. 246-247.

33 Simon (wie Anm. 1), S. 243-247.

Schranken in der Gesellschaft vermuteten. Die Kirche, so Brunotte, könne sich der Diskussion darüber nicht schlichtweg verschließen. Die Kirche müsse in Verhandlungen mit staatlichen Stellen dafür sorgen, daß ihre schulrechtlichen Wünsche im Rahmen der niedersächsischen Verfassungs- und Schulgesetzgebung beachtet und umgesetzt würden. Entscheidend sei jedoch die theologische und religionspädagogische Füllung dieses Bestrebens: Erstens müsse die vertrauensvolle Zusammenarbeit zwischen Kirche und Lehrerschaft intensiviert werden, denn gemeinsam sei ihnen – besonders im Religionsunterricht – das Ziel, die getauften Kinder der christlichen Gemeinde in den Glauben der evangelischen Kirche einzuführen. Zweitens beginne die Erziehung im Elternhaus. Es gehe nicht an, daß zwar nach Verbriefung von Elternrechten gerufen werde, andererseits aber die Elternpflicht, für die gerade die christliche Gemeinde zuständig sei, außer Acht gelassen oder als gottgegeben mißdeutet werde.[34]

Die Meinung unter den hannoverschen Pastoren neigte angesichts der schulpraktischen Lage vor Ort, die so gar nicht zu den Idealbildern vergangener Jahre und Jahrzehnte passen wollte, der Auffassung Brunottes zu.[35] Gegenüber Hildesheimer Kritikern warnte Brunotte:

„Ganz scharf zugespitzt entsteht die Frage: Ist nicht die von der ‚Erwiderung' geforderte bekenntnisgemäße evangelische Staatsschule ein letzter in sich nicht mehr haltbarer Rest des vermeintlich ‚christlichen Staates' des 19. Jahrhunderts, den wir heute auf keinem anderen Lebensgebiet mehr haben? Evangelische Privatschulen kann ich mir als Bekenntnisschulen denken, die heutige Staatsschule nicht mehr."[36]

Was die Initiative Brunottes so interessant macht, ist ihre Funktion als Bindeglied zwischen den tradierten Ansprüchen kirchlicher Schulpolitik der unmittelbaren Nachkriegszeit und der gemäßigten der frühen fünfziger Jahre,

---

34 Vorüberlegungen Brunottes bereits im Leitartikel „Kirche und Schule" in: Die Botschaft 1, Nr. 7/8, 21.7.1946, S. 1-2; Simon (wie Anm. 1), S. 250-251.

35 Simon (wie Anm. 1), S. 251-252.

36 Erwiderung auf die Denkschrift Brunottes durch Hildesheimer Pastoren: LkAH, Best. B1 Nr.5322 Band I, Bl. 21-22. Brunottes Entgegnung darauf: ebd., Bl. 23-24. Zitat Brunottes in einem Rundschreiben, versandt durch das Landeskirchenamt an die Landessuperintendenten und Superintendenten, 25.5.49: ebd., Bl. 52-53. Zur großen Nähe zwischen Landessuperintendent Degener und Superintendent Detering während und nach dem Zweiten Weltkrieg in vielen Sachfragen und im Auftreten der beiden großen Kirchen gegenüber Staat und Gesellschaft siehe Christian *Simon*: Zwölf Thesen zur Schulfrage. Die Schulpolitik der Hannoverschen Landeskirche und die Hildesheimer Opposition zu Beginn der fünfziger Jahre, in: Hildesheimer Jahrbuch 70/71, 1998/99, S. 191-212.

die den Kompromiß des Nebeneinanders verschiedener Schulformen forderte. Brunotte drückte das abschließend so aus:

„Das Bestreben meiner Denkschrift war, von der Illusion zur Wirklichkeit zu führen."[37]

Deutlich wurde dieser Pragmatismus auch bei der Ausarbeitung des Grundgesetzes für die Bundesrepublik Deutschland 1948/49. Im Vergleich zur katholischen Kirche übten die Protestanten zunächst einige Zurückhaltung bei der Entscheidung für einen Weststaat.[38] Es gibt ein wichtiges Votum, das vom Rat der EKD initiiert und von den meisten deutschen Landeskirchen mitgetragen wurde: Hanns Liljes Eingabe an die Mitglieder des Parlamentarischen Rates vom 3.3.1949. Lilje galt in politischen Kreisen nicht als konfessionalistischer Hardliner. In der Frage der Schulform galt es für ihn nur, die Beteiligung der Eltern in angemessener Form festzuschreiben und die Mitsprache der Kirche in den Fragen der Evangelischen Unterweisung und der Religionslehrer-Ausbildung zu sichern. Lilje resümierte:

„Wir machen diese Bedenken geltend, weil wir für die staatliche Erneuerung aus echter Freiheit eintreten. Gerade die Erziehung ist das Gebiet, das sich jedem Versuch einer totalitären Regelung entziehen muß. Wir würden eine Pflicht gegenüber Kirche und Staat versäumen, wenn wir diesen Raum grundsätzlich preisgeben."[39]

Die Abgeordneten in Bonn konnten aus Liljes Worten schließen, daß der Rat der EKD dem Schulkompromiß in Bonn keinen Widerstand entgegensetzen würde. Dieser erstrebte letztlich nur feste Garantien für die erzielten Kompromißformeln des Grundgesetzes, die bei den zukünftigen Länderverfassungen nicht ohne weiteres ausgehebelt werden konnten.[40]

---

37 Simon (wie Anm. 1), S. 252-253, Zitat S. 252.

38 Ebd., S. 254-256.

39 Eingabe des Rates der EKD an den Parlamentarischen Rat vom 3.3.1949: Archiv der EKD in Berlin 2/84 Nr. 445, abgedruckt in: Sonntagsblatt 2, Nr. 11, 13.3.1949, S. 2. Zu religionspolitischen Fragen vgl. umfassend: Werner Sörgel: Konsensus und Interessen. Eine Studie zur Entstehung des Grundgesetzes für die Bundesrepublik Deutschland, Stuttgart 1969 (= Frankfurter Studien V).

40 Hierzu: Hanns Lilje: Die künftige Gestalt der Schule – Worum geht es in Bonn?, in: Sonntagsblatt 2, Nr. 8, 20.2.1949, S. 1. Simon (wie Anm. 1), S. 104-109. Zitat aus der Eingabe vom 3.3.1949: Archiv der EKD 2/84 Nr. 445, abgedruckt im Sonntagsblatt 2, Nr. 11, 13.3.49, S. 2. Zur öffentlichkeitswirksamen Präsentation der Eingabe durch Lilje: EKD-Kanzlei an Ev. Oberkirchenrat Stuttgart, 31.3.1949 (Archiv der EKD 2/84 Nr. 445).

Der „Vorschlag zur Neuordnung des Verhältnisses von Schule und Kirche in einem zukünftigen Niedersächsischen Schulgesetz", in der öffentlichen Auseinandersetzung auch Mosolf- oder Hannover-Plan genannt, gehörte ohne Zweifel zu den wichtigsten Markierungen in der Diskussion um die Beziehungen von Kirche und Schule in der Nachkriegszeit. Einerseits beschloß er eine seit den späten zwanziger Jahren erkennbare Reformtendenz innerhalb von Kirche und Lehrerschaft, die um einen Ausgleich zwischen den sich mißtrauisch gegenüberstehenden schulpolitischen Seiten bemüht war. Zum anderen prägte er die kirchen-schulpolitischen Bedingungen nachhaltig.[41] Die Initiative war vom niedersächsischen Lehrerverband ausgegangen und hatte für ein Gremium auch Katholiken vorgesehen. Schließlich etablierte sich ein Arbeitskreis mit 15 Mitgliedern – ohne katholische Vertreter – im Spätsommer 1950. Der „Vorschlag" fand im Herbst 1951 in Form einer Broschüre weitere, oft mit heftiger Kritik im Vorfeld belastete Verbreitung. Kritik kam vom Schulreferenten der EKD Edo Osterloh, aus rheinisch-westfälischen Kreisen, besonders aber aus dem Hildesheimer Raum.[42]

Das Vorwort zum Hannover-Plan sprach zunächst den Anspruch aus, der rechtlichen Unsicherheit in Niedersachsen ein festes Programm entgegenstellen zu wollen: Eine gesamtstaatliche Regelung existiere nicht, das preußische Volksschulunterhaltungsgesetz von 1906 genüge modernen schulrechtlichen Ansprüchen nicht, und die Abstimmung von 1946 sei ein einseitiger Akt der Militärregierung gewesen. Da auch die Verfassung des Landes keine Schulpassagen enthalte, sei es die Pflicht der Arbeitskreisteilnehmer gewesen, eine Diskussionsgrundlage zu entwickeln.[43]

Die Bestimmungen sahen die „Allgemeine Deutsche Volksschule" als Regeltypus vor, die sich mit ihrem Ziel toleranten Nebeneinanders unterschiedlicher religiöser und weltanschaulicher Prinzipien bewußt absetzte vom Modell der

---

41 Simon (wie Anm. 1), S. 257-258 (hier auch die notwendigen Quellenangaben). Friedrich Bartels, der Schulreferent im hannoverschen Landeskirchenamt seit 1949, prägte die Gesprächsrunden und den Inhalt des späteren „Vorschlags". Er stand in ständigem Austausch mit Gustav Heckmann, dem Vorsitzenden des niedersächsischen Lehrerverbandes, der auch den Anstoß zu dem Gesprächskreis gegeben hatte. Vgl. auch: Erwin *Ratzke*: Die Stellung des Lehrerverbandes Niedersachsen (Gewerkschaft Erziehung und Wissenschaft) in der niedersächsischen Schulpolitik 1946-1954, Frankfurt/Main 1981.

42 Der Vorschlag wurde benannt nach der Vorsitzenden des Ausschusses, Anna Mosolf, Schulrätin in Neustadt, dann Oberregierungsrätin und im Kultusministerium tätig. Zur Hildesheimer Opposition vgl. Simon (wie Anm. 36), S. 205-210.

43 Simon (wie Anm. 1), S. 264-266.

abgeschlossenen Form der Bekenntnisschule, zumal vielerorts die konfessionellen Einheiten längst aufgebrochen waren. Dabei sollte bei der Lehrereinstellung tunlichst auf einen angemessenen konfessionellen Proporz von Schüler- und Lehrerschaft geachtet werden. Alle bestehenden Schulen sollten beim Inkrafttreten des Schulgesetzes zu Allgemeinen Deutschen Volksschulen werden mit dem Freiraum zur Errichtung bekenntniskonformer Schulen. Überall sollte dem Religionsunterricht als ordentlichem Lehrfach ein prägender Platz im Fächerkanon eingeräumt werden.[44] Zwei Anlagen führten den Gesamtplan weiter aus. Anlage A stellte einen Kriterienkatalog für die Schaffung und Gestaltung von Bekenntnisschulen auf. Anlage B enthielt genauere Bestimmungen über die evangelische Unterweisung.[45]

Abschließend wäre nach dem Erfolg der Schulpolitik zu fragen. Das Verhandlungsgeschick der hannoverschen Landeskirche kam seit 1947 bei der Schulgesetzgebung 1952-1954 voll zum Tragen.[46] Sehr früh nahmen Vertreter der niedersächsischen Kirchenverwaltungen unter Federführung von Friedrich Bartels, dem Schulreferenten im hannoverschen Landeskirchenamt, direkte Verhandlungen mit dem Kultusministerium auf. Bartels befand sich mit ihm in ständigem Informationsaustausch. Die Kirchenleitung war als Gesprächspartner bei Verbänden und Parteien angesehen. Die Landeskirche hatte so eine Basis, um ihre Anliegen erfolgreich in die Diskussion einzubringen.[47] Damit war von Anfang an eine große Erfolgsaussicht gegeben, die bisherigen vorteilhaften Regelungen der schulrechtlichen und schulorganisatorischen Praxis in ein Gesetzwerk einzufügen. Der Inhalt des Schulgesetzes vom Mai 1954 gab der Verhandlungspolitik der Kirchenleitung recht.[48]

Man wird sagen können, diese Schulgesetz-Artikel galten doch auch für die katholische Kirche, die ihre Ziele auf eine ganz andere, nämlich eine die Konfrontation mit staatlichen Behörden suchende, öffentlichkeitswirksame Art und Weise verfolgte und sich vor allem auf juristische Positionen stützte. Auch

---

44 Broschüre (8 Seiten), Oktober 1951 (LkAH, Best. N 14 Nr. 5). Dazu auch: Anna *Mosolf*: Vom Beruf des Erziehers, in: Nds. Lehrerzeitung 1, 1949/50, Nr. 13, S. 6-7. Allgemeine Bestimmungen: Vorschlag S. 4/5.

45 Ebd., S. 5-8. Erläuterungen bei Simon (wie Anm. 1), S. 266-267.

46 Christian *Simon*: Das religiöse Fundament der niedersächsischen Schulgesetze im Parteienstreit der Fünfziger Jahre, in: Niedersächsisches Jahrbuch für Landesgeschichte 66, 1994, S. 261-289.

47 Simon (wie Anm. 1), S. 262-286.

48 Ebd., S. 286-331.

die Katholiken hätten doch demnach Erfolg gehabt.[49] Was diese aber nicht erreicht hatten, war die Herstellung eines allgemeinen Vertrauensverhältnisses zwischen den am Erziehungswesen beteiligten gesellschaftlichen Gruppen. Wenn von einer zunehmenden Atmosphäre des Vertrauens zwischen Staat, Lehrerschaft und Kirche gesprochen wurde, so galt das in Niedersachsen nur für die evangelischen Kirchen.[50] Das verdeutlichte der Abschluß des Staatskirchenvertrages von Loccum zwischen den evangelischen Landeskirchen unter Federführung Hannovers und dem Land Niedersachsen im Jahre 1955. Dessen Präambel spricht von gemeinsamer staatlicher und kirchlicher Verantwortung, vom freundschaftlichen Verhältnis beider Seiten und vom Öffentlichkeitsauftrag der Kirchen.[51]

---

49 Die katholische Kirche hatte in den ersten beiden Nachkriegsjahrzehnten beharrlich auf den Rechtsstandpunkten des Reichskonkordats von 1933 bestanden. Diese offizielle Haltung, die sicherlich vor Ort gelegentlich Aufweichungen im schulpraktischen Alltag erfuhr, wurde durch eine intensive Eingabenpolitik und durch die Organisation von Großkundgebungen untermauert. Der Konkordatsprozeß, den der Apostol. Stuhl gegen das Land Niedersachsen wegen der Schulgesetzgebung anstrebte, und sein Ergebnis führten über Jahre zu einem unterkühlten Verhältnis zwischen katholischer Kirche, der Lehrerschaft und den Kultusbehörden in Niedersachsen. Erst 1965 gelang die einvernehmliche Regelung durch den Abschluß des Niedersächsischen Konkordats. Hierzu: Ernst Gottfried *Mahrenholz*: Staat und Kirche. Skizze der Entwicklung ihrer Beziehungen in Niedersachsen, in: Kulturpolitische Initiativen in Niedersachsen, Richard Voigt gewidmet, Hannover 1965, S. 113-141. Zur Kritik an der Auffassung des Autors: Joachim *Kuropka*: Zum Konflikt um die Konfessionsschule in Nordrhein-Westfalen und Niedersachsen 1945-1954, in: Kirche, Staat und Gesellschaft nach 1945. Konfessionelle Prägungen und sozialer Wandel, hrsg. von Bernd *Hey*, Bielefeld 2001, S. 175-197, besonders S. 192-193.

50 Zum Inhalt der Schulgesetze: Simon (wie Anm. 1), S. 331-352. Bewertung durch die Kirchen: ebd., S. 353-356. An dieser Stelle kann nicht auf die einzelnen Artikel eingegangen werden. Zu verweisen ist hier auf Simon (wie Anm. 1), S. 282-352, und allgemein Simon (wie Anm. 46) mit den notwendigen Quellenangaben.

51 Niedersächsisches Hauptstaatsarchiv, Best. Z1 Nr. 26; Simon (wie Anm. 1), S. 356-387. Hierzu: Jörg *Ohlemacher*: Der Loccumer Vertrag – der erste Staatskirchenvertrag in der Bundesrepublik Deutschland nach dem Zweiten Weltkrieg, in: KZG 3, 1990, S. 245-275. Wolfgang *Conrad*: Der Öffentlichkeitsauftrag der Kirche. Eine Untersuchung über den Rechtscharakter der Einigungsformel der deutschen Staatskirchenverträge seit 1945, Göttingen 1964 (= Göttinger Rechtswissenschaftliche Studien 52).

SIMONE SCHAD

Das Geschichtsbild des „Sonntagsblattes". Die publizistische Rezeption des Nationalsozialismus und seiner Folgen in den Jahren 1948 bis 1953

1.

„Aus dem Zusammenbruch einer Kultur ist ebensoviel herauszuholen wie aus einer Periode des Aufstiegs." Mit diesen Worten des Romanhelden Rhett Butler aus dem Epos „Vom Winde verweht" leitet Hanns Lilje in seinen „Memorabilia" das Kapitel über das „Sonntagsblatt" ein. [1]„Auch in unserem Jahr des Zusammenbruchs 1945", so fährt Lilje fort, „war nicht nur alles negativ anzusehen. Es ergaben sich einige wesentliche neue Arbeitsmöglichkeiten." Diese sah der hannoversche Landesbischof unter anderem in der Gründung einer evangelischen Zeitung neuen Typs, die im Rahmen einer groß angelegten protestantischen Öffentlichkeitsoffensive nach 1945 stattfand.

Bereits in den ersten Monaten nach Ende des Krieges verfolgte Lilje, damals noch Oberlandeskirchenrat in Hannover, das Ziel, eine protestantische Wochenzeitung herauszugeben, die sich von der bisher üblichen kirchlichen Publizistik abheben sollte. Ebenso wie die zeitgleich entstehende evangelische Akademiearbeit und Kirchentagsbewegung sollte sie den Austausch zwischen einer sich öffnenden Kirche und der säkularisierten Welt fördern. Das Blatt sollte sich durch eine moderne Sprache auszeichnen und alle wichtigen Lebensbereiche – Kultur, Wirtschaft, Politik – aus einer gesamtchristlichen Perspektive beleuchten. Lilje war sich sicher, dass es in der Bevölkerung das Bedürfnis nach einem spirituellen Neuanfang gab und wollte an der Herausbildung einer neuen geistigen Führungsschicht mitwirken.[2] So modern wie die Sprache sollte auch der Journalismus dieser Zeitung sein, weshalb nicht Theologen, sondern Fachjournalisten als Mitarbeiter engagiert wurden. Auch Lilje war in publizistischer Hinsicht erfahren, hatte er doch in den dreißiger Jahren „Die Furche", das Organ der christlichen Studentenbewegung, und die „Junge Kirche", die Zeitschrift der Bekennenden Kirche, herausgegeben.[3]

---

1   Hanns *Lilje*: Memorabilia. Schwerpunkte eines Lebens, Nürnberg 1973, S. 95.

2   Ronald *Uden*: Kirche und Presse, in: Klaus-Erich *Pollmann*: Kirche in den fünfziger Jahren, Braunschweig 1997, S. 125.

3   Lilje (wie Anm. 1), S. 96.

Nach allen Schwierigkeiten, die die Herausgabe einer Zeitung in der Nachkriegszeit mit sich brachte – Kapitalbeschaffung, das Finden geeigneter
Druckereien und Vertriebsmöglichkeiten, Verzögerungen bei der Lizenzie-
rung durch die Besatzungsbehörden – erschien am 1. Februar 1948 die erste
Ausgabe des „Sonntagsblatts".

Chefredakteur war Hans Zehrer, mit dem Lilje seit Anfang der dreißiger Jahre
aus seiner Berliner Zeit flüchtig bekannt war. Von ihm stammt auch der Titel
„Sonntagsblatt". Zehrer war vor 1933 Journalist bei der Vossischen Zeitung,
einer der größten demokratischen Zeitungen Berlins, und später Chefredakteur und Herausgeber der „Tat" gewesen, einer konservativen politischen
Monatsschrift, die die Weimarer Republik vehement ablehnte. Zehrer konzentrierte sich hier auf Fragen der Staatstheorie, fußend auf den Überlegungen
Carl Schmitts.[4] Dabei standen immer wieder die Themen Autorität, Macht
und Volkswille im Vordergrund. Im Liberalismus sah Zehrer das Hauptübel
der Zeit. Seiner Auffassung nach handelte es sich dabei um eine „aufgezwunge-
ne Idee des Westens", ein „klebriges, begriffsloses Chaos", das der deutschen
Auffassung von Staat und Leben nicht entspreche.[5] Stattdessen favorisierten
Zehrer und seine Kollegen bei der „Tat"eine autoritäre Staatsform, ein Militär-
regime, welches nationale und soziale Kräfte (Gewerkschaften) versöhnen solle.[6] Auf Parteien und Parlamente könne verzichtet werden. Sie wurden als Erbe
des Versailler Vertrages betrachtet, der die Versklavung des deutschen Staates
mit sich gebracht habe.

Der Nationalsozialismus wurde anfänglich positiv vom „Tat-Kreis" bewertet,
sah man in ihm doch die nationale Bewegung, die den Unterbau der Militär-
diktatur bilden könnte. Die Anbiederung an den NS-Staat schlug fehl; die
Nationalsozialisten zeigten an den Ideen des Kreises um Zehrer nur wenig
Interesse. 1934 zog sich Zehrer enttäuscht zurück, schrieb Unterhaltungsro-
mane und wurde später Leiter eines Hamburger Verlages. Nach 1945 sollte

---

4   Vgl. etwa Carl *Schmitt*: Positionen und Begriffe: im Kampf mit Weimar – Genf–Versailles: 1923-
    1939, Berlin [1940] 3. Aufl. 1994.

5   Ebbo *Demant*: Von Schleicher zu Springer. Hans Zehrer als politischer Publizist, Mainz 1971, S. 36.

6   Siehe Axel *Schildt*: Deutschlands Platz in einem christlichen Abendland. Konservative Publizi-
    sten aus dem Tat-Kreis in der Kriegs- und Nachkriegszeit, in: Thomas *Koebner* u. a.: Deutschland
    nach Hitler, Opladen 1987, S. 344 ff.; vgl. auch Klaus *Fritzsche*: Politische Romantik und Gegen-
    revolution. Fluchtwege in der Krise der bürgerlichen Gesellschaft: Das Beispiel des „Tat"-Kreises,
    Frankfurt/Main 1976.

Zehrer zunächst die Chefredaktion der Hamburger „Welt", damals das Organ der britischen Besatzungsmacht, übernehmen. Dies konnte allerdings durch die Intervention der Hamburger Sozialdemokratie verhindert werden. Sie erklärte sich nicht damit einverstanden, dass ein „Steigbügelhalter der Nationalsozialisten" die erste große zonale Zeitung leiten sollte. [7]

Derartige Bedenken hatte Lilje, als er Zehrer zum Chefredakteur des „Sonntagblattes"machte, nicht. Er hielt große Stücke auf Zehrers journalistische Arbeit vor 1933 und nannte die „Tat" als das politisch „interessanteste, was die Zeit vor dem Nationalsozialismus hervorgebracht hatte".[8] Die Brutalität des hitlerischen Denkens sei über diese „ziselierte Gedankenarbeit" mit raschen Schritten hinweg gegangen.

Zehrer hatte maßgeblichen Einfluss auf die geistige und journalistische Ausgestaltung des „Sonntagsblattes", insbesondere am Anfang. Journalisten wie Ernst Fried, ein früherer Weggefährte Zehrers aus dem „Tat-Kreis", wurden von ihm in die Hamburger Redaktion des „Sonntagsblattes" geholt. Zehrer blieb bis zum Herbst 1953 Chefredakteur, ging dann zur „Welt" und wurde enger Vertrauter Axel Springers.

Der Zeitraum von 1948 bis 1953, in dem Zehrer die Linie des Sonntagsblattes als Chefredakteur bestimmte, steht im Mittelpunkt dieser Betrachtungen zur Rezeption der NS-Zeit und ihrer Folgen im „Sonntagsblatt".

Ganz bewusst hatte Lilje sich entschieden, ein Organ zu schaffen, das nicht primär durch Tagespolitik bestimmt wurde. Hauptziel war es, die Menschen nach dem nach dem Zusammenbruch wieder dem Christentum und der kirchlichen Gedankenwelt zuzuführen, ein vielseitiges, allgemein verständliches, aufklärendes, belehrendes, unterhaltsames und wissenschaftliches Medium zu schaffen. Das „Sonntagsblatt" sollte als Meinungsbildner fungieren, Themen der Zeit aufgreifen und analysieren.[9]

---

7   Siehe Schildt (wie Anm. 6); Demant (wie Anm. 5); Ronald *Uden*: Hanns Lilje als Publizist. Eine Studie zum Neubeginn der kirchlichen Nachkriegspublizistik, Erlangen 1998.

8   Lilje (wie Anm. 1), S. 100.

9   Siehe Uden (wie Anm. 7), S. 119.

2.

Die tagespolitische Enthaltsamkeit des „Sonntagsblattes" ist auch in bezug auf die redaktionelle Auseinandersetzung mit der NS-Zeit festzustellen. So wird beispielsweise in den ersten beiden Jahren ihres Erscheinens, in denen in Nürnberg immerhin noch sieben Nachfolgeprozesse liefen[10], nahezu gar nicht über die Inhalte dieser Verfahren informiert. Im Mittelpunkt der Berichterstattung stand vielmehr die Kritik an den Prozessen und die Parteinahme für die Angeklagten.

Darin unterschied sich das „Sonntagsblatt" allerdings nicht von seinem wohl stärksten Konkurrenten, der Hamburger Wochenzeitung „DIE ZEIT". Zeitnahe Berichterstattung über die Prozesse mit dem Ziel, zu informieren und nicht vorrangig zu kommentieren, war in dieser Zeit eher selten und auch bei vielen Tageszeitungen nicht üblich. Eine Ausnahme stellte die „Neue Zeitung", das offizielle Organ der amerikanischen Besatzungsmacht in Deutschland, dar.[11]
Dennoch waren die Prozesse und damit verbunden die Frage nach dem Umgang mit Kriegsverbrechern eines der bestimmenden Themen in der Reflektion der NS-Zeit und ihrer Folgen im „Sonntagsblatt". Im Vordergrund stand dabei zunächst der Wilhelmstraßen-Prozess[12] gegen ehemalige Beamte des Auswärtigen Amtes, den die Zeitung stark kritisierte.

Die Kritik richtete sich vor allem gegen die Rechtmäßigkeit des Verfahrens, die Anklage Ernst von Weizsäckers und den Ankläger Robert W. Kempner, dessen Untersuchungsmethoden man angriff. Minutiös gab das „Sonntagsblatt" die Proteste des württembergischen Landesbischofs Wurm wieder, die dieser an Kempner richtete. Wurm warf dem amerikanischen Ankläger Zeugenbeeinflussung „verbrecherischer Art" vor, um Aussagen und Geständnisse zu erpressen. Er forderte Kempner auf, den Anschein zu vermeiden, dass in Nürnberg Sieger über Besiegte zu Gericht säßen und verlangte aus diesem Grund eine Berufungsinstanz.

---

10 Vgl. Gerd R. *Ueberschär* (Hrsg.): Der Nationalsozialismus vor Gericht. Die alliierten Prozesse gegen Kriegsverbrecher und Soldaten, 1943-1953, Frankfurt/Main 1999.

11 Siehe Simone *Schad*: Die Rezeption der Nürnberger Nachfolgeprozesse in der deutschen Presse an ausgewählten Beispielen. Diplomarbeit im Studiengang Sozialwissenschaften an der Universität Hannover, Hannover 1999 (unveröffentlicht).

12 Vgl. Robert M.W. *Kempner*/Carl *Haensel* (Hrsg.): Das Urteil im Wilhelmstraßenprozeß, Schwäbisch Gmünd 1950.

Des weiteren nahm Wurm wiederholt kritisch auf das internationale Recht Bezug, nach dem in Nürnberg geurteilt wurde. Er bediente sich dabei der zu jener Zeit stark verbreiteten Tu-quoque-Argumentation: Wenn die Deutschen wegen Verbrechen gegen die Menschheit angeklagt seien, dann müssten Verbrechen, die andere zur selben Zeit begangen hätten, ebenfalls vor Gericht gestellt werden.[13] Das „Sonntagsblatt" druckte die Schreiben Wurms vollständig oder in Auszügen ab und ließ sie unkommentiert. Dies deutet darauf hin, dass es den Verfahren ebenso ablehnend gegenüber stand wie der württembergische Bischof.

Empört reagierte das Blatt im Mai 1948 darauf, dass die übrige Presse den Protest Wurms ignoriere. Über Parteipolitik berichte sie ausführlich, nicht aber über die Teilhabe der Kirche am internationalen Leben und internationalen Entscheidungen. Dies sei der „Beweis dafür, dass die Mehrzahl der deutschen Presseleute noch immer nicht die geistige Fessel des liberalistischen Denkens abgeworfen hat".[14] Sie sähen nicht, „dass die weltpolitischen Entscheidungen nicht mehr auf der Ebene parteipolitischer Interessenkämpfe, sondern in einen anderen Raum fallen. Es ist der Raum, in dem eine neue gesellschaftliche Struktur sich aus einer geistigen Haltung aufbaut, die in einer Entscheidung des Glaubens wurzelt." Im Gegensatz zum „zweimal irregeleiteten Volk", das diese Ströme der Erneuerung bereits erlebe, sei die Presse blind gegenüber der neuen Gestaltungskraft der Kirche.

Die Kritik des „Sonntagsblattes" an den Nürnberger Verfahren gipfelte in der Diffamierung des Anklägers Robert W. Kempner, dem man als deutschem Emigranten das Recht absprach, mit genügend Objektivität seinen Aufgaben nachzukommen.[15] Das Leichteste sei es gewesen, zu emigrieren, am schwersten sei es jedoch gewesen, sich jeden Tag der Realität zu stellen – wie Ernst von Weizsäcker. Dieser habe nur seine Pflichten getan, um das Schlimmste zu verhüten, heißt es in einem Kommentar im Juni 1948.[16]

---

13 Siehe z. B. Sonntagsblatt (SB) 23.05.48: Verbrechen gegen die Menschlichkeit, SB 06.06.48: Hier die Beweise; Der Geist von Dachau.

14 SB 30.05.1948: Die Presse schweigt – zu den Briefen von Landesbischof Wurm an Dr. Kempner.

15 SB 06.06.1948: Der Geist von Dachau.

16 SB 13.06.1948: Ernst von Weizsäcker.

Die ablehnende Haltung gegenüber dem Wilhelmstraßenprozess weitete sich auf andere Verfahren aus und mündete ab Herbst 1948 in einem starken Engagement für alle inhaftierten Kriegsverbrecher in den alliierten Gefängnissen in Landsberg, Werl, Wittlich, Spandau sowie in Frankreich.

Zweifel wurden geäußert, ob die gefangenen Männer tatsächlich alle schuldig seien. Kritik wurde laut an den Haftbedingungen in den Gefängnissen. Wiederum zitierte das „Sonntagsblatt" den württembergischen Bischof Wurm, der sich auch hier engagierte. Die Methoden in den Haftanstalten wurden mit denen des Dritten Reiches verglichen.[17] Es sei unmenschlich, die zu Tode Verurteilten täglich auf den Strang warten zu lassen. In einem Artikel im November 1948 schreibt das „Sonntagsblatt":

> „... hier werden lebende Menschen – möglicherweise Verbrecher, aber trotz allem Menschen! – eingemietet wie Kohlrüben ... auf Jahre hin konserviert, um dann portionsweise abgerufen zu werden, wenn sie vom Henker gebraucht werden. Die Qualen, die dort ausgestanden werden, stehen in keinem Verhältnis mehr zur Strafe, und zu dem, was als Gerechtigkeit angestrebt wird."[18]

Im September 1950 erschien im „Sonntagsblatt" ein Augenzeugenbericht, in dem die Haftbedingungen in Landsberg als formal korrekt, aber unmenschlich beschrieben wurden. Es handele sich dabei um ein „ausgeklügeltes, mechanistisches System", das den Menschen durch Vorschriften, Regelungen und Schranken innerlich zermürbe und ihn um das einzige bringe, was ihnen die irdische Obrigkeit als Möglichkeit der Gnade bieten könne: „das Erlebnis der eigenen Schuld, der inneren Reife, der letzten, bewussten Hinwendung zu Gott".[19]

Mit der Kritik an der strafrechtlichen Verfolgung von NS-Verbrechen und der Inhaftierung der Verurteilten ging die Forderung einher, endlich ein für alle Nationen gleichermaßen geltendes Völkerrecht zu manifestieren. Gleichzeitig nahmen die Forderungen nach einer Generalamnestie zu.[20]

---

17 SB 31.10.1948: Das Ringen um den Tod und SB 24.09.1950: Was geschieht wirklich in Landsberg?

18 SB 07.11.1948: Der Instanzenweg des Todes.

19 SB 24.09.1950: Was geschieht wirklich in Landsberg?

20 Schon im August 1948 erhob das „Sonntagsblatt" die Forderung, sich auf die Verfolgung wirklicher Verbrechen zu beschränken und unter alles andere einen Schlussstrich zu ziehen, siehe SB 15.08.1948: Ausländische Diplomaten als Mitläufer; SB 01.07.1951: Unsere Bitte: Eine Generalamnestie!

Kein anderer als Carl Schmitt veröffentlichte im Januar 1950 anonym einen Appell unter dem Titel „Amnestie ist die Kraft des Vergessens".[21] Er beruft sich auf das „eigentliche Wesen einer Amnestie", die zu den „großen Urformen der Rechtsgeschichte" zähle. Das Wesen der Amnestie liege in der Beendigung eines Bürgerkrieges. Darunter versteht Schmitt alle Maßnahmen, die der Sieger dem Besiegten zumutet. Er schreibt:

> „Amnestie bedeutet Vergessen, und ein Verbot in der Vergangenheit rumzuwühlen ...Wenn wir unter Amnestie nur ein schäbiges Almosen verstehen, das dem Entrechteten einen Spaziergang im Gefängnishof gewährt, so ist es besser, nicht weiter davon zu reden, um eine große Sache nicht zu verfälschen. So billig ist ein Bürgerkrieg nicht zu beenden. ... Amnestie ist ein gegenseitiger Akt des Vergessens."

Unabhängig von der konkreten Schuld der Inhaftierten drängte das „Sonntagsblatt"auf die Rehabilitierung der Kriegsverbrecher. Welcher Verbrechen sich diese jedoch im konkreten Fall schuldig gemacht hatten, wurde nicht erwähnt. Kein Wort wurde über die in den Prozessen behandelten Verbrechen der Einsatzgruppen an den Juden, der Wehrmacht gegenüber den Kriegsgefangenen, der Justiz gegenüber den Polen verloren.[22]

3.

Ein klarer Rehabilitierungskurs und Wille zur Integration lässt sich in den Artikeln des „Sonntagsblattes" auch in bezug auf Beamte und Soldaten erkennen. Das Befreiungsgesetz und die Überprüfung weiter Teile der Bevölkerung wurde abgelehnt und eine „positive Entnazifizierung"[23] angeregt. Diese sollte in der politischen Bewährung liegen.

In der ersten Ausgabe hieß es in einem Aufruf Liljes:

> „Wenn keine Straftat und keine verwerfliche Handlung oder Haltung vorliegt, muss der Grundsatz großzügiger Amnestie walten. Wir können auf die Gesundung unseres Volkes in der Stunde höchster Gefahr nur dann

---

21 SB 15.01.1950: Amnestie ist die Kraft des Vergessens.

22 Vgl. Ueberschär (wie Anm. 10).

23 SB 01.02.1948: Appell des Landesbischofs Lilje.

rechnen, wenn wir alle miteinander entschlossen einen neuen Anfang machen. … Eine gerechte gesetzliche Regelung darf die Möglichkeit nicht außer acht lassen, dass jemand in guter Meinung und reiner Gesinnung einem politischen Irrtum verfallen ist. Wer sich klaren Auges von seinem Irrtum getrennt hat und reinen Willens am politischen Aufbau unseres Volkes mitarbeiten will, soll dazu die Möglichkeit haben."[24]

Zwei Wochen später wurde eine Erklärung der fünf süddeutschen Landeskirchen zur Entnazifizierung abgedruckt, in der diese sich dafür aussprachen, Missetäter zu bestrafen, dem ganzen Volk aber die Möglichkeit zu geben, „geschehenes Unrecht durch Fleiß, Arbeit und Opfer wieder gutzumachen und ein friedliches von Hass und Vergeltungssucht befreites Leben wieder anzufangen."[25]

Die Lösung der Rechtsverhältnisse und Versorgungsansprüche von Beamten erschien dem „Sonntagsblatt" im August 1950 als „besonders dringlich", da das Beamtentum „den stärksten Pfeiler eines modernen Staates" darstelle.[26] Unter dem Titel „Nazischnüffler am Werk"[27] kritisierte die Wochenzeitung im März 1952 die sogenannte Hetze gegen ehemalige Beamte des Auswärtigen Amtes.[28] Diese Männer hätten damals ihren Dienst getan. Man mache sich falsche Vorstellungen über ihre Tätigkeit. Diplomaten seien schließlich keine Politiker, sondern führten die Anweisungen ihrer Vorgesetzten aus. Wie in anderen Behörden eben auch.

Treffen ehemaliger Wehrmachtsangehöriger begrüßte das „Sonntagsblatt" ausdrücklich. Sie hätten mehrere Jahre Zeit gehabt, ihre Erlebnisse und Erfahrungen zu durchdenken und zu verarbeiten. Sicherlich hätten sie den Menschen von heute etwas zu sagen. Von ihnen gehe keine Gefahr für den Frieden und die Demokratie Deutschlands aus.[29]

---

24 Ebd.

25 SB 22.02.1948: Die Bischöfe sprachen.

26 SB 13.08.1950: Der Freiherr von Stein.

27 SB 30.03.1952: Nazischnüffler am Werk.

28 Zur Auseinandersetzung siehe Hans Jürgen *Döscher*: Verschworene Gesellschaft. Das Auswärtige Amt unter Adenauer zwischen Neubeginn und Kontinuität, Berlin 1995.

29 Siehe SB 10.06.1951: Das Treffen der alten Soldaten; SB 03.08.1951: Die Woche brachte - Den deutschen Soldatenbund.

Ein weiterer Schwerpunkt der Berichterstattung des „Sonntagsblattes" über die NS-Zeit und ihre Folgen war das Thema Kriegsgefangene. Der seelsorgerischen Verpflichtung der Kirche nachkommend, nahm sich die Zeitung dieser Gruppe und ihrer Angehörigen an.

Meist auf der ersten Seite fielen plakative Überschriften wie „Wann schickt Ihr sie uns zurück?"[30], „Wo bleiben unsere Kriegsgefangenen?"[31], „Wieviele starben in Russland?"[32] oder „Sie warten auf uns!"[33] sofort ins Auge. Hinzu kamen zahlreiche Erlebnisberichte von Heimkehrern, die zumeist doppelseitig veröffentlicht wurden.

Die Forderungen, die noch verbliebenen Kriegsgefangenen freizugeben, richteten sich vor allem an die Sowjetunion. „Von Osten her" falle ein „Schatten über das ganze deutsche Volk, die Sorge um die Kriegsgefangenen und Vermissten", so das Blatt im Januar 1950. Dass die Frage nach den Kriegsgefangenen immer wieder erhoben werden müsse, sei ein Beweis für die Unmenschlichkeit des Krieges und seiner Folgen.[34]

Bisweilen schlugen die Appelle des „Sonntagsblattes" an die Sowjetunion in deutliche Drohungen um. So heißt es im gleichen Monat:

> „Das deutsch-russische Verhältnis ... würde unerträglich belastet werden, wenn ... keine weiteren Heimkehrer in Deutschland eintreffen sollten. Es könnte sein, dass auch Russland eines Tages seine Härte, seine Vergeltungssucht und Unnachgiebigkeit bereuen wird."[35]

Im März 1950 übt Liljes Zeitung scharfe Kritik an dem Schweigen der russischen Regierung über die Zahlen der getöteten Deutschen. Dieses Schweigen sei „falsch und politisch gefährlich". Es sei „im höchsten Maße unklug", solche Dinge zwischen zwei Völkern bestehen zu lassen. Die Zahlen müssten bekannt gegeben werden, damit Tausende Familien endlich Klarheit hätten. Und weiter heißt es:

---

30 SB 15.02.1948.

31 SB 17.07.1949.

32 SB 05.03.1950.

33 SB 09.12.1951.

34 SB 01.01.1950: Und wieder die Frage: Wo blieben sie?

35 SB 15.01.1950: Die Woche brachte - Den letzten Heimkehrer.

„Der Tod mag für den russischen Menschen etwas anderes darstellen als für den Deutschen. Aber dann muss er umlernen und sich unserer Anschauung anpassen, denn wir werden hier nicht umlernen!"[36]

Immer wieder erfolgten auch Appelle an die „Brüder in der Not", in denen betont wurde, dass sie Teil des Volkes seien und ihr Leid aller Leid sei.

Lilje selbst schrieb im Oktober 1953 über die Heimkehr von mehr als 800 Kriegsgefangenen nach Friedland:

„Es ist ein Augenblick, da das innere Schicksal unseres Volkes unverhüllt vor dem Blick liegt. Wir sind in den letzten Jahren immer da am einigsten gewesen, wo es uns am schwersten gemacht war. Es ist wunderbar, dass ein Volk, das viel durchgemacht hat, einen solchen Tag erleben darf."

4.

Ein Volk, das viel durchgemacht hat – die Deutschen als die Irregeleiteten, wie Zehrer und auch Lilje es genannt hatten, durch Hitler betrogen –, diese Auffassung schimmert durch weite Teile der Reflektion der NS-Zeit im „Sonntagsblatt". Damit spricht das „Sonntagsblatt" das Volk jedoch nicht gleichzeitig frei von jeglicher Schuld. In mehreren publizistischen Aufsätzen Zehrers zur Schuldfrage wird deutlich, dass der einzelne sehr wohl Schuld auf sich genommen hat, mitschuldig ist. Worin diese Mitschuld besteht, bleibt jedoch unkonkret und allgemein.

Die Auseinandersetzung mit der Vergangenheit sei „ein langer und quälender Prozess", der sich in der „Vergangenheit des einzelnen" vollziehe, so Zehrer in einem Aufsatz im November 1948.[37] Zunächst müsse sich der Mensch erinnern. Die Anerkennung der eigenen Schuld ziehe sodann Reue und Buße mit sich. Schuld und Sühne sind für Zehrer also ein innerer Prozess. Allein berechtigt, von der Schuld zu sprechen, sei die Institution Kirche als Verkünderin des Wortes Gottes.[38] Unter dem Titel „Eingefrorene Menschen" erläutert Zehrer dies:

---

36 SB 05.03.1950: Wie viele starben in Russland?

37 SB 14.11.1948: Der Schatten der Vergangenheit.

38 SB 05.09.1948: Eingefrorene Menschen.

„Es ist klar, dass der Mensch, die Einsicht in seine Schuld und die Kraft, diese Schuld zu tragen, nicht aus sich heraus gewinnen kann, sondern hier ist der Punkt, wo ein Geschehen, das uns jeden Tag in den vielen Verkleidungen des Alltages, den politischen, wirtschaftlichen und sozialen, begegnet und das immer den Charakter des Unlösbaren zeigt, in das Gebiet des Religiösen hinüberwechselt und unmittelbar in das Zentrum des Christlichen vorstößt. Denn das Christliche ist die Lehre von der Schuld und nur vom christlichen Glauben her ist es dem einzelnen möglich, sich mit seiner eigenen Schuld auseinanderzusetzen, weil er ihm beides gibt: die Einsicht in die eigene Schuld und die Kraft, mit ihr fertig zu werden. Und aus beiden ergibt sich zwangsläufig das, wonach wir in den letzten Jahrzehnten vergeblich suchen: die Verwandlung des Menschen."

Als hoffnungslos und entscheidenden Fehler bezeichnet Zehrer es, die Aufarbeitung des Vergangenen durch Tribunale, Spruchkammern und Fragebögen von „außen" in Gang zu setzen.[39] Die Welt müsse sich ändern, um weitere Katastrophen zu verhindern. Zehrer schreibt:

„Unsere Zukunft liegt immer im Schatten der Vergangenheit und auch über der Zukunft unserer Welt lastet der Schatten des Vergangenen. Da es sich aber um eine Menschenwelt handelt, so kann sie nur neu und anders werden, wenn zuvor der Mensch, der sie beherrscht, neu und anders geworden ist. ... Und dieses Anderswerden führt über die zertrümmerte Vergangenheit des einzelnen. Es ist ganz gleichgültig, was die Herren an den Spitzen der Weltregierung beraten und beschließen. Dort wird das Schicksal der Welt nicht entschieden und nicht verändert."

Das Zehrersche Schuldverständnis, das die konkrete geschichtliche Realität des Nationalsozialismus in der religiösen Innerlichkeit stilllegt, findet deutlichen Niederschlag in einem Artikel im Feuilleton des „Sonntagsblatts" im Oktober 1952.[40] Unter der Überschrift „Wir haben nicht auf Herrn Remarque gewartet!" wird der Frage nachgegangen, welche Bücher das KZ-System „echt und sinnvoll" beschreiben. Kogons „SS-Staat" beurteilt der Verfasser als ein „zu schmal angelegtes" „Re-education-Buch", da der Autor „etwas auf der politischen Ebene durchdiskutieren wollte", was nur auf der ethischen, mehr noch: auf der des Glaubens, zu behandeln sei."

---

39 SB 14.11.1948: Der Schatten der Vergangenheit.

40 SB 19.10.1952: Wir haben nicht auf Herrn Remarque gewartet! Wer es nicht erlebte, sollte besser darüber schweigen.

Remarques Werk „Der Funke Leben" wird mit den Worten abgetan:

> „Und nun kommt aus den USA Herr Remarque, immer schon zweideutig
> ob der Quellen seiner Romane, Emigrant in sicherem Port, lässiger Globe-
> trotter, Freund berühmter Damen, und schreibt in penetrantem Broad-
> way-Deutsch ,nach Berichten und Dokumentationen' ein KZ-Buch!"

Das einzige Buch, das nach Ansicht des Artikelschreibers den Sinn von Kon-
zentrationslagern angemessen beschreibe, sei Dostojewskijs „Aus einem
Totenhause". Dieser sei als einziger zur Erkenntnis gekommen, das die Einsicht
in die eigene Schuld nur im Glauben möglich sei und nur der Wunsch nach
Erneuerung dem neuen Leben Kraft verleihe.

5.

In zahlreichen weiteren Artikeln arbeitete Zehrer seine Vorstellung von Erneuerung nach dem Zusammenbruch weiter aus. Diese Texte befassten sich unter
anderem mit dem Phänomen Hitlers und der Bedeutung von Geschichte.

Ebenso wie die Erkenntnis von Schuld hielt Zehrer Geschichte für einen „inneren Prozess", der aus dem Inneren des Menschen aufsteige und in das Innere
des Menschen wieder zurückfalle.[41] Geschichte und Schicksal seien keine selbständigen Mächte, sondern von Gott gesandt. Nur die Erkenntnis, dass Gott
das äußere Geschehen lenke, führe zur Läuterung. Auf einer Doppelseite unter
der Überschrift „Was war das Dritte Reich?"[42] konstatiert Zehrer im April 1950
gar das nahe Ende der Geschichte mit der Einheit von Welt und Menschheit.
Dieses Ende führe den Menschen in eine Krise über den Sinn des Lebens. Er
werde nach einem neuen geistigen Sinn Ausschau halten, seine Bereitschaft zur
Offenbarung werde steigen. Das „Dritte Reich" habe sich vor diesem Hintergrund des nahen Endes der Geschichte abgespielt und wird von Zehrer als nur
eine kurze Episode innerhalb des „großen Umbruchs" bewertet.

Von einem Historiker nach der Bedeutung des 30. Januar 1933 befragt, veröffentlicht Zehrer im Februar 1953 einen Brief im „Sonntagsblatt"[43]. In diesem ant-
wortet er:

---

41 SB 27.05.1951: Das große Tabu.
42 SB 23.04.1950: Was war das Dritte Reich?
43 SB 01.02.1953: Nach 20 Jahren.

„1932 war das große Gespräch zwischen Gott und Mensch. Da wurden die letzten Worte gewechselt. Da hing es wirklich am seidenen Faden und der ganze Spuk, der nach dem 30. Januar 1933 losbrach, wäre zerplatzt. Aber ich sage Ihnen: Es waren nicht zehn in Sodom, die das taten, was sie glaubten und die das glaubten, was sie taten. ... Damals, 1932, sprach Gott hastig und dringlich den Menschen und jeden einzelnen an, aber jeder wich aus. Und deshalb erhielt derjenige, dem man es damals auf jede Weise schwer zu machen suchte, den Auftrag. Von da ab regierte der richtende und der strafende, der zornige Gott mit dem Stock- und Prügelknecht, den er sich erwählt hatte. Der nicht verstandene Gott wird zum Dämon. Zwölf Jahre lang spürten wir seine Hand im Nacken. ... Dieser Mann Adolf Hitler hatte unter anderem auch den Auftrag, dem deutschen Volk offenbar zu machen, dass der Nationalstaat, den es vom Westen her übernommen hatte und mit dem es sich als das zu spät gekommene Volk gerade noch am Schluss der Neuzeit in diese Neuzeit eingliedern wollte, nicht die Form darstellte, die ihm und seinem Wesen angemessen war. Dieser Mann hat nämlich sehr konsequent gehandelt. Er hat den deutschen Nationalstaat, das heißt das Großdeutsche Reich angestrebt und einen Augenblick lang verwirklicht. Und er hat damit nur das getan, was die anderen Staaten lange vor ihm getan haben."

Deutschland, so fährt Zehrer fort, könne als Nationalstaat nicht existieren, dazu fehle die führende Schicht, die Europa beherrschen könne. Diese Erkenntnis hält Zehrer für ein positives Ergebnis der NS-Zeit, auch wenn es mit „ungeheuren Opfern" habe erkauft werden müssen. Dies sei das Ergebnis des Auftrages, der Adolf Hitler zwölf Jahre gegeben wurde und der dann als „wertlos und auf eine schreckliche Art und Weise fortgeworfen wurde, als der Auftrag erfüllt war". Gott suche sich eben nicht immer die „besten Instrumente", um seinen Willen kundzutun, so Zehrer.

Deutlich wird an dieser Stelle sowie in weiteren Abhandlungen über den Nationalsozialismus im „Sonntagsblatt", dass Zehrer sein konservatives und autoritäres Führungsdenken, welches seine Arbeit vor 1933 charakterisierte, keinesfalls abgelegt hatte. Zu einer distanzierten Haltung gegenüber dem NS-Unrechtsstaat war er nicht fähig. Hitler wird als sogenannter Prügelknecht zum Erwählten Gottes – und damit unkritisierbar.

Die wirklichen Opfer des Nationalsozialismus – Verfolgte und Getötete und nicht ein irregeleitetes deutsches Volk, das sich von Gott abgewendet und auf den falschen Mann gesetzt hatte – wurden in der gesamten Berichterstattung des „Sonntagsblatts" über den Nationalsozialismus und seine Folgen vollständig ausgeblendet. Die Vernichtung der Juden wurde in nur einer Kurznachricht im Oktober 1951[44] beiläufig erwähnt als über Wiedergutmachungsverhandlungen mit dem Staat Israel berichtet wurde. In diesem Zusammenhang erinnerte das Blatt an eine Erklärung der Synode der Evangelischen Kirche vom April 1950, in der es hieß:

> „Wir sprechen aus, dass wir durch Unterlassen und Schweigen vor dem Gott der Barmherzigkeit mitschuldig geworden sind an dem Frevel, der durch Menschen unseres Volkes an den Juden begangen wurde."

Des weiteren druckte das „Sonntagsblatt" im Herbst 1953[45] eine Dokumentation über die NS-Euthanasie ab, die man auf das marode System der staatlichen Krankenfürsorge zurückführte und den „medizinischen Funktionären" – „ungeeignete Elemente, die der Beruf des Mediziners seit dem ersten Weltkrieg erlebt hatte" – zur Last legte. Hier wurde auf zahlreiche Erkenntnisse aus dem Nürnberger Ärzteprozess zurückgegriffen.

Sinnbildlich für das Schweigen über die Opfer ist ein bereits im September 1948 im „Sonntagsblatt" erschienener Kommentar mit dem Titel „Das Sentimentale und die Wirklichkeit"[46]. Hier wird harsche Kritik an der Errichtung eines Denkmals für KZ-Opfer in Hamburg Ohlsdorf für 153.000 DM geübt:

> „Es gibt Zeiten, die so sind, dass zunächst nur der Lebende das Recht hat. Und wir befinden uns noch mitten in so einer Zeit. Um die Denkmäler können wir uns dann wohl später einmal wieder kümmern."

Ebenso wenig wie die Opfer des Nationalsozialismus fand der Widerstand gegen das Unrechtsregime keinen angemessenen Einzug in die Berichterstattung.

In einem Artikel über die Männer des 20. Juli geht das „Sonntagsblatt" im Juli 1949[47] der Frage nach, ob dieser Kreis Verrat am Volk geübt habe. Es lehnt

---

44 SB 07.10.1951: Die Schuld gegenüber den Juden.

45 SB 13.09.1953: Der Tod von Menschengnaden.

46 SB 05.09.1948: Das Sentimentale und die Wirklichkeit.

47 SB 03.07.1949: Der 20. Juli: Verrat?

jedoch diese Fragestellung ab mit der Begründung, „Antrieb und Ziel dieser Menschen" seien nur vom „Christlich-Religiösen"zu verstehen, auch wenn sich ihre Tat in der politischen Ebene habe abspielen müssen. Da der Nationalsozialismus in seiner Tiefe eine religiöse und keine politische Bewegung gewesen sei, habe auch der Versuch, ihm entgegenzustehen, aus einer religiösen Entscheidung kommen müssen.

In einem Bericht über eine Loccumer Tagung zum Thema „Adolf Hitler – was war das eigentlich?"[48] im Sommer 1953 schätzte das „Sonntagsblatt"die Möglichkeiten des Widerstandes gegen den Nationalsozialismus als „eher bescheiden" ein. Nichtsdestotrotz habe der Widerstand der Kirchen „im großen gesehen die stärkste Wirkung gehabt". Doch könnten die Kirchen ihrem Wesen nach nur Widerstand leisten, niemals aber den Umsturz eines politischen Systems herbeiführen.

Die Rolle der evangelischen Kirche während der NS-Herrschaft wurde im „Sonntagsblatt" in der Zeit von 1948 bis 1953 nur in drei Texten angedeutet. Zwei waren Gastbeiträge von Otto Dibelius. Im Februar 1949 befasste sich dieser mit dem Thema „Der Staat und die Verantwortung der Kirche"[49]. Den Staat zu verneinen, seine Arbeit zu erschweren und den Respekt vor seiner Arbeitsleistung zu untergraben könne niemals Ziel und Absicht eines Christenmenschen sein. Totalstaaten führten die Menschheit an den Abgrund.

„Der Staat ist Macht. Und in der Macht sitzt der Dämon ... Diese Macht kann in Schranken gehalten werden durch metaphysische Bindungen, wie das im 13. Kapitel des Römerbriefes vorausgesetzt wird und wie das in der Geschichte des christlichen Abendlandes jahrhundertelang, wenigstens grundsätzlich, auch der Fall war. Wo aber diese metaphysischen Bindungen sich lockern oder gar ganz hinfällig werden, so dass der Staat rein auf sich gestellt ist und nun so sein kann, wie er seiner Natur nach ist, dann zeigt er sich als der, den die Offenbarung des Johannes vom 13. Kapitel an schildert."[50] Was bleibe, so Dibelius, sei die „Aufgabe des Staates, für die Sicherheit seiner Bürger zu sorgen, die Ordnung aufrecht zu erhalten, den Schwachen zu helfen und dasjenige zu tun, was von Einzelnen auch in ihrer Vereinigung nicht getan werden" könne. Es sei

---

48 SB 21.06.1953: Adolf Hitler – was war das eigentlich?

49 SB 27.02.1949: Der Staat und die Verantwortung der Kirche.

50 Dort ist der Staat, der die Christen systematisch verfolgt, eine negative Größe, das „Tier aus dem Abgrund" (Offenbarung 11,7).

die Verantwortung der Kirche, dass die Vision eines Staates der Freiheit und der Menschlichkeit vor der Menschheit aufsteige. Das konkrete historische Verhältnis von NS-Staat und Kirche, beschreibt Dibelius an dieser Stelle allerdings nicht näher.

Der zweite Bericht, eine zusammenfassende Darstellung der Geschichte der Bekennenden Kirche, erschien im April 1952[51] und sorgte für Proteste innerhalb der Leserschaft. Dibelius hatte in seinem Artikel geschrieben, der Geistliche Vertrauensrat, in dem der Hannoversche Landesbischof August Marahrens eine führende Rolle mit der Formulierung regimetreuer politischer Positionen spielte[52], „bedeutete schlechterdings nichts". Weder habe er den Mut gehabt, die Freilassung der verhafteten Pastoren zu verlangen, noch habe er sich für die Legalisierung der „illegalen Hilfsprediger" eingesetzt, was sicherlich niemand verwehrt hätte.

In einer Gegendarstellung in einer der nächsten Ausgaben gab das „Sonntagsblatt" einem Leser, der nicht weiter genannt wird, das Wort.[53] Dieser erhebt seine Stimme gegen die Kritik am Geistlichen Vertrauensrat. Er habe damals „viele sehr entschlossene und sehr tapfere Protestschreiben" an die Spitzen des „Dritten Reichs" geschrieben, dass diese wirkungslos blieben, könne man nicht dem Vertrauensrat zur Last legen.

Mit seiner Reflektion der NS-Zeit, dem Fokus auf die Kriegsverbrecherfrage, die Amnestierung und Integration der Eliten aus Bürokratie, Wehrmacht und Wirtschaft, lag das „Sonntagsblatt" ganz im Trend der damaligen Zeit. Die Mehrheit der Deutschen lehnte zu Beginn der fünfziger Jahre die Auseinandersetzung mit dem Nationalsozialismus und seinen Verbrechen massiv ab. Der kollektive Erwartungshorizont war, reinen Tisch zu machen und weitreichende Amnestien durchzusetzen. Schuld und Mitverantwortung wurden abgelehnt. Man begriff sich selbst als Opfer bzw. Verführte einer verbrecherischen Regierung. Die wirklichen Opfer gerieten dabei jedoch völlig aus dem Blick. Hinzu kam, dass die Deutschen die Demokratie für entbehrlich hielten und sich politisch kaum engagierten. Die ökonomische Konsolidierung und auch der wachsende Antikommunismus waren in jener Zeit relevanter als eine Auf-

---

51 SB 06.04.1952: Bollwerk der Wahrheit – Der Kampf der Bekennenden Kirche im Dritten Reich.

52 Vgl. etwa das Telegramm des Geistlichen Vertrauensrats an Hitler zu Beginn des Krieges gegen die Sowjetunion, in: Joachim *Beckmann* (Hrsg.): Kirchliches Jahrbuch 1933-1944, Gütersloh 1948, S. 478 f.

53 SB 27.04.1952: Kirche im Dritten Reich – Um den „Geistlichen Vertrauensrat".

arbeitung der jüngsten Vergangenheit. Aus der Erfahrung von Diktatur, imperialistischem Krieg und nationalsozialistischen Verbrechen wurden für die Neugestaltung des politischen Gemeinwesens kaum Konsequenzen gezogen. Stattdessen wurden alliierte Aufarbeitungsbemühungen und Umstrukturierungspläne, z. B. für die Bürokratie, systematisch abgewickelt und der verbrecherische Charakter des NS-Systems, den die Nürnberger Prozesse belegt hatten, verdrängt.[54]

Das starke Engagement zugunsten der NS-Verbrecher begründete das „Sonntagsblatt" damit, dass es sich hierbei um Sachverhalte handele, die wider das Gewissen seien und schon allein deswegen den menschlichen Einspruch verlangten: „Daher können wir davon nicht schweigen. Wir möchten sonst wieder als solche erfunden werden, die geschwiegen haben, da sie hätten reden müssen."[55] Dass es sich bei diesen Menschen jedoch um strafrechtlich Verurteilte handelte, die Menschenrechte tausendfach gebrochen und gegen das fünfte Gebot verstoßen hatten, erwähnt das „Sonntagsblatt" nicht.

Schuld wird als Allgemeines formuliert, das die Menschen mit sich und ihrem Gott klären müssen. Eine geschichtliche Verantwortung der Deutschen lehnt das „Sonntagsblatt" in aller Deutlichkeit ab. Dies wird nicht nur in den Abhandlungen Zehrers zum Thema Schuld ersichtlich, sondern auch in einem Artikel über Karl Barth im November 1951, in dem dieser massiv angegriffen wird.[56] Barths „Grundschau" sei es, dass die Deutschen an allem Unheil des Krieges und damit auch der Nachkriegszeit schuld seien. Darüber sei schwer zu streiten:

„Wir können nicht einsehen, warum die Eingliederung des Sudetenlandes 1938 etwa anders zu bewerten ist als etwa die Annexion der Karpartho-Ukraine nach 1945, oder warum die Besetzung Prags durch Hitler 1939 etwas anderes bedeutet als der Prager Staatsstreich 1948. Das eine war eine direkte, das andere eine indirekte Aktion."

---

54 Siehe Norbert *Frei*: Vergangenheitspolitik. Die Anfänge der Bundesrepublik und die NS-Vergangenheit, München 1996.

55 SB 13.08.1950: Immer noch 850 Kriegsgefangene in deutschen Gefängnissen; siehe auch: SB 06.06.1948: Hier die Beweise.

56 SB 05.11.1950: Hat Professor Karl Barth recht? Vgl. auch Karl *Barth*: Zur Genesung des deutschen Wesens, Stuttgart 1945.

Indem Schuld im „Sonntagsblatt" zu einem rein menschlichen Phänomen erklärt wird, wird die Schuld der Deutschen am Nationalsozialismus entkonkretisiert. Die Distanzierung von den nationalsozialistischen Tätern sowie die Hinwendung zu den Verfolgten und Opfern des Gewaltregimes, die im Mittelpunkt der Stuttgarter Schulderklärung vom Oktober 1945 standen, ist im „Sonntagsblatt" nicht ersichtlich.

„Aus dem Zusammenbruch einer Kultur ist ebensoviel herauszuholen wie aus einer Periode des Aufstiegs", so begann Lilje seine Erinnerungen über die Gründung der Zeitung.[57] Die Chance eines Neuanfangs, von dem hier die Rede ist, hat das „Sonntagsblatt" in seiner Reflektion der NS-Zeit und ihrer Folgen nicht genutzt. Statt zum Vorreiter einer ernstgemeinten Vergangenheitsbewältigung zu werden, die die NS-Zeit differenziert dokumentiert und analysiert, hat das kirchliche Blatt in alten antidemokratischen und autoritären Denkmustern weitergedacht, sich für die Rekonsolidierung der bürgerlichen Gesellschaft eingesetzt und dabei die weitgehend regimetreue, mehr als fragwürdige Rolle der evangelischen Kirche in den Jahren 1933 bis 1945[58] im dunkeln belassen.

---

57 Lilje (wie Anm. 1), S. 95.

58 Vgl. Heinrich *Grosse*/ Hans *Otte*, Joachim *Perels* (Hrsg.): Bewahren ohne Bekennen? Die Hannoversche Landeskirche im Nationalsozialismus, Hannover 1996.

AXEL WUNDERLICH

Hanns Lilje und der Umgang mit NS-Verbrechern

1. Einleitung

Am 29. Dezember 1999 war in der „Süddeutschen Zeitung" ein interessanter Bericht zu lesen, der ein wenig im Milleniums-Fieber untergegangen ist.

Danach wandte sich Alfred Dregger, Ehrenvorsitzender der CDU und ehemaliger Fraktionsvorsitzender im Bundestag, „in der leidigen Angelegenheit des in Italien inhaftierten Deutschen Erich Priebke" an den italienischen Staatspräsidenten Ciampi. Priebke wurde 1998 wegen seiner Teilnahme an einem Geisel-Massaker im Süden Roms im Jahr 1944 zu lebenslanger Haft verurteilt. Dregger bat um Priebkes Freilassung.[1]

In der Bundestagsdebatte zur Hamburger Ausstellung ‚Vernichtungskrieg. Verbrechen der Wehrmacht 1941-1944' äußerte sich Dregger 1997 folgendermaßen: „Die Kritiker der Wehrmacht sollten bedenken, dass nicht einmal das Nürnberger Siegergericht die Wehrmacht verurteilt hat und dass unsere ehemaligen Kriegsgegner ihr zum Teil hervorragende Zeugnisse ausgestellt haben." Die Ausstellung wolle „Deutschland ins Mark treffen", sei Ausdruck von „Selbsthass" und verwirre die Generation der Söhne und Enkel.[2]

Nimmt man das Gnadengesuch und die Debattenäußerung Dreggers zusammen, ergibt sich eine klare Position zum Umgang mit der NS-Vergangenheit: Die Freilassung eines Kriegsverbrechers wird gefordert, der Internationale Militärgerichtshof von Nürnberg wird als „Siegergericht" tituliert, die Erinnerung an Verbrechen der Wehrmacht wird zurückgewiesen.

Diese Position Alfred Dreggers steht in einer Tradition, die nach 1945 insbesondere von der evangelischen Kirche, nicht zuletzt der hannoverschen Landeskirche, begründet wurde. Im Folgenden soll anhand zweier Beispiele die Haltung der hannoverschen Landeskirche zu den NS-Verbrechen nach 1945 beleuchtet werden. Das Verhalten Landesbischof Liljes im Fall des Generalfeld-

---

1   Süddeutsche Zeitung, 29.12.1999, S. 7.

2   Bundestagsdebatte am 13.3.1997. Stenographischer Bericht, zit. nach: Hans-Günther *Thiele* (Hrsg.): Die Wehrmachtsausstellung. Dokumentation einer Kontroverse. Bremen 1997, S. 176 f.

marschalls a.D. von Manstein und im Fall eines im Nürnberger Einsatzgruppenprozess Verurteilten ist geeignet, diesen Zusammenhang darzustellen.

Zuvor muss noch auf die überragende Bedeutung der beiden Großkirchen nach der Kapitulation hingewiesen werden. Evangelische wie katholische Kirche genossen bei den westlichen Besatzungsmächten, besonders bei den USA und Großbritannien, einen sehr guten Ruf. Sie galten als im Grunde einzige moralisch legitimierte, organisatorisch halbwegs intakte deutsche Institutionen, auf deren Unterstützung man beim Neuanfang rechnete. Deutlich vor dem Aufbau staatlicher Strukturen bekamen die Kirchen die Möglichkeit eingeräumt, über die Zonengrenzen hinweg zu operieren, wie die vorläufige Konstituierung der EKD schon im August 1945 zeigt. Liljes Äußerungen und Initiativen sind vor diesem Hintergrund zu sehen.

2. Fallbeispiel 1: Manstein

Erich von Manstein war nach dem Zweiten Weltkrieg hoch geschätzt. Er galt als „Feldherrengenie"[3], als „der fähigste deutsche Heerführer im Zweiten Weltkrieg"[4], der „auch künftigen Generationen deutscher Soldaten als einer der wenigen großen Strategen unserer Geschichte vor Augen stehen" werde.[5]

Nahm von Manstein selbst für sich auch eine innere Distanz zum Nationalsozialismus in Anspruch, so diente er dem Regime doch ohne Abstriche in zentralen Leitungsfunktionen. Meinungsverschiedenheiten mit Hitler über militärstrategische Fragen führten im März 1944 zur Entlassung des Generalfeldmarschalls, der in die „Führerreserve" versetzt und später mit einem Gut ausgestattet wurde.[6] Auch nach seiner Abberufung blieb Manstein

---

3   Zit. nach Oliver von *Wrochem*: Die Auseinandersetzung mit Wehrmachtsverbrechen im Prozeß gegen den Generalfeldmarschall Erich von Manstein 1949. In: ZfG 46, 1998, S. 329-353, hier S. 330.

4   So der damalige Generalinspekteur der Bundeswehr, Ulrich de Maizière, anlässlich von Mansteins 80. Geburtstag unter Berufung auf den britischen Militärschriftsteller Liddell Hart. Zit. nach Rüdiger von *Manstein*/Theodor *Fuchs* (Hrsg.): Erich von Manstein – Soldat im 20. Jahrhundert. Bonn 4. Aufl. 1997, S. 377.

5   So der damalige Inspekteur des Heeres Ernst Ferber, zit. nach ebd., S. 380.

6   Vgl. Bernd *Boll*: Generalfeldmarschall Erich von Lewinski, gen. von Manstein, in: Gerd R. *Ueberschär* (Hrsg.): Hitlers militärische Elite. Bd. 2, Darmstadt 1998, S. 143-152, hier S. 149.

ein Anhänger des „Führers". Einen gewaltsamen Sturz des Diktators lehnte er kategorisch ab.[7]

Dass Manstein nicht nur loyaler, „unpolitischer" Diener, sondern ideologisch ausgerichteter Täter war, belegt sein Armeebefehl für die 11. Armee vom 20.11.1941. Darin heißt es:

> „Seit dem 22.6. steht das deutsche Volk in einem Kampf auf Leben und Tod gegen das bolschewistische System.
>
> Dieser Kampf wird nicht in hergebrachter Form gegen die Sowjetische Wehrmacht allein nach europäischen Kriegsregeln geführt. ...
>
> Das jüdisch-bolschewistische System muss ein für allemal ausgerottet werden. Nie wieder darf es in unseren europäischen Lebensraum eingreifen.
>
> Der deutsche Soldat hat daher nicht allein die Aufgabe, die militärischen Machtmittel dieses Systems zu zerschlagen. Er tritt auch als Träger einer völkischen Idee und Rächer für alle Grausamkeiten, die ihm und dem deutschen Volk zugefügt wurden, auf ...
>
> Für die Notwendigkeit der harten Sühne am Judentum, dem geistigen Träger des bolschewistischen Terrors, muss der Soldat Verständnis aufbringen."[8]

Nicht eine rein militärische, „saubere" Kriegführung wird hier angeordnet, sondern ein Beitrag der Wehrmacht zur Ausrottung von Judentum und Bolschewismus. Der Krieg gegen die Sowjetunion wurde als Vernichtungskrieg definiert und geführt.

Dieser verbrecherische Befehl Mansteins kam auch während seiner Vernehmung als Zeuge im Nürnberger Hauptkriegsverbrecherprozess zur Sprache. Über das Kreuzverhör der Anklage schrieb Manstein seiner Frau:

> „Dann legten sie mir einen Armeebefehl der 11. Armee vor. Er sollte wohl meine Unglaubwürdigkeit zeigen. Er war im ersten Teil so eine Art Propagandabefehl, wie er mir eigentlich nicht liegt, aber wohl vom Ic [dem für „Feindaufklärung" zuständigen Generalstabsoffizier, A.W.] vorgelegt und

---

7 Vgl. Manstein/Fuchs (wie Anm. 4), S. 203.

8 Abgedruckt in: Gerd R. *Ueberschär*/Wolfram *Wette* (Hrsg.): Der deutsche Überfall auf die Sowjetunion – „Unternehmen Barbarossa" 1941, Frankfurt a.M. 1991, S. 289 f.

von mir unterschrieben worden ist. Ich konnte mich beim besten Willen daran nicht mehr erinnern."[9]

Gänzlich ausgeblendet wird der Befehl in seinen Kriegserinnerungen mit dem Titel „Verlorene Siege". Die Schilderung des Krim-Feldzuges, in dessen Zeit der Armeebefehl fiel, beschränkt sich auf Schlachten- und Landschaftsbeschreibungen.[10]

In Nürnberg trat von Manstein nicht nur als Zeuge, sondern auch als Mitverfasser und -unterzeichner der Denkschrift „Das Deutsche Heer von 1920-1945" auf. In ihr legten fünf führende Wehrmachtsoffiziere ihre Deutung des Zusammenhangs von Militär und Politik nieder. Der Historiker Manfred Messerschmidt zählt die Schrift „zu den wichtigsten Dokumenten für die Geschichte der Verharmlosung der Rolle von OKW und OKH im Zweiten Weltkrieg".[11] Behauptungen und Legenden, die sich bis in die Gegenwart halten, finden hier ihren Ausgangspunkt: Der Zweite Weltkrieg erscheint als Präventivkrieg gegen die Sowjetunion, in dessen Planung die militärische Führung erst kurz vor Beginn der Feldzüge einbezogen worden sei. Verbrecherische Befehle seien ausschließlich durch Hitler erlassen, von der militärischen Führung aber nicht umgesetzt worden.[12] Dass der letztgenannte Punkt ganz und gar nicht mit den Tatsachen zu vereinbaren war, ließ sich schon anhand des zitierten Manstein-Befehls nachweisen.

Ab August 1949 machte ein britisches Gericht in Hamburg Erich von Manstein selbst den Prozess. Als Verantwortlicher für die Misshandlung und Erschießung sowjetischer Kriegsgefangener, für die Durchführung des „Kommissarbefehls" und andere Vergehen wurde er zu 18 Jahren Haft verurteilt.[13]

Die Empörung über Anklage und Urteil war groß. Landesbischof Lilje dokumentierte seine Verbundenheit mit dem ehemaligen Generalfeldmarschall durch einen Besuch vor Prozessbeginn.[14] Ein halbes Jahr zuvor war er bereits

---

9   Manstein/Fuchs (wie Anm. 4), S. 244 f.

10 Erich von *Manstein*: Verlorene Siege. Erinnerungen 1939-1944, 12. Aufl. Bonn 1991, S. 206 ff.

11 Manfred *Messerschmidt*: Vorwärtsverteidigung. Die „Denkschrift der Generäle" für den Nürnberger Gerichtshof, in: Hannes *Heer*/Klaus *Naumann* (Hrsg.): Vernichtungskrieg. Verbrechen der Wehrmacht 1941-1944, Frankfurt a.M. 8. Aufl. 1997, S. 531-550, hier S. 546.

12 Vgl. ebd.

13 Vgl. Wrochem (wie Anm. 3), S. 351 ff.

14 Notiz in der Botschaft Nr. 35/36, 28.8.1949.

durch ein vertrauliches Memorandum der Kriegsgefangenen-Kommission des World Council of Churches über die Situation Mansteins und seiner Mitangeklagten informiert worden. Darin wurde die gute Behandlung der angeklagten Generäle festgestellt, aber auch auf ihren schlechten Gesundheitszustand hingewiesen.[15]

Lilje ließ sich durch Theodor Busse, ehemals General der Infanterie, engster Vertrauter Mansteins bis Kriegsende[16] und Mitarbeiter der Verteidigung, über den Stand der Anklage unterrichten. Busse schickte Liljes Kanzlei die vorläufigen Anklageschriften. In seinem beigefügten Kommentar kritisierte er, dass sich die Anklage der Engländer auf Vorgänge in Polen und Russland stütze:

„Ein Land tritt als Kläger und Richter auf, das auf dem in Frage kommenden Kriegsschauplatz gar nicht beteiligt war. Seine Vertreter können daher die dortigen besonderen Verhältnisse in keiner Weise beurteilen." [17]

Durch diesen Einwand wurde dem Prozess seine grundsätzliche Legitimität abgesprochen. England wurde für nicht zuständig erklärt, und für die Beurteilung des Geschehens wurden in Fortsetzung der nationalsozialistischen Ideologie abnorme Maßstäbe für den Kampf gegen den sowjetischen „Untermenschen" in Anspruch genommen.

Ob sich Landesbischof Lilje diese Argumentation zu eigen gemacht hat, lässt sich beim derzeitigen Quellenstand nicht sagen. Ich stütze mich auf das im landeskirchlichen Archiv Hannover erhaltene Material. Dort endet die Überlieferung vor Prozessbeginn. Dass Lilje ein Gnadengesuch zugunsten Mansteins an britische Stellen gerichtet hat, ist durch einen entsprechenden Hinweis von Mansteins Sohn Rüdiger gesichert.[18] Ob es an die Anklagebehörde direkt gerichtet war oder an kirchliche Stellen in England, was genau erbeten wurde und mit welcher Begründung, kann erst nach einem entsprechenden Quellenfund beurteilt werden.

Deutlich zeichnet sich eine gute Kommunikation zwischen Lilje und der Verteidigung Mansteins ab. Diese Beziehung war nicht ohne Vorbild: Der württembergische Bischof Wurm, der ab Mitte 1948 eine von „Botschaft" und

---

15 LkAH, Best. L 3 III Nr. 740.

16 Vgl. Manstein/Fuchs (wie Anm. 4), S. 147.

17 LkAH, Best. L 3 III Nr. 740.

18 Vgl. Manstein/Fuchs (wie Anm. 4), S. 316.

„Sonntagsblatt" ausführlich dokumentierte Kampagne gegen die alliierten Kriegsverbrecherprozesse anführte,[19] stützte sich auf Informationen und Material der Verteidigung. In seiner Auseinandersetzung mit dem stellvertretenden amerikanischen Hauptankläger in Nürnberg, Robert W. Kempner, führte Wurm zahlreiche eidesstattliche Erklärungen aus dem Prozess an, zitierte Prozessprotokolle und kritisierte die eingeschränkten Arbeitsmöglichkeiten der Verteidigung.[20] Wurm machte sich zum Sprachrohr der Verteidiger und damit der Angeklagten selbst, indem er ihre Argumente, mit der Autorität seines Amtes gestützt, an die Öffentlichkeit brachte.

Hanns Liljes Interventionsversuch zugunsten Mansteins wurde flankiert durch unzweideutige Stellungnahmen des von ihm herausgegebenen „Sonntagsblattes": Der Prozess wurde als „Bumerang der Propaganda" bezeichnet, der die Briten letztendlich selber treffen müsse, weil Soldaten angeklagt seien, die lediglich Gehorsam geleistet hätten.[21] Nach der Urteilsverkündung erhob das Blatt, wie auch schon anlässlich der Nürnberger Nachfolgeprozesse, den Vorwurf der Siegerjustiz und fragte: „Wann bekommen die Deutschen das Recht, ihre Klagen gegen ehemalige Feinde einem Gericht vorzutragen?"[22]

Auch nach Mansteins vorzeitiger Entlassung aus der Haft 1953 riss die Verbindung zu Bischof Lilje nicht ab. 1955 gewährte der Generalfeldmarschall a.D., der inzwischen seine Sachkenntnis der Bundesregierung bei Planung und Aufbau der Bundeswehr zur Verfügung stellte, dem „Sonntagsblatt" einen Vorabdruck seiner bereits erwähnten Kriegserinnerungen.

Hanns Lilje war eine führende Stimme im Chor jener, die Manstein vor einer Bestrafung zu bewahren versuchten. Wer wollte, konnte schon in den vierziger Jahren Kenntnis von Mansteins Taten haben: Der Befehl vom November 1941 findet sich in den 1947 bis 1949 veröffentlichten und allgemein zugänglichen Nürnberger Dokumenten.

19 Vgl. Axel *Wunderlich*: Die Hannoversche Landeskirche und die Kriegsverbrecherfrage nach 1945, in: Jörg *Calließ* (Hrsg.): „... daß Schuld auf unserem Wege liegt". Die Hannoversche Landeskirche im Nationalsozialismus, Rehburg-Loccum 1998 (=Loccumer Protokolle 58/97), S. 292-304, sowie den Beitrag von Simone Schad in diesem Band.
20 Botschaft Nr. 27/28, 4.7.1948.
21 Sonntagsblatt Nr. 42, 16.10.1949.
22 Sonntagsblatt Nr. 52, 25.12.1949.

3. Fallbeispiel 2: Einsatzgruppen

Obwohl die Wehrmachtsführung keine Zweifel an ihrer Zustimmung zu Hitler und seiner Politik aufkommen ließ und sie pathetisch ihre Treue beschwor,[23] blieb Hitler ihr gegenüber skeptisch. Beim Ziel, im Krieg gegen die Sowjetunion die sowjetischen Juden auszurotten, sollte die Wehrmacht lediglich kooperieren. Die Verantwortung wurde mobilen Einsatzgruppen übertragen, die aus Angehörigen der Sicherheitspolizei und des SD rekrutiert wurden und dem Befehl Himmlers und Heydrichs unterstanden. Sie operierten im von der Armee eroberten Gebiet und töteten Kommunisten, des Kommunismus Verdächtige und Juden, egal ob Männer oder Frauen, Kinder oder Alte.[24] Allein bis April 1942 fielen etwa eine halbe Million Menschen den Erschießungskommandos zum Opfer.[25]

Von September 1947 bis April 1948 standen 24 ehemalige Angehörige der Einsatzgruppen in einem der Nürnberger Nachfolgeprozesse vor Gericht. 14 von ihnen wurden zum Tode verurteilt.[26] Einer davon war Paul Blobel. Der studierte Architekt fungierte bis zum Januar 1942 als Führer des Sonderkommandos 4a der Einsatzgruppe C. In der Ukraine leitete er zahlreiche Erschießungsaktionen, die er, nach Meinung der Exekutoren, „vorbildlich organisierte".[27] Nachdem im September 1941 Kiew gefallen war und die deutschen Truppen nach ihrem Einmarsch durch Sprengstoffanschläge erheblichen Personen- und Sachschaden erlitten, ersann Blobel gemeinsam mit anderen verantwortlichen Führern Vergeltungsmaßnahmen. Die Juden der Stadt wurden aufgerufen, sich zwecks „Umsiedlung" zu versammeln. Am 29. und 30. 9. 1941 wurden sie, über 30.000 an der Zahl, in der nahe gelegenen Schlucht von Babi Jar erschossen.[28]

---

23 Vgl. etwa den Tagesbefehl Walther von Brauchitschs vom 25.6.1940, zit. nach Helmut *Krausnick*: Hitlers Einsatzgruppen. Die Truppe des Weltanschauungskrieges 1938-1942, Frankfurt a.M. 1985, S. 92.

24 Vgl. ebd., S. 121 ff.

25 Vgl. Ralf *Ogerreck*/Volker *Rieß*: Fall 9 – Der Einsatzgruppenprozeß (gegen Otto Ohlendorf und andere), in: Gerd R. *Ueberschär* (Hrsg.): Der Nationalsozialismus vor Gericht. Die alliierten Prozesse gegen Kriegsverbrecher und Soldaten 1943-1952, Frankfurt a.M. 1999, S. 164-175, hier S. 164.

26 Vgl. ebd., S. 165.

27 Zit. nach Krausnick (wie Anm. 23), S. 163.

28 Vgl ebd., S. 164 f.; Wolfgang *Benz*: Babi Jar, in: *Ders.* (Hrsg.): Legenden, Lügen, Vorurteile, 2. Aufl. München 1992, S. 43-45.

Ab Sommer 1942 war Blobel mit der Aufgabe betraut, sämtliche Massengräber des Ostens freizulegen und die Leichen zu verbrennen, um die Spuren des Massenmordes zu verwischen. Ausgeführt wurde die Arbeit von jüdischen KZ-Häftlingen.[29]

Das Todesurteil gegen Blobel wurde im Januar 1951 durch den US-Hochkommissar John J. McCloy, der viele Strafen milderte,[30] wegen der „Ungeheuerlichkeit der Verbrechen"[31] bestätigt und im Juni desselben Jahres vollstreckt.

Auch für Paul Blobel hatte sich Landesbischof Lilje verwendet. Nachdem die Schwester des Verurteilten, unterstützt durch den „Pfarrer und Seelsorger der Familie", Lilje um Intervention gebeten hatte,[32] schrieb die Kanzlei des Bischofs am 9. 2. 1951 zurück: „Herr Landesbischof hat sich vor kurzem erneut für eine Begnadigung der Verurteilten eingesetzt."[33] Das Gnadengesuch selbst ist wiederum nicht erhalten.

Erhalten ist jedoch ein Schreiben Liljes an die Kanzlei der EKD vom Februar 1949,[34] in dem er seine selbst entwickelten Richtlinien bei der Bearbeitung von Gnadengesuchen darlegte:

„Im Einzelnen wird nach folgenden Grundgedanken verfahren:

a) Bei Todesurteilen wird in allen Fällen dem Hilferuf des Verurteilten oder seiner Angehörigen für Gnade einzutreten entsprochen. Es ist Sache der weltlichen Gerechtigkeit, über das Leben selbst zu entscheiden. Die Kirche kann und soll in allen Fällen ihre Stimme im Namen der christlichen Menschlichkeit erheben und bitten dürfen, den Verurteilten, selbst wenn er schuldig geworden sein sollte, die irdische Sühnemöglichkeit zu lassen. Vor allem darf mit größtem Ernst betont werden, dass Todesurteile nur bei unzweifelhaft erwiesener todeswürdiger Schuld, nie aber lediglich auf

---

29 Vgl. Rudolf *Höß*: Kommandant in Auschwitz, hrsg. von Martin *Broszat*, 12. Aufl. München 1989, S. 161 f.

30 Vgl. Thomas Alan *Schwartz*: Die Begnadigung deutscher Kriegsverbrecher. John J. McCloy und die Häftlinge von Landsberg, in: VfZ 38, 1990, S. 375-414.

31 Zit. nach Ogerreck/Rieß (wie Anm. 25), S. 165.

32 Schreiben vom 31.1.1951. (LkAH, Best. L3 III Nr. 745).

33 Ebd.

34 26.2.1949 (LkAH, Best. L3 III Nr. 748).

Grund von Vermutungen und Wahrscheinlichkeitserwägungen ausgesprochen werden dürfen."[35]

Diese Passage ist in zweifacher Hinsicht interessant: Zum einen zeigt der Umstand, dass Richtlinien entworfen, Kategorien entwickelt und Erfahrungen verarbeitet wurden, welches Ausmaß der Komplex angenommen hatte. Zum anderen kommt Liljes Haltung zur Todesstrafe zum Ausdruck. Dem Staat wird das prinzipielle Recht auf das Fällen der Todesstrafe zugesprochen. Der Kirche wird die Aufgabe zugewiesen, darum zu bitten, die Todesstrafe auszusetzen, Gnade vor Recht ergehen und „christliche Menschlichkeit" walten zu lassen. Diese Position folgt der lutherischen Unterscheidung der Zwei Reiche. Eine theologisch begründete Ablehnung der Todesstrafe, etwa unter Hinweis auf den Dekalog, wird nicht vorgenommen. Im Gegenteil: Es gibt für Lilje „todeswürdige Schuld", die aber unbedingt bewiesen werden müsse, bevor ein Todesurteil gefällt werden dürfe. Hierauf liegt der Akzent seiner Ausführungen.

Insbesondere unter dieser Voraussetzung, dass Lilje die Todesstrafe nicht grundsätzlich ablehnte, ist nicht verständlich, weshalb sich Lilje sogar für den Massenmörder Blobel verwendete. Die Beweislage im Fall Blobel konnte eindeutiger nicht sein: Dieser leugnete den Judenmord nicht, korrigierte lediglich die Zahl der Getöteten nach unten[36] und berief sich, wie die anderen Angeklagten auch, auf Befehlsnotstand.[37]

Mit seinem Grundsatz, für jeden zum Tode verurteilten Kriegsverbrecher einzutreten, bewegte sich Lilje weitgehend im mainstream der führenden Vertreter der evangelischen Kirche. Selbst Martin Niemöller, der wie kein anderer die Schuldfrage in den Mittelpunkt gerückt hatte, setzte sich für Kriegsverbrecher ein.[38] Der Rechtsberater des württembergischen Bischofs Wurm empfahl wegen der „Taten der Einsatzgruppen" Zurückhaltung bei diesem Personenkreis.[39] Wurm intervenierte trotzdem zugunsten des Kommandoführers Dr. Sandberger, dessen Familie er persönlich kannte.[40] Auch Lilje sah keinen

---

35 Ebd., S. 2.

36 Vgl. Ernst *Klee*: Persilscheine und falsche Pässe. Wie die Kirchen den Nazis halfen, 3. Aufl. Frankfurt a.M. 1992, S. 104.

37 Vgl. Ogerreck/Rieß (wie Anm. 25), S. 169 f.

38 Niemöller war als Mitherausgeber für eine Denkschrift zugunsten deutscher Kriegsverbrecher verantwortlich. Vgl. Norbert *Frei*: Vergangenheitspolitik. Die Anfänge der Bundesrepublik und die NS-Vergangenheit, München 1996, S. 167 ff.

39 Ogerreck/Rieß (wie Anm. 25), S. 171.

40 Vgl. Klee (wie Anm. 36), S. 173 / Anm. 274.

Grund für eine Zurückhaltung. Neben dem für Blobel versandte er noch drei weitere Gnadengesuche für im Einsatzgruppenprozess Verurteilte: für Willy Seibert, Dr. Walter Haensch und Dr. Franz Six.[41]

4. Bewertung

Dass es ab den späten vierziger Jahren zu einer derart offenen Hinwendung zu den Tätern durch führende Persönlichkeiten der evangelischen Kirche kommen würde, war 1945 noch nicht ohne weiteres absehbar gewesen.

In der Stuttgarter Schulderklärung des Rates der EKD vom Oktober 1945 wurde formuliert, dass

> „wir uns mit unserem Volke nicht nur in einer großen Gemeinschaft der Leiden wissen, sondern auch in einer Solidarität der Schuld. Mit großem Schmerz sagen wir: Durch uns ist unendliches Leid über viele Völker und Länder gebracht worden. … wir klagen uns an, dass wir nicht mutiger bekannt, nicht treuer gebetet, nicht fröhlicher geglaubt und nicht brennender geliebt haben."[42]

Mitunterzeichner des Dokuments war Oberlandeskirchenrat Lilje.

Dieses Bekenntnis nationaler und kirchlicher Schuld stieß in der Öffentlichkeit, an die es eigentlich gar nicht gelangen sollte,[43] auf entschiedenen Widerstand. In den Gemeinden der hannoverschen Landeskirche wurde das Stuttgarter Wort, wie auf der Vorläufigen Landessynode gesagt wurde, „mit bitteren Empfindungen, ja mit Empörung gelesen".[44] Landesbischof Marahrens distanzierte sich öffentlich von der Erklärung. Am Buß- und Bettag 1945 ließ er von allen Kanzeln der Landeskirche eine Kundgebung verlesen, in der er schrieb:

> „Es kann nicht die Aufgabe unserer Kirche sein, Fragen der politischen Entwicklung und des Völkerrechts zu klären. Sie vermag nicht die Verflech-

---

41 Vgl. ebd.

42 Zit. nach: Martin *Greschat* (Hrsg.): Im Zeichen der Schuld, Neuenkirchen-Vluyn 1985, S. 45 f.

43 Vgl. ebd., S. 9 ff.

44 Superintendent Kirchberg vor der Vorläufigen Landessynode am 28.11.1945, zit. nach: Protokolle und Aktenstücke der Vorläufigen Landessynode 1945/1946, o. O. [Pattensen] o. J. [1950], S. 14.

tung von Schuld und Verhängnis im Hintergrunde des furchtbaren Geschehens dieser letzten Jahre und Jahrzehnte zu durchschauen."[45]

Hanns Lilje betonte in der Folgezeit den Satz der Erklärung, auf dessen Aufnahme er bestanden habe, nämlich: „Wir hoffen zu Gott, dass durch den gemeinsamen Dienst der Kirchen dem Geist der Gewalt und Vergeltung, der heute von neuem mächtig werden will, in aller Welt gesteuert werde und der Geist des Friedens und der Liebe zur Herrschaft komme…"[46] Lilje dachte dabei an die Vertreibung Deutscher aus dem Osten ebenso wie an die unsachgemäße Behandlung der Entnazifizierungsfrage durch die Alliierten, dachte, wie er später schrieb, „an die Gefahr, die in Ost und West darin bestand, dass man nun eben doch an Deutschland Rache nehmen wollte".[47]

In seinen Lebenserinnerungen äußert Lilje zum Echo, das die Erklärung hervorrief: „Rätselhaft bleibt dennoch die relativ geringe Wirkung dieses Wortes. Dieses Wort von Stuttgart hat zwar Aufmerksamkeit erregt, aber man kann nicht sagen, dass es einen Prozess des Umdenkens eingeleitet habe."[48] – Wie sollte es auch? Wenn sich der Mitunterzeichner Lilje in seiner Interpretation des Wortes immer weiter von der Schuld der Deutschen in Richtung Schuld der Sieger entfernte und diejenigen, die unzweifelhaft Schuld an den NS-Verbrechen trugen, unterstützte, musste die Stuttgarter Erklärung entwertet werden.

Ab 1949, dem Jahr der Gründung der Bundesrepublik, begann sich auf breiter Basis ein Kartell derer, die eine Verfolgung der NS-Straftaten durch die Siegermächte strikt ablehnten, zu formieren. Damit verbunden war das Bemühen, die sog. „Mitläufer" zu integrieren und deren soziale und berufliche Einschränkungen, die sie durch die Entnazifizierung erfahren hatten, zu beenden.[49] Doch bevor in Bonn die Kräfte aus Politik und Bürokratie gebündelt werden konnten, hatten die Kirchen nahezu ein Monopol, „Vergangenheitspolitik" in diesem Sinne zu betreiben.

Es stellt sich die Frage, warum die Spitze der evangelischen Kirche – und besonders der hannoversche Bischof Lilje – den Anfang machte, warum sie

---

45 KABl. S. 33.

46 Zit. nach Greschat (wie Anm. 43), S. 46.

47 Hanns *Lilje*: Memorabilia. Schwerpunkte eines Lebens, Nürnberg 1973, S. 175.

48 Ebd., S. 174.

49 Vgl. Frei (wie Anm. 38).

ihre herausgehobene Stellung dazu benutzte, die alliierten Verfahren zu diskreditieren.

Die Antwort findet sich im Kern bereits im Darmstädter Wort des Bruderrates der EKD vom August 1947. Darin heißt es:

> „(2) Wir sind in die Irre gegangen, als wir begannen, den Traum einer besonderen deutschen Sendung zu träumen … Dadurch haben wir dem schrankenlosen Gebrauch der politischen Macht den Weg bereitet und unsere Nation auf den Thron Gottes gehoben. …
>
> (3) Wir sind in die Irre gegangen, als wir begannen, eine ‚christliche Front' aufzurichten gegenüber notwendig gewordenen Neuordnungen im gesellschaftlichen Leben der Menschen. Das Bündnis der Kirche mit den das Alte und Herkömmliche konservierenden Mächten hat sich schwer an uns gerächt. "[50]

Hier werden Traditionen aus dem 19. Jahrhundert kritisiert, an denen Hanns Lilje festhielt, die er in die Nachkriegszeit hinüberretten wollte. Die Verbundenheit mit der alten Elite, die Verbundenheit mit den Tätern aus der gehobenen Schicht, mit den studierten und promovierten Einsatzgruppenführern und dem adeligen Offizierkorps, verstellte den Blick dafür, dass eine Verurteilung der deutschen Täter notwendig war. Der an der Nation ausgerichtete Blickwinkel, wie er im konservativen Protestantismus üblich war,[51] verhinderte die Erkenntnis, dass die Sieger, zumindest Amerikaner und Briten, den sehr ernsthaften Versuch unternahmen, nach rechtsstaatlichen Grundsätzen die Basis für einen Neuanfang nach dem Ende der nationalsozialistischen Herrschaft zu schaffen. Dies galt freilich auch für den Mitunterzeichner des Darmstädter Wortes, Martin Niemöller, in seinem Eintreten für Kriegsverbrecher.

Die Analyse des Bruderrates wurde in der hannoverschen Landeskirche nicht aufgenommen. In der „Botschaft" wurde das Darmstädter Wort nicht abge-

---

50 Abgedruckt in Greschat (wie Anm. 43), S. 85.

51 Vgl. Wolfgang *Tilgner*: Volk, Nation und Vaterland im protestantischen Denken zwischen Kaiserreich und Nationalsozialismus, in: Horst *Zilleßen* (Hrsg.): Volk – Nation – Vaterland. Der deutsche Protestantismus und der Nationalismus, Gütersloh 1970, S. 135-171. Thomas Sauer hat Lilje als Repräsentanten einer neuen, an der westlichen Welt orientierten Strömung im deutschen Protestantismus der fünfziger Jahre beschrieben. Vgl. *Ders.*: Westorientierung im deutschen Protestantismus? Vorstellungen und Tätigkeit des Kronberger Kreises, München 1999.

druckt,[52] und auch sonst finden sich keine Hinweise auf eine Rezeption. Die Konkretion von Schuld und Verantwortung, von Fehlern und Versäumnissen hielt man in der Landeskirche offenbar für nicht erforderlich.

Für Lilje war 1949 der Augenblick gekommen,

> „mit der Liquidation unserer Vergangenheit zu einem wirklichen Abschluss zu kommen. ... Wir haben von Gott eine Frist bekommen für die Klärung unserer eigenen Vergangenheit. Nach menschlichem Urteil ist diese Frist vorbei. Wir sollten mit der Klärung der Vergangenheit in der Weise Schluss machen, dass wir allen, die redlichen Willens sind, eine Chance geben. ... Es kann ein tiefes Verständnis des Glaubens der Christen an die Vergebung der Sünden sein, wenn sich unsere Blicke von der Vergangenheit abwenden und entschlossen in die Zukunft richten."[53]

Lilje unternahm hier den Versuch, seinen kaum verblümten Ruf nach einer Generalamnestie theologisch zu legitimieren. Er erhob den Zeitraum von vier Jahren nach Kriegsende zu einer von Gott gegebenen Frist, innerhalb derer die nationalsozialistische Vergangenheit abschließend bereinigt werden müsse. Alles, was darüber hinausragte, etwa die Fortführung der rechtsstaatlichen Verfahren der Briten und Amerikaner, musste als letztlich gegen Gottes Willen gerichtet erscheinen. Dieses Wort Liljes stellt einen Höhepunkt im Kampf gegen die alliierten Prozesse dar. Dagegen trat die Kategorie Gerechtigkeit gegenüber den Opfern des Regimes bei Lilje nicht in den Blick.

---

52 Die Botschaft erschien ab 1946, das Sonntagsblatt erst ab 1948.

53 Kirchliches Jahrbuch für die evangelische Kirche in Deutschland 76, 1949, S. 38 f. Vgl. Joachim *Perels*: Das juristische Erbe des „Dritten Reiches", Frankfurt a.M. u.a. 1999, S. 67.

III. Personen

HEINRICH GROSSE

Kontinuität statt Neubeginn?
Zur Position Heinz Brunottes nach dem Ende des NS-Regimes (1945/46)

Die Kontroversen um die kirchenpolitische Rolle des ersten hannoverschen Landesbischofs August Marahrens[1] haben dazu geführt, daß das Wirken anderer kirchenleitender Männer der Landeskirche Hannovers in der Zeit des Nationalsozialismus und in den ersten Jahren danach bisher auf vergleichsweise geringes Forschungsinteresse gestoßen ist. Das gilt für Mitglieder der Kirchenleitung (wie Christhard Mahrenholz) und leitende Mitarbeiter des Landeskirchenamtes (wie Karl Stalmann) ebenso wie für die Landessuperintendenten der hannoverschen Landeskirche.

Auch das Wirken des hannoverschen Theologen Heinz Brunotte ist noch nicht Gegenstand einer wissenschaftlichen Studie geworden. Das ist erstaunlich, weil Brunotte über viele Jahre an exponierter Stelle in der hannoverschen Landeskirche und in der Deutschen Evangelischen Kirche (DEK) bzw. der Evangelischen Kirche in Deutschland (EKD) tätig war.

Heinz Brunotte (geb. am 11. 6. 1896 in Hannover, gest. am 2. 2. 1984 in Hannover), seit 1925 Gemeindepastor in der hannoverschen Landeskirche, hatte von 1936 bis zu seiner Pensionierung im Jahr 1965 ohne Unterbrechung hohe Positionen in kirchlichen Behörden inne: 1936-1945 war er Oberkonsistorialrat in der Kirchenkanzlei der Deutschen Evangelischen Kirche (DEKK) in Berlin (sie wurde im März 1944 nach Stolberg/Harz ausgelagert). Ab Juni 1945 arbeitete er als Oberkonsistorialrat in der „Rest-Kirchenkanzlei"[2] in Göttingen. Von April 1946 bis Mai 1949 war er Oberlandeskirchenrat in Hannover, danach bis 1965 Präsident der Kirchenkanzlei der EKD und zugleich (bis 1963) Präsident des Lutherischen Kirchenamtes der VELKD. In all diesen Jahren stand er in engem Kontakt mit den Landesbischöfen Marahrens und Lilje. Als Mitarbeiter der DEKK kooperierte er vor allem mit Marahrens, der leitende Funktionen in der DEK hatte und oft an Sitzungen in Berlin teilnahm, als Oberlandeskir-

---

1 Siehe dazu: Heinrich *Grosse*/Hans *Otte*/Joachim *Perels* (Hrsg.): Bewahren ohne Bekennen? Die hannoversche Landeskirche im Nationalsozialismus, Hannover 1996.

2 Heinz *Brunotte*: Neue Ansätze zum Kirchenverfassungsrecht: Die Kirchenversammlung von Treysa 1945, in: *Ders.*: Bekenntnis und Kirchenverfassung. Aufsätze zur kirchlichen Zeitgeschichte, Göttingen 1977, S. 98-111, dort S. 102.

chenrat bzw. Leiter der Kirchenkanzlei der EKD und des Lutherischen Kirchenamtes in Hannover arbeitete er häufig mit Lilje zusammen.

Als Dezernent im Landeskirchenamt Hannover (1. 4. 1946 - 31. 5. 1949) war Brunotte u.a. zuständig für das Schulressort. Im Bereich der Diakonie hatte er die in der Nachkriegszeit wichtige Position des Bevollmächtigten des Evangelischen Hilfswerks in Hannover inne. 1959 wurde er von Landesbischof Lilje in die (16.) Landessynode der hannoverschen Landeskirche berufen. Er hatte großen Einfluß in dem Verfassungsausschuß, der eine neue Verfassung der Landeskirche ausarbeitete. Von 1963 bis 1965 gehörte er als Synodaler einem wichtigen Leitungsgremium der Landeskirche, dem Kirchensenat, an.

Während seiner Tätigkeit im Landeskirchenamt Hannover war Brunotte keineswegs nur mit landeskirchlichen Angelegenheiten befaßt. Er hatte weiterhin eine gesamtkirchliche Schlüsselrolle. Zusammen mit Hermann Ehlers und Erik Wolf gehörte er dem dreiköpfigen Verfassungsausschuß an, der auf der Kirchenversammlung von Treysa im Juni 1947 eingesetzt wurde, um den Entwurf einer Verfassung der EKD zu erarbeiten.[3] Brunotte vertrat die Interessen der bischöflich-lutherischen Kirchen gegenüber reformierten bzw. bruderrätlichen Kreisen. Er wurde beauftragt, „Änderungswünsche der lutherischen Kirchen an den Verfassungausschuß gelangen zu lassen".[4] Auf der Kirchenversammlung in Eisenach im Juli 1948 leitete Brunotte den Ausschuß für die Bearbeitung der Grundordnung der EKD und hielt die „Rede zur Begründung der Grundordnung der EKD".[5]

In der folgenden Untersuchung der verschiedenen theologischen und politischen Positionen Brunottes beschränke ich mich überwiegend auf den Zeitraum der Jahre 1945/46, der in allen Kirchen am stärksten von der Auseinandersetzung um den Umgang mit der Zeit des Nationalsozialismus geprägt war.[6] Brunottes Bezugsrahmen wird deskriptiv rekonstruiert, mit dem kirchengeschichtlichen Verlauf in Beziehung gesetzt und im Kontrast zu anderen zeitgenössischen Positionen konturiert. Exemplarisch beziehe ich mich vor

---

3   Siehe dazu: Heinz *Brunotte*: Die Grundordnung der Evangelischen Kirche in Deutschland. Ihre Entstehung und ihre Probleme, Berlin 1954, S. 13-71.

4   Brunotte (wie Anm. 3), S. 63.

5   Text in: Brunotte, Bekenntnis und Kirchenverfassung (wie Anm. 2), S. 139-148.

6   Zu Stellungnahmen Brunottes in der Zeit des Nationalsozialismus und in dem Zeitraum nach 1946 siehe meinen Aufsatz „Rechtskontinuität statt Erneuerung der Kirche? Zur Rolle von Heinz Brunotte vor und nach 1945" (erscheint demnächst).

allem auf zwei Denkschriften Brunottes aus den Jahren 1945 bzw. 1946 und auf die Kontroverse zwischen Hans Asmussen und Heinz Brunotte über die Neuordnung der evangelischen Kirche in den Jahren 1945/46.[7]

1. **Die Denkschrift „Der kirchenpolitische Kurs der Deutschen Evangelischen Kirchenkanzlei von 1937 bis 1945" (1945)**

Am 12.6.1945 schrieb Brunotte an die Landesbischöfe Meiser und Wurm: „In der Kirchenkanzlei haben wir in den vergangenen Wochen fleißig gearbeitet. Es sind mehrere zusammenfassende Denkschriften aus den Akten über verschiedene Sachgebiete entstanden. Diese Denkschriften sind als Material gedacht für eine kommende Kirchenleitung bzw. zur Einsichtnahme für etwaige Beauftragte der Militärregierung."[8] Bereits im Mai 1945, nur wenige Tage nach dem Einmarsch der Amerikaner in Stolberg (Harz) – dorthin war die DEKK kriegsbedingt ausgelagert worden –, hatte Brunotte „unter dem noch frischen Eindruck der eben vergangenen Ereignisse und unter Verwendung der Akten der Kirchenkanzlei" eine Denkschrift verfaßt.[9]

In dieser Schrift spricht Brunotte von dem „vernünftigen, sachlichen Kurs" (S. 12)[10], dem „durchweg verständigen Kurs der Kirchenkanzlei" (S. 25), der vor allem durch den Vizepräsidenten der DEKK, Fürle, gewährleistet worden

---

7 Auf die besondere Rolle Brunottes bei der Bildung der EKD und der VELKD und der Bestimmung ihres Verhältnisses zueinander gehe ich hier nicht ein. Siehe dazu: Christian *Simon*: Hannover und die evangelische Einheit: Die evangelisch-lutherische Landeskirche zwischen EKD und VELKD (1945 bis 1949), in: JGNKG 90, 1992, S. 235-266, sowie Simon, Einheit, oben S. 105ff.

8 Dok. 70 in: Gerhard *Besier*/Jörg *Thierfelder*/Ralf *Tyra* (Hrsg.): Kirche nach der Kapitulation, Bd. 1, Stuttgart 1989, S. 219. Bereits in einem Brief an seinen Vater aus dem Mai 1945 hatte Brunotte bemerkt: „Zur Unterrichtung dieser neuen Leute machen wir nun Denkschriften über die wichtigsten Sachgebiete des kirchlichen Lebens seit 1933. Aus diesen soll und muß hervorgehen, was sich in der Kirche ereignet hat und wie das Verhältnis zum n.s. Staat war, aber auch dieses: daß die DEKK und der GVR nicht geschlafen haben. Es ist erschütternd, wenn man jetzt hinterher mal alles aus den Akten zusammenträgt! Ohne daß man jetzt in umgekehrter Richtung propagandistisch wirken will, kommt die einfachste sachliche Zusammenstellung auf eine Anklage gegen das System heraus." (Dok. 34 A, ebd., S. 138).

9 Heinz *Brunotte*: Der kirchenpolitische Kurs der Deutschen Evangelischen Kirchenkanzlei von 1937 bis 1945; erstmals veröffentlicht in: Heinz *Brunotte*/Ernst *Wolf* (Hrsg.): Zur Geschichte des Kirchenkampfes, Ges. Aufsätze, I, Göttingen 1965, S. 92-145; wieder abgedruckt in: Brunotte, Bekenntnis und Kirchenverfassung (wie Anm. 2), S. 1-54. Zitat auf S. 1.

10 Im Folgenden sind in Klammern die Seitenzahlen dieser Denkschrift angegeben, zit. nach: Brunotte, Bekenntnis und Kirchenverfassung (wie Anm. 2).

sei. „Mit den Landeskirchen wurde sachlich auf den notwendigen Gebieten ·zusammengearbeitet." (S. 24) Die Prüfung der landeskirchlichen Gesetzgebung unter dem Gesichtspunkt der Rechtseinheit „habe zu den Hauptarbeiten der DEKK gehört, dabei sei es „selten zu Schwierigkeiten gekommen" (S. 12). Obwohl Brunotte nach eigenen Angaben „der einzige der BK angehörende Theologe" (S. 21) in der DEKK war, stellt er fest: „Die Bemühungen der Referenten der Kirchenkanzlei in zahlreichen Aussprachen mit den Referenten des Kirchenministeriums und mit dem Minister selbst gingen darauf hin, eine möglichst breite Basis anzubahnen, den Ausgleich mit der Bekennenden Kirche und den intakten Landeskirchen einzuleiten und dem Minister klarzumachen, daß ohne die BK ein Wiederaufbau der Kirche unmöglich sei." (S. 17) Ab 1939 „entwickelte (es) sich immer mehr so, daß nichts Wesentliches in der Kirchenkanzlei ohne den Geistlichen Vertrauensrat geschehen konnte". (S. 32-33) Im Blick auf Kompetenzstreitigkeiten zwischen der Kirchenkanzlei und dem Reichskirchenministerium (RKM) resümiert Brunotte: „Es gab eine Reihe von Dienststellen, die gern unmittelbar mit der Kirche [d.h. mit der DEKK unter Umgehung des RKM, H.G.] verkehrten. Hierzu gehörten z.B. die Wehrmachtsstellen, aber auch die Reichsjugendführung, zu deren Referenten ich Zutritt hatte, und vor allem die Gestapo, bei der die Verachtung des Kirchenministeriums gelegentlich offen zutage trat." (S. 45/46)

Das zentrale Problem wird von Brunotte nicht beleuchtet: Der „sachliche Kurs" der DEKK war der Kurs einer Kirchenbehörde der „amtlichen" Kirche, die von einem dezidierten Mitglied der Deutschen Christen, Dr. Friedrich Werner, geleitet wurde und die in ihren Verhandlungen mit staatlichen Stellen des nationalsozialistischen Regimes, einschließlich des Reichskirchenministeriums, überwiegend um Konfliktvermeidung bemüht war. Aufgrund dieser Konstellation, aber auch durch die Kontakte zum Lutherrat, der sich 1936 vom entschiedenen Flügel der Bekennenden Kirche getrennt hatte, und vor allem durch die enge Zusammenarbeit (ab 1939) mit dem „Geistlichen Vertrauensrat" (GVR)[11] wurde die DEKK in vielen Situationen faktisch zu einem Gegner, nicht zu einem Verbündeten der Mitglieder und Leitungsgremien der Bekennenden Kirche, die gegen die nationalsozialistische Kirchenpolitik und in Einzelfällen auch gegen die nationalsozialistische Politik kämpften.

---

11 „Jedenfalls war mit der Gründung des Lutherrates … die Spaltung der BK besiegelt." (Karl *Herbert*: Der Kirchenkampf, Frankfurt/M. 1985, S. 165). Zur Rolle des GVR in den Jahren des Zweiten Weltkrieges siehe Karl-Heinz *Melzer*: Der Geistliche Vertrauensrat, Göttingen 1991.

Wieweit Brunottes Rechtfertigung des „sachlichen" Kurses der DEKK geht, zeigt sein Urteil über die von Reichskirchenminister Kerrl angeregten, von der nationalsozialistischen Ideologie geprägten „Fünf Grundsätze für eine den Erfordernissen der Gegenwart entsprechende neue Ordnung der Deutschen Evangelischen Kirche".[12] Kernaussagen der „Fünf Grundsätze" aus dem Jahr 1939 lauten: „Die nationalsozialistische Weltanschauung ... ist als solche auch für den christlichen Deutschen verbindlich. ... Die nationalsozialistische Weltanschauung bekämpft mit aller Unerbittlichkeit den politischen und geistigen Einfluß der jüdischen Rasse auf unser völkisches Leben. ... Darüberhinaus gibt es im Bereich des Glaubens keinen schärferen Gegensatz als den zwischen der Botschaft Jesu Christi und der jüdischen Religion der Gesetzlichkeit und der politischen Messiashoffnung."[13] Brunotte urteilte in seiner Denkschrift aus dem Mai 1945 über die „Fünf Grundsätze": „Bei aller Mißverständlichkeit einzelner Wendungen ist doch zu sagen, daß hier ein ernsthafterer Versuch gemacht wurde, den Stellen von Staat und Partei zu sagen, wie man nebeneinander auskommen könnte."[14] Was Brunotte in der Denkschrift nicht erwähnt: Er selbst hatte als Vertreter der Lutheraner an einzelnen Formulierungen mitgewirkt und Bischof Marahrens geraten, die fünf Grundsätze zu unterschreiben, weil das zu mehr Handlungsspielraum für die Landeskirche(n) führen würde.[15]

---

12 Text in: Joachim *Beckmann* (Hrsg.): Kirchliches Jahrbuch für die Evangelische Kirche in Deutschland 1933-1944, 2. Aufl. Gütersloh 1948, S. 290-291.

13 Ebd., S. 290-291.

14 Brunotte (wie Anm. 9), S. 27. Landesbischof Marahrens dagegen äußerte sich in seinem Rechenschaftsbericht vor der hannoverschen Landessynode vom 15. April 1947 selbstkritisch: „Zu dem, was ich trotz damaliger gewissenhafter Überlegung heute als verfehlt ansehen muß, rechne ich z. B. die von mir mit einigen anderen Landeskirchenführern im Sommer des Jahres 1939 dem Reichskirchenminister Kerrl gegenüber abgegebene Unterschrift unter die sogenannten ‚5 Grundsätze'. ... Jedenfalls hätte der Satz von der auch für den christlichen Deutschen als völkisch-politische Lehre (nicht als Religion) verbindlichen nationalsozialistischen Weltanschauung bei voller Einsicht in den Charakter des totalen Staates so nicht unterschrieben werden dürfen." (Rechenschaftsbericht D. Marahrens vor der hann. Landessynode vom 15. April 1947, in: Eberhard *Klügel*: Die lutherische Landeskirche Hannovers und ihr Bischof 1933-1945, Bd. II: Dokumente, Berlin/Hamburg 1965, S. 212).

15 Vgl. dazu: Kurt *Meier*: Kirchenkampf, Halle/Göttingen 1984, Bd. 3, S. 79-82.

2. Kontroverse zwischen Hans Asmussen und Heinz Brunotte über die Neuordnung der evangelischen Kirche (1945/46)

Brunotte übernahm im April 1945 – nach dem Einmarsch von amerikanischen Truppen in Stolberg (Harz) – auf eigene Initiative „als ältester ortsanwesender Sachbearbeiter die Leitung der Kirchenkanzlei".[16] Die Weiterexistenz der Kirchenkanzlei auch nach dem absehbaren Ende des nationalsozialistischen Regimes als selbstverständlich voraussetzend, wandte sich Brunotte am 27.4. an die amerikanische Militärregierung. Er empfahl sich als Verhandlungspartner für gesamtkirchliche Belange, der Maßnahmen zur „Säuberung" der DEKK (u.a. Entlassung des Leiters der Finanzabteilung, Dr. Cölle) ergriffen habe und zudem über „erhebliche Geldmittel" verfüge.[17]

Bereits am 12. und 23.5.1945 machte Brunotte Landesbischof Marahrens brieflich Vorschläge für eine Neuordnung der evangelischen Kirche Deutschlands.[18] Er ging davon aus, daß nicht nur Dr. Werner als Repräsentant der Deutschen Christen, sondern auch der Geistliche Vertrauensrat „wegen seiner Zusammensetzung und wegen seiner Berufung durch Dr. Werner" für die Leitung der Gesamtkirche nicht mehr in Betracht komme. „Wir wissen ... noch nicht, in welche Richtung die Pläne der Militärregierung gehen. Ich könnte mir nur denken, daß maßgebliche Kreise der Bekennenden Kirche an der künftigen Leitung beteiligt sein werden."[19] Brunotte nannte in diesem Zusammenhang Landesbischof Wurm, Pastor Bodelschwingh und Präses Koch und ließ führende Vertreter des bruderrätlichen Flügels der BK – wie Martin Niemöller und Hans Asmussen – dabei aus.[20] „Meines Erachtens müßte ein Umbau der kirchlichen Organisation möglichst organisch und schonsam vorgenommen werden. In den Landeskirchen sollten alle Erschütterungen zunächst vermieden werden." Entsprechend riet er: „Für Hannover würde ich unter keinen Umständen die Kirchenregierung aufgeben."[21] Auch für die

---

16 So Brunottes eigene Aussage in: Brunotte (wie Anm. 9), S. 53. Der eigentliche Leiter, Dr. Werner, befand sich zu jener Zeit in Kriegsgefangenschaft.

17 Siehe Dok. 8, in: Besier/Thierfelder/Tyra (wie Anm. 8), S. 78.

18 Siehe Jörg *Thierfelder*: Einleitung, in: Besier/Thierfelder/Tyra (wie Anm. 8), bes. S. 27-32.

19 Brief vom 23.5.1945, Dok. 34, in: Besier/Thierfelder/Tyra (wie Anm. 8), S. 135 und 136.

20 In einem Brief an die Militärregierung vom 11.6.1945 nannte er Wurm, Marahrens und Bodelschwingh als die „führenden Männer" der evangelischen Kirche. Siehe Dok. 63, in: Besier/Thierfelder/Tyra (wie Anm. 8), S. 200.

21 Dok. 34, in: Besier/Thierfelder/Tyra (wie Anm. 8), S. 136. Das Landeskirchenamt teilte die von Brunotte und Marahrens vertretene Auffassung, daß die unter Mitwirkung des Reichskirchen-

Kirchenkanzlei sah er eine Zukunft, davon ausgehend, „daß die KK nicht Leitung der DEK sein kann, sondern lediglich Verwaltungsstelle ist, die einer neuen Leitung der DEK zur Verfügung steht. Wir glauben allerdings auch, daß die künftige Leitung gut daran täte, auf die KK mit ihren Aktenbeständen und ihren Geldern nicht zu verzichten."[22] An Landesbischof Meiser schrieb Brunotte am 12.7.1945: „Nach unserer Auffassung ist also von der Deutschen Evangelischen Kirche und ihren Organen nichts weiter übrig geblieben als die Kirchenkanzlei, deren vorläufige Geschäftsleitung ich übernehmen mußte."[23]

Brunotte befand sich mit seiner Beurteilung der kirchlichen Lage und seinen Vorschlägen für eine Neuordnung in deutlichem Gegensatz zur bruderrätlichen Bekennenden Kirche. So schrieb Martin Niemöller in einem Brief vom 18.7.1945: „Grundsätzlich stehe ich auf dem Standpunkt, daß ... alle Amtsstellen in der Kirche, die aus der Nazizeit stammen, verschwinden müssen, weil sie jeder kirchlichen Rechtsgrundlage entbehren: Kirchenkanzlei, DEK, Bischöfe oder was sich so nennt."[24]

Auf Kontinuität setzend, knüpfte Brunotte an die Verfassung der DEK von 1933, nicht an das Dahlemer Notrecht von 1934 an. Seine Vorschläge scheinen damals allerdings „weder bei der amerikanischen Besatzungsmacht noch bei der Bekennenden Kirche auf große Resonanz gestoßen zu sein. ... Zu sehr hatte wohl der Ruf der DEKK durch ihre enge Zusammenarbeit mit dem Kirchenministerium und durch Verlautbarungen wie das die Gemeinschaft mit den Judenchristen aufkündigende Rundschreiben vom Dezember 1941 gelitten. ...Die Schwierigkeiten, die Brunotte hatte, um überhaupt zur Treysaer Kirchenkonferenz eingeladen zu werden, zeigen, wie gering das Ansehen der DEKK in der evangelischen Kirche nach der Kapitulation war."[25]

---

ministers eingerichtete Kirchenregierung zu Recht weiterbestehe, nicht! (Vermerk Brunotte vom 6.6.1945, Dok. 55, ebd., S. 188-189). Auch Paul Fleisch, der 1936 aus dem Amt getriebene Geistliche Vizepräsident des Landeskirchenamtes und spätere Referent des Lutherrates, schrieb in seinen Erinnerungen: „Daß die Kirchenregierung jetzt [nach dem Ende der nationalsozialistischen Zeit, H.G.] verschwinden müsse, die ja doch eben ein vom Minister eingesetzter Ausschuß war, stand mir fest." (Paul *Fleisch*: Erlebte Kirchengeschichte. Erfahrungen in und mit der hannoverschen Landeskirche, Hannover 1952, S. 308).

22 Dok. 34, in: Besier/Thierfelder/Tyra (wie Anm. 8), S. 135.

23 Dok. 70, in: ebd., S. 219.

24 Brief an Otto Fricke (BK), Dok. 143 A, in: Besier/Thierfelder/Tyra (wie Anm. 8), Bd. 2, 1990, S. 140.

25 Thierfelder (wie Anm. 18), S. 28-29. Wurm bemerkte in einer Aktennotiz: „Es fällt mir nicht leicht, Brunotte einzuladen." (Dok. 116, in: Besier/Thierfelder/Tyra [wie Anm. 8], Bd. 2, 1990, S. 46).

Auf der ersten Sitzung des neugebildeten Rates der Evangelischen Kirche in Deutschland (EKiD) am 31.8.1945 in Treysa wurde dem der Bekennenden Kirche angehörenden Theologen Hans Asmussen (1898-1968) die Leitung der Kirchenkanzlei übertragen. Er war nun Vorgesetzter von Brunotte. Asmussen hatte während der Zeit des Nationalsozialismus einen ganz anderen Kurs eingeschlagen als Brunotte. Während letzterer seit 1936 als Oberkonsistorialrat in der DEKK an der „offiziellen" Kirchenpolitik mitgewirkt hatte, war Asmussen nach dem Verlust seines Pfarramtes Mitglied des Reichsbruderrates geworden. Er hatte einen wesentlichen Anteil an der Formulierung der Barmer Theologischen Erklärung und hatte deutlich gegen die Mitarbeit in den Kirchenausschüssen Position bezogen.[26]

„Was in dem Beschluß des Rates nach einem einfachen Wechsel in der Leitung einer kirchlichen Behörde aussieht, hatte tatsächlich erheblich tiefgreifendere Dimensionen. Faktisch stand nicht die Leitung einer kontinuierlich weiterbestehenden Behörde, sondern diese selbst mit ihrer gesamten Belegschaft zur Disposition. Die in der Folge des Ratsbeschlusses entstandene Kontroverse zwischen Hans Asmussen und Heinz Brunotte läßt darüber hinaus deutlich werden, daß im Zuge des Vorgehens des Rates im Hinblick auf die DEKK letztlich das Verhältnis der EKD zu ihrer Vorgängerin, der Deutschen Evangelischen Kirche (DEK), und damit die unterschiedlichen Standpunkte bei der Beurteilung der jüngsten Vergangenheit und der Neuordnung der Gesamtkirche zu klären waren."[27]

Die Ende 1945/Anfang 1946 ausgetragene Kontroverse zwischen Asmussen und Brunotte kann hier nur in den Hauptpunkten nachgezeichnet werden.[28] Landesbischof Wurm hatte in Treysa die Göttinger Stelle der Kirchenkanzlei

---

26 Siehe Enno *Konukiewitz*: Hans Asmussen, ein lutherischer Theologe im Kirchenkampf, Gütersloh 1984, sowie: Andreas *Siemens*: Hans Asmussen, in: Wolf-Dieter *Hauschild* (Hrsg.): Profile des Luthertums, Gütersloh 1998, S. 27-45. Hans Asmussen schrieb in seinem 1935 erschienenen Kommentar zum Galaterbrief: „Man muß nur die Geschichte des Kirchenkampfes verfolgen, um zu sehen, ein wie seltenes Gewächs ein Prediger ist, der das Ärgernis nicht fürchtet. Es ist ein Segen der Bekenntnisbewegung gewesen, daß sie der Staatsfeindschaft bezichtigt worden ist." (Theologisch-kirchliche Erwägungen zum Galaterbrief, 3. Aufl. München 1936, S. 180).

27 Nora Andrea *Schulze*: „Ein anderer Kurs fordert andere Menschen" – von der Deutschen Evangelischen Kirchenkanzlei zur Kanzlei der Evangelischen Kirche in Deutschland, in: Joachim *Mehlhausen* (Hrsg.): ... und über Barmen hinaus, Göttingen 1995, S. 429-450, dort S. 429.

28 Ich verweise auf Schulze (wie Anm. 27) und die dort aufgeführten Belege. Siehe auch: Carsten *Nicolaisen*/Nora Andrea *Schulze* (Bearb.): Die Protokolle des Rates der EKD, Bd. I, 1945/46, Göttingen 1995.

mit ihrem stellvertretenden Leiter Brunotte beauftragt, „die Abwickelung der Angelegenheiten der Deutschen Evangelischen Kirche"[29] vorzunehmen. In der Folgezeit zeigte sich, daß Asmussen und Brunotte Beschlüsse des Rates der EKD zum Verhältnis von DEK und EKD ganz unterschiedlich auslegten. Brunotte ging von „einer absolut klare(n) Rechtslage" aus, daß „zwischen der alten Evangelischen Kirche von 1933 und der Evangelischen Kirche in Deutschland von Treysa eine völlige Rechtsidentität" bestehe und daß deshalb „die alten Beamten und Angestellten der Deutschen Evangelischen Kirchenkanzlei Beamte und Angestellte der Kanzlei der Evangelischen Kirche in Deutschland sind". Im Blick auf die mögliche Entlassung von auf Lebenszeit angestellten Beamten äußerte Brunotte „die große Sorge, daß ... es im Grunde nun doch so gemacht wird, wie es die DC (!) 1933 gemacht haben".[30]

Asmussen antwortete am 28.11.1945 auf diesen gravierenden Vorwurf u.a.: „Wissen Sie wirklich nicht, daß ich selbst und daß meine Freunde an sich halten müssen, um nicht die Gebarung der früheren Organe der EKD einer genauen Prüfung zu unterziehen? Können Sie wohl verstehen, daß wir der Meinung sind, diese Organe hätten bis zum Zusammenbruch eine Kirchenpolitik des Staates ermöglicht, die man nur als Christenverfolgung bezeichnen kann?" Angesichts von Brunottes Bemerkung, „daß es sich um lebendige Menschen handle bei den nunmehr zu treffenden personellen Regelungen", verwies Asmussen darauf, „daß die Amtsführung der Organe der bisherigen DEK eben lebendige Menschen genug in Leid und Elend" gestürzt habe. Die langen Ausführungen über die Rechtskontinuität seien das „proton pseudos" in Brunottes Brief. „Da muß ich nun aussprechen, daß der neue Kurs mit dem alten Schiffe und den alten Steuerleuten nicht gefahren werden kann." Brunotte habe doch von sich aus auf „eine Mitarbeit unter den neuen Verhältnissen" verzichtet, wohl aus dem „richtigen Empfinden heraus, ... daß Rechtskontinuität nicht Kurskontinuität" bedeute.[31]

Nora Andrea Schulze bemerkt zu Recht: „Auf sachlicher Ebene markierten die Standpunkte Brunottes und Asmussens genau die Außenpole des Spannungsfeldes, indem sich die Neuordnung des gesamtprotestantischen Zusammenschlusses insgesamt vollzog. ... Sie waren ein konkreter Ausdruck der beiden nur schwer miteinander in Einklang zu bringenden Aspekte ...: dem Willen zu einem grundsätzlichen Neuanfang bei gleichzeitiger Wahrung der Kontinuität.

---

29 EZA Berlin 2/74: Beauftragung vom 31.8.1945; siehe Schulze (wie Anm. 27), S. 430.

30 Zitate nach: Nicolaisen/Schulze (wie Anm. 28), S. 248 u. 251.

31 Zit. nach: Nicolaisen/Schulze (wie Anm. 28), S. 259-261.

Auf eine vereinfachte Formel gebracht, vertrat Brunotte den Standpunkt einer direkten und ungebrochenen Rechtskontinuität, während Asmussen aus Gründen der Vorrangigkeit des Bekenntnisses den prinzipiellen Vorbehalt gegenüber der Rechtsvorgängerin betont. Ebenso vereinfacht ließ sich Brunottes formal-juristisch schlüssiger Argumentation dann aber vorwerfen, daß sie „... kaum eine Handhabe geboten habe, um die Vergangenheit angemessen aufzuarbeiten und dem Willen zu einem wirklichen Neuanfang konkrete Formen zu verleihen".[32]

3. Der Rechenschaftsbericht „Die Haltung der Hannoverschen Landeskirche im Kirchenkampf und heute" (1946)

Auf der 3. Sitzung des Rates der EKD am 13./14. 12. 1945 in Frankfurt/M. wurde ein Antrag formuliert, demzufolge der wegen seiner langjährigen Tätigkeit für die DEKK im entschiedenen Flügel der Bekennenden Kirche umstrittene Brunotte nicht in die Kanzlei der EKD übernommen, aber auch nicht entlassen, sondern versetzt werden sollte.[33] Als am 31. 3. 1946 die Dienststelle der Kirchenkanzlei in Göttingen auftragsgemäß „abgewickelt" war, trat Brunotte am Tag darauf als Oberlandeskirchenrat in den Dienst der hannoverschen Landeskirche, die damals noch von Landesbischof Marahrens geleitet wurde. Er übernahm sofort eine wichtige Aufgabe in der Landeskirche, der er sich stets verbunden fühlte. Er erarbeitete den Entwurf für eine Denkschrift, die bereits ein halbes Jahr nach seinem Dienstantritt erschien.

---

32 Schulze (wie Anm. 27), S. 440.

33 Siehe Nicolaisen/Schulze (wie Anm. 28), S. 244. Im Protokoll der 3. Sitzung des Rates ist zu lesen: „Lilje nimmt für Brunotte Stellung. Die Schlacht zwischen Brunotte und Asmussen steht jetzt 1:0 für Brunotte. ... Brunotte müßte die Gelegenheit gegeben werden, sich vor dem Rat zu rechtfertigen." – Prof. Smend verwies darauf, daß „in Hannover ... Brunotte eine große Stellung besitzt" (ebd., S. 144 und 145). – Brunotte selber hatte im Blick auf einen Wechsel von der Kirchenkanzlei in die Landeskirche Hannover am 30.10.1945 an Landesbischof Wurm geschrieben: Er „habe zur Kenntnis genommen, daß der Rat der Evangelischen Kirche in Deutschland mich in meiner Dienststellung als theologischer Sachbearbeiter der Kirchenkanzlei, die ich seit 1936 innehabe, nicht zu belassen gedenkt. ... Naturgemäß kann ich eine offizielle Mitteilung, daß ich um Übertragung eines kirchlichen Amtes in meiner Heimatkirche Hannover bitte, erst abgehen lassen, wenn mir amtlich mitgeteilt worden ist, daß und aus welchen Gründen ich in meiner bisherigen Dienststelle nicht verbleiben soll. Auf die Mitteilung der Gründe muß ich Wert legen, um die heutige mögliche Mißdeutung, es handele sich etwa um politische Gründe, auszuschließen." (!) (Nicolaisen/Schulze [wie Anm. 28], S. 247-257, dort S. 250-251).

Diese Denkschrift wurde im Oktober 1946 als Beilage zum Kirchlichen Amtsblatt der hannoverschen Landeskirche veröffentlicht[34] – in einer Zeit, in der die frühe selbstkritische Reflexion der Schuldfrage in der gesamten EKD weitgehend bereits der Vergangenheit angehörte.[35] Die vom Landeskirchenamt herausgegebene und an alle Pfarrämter verschickte, elfseitige Stellungnahme hatte offiziellen Charakter:[36] Sie erging im Namen des Landesbischofs, des Vorläufigen Kirchensenats, des Landeskirchenamtes und der Landessuperintendenten.[37]

Die Stellungnahme geht aus von der Feststellung: „In den letzten Wochen häufen sich die seit längerer Zeit in manchen kirchlichen Kreisen üblich gewordenen kritischen Bemerkungen und Angriffe gegen die sogenannten ‚intakten‘ Landeskirchen, vor allem die im ‚Rat der Evangelisch-lutherischen Kirche Deutschlands‘ zusammengeschlossenen lutherischen Kirchen, ganz besonders die Evangelisch-lutherische Landeskirche Hannovers und ihre Leitung." (S. 215/216)

Acht der elf Seiten des Rechenschaftsberichts dienen dem Ziel, „gewisse unrichtige Anschauungen und unbegründete Verallgemeinerungen" (S. 218) zurückzuweisen. Ich beschränke mich auf einige zentrale, für den Duktus der Verteidigungsschrift kennzeichnende Aussagen:

1. In der keineswegs „neutralen" Landeskirche Hannovers habe die „Bekenntnisgemeinschaft … jahrelang den selbstlosen Dienst geleistet …, die Verbindung mit der Bekennenden Kirche in den anderen Landeskirchen aufrechtzuerhalten". (S. 218) „Die im ‚Rat der Evangelisch-lutherischen Kirche Deutschlands‘ zusammengeschlossenen Kirchen sind 1936 nicht von der Bekennenden Kirche zur ‚Mitte‘ abgefallen, sondern stellen den lutherisch verfaßten Teil der Bekennenden Kirche dar." (S. 224)

---

34 Die Haltung der Hannoverschen Landeskirche im Kirchenkampf und heute. Beilage zum KABl. 1946, Stück 17 (Abgedruckt in: Klügel [wie Anm. 14], S. 215-226).

35 Siehe dazu: Clemens Vollnhals: Evangelische Kirche und Entnazifizierung 1945-1949, München 1989, bes. S. 33-44. „Ausdrücklich hinter das Schuldbekenntnis [vom Oktober 1945, H.G.] stellten sich nach einer Aufzeichnung Asmussens aus dem Jahr 1946 nur vier von 27 Landeskirchen." (Ebd., S. 38).

36 Wie wichtig der Landeskirche diese Denkschrift war, zeigt auch die Tatsache, daß noch im gleichen Jahr eine englische Übersetzung erschien: „The Attitude of the Lutheran Church of Hanover during the Struggle of the Confessional Church against the Nazi Regime, and its present Position".

37 Die (Vorläufige) Landessynode war nicht einbezogen – ein Indiz für die geringe Bedeutung des synodalen Elements in der hannoverschen Landeskirche in den ersten Jahren nach 1945.

2. „Es ist der Hannoverschen Landeskirche und ihrer Leitung niemals darauf angekommen, ihren eigenen Bestand durch vermittelndes Entgegenkommen zu wahren und sichern." (S. 219) „Paktiert... haben wir mit dem nationalsozialistischen Staat niemals. Wir haben es allerdings für unsere Pflicht gehalten, bis an die Grenze des Möglichen immer wieder an ihn heranzutreten und mit ihm zu verhandeln, mit dem Ziel, der kirchlichen Verkündigung den lebensnotwendigen freien Raum zu schaffen. ... Wir haben ... auch in den Organen des nationalsozialistischen Staates unsere Obrigkeit gesehen und uns demgemäß verhalten. ... Darum haben wir, wo wir konnten, der Obrigkeit Gottes Willen bezeugt und die Wahrheit gesagt. Kundgebungen aus politischen Anlässen und offizielle Telegramme zu Geburts- und Gedenktagen sind unter diesem Gesichtspunkt zu bewerten. ... Daß damit keine Billigung der innen- und außenpolitischen Maßnahmen dieser Obrigkeit, insbesondere der Kriegsmaßnahmen, durch die Kirche ausgesprochen ist, ist selbstverständlich." (S. 220/221)

3. „Was den 20. Juli betrifft, so können wir auch heute nicht zugeben, daß es Sache der Kirche gewesen wäre, ... einen politischen Mordanschlag religiös-ethisch zu rechtfertigen. ... Wir glauben, daß es der Lehre der Heiligen Schrift entspricht, wenn die Kirche ... dem Gericht Gottes, das die Tyrannen dieser Welt noch immer zur rechten Zeit ereilt hat, nicht vorgreift." (S. 222)

4. Im Blick auf die im Zusammenwirken zwischen dem Reichskirchenminister und Landesbischof Marahrens erfolgte Bildung der Hannoverschen Kirchenregierung gelte: „Eine Kirchenleitung ist nicht schon deshalb unchristlich, weil nichtchristliche staatliche Stellen bei ihrer Bildung mitgewirkt haben." (S. 222)

Die von Brunotte entworfene Denkschrift rückt die für ein christliches Zeugnis neuralgischen Punkte aus dem Blick:[38]

zu 1: Die Leitung der hannoverschen Landeskirche schwächte durch ihr Engagement im Lutherrat die Bekennende Kirche und distanzierte sich

---

38 Zum Folgenden siehe: Heinrich *Grosse*/Hans *Otte*/Joachim *Perels* (Hrsg.): Bewahren ohne Bekennen? Die hannoversche Landeskirche im Nationalsozialismus, Hannover 1996. Einen knappen Überblick enthält: Heinrich *Grosse*: Die Rolle der hannoverschen Landeskirche in der Zeit des Nationalsozialismus, in: NsJbLG 72, 2000, S. 257-280.

immer wieder vom entschiedenen Flügel der Bekennenden Kirche. Sie machte sich z. B. die mutige, diktaturkritische Denkschrift von 1936 ebensowenig zu eigen wie die von nationalsozialistischen Funktionären kritisierte Gebetsliturgie für den Frieden von 1938.[39]

zu 2: Die Tatsache des Paktierens mit dem nationalsozialistischen Staat um der Bestandserhaltung der Landeskirche willen, kann, wie Landesbischof Wurm schon im Jahr 1945 konstatierte[40] und wie neuere Forschungen zeigen, nicht bestritten werden. „Nur wo innerkirchliche Belange tangiert wurden, erhob er [Marahrens, H.G.] seine Stimme, und das nach Maßgabe der ihm in einer intakten Kirche gebliebenen Möglichkeiten."[41]

Die Anerkennung des nationalsozialistischen Regimes als „Obrigkeit" war nur möglich, weil die hannoversche Kirchenleitung die Spannung in der biblischen Sicht des Staates – die Polarität von Röm. 13 und Apk. 13 – einseitig zugunsten einer – auch in exegetischer Hinsicht fragwürdigen –[42] Berufung auf Röm. 13 auflöste und nicht „zwischen einem Staat und einer schrankenlosen Mörder-Tyrannis"[43] unterschied. Entsprechend unterblieb jeder Bezug auf das Petrus-Wort in Apg. 5,29: „Man muß Gott mehr gehorchen als den Menschen." Gegen Brunotte ist festzuhalten: In öffentlichen Stellungnahmen rechtfertigten kirchenleitende Personen ebenso wie die Mehrheit der Pfarrer die vom nationalsozialistischen Regime geführten Kriege, in keiner Phase distanzierten sie sich von der nationalsozialistischen Außenpolitik.[44]

---

39 Belege in: Wilhelm *Niemöller*: Die Bekennende Kirche sagt Hitler die Wahrheit, Bielefeld 1954, S. 37, und in: Eberhard *Klügel*: Die hannoversche Landeskirche und ihr Bischof 1933-1945, Berlin/Hamburg 1965, Bd. I, S. 359.

40 Siehe Wurms Brief vom 8.7.1945 an Marahrens; Text in: Gerhard *Besier*: „Selbstreinigung" unter britischer Besatzungsherrschaft. Die Evangelisch-lutherische Landeskirche Hannovers und ihr Landesbischof Marahrens 1945-1947, Göttingen 1986, S. 175-177.

41 Inge *Mager*: August Marahrens (1875-1950), der erste hannoversche Bischof, in: Grosse/Otte/Perels (wie Anm. 38), S. 135-151, dort S. 147.

42 Siehe dazu: Ernst *Käsemann*: Grundsätzliches zur Interpretation von Römer 13, in: Ders.: Exegetische Versuche und Besinnungen, Bd. II, Göttingen 1964, S. 204-222.

43 Joachim *Perels*: Die hannoversche Landeskirche im Nationalsozialismus als Problem der Nachkriegsgeschichte, oben S. 49 ff.

44 Belege in: Kathrin *Meyn*/Heinrich *Grosse*: Die Haltung der hannoverschen Landeskirche im Zweiten Weltkrieg, in: Grosse/Otte/Perels (wie Anm. 38), S. 429-460.

zu 3: Von den Opfern der nationalsozialistischen Diktatur ist in der Denkschrift keine Rede. Von „Mord" wird nur ein einziges Mal gesprochen, und
zwar ausgerechnet im Zusammenhang der fragwürdigen, weil christliche
Widerstandskämpfer der BK „theologisch" ausgrenzenden Distanzierung
von dem „politischen Mordanschlag" der Männer des 20. Juli.

zu 4: Die formale Rechtfertigung der Bildung der hannoverschen Kirchenregierung läßt außer Acht, daß diesem wichtigen Gremium ein deutsch-
christliches Mitglied angehörte und daß die vom nationalsozialistischen
Kirchenminister eingesetzten Kirchenausschüsse – deren hannoversche
Variante die Kirchenregierung darstellte – die Autonomie der Bekennenden Kirche aushöhlten.[45]

Kritische Anfragen an die legitimatorische Grundtendenz der Schrift „Die
Haltung der Hannoverschen Landeskirche im Kirchenkampf und heute"
waren in der Landeskirche die Ausnahme, Sache einer kleinen Minderheit wie
der 1946 neu konstituierten hannoverschen „Pfarrbruderschaft".[46] Die Mehrheit der hannoverschen Theologen empfand die Argumentation der Broschüre – wie die Unterstützung für die Kirchenpolitik von Marahrens im Dritten
Reich auf der Landessynode von 1947 zeigt – als Entlastung und Bestätigung
im Blick auf ihre eigene Rolle in der Zeit des Nationalsozialismus.

4. Ein Resümee

Zu Beginn seiner beruflichen Tätigkeit, als Gemeindepfarrer in Hoyershausen
(ab 1927), war Brunotte engagiertes Mitglied der „Jungevangelischen Bewegung", einer kirchenkritischen Reformgruppe, deren gemeinsame Überzeugung war, „daß die entscheidende Frage auf kirchenpolitischem Gebiete heute
lautet: wie vertragen sich kirchliche Machtpolitik und Kirchenpolitik aus dem
Glauben?"[47] 1933 schloß sich Brunotte – wie die Mehrheit der „Jungevangelischen" – der „Landeskirchlichen Sammlung" an, aus der die hannoversche

---

45 Zur theologischen Kritik an den Kirchenausschüssen siehe die Erklärung des Osnabrücker Kreises vom 28. Nov. 1935; Text in: Klügel (wie Anm. 14), S. 94.

46 Siehe dazu: Gerhard *Lindemann*: Die Kritik der innerkirchlichen Opposition am Umgang mit
der nationalsozialistischen Vergangenheit, oben S. 61 ff., sowie: Christian *Simon*: Richard Karwehl (1885-1979). Der streitbare Pastor aus Osnabrück und sein Kampf gegen die hannoversche
Kirchenleitung nach 1945, in: Osnabrücker Mitteilungen 99, 1994, S. 185-198.

47 Zitat aus einer Tagungseinladung aus dem Jahr 1929; zit. in: Heinz *Brunotte*: Die jungevangelische Bewegung 1927-1933, in: JGNKG 77, 1979, S. 175-196, dort S. 181.

„Bekenntnisgemeinschaft" hervorging. In der Zeitschrift „Neuwerk", dem Organ der „Jungevangelischen", ergriff er 1932 mutig Partei für den wegen seines Eintretens für Völkerverständigung angefeindeten Theologen Günther Dehn. 1933 nahm er in mehreren Artikeln der Zeitschriften „Neuwerk" und „Evangelische Wahrheit" kritisch Stellung zum „Führerprinzip" und zum „Arierparagraphen" im Raum der Kirche.[48] Er war einer der ersten Unterzeichner der Verpflichtungserklärung des Pfarrernotbundes.

Diese Distanz zu staatlichen Eingriffen in den innerkirchlichen Bereich von Schrift und Bekenntnis hielt Brunotte, vor allem im Umgang mit Christen jüdischer Herkunft, nicht aufrecht. Er trat – mit der korporativ beigetretenen „Landeskirchlichen Sammlung" – wieder aus dem Pfarrernotbund aus und votierte für eine Mitarbeit in den vom Reichskirchenminister eingesetzten Kirchenausschüssen.[49] 1936 war er bereit, als Oberkonsistorialrat in die DEKK einzutreten, die von dem Deutschen Christen Dr. Friedrich Werner geleitet wurde.[50] Nach Aussagen Brunottes erließ Werner im Jahr 1937 „eine Hausverfügung, nach welcher der Verkehr der Kirchenführer, insbesondere der lutherischen, mit der Kirchenkanzlei durch den Oberkonsistorialrat Brunotte gehen sollte. Ich behielt auch bis 1939 das Referat über den Lutherrat."[51] Auch das Referat für „Nichtarierfragen" übernahm Brunotte.[52] Der Kontakt zwischen der DEKK (sowie dem Reichskirchenministerium) und der Landeskirche Hannovers war sehr eng: „Wie kaum eine Landeskirche ist Hannover fast ständig mit den Berliner Ereignissen aufs engste dadurch verbunden

---

48 Siehe Heinz *Brunotte*: Zur Abwehr, in: Neuwerk 13, 1932, S. 375-376, sowie: Der Neubau der Kirche, in: Neuwerk 15, 1933/34, S. 8-24; Die kirchliche Lage, ebd., S. 81-91, sowie S. 161-168; Zur Verfassung unserer Landeskirche, in: Ev. Wahrheit 25, 1933/34, S. 52-55; Es geht doch um Wort und Bekenntnis, ebd., S. 145-146, sowie: Grundsätzliches zur Frage der Eingliederung, ebd., S. 164-168.

49 Siehe Stellungnahme des Theologischen Konventes in Hannover zu den Kirchenausschüssen, 8./9. Januar 1936 – Thesen von Heinz Brunotte, in: Kurt Dietrich *Schmidt* (Hrsg.): Dokumente des Kirchenkampfes II, 1. Teil, Göttingen 1964, S. 214-215.

50 Der Leiter des Reichskirchenausschusses (RKA), Wilhelm Zoellner, hatte Brunotte als einen Vertreter des Luthertums in die DEKK berufen. Siehe Kurt *Meier*: Der evangelische Kirchenkampf, Bd. 2, Göttingen 1976, S. 127.

51 Brunotte (wie Anm. 9), S. 5. Paul Fleisch, der als Referent im Lutherrat viele Kontakte zu Brunotte hatte, urteilte später in seinen Erinnerungen, Brunotte sei „in der Kanzlei auf der geistlichen Seite einer der einflußreichsten Männer geworden". (Fleisch [wie Anm. 21], S. 269).

52 Eine Analyse der Tätigkeit Brunottes in diesem Referat (und der darauf bezogenen Stellungnahmen Brunottes nach 1945) enthält mein Aufsatz: „Rechtskontinuität statt Erneuerung der Kirche? Zur Rolle von Heinz Brunotte vor und nach 1945" (erscheint demnächst).

gewesen, daß Landesbischof D. Marahrens fast dauernd an der Leitung der DEK beteiligt war."[53]

Die Spannung zwischen seinen frühen kritischen Positionen und der späteren Übernahme bestimmter Vorgaben der nationalsozialistischen (Kirchen-)Politik hat Brunotte nicht reflektiert, sondern legitimatorisch zugunsten letzterer aufgelöst.

Die These von der Rechtskontinuität zwischen der DEKK und der EKD-Kirchenkanzlei bzw. der Leitung der hannoverschen Landeskirche vor und nach 1945 war zentral für Brunottes kirchenpolitische und verfassungsrechtliche Argumentation. Diese These, durch die implizit auch Brunottes Weg in der kirchlichen Administration legitimiert und ohne Bruch fortsetzbar erschien,[54] verhinderte, wie Nora Andrea Schulze zu Recht betont hat, „die Vergangenheit angemessen aufzuarbeiten und dem Willen zu einem wirklichen Neuanfang konkrete Formen zu verleihen"[55], also eine selbstkritische Infragestellung der Rolle der evangelischen Kirche im nationalsozialistischen Staat und eine konkrete und für die Institutionen folgenreiche Benennung der Schuld der Kirche. So gesehen war es nur konsequent, daß die Leitung der hannoverschen Landeskirche Brunotte 1946 damit beauftragte, das Verhalten der hannoverschen Landeskirche „im Kirchenkampf und heute" – anders als noch Marahrens in Elementen seines Schuldbekenntnisses vom August 1945 – weitgehend zu rechtfertigen.[56] In der Denkschrift von 1946 waren die Berufung auf die Stuttgarter Schulderklärung (19.10.1945) und „das Bekenntnis einer mannigfachen Schuld nicht als unverbindliche allgemeine Rede ..., sondern im Hinblick

---

53 Heinz *Brunotte*: Zehn Jahre wissenschaftliche Erforschung des Kirchenkampfes, in: LM, 5. Jg.1966, S. 51. Erwin Wilkens schrieb zur Rolle Brunottes in der DEKK: „Ihm selbst fiel schnell eine besondere Schlüsselrolle zu, nicht zuletzt wegen seiner engen Verbindung zum Lutherrat, zu einzelnen Persönlichkeiten des Reichskirchenministeriums und zu Marahrens, der bis 1945 eine Reihe von gesamtkirchlichen Ämtern versah." (Erwin *Wilkens*: Bekenntnis und Kirchenverfassung. Zum Tode Heinz Brunottes, in: LM, 23. Jg. 1984, S. 98-101, dort S. 100).

54 Siehe auch: Annemarie *Smith-von Osten*: Von Treysa 1945 bis Eisenach 1948, Göttingen 1980: Im Blick auf das „Kriterium ..., in welchem Maße bei den Neuordnungsvorstellungen für die EKD an das Recht der DEK angeknüpft wird, d.h. inwieweit die alten Zustände wiederhergestellt werden sollen, inwieweit lediglich restauriert wird", sind „Brunotte und Marahrens ... an erster Stelle zu nennen. ... Das hängt sicherlich damit zusammen, daß beide hohe Ämter in DEK-Organen innehatten, so daß das Anknüpfen an diese Organe gleichzeitig die Funktion einer Selbstrechtfertigung erfüllte" (ebd., S. 73-74).

55 Schulze (wie Anm. 27), S. 440.

56 Siehe dazu: Hans *Otte*: Zeitgeschichte in der hannoverschen Landeskirche, in: Grosse/Otte/Perels (wie Anm. 1), S. 545-563.

auf ganz bestimmte Ereignisse der letzten zwölf Jahre"[57] inhaltsleer: denn die „Nennung ganz bestimmter Ereignisse" in der Zeit des Nationalsozialismus (wie Judendeportationen und Anstaltsmord) und der damit verbundenen Schuld der Kirche unterblieb.

Dies war nur möglich, weil die Opfer der hannoverschen Kirchenpolitik – wie die Pastoren jüdischer Herkunft, die in Übereinstimmung mit der antisemitischen Praxis des Staates gezwungen worden waren, ihr Amt aufzugeben – nicht in den Blick traten.[58]

Joachim Perels hat zu Recht angemerkt: „Diejenigen, die in Artikeln, Aufsätzen und Büchern die Rolle der Landeskirche im Nationalsozialismus zunächst darstellten, spielten selber in der Zeit des nationalsozialistischen Regimes eine maßgebliche kirchenpolitische Rolle. Wer über die Nazi-Zeit schrieb, urteilte auch über sein eigenes Verhalten. ... Um ein Beispiel zu geben: Wie sollte Heinz Brunotte, der an der Ausarbeitung der fünf Sätze Kerrls beteiligt war, der 1939 ... einen Entwurf einer Verordnung verfaßt hatte, die den Judenchristen ‚die äußeren Rechte der Mitglieder einer Kirchengemeinde' absprach, in der Denkschrift von 1946 den kirchlichen Umgang mit den Christen jüdischer Herkunft selbstkritisch bewerten?"[59]

Brunottes These von der Rechtskontinuität stand den Bemühungen all derer entgegen, die – wie Martin Niemöller – aus dem Versagen der „Behördenkirche" im nationalsozialistischen Staat die Notwendigkeit innerer Erneuerung

---

57 Zit. nach: Klügel (wie Anm. 14), S. 217. Weiter heißt es in der von Brunotte entworfenen Denkschrift: „Wie wir davon überzeugt sind, daß auch die übrigen Männer der Kirche, die die Stuttgarter Erklärung abgegeben oder sich nachträglich zu eigen gemacht haben, bei dem Bekenntnis von der Schuld der Kirche an konkrete eigene Fehler gedacht haben, so denken wir an bestimmte Fälle, in denen wir versagt haben, in denen wir Worte gesagt haben, die wir heute bei besserer Einsicht in die Zusammenhänge nicht sagen könnten, in denen wir Maßnahmen ergriffen haben, die wir heute bedauern, und ein Handeln unterlassen haben, wo solches gefordert war. Wir stellen dies alles dem anheim, der da richtet, und bitten Gott um seine Vergebung, wo wir gefehlt haben." (Ebd., S. 217). Im Folgenden wird aber kein einziger „konkreter eigener Fehler" benannt!

58 Zur „Ausklammerung der Opfer aus dem Schulddiskurs" siehe: Axel Schildt: Solidarisch mit der Schuld des Volkes, in: Bernd Weisbrod (Hrsg.): Rechtsradikalismus in der politischen Kultur der Nachkriegszeit, Hannover 1995, S. 269-295, dort S. 286. Die EKD hatte noch in den achtziger Jahren einen eigenen Seelsorgebeauftragten für Schwerkriegsverbrecher. Einen Seelsorgebeauftragten für die Opfer dieser nationalsozialistischen Täter hat es nie gegeben.

59 Perels (wie Anm. 43), oben S. 49 ff.

und grundlegender Strukturreformen der Kirche ableiteten. Im Gegensatz zu Brunottes Position erklärte Martin Niemöller im Oktober 1945:

„Ich habe es ... sehr schwer empfunden, daß – leider Gottes – noch ein paar Kirchen stehen geblieben und nicht alle Pfarrhäuser verschwunden sind und die fliehende Kirchenleitung noch 200.000 Mark mitgenommen hat; und deshalb ist die Freiheit immer noch an ein paar irdische Werte gebunden, den Rest von angeblicher Legalität herüber zu nehmen in die kirchliche Übergangslösung."[60]

Ähnliche Überlegungen stellte der Heidelberger Pfarrer Hermann Maas an: „Aller Neuaufbau muß mit Auskehrung, Aufräumen und Abreißen beginnen. In der Sprache der Bibel heißt das ‚Buße tun'."[61] Brunottes kirchenpolitisches Wirken zielte dagegen vorrangig darauf, nach dem Ende des nationalsozialistischen Regimes in einem „möglichst schonsamen Umbau"[62] die rechtliche und – von wenigen Ausnahmen abgesehen – auch personelle Kontinuität der Kirche zu sichern. Dieser Zielsetzung diente auch Brunottes harmonisierende Sicht des Kirchenkampfes: „Wir können nicht vergessen, daß wir in Deutschland nach 1933 alle miteinander in der ‚Bekennenden Kirche' gekämpft und gelitten haben."[63]

Brunotte, der als lutherischer Christ und Mitglied der hannoverschen Bekenntnisgemeinschaft ja stets die Bekenntnisbindung betonte, relativierte die Bedeutung des auf der Dahlemer Synode 1934 formulierten kirchlichen Notrechts, das einen Neuaufbau der Kirche „von unten nach oben" hätte begründen können. Die Beschlüsse von Barmen und Dahlem sah er als zeitbedingte, gegen die Deutschen Christen gerichtete Bekenntnisse an, die nach 1945 nicht mehr richtungsweisend sein könnten: „Es ist offensichtlich, daß die 3. Barmer These in puncto ‚Ordnung der Kirche' nicht lutherisch, sondern

---

60 Zit. nach: Bekenntnissynode der Mark Brandenburg, 22.-24.10.1945, hrsg. im Christlichen Zeitschriftenverlag, Berlin 1946, S. 39. Siehe auch: Martin *Niemöller*: Reden 1945-1954, Darmstadt 1958.

61 Hermann *Maaß*: Wie ich mir den Neuaufbau der Kirche vorstelle (10.8.1945), zit. nach: Besier/ Thierfelder/Tyra (wie Anm. 8), Bd. 2, 1990, S. 303.

62 Siehe Brunottes Brief vom 23.5.1945, Dok. 34, in: Besier/Thierfelder/Tyra (wie Anm. 8), S. 136.

63 Heinz Brunotte im Blick auf die „brüderliche Gemeinschaft der evangelischen Kirchen in Deutschland" (innerhalb der EKD), in: News Bulletin, Official Organ of the Lutheran World Federation, Geneva, Vol. II, No. 12, Deutsche Ausgabe 15.12.1948, S. 14.

reformiert lehrt und daß sie Geltung nur in der Abwehr der Übergriffe der DC haben kann."[64]

Auf der Leitungsebene der EKD bzw. der Landeskirchen setzten sich in den ersten Jahren nach 1945 in der Regel diejenigen durch, die zur Stuttgarter Schulderklärung auf Distanz gingen oder sich nur abstrakt auf sie beriefen, während diejenigen, die – wie die Verfasser des Darmstädter „Wort[es] des Bruderrates der Evangelischen Kirche in Deutschland zum politischen Weg unseres Volkes" vom 8. 8. 1947 – das Bekenntnis durch Benennung konkreter Schuld ernst nahmen, eine kirchliche Minderheit blieben.

In fast allen Landeskirchen entstanden nach dem Ende des nationalsozialistischen Regimes „Koalitionsregierungen",[65] in denen die entschiedenen Anhänger der Bekennenden Kirche in der Regel in der Minderheit waren. Die Rücksicht auf die Vertreter der „kirchlichen Mitte" – also derjenigen, die während des Kirchenkampfes zu den sog. Neutralen oder zum „gemäßigten Flügel" der Bekennenden Kirche, z. T. auch zum „gemäßigten Flügel" der Deutschen Christen gehört hatten – mußte die Tendenz verstärken, dem Festhalten an einer Rechtskontinuität Priorität zu geben gegenüber dem Anliegen personeller und struktureller Erneuerung.

Daß Brunotte, der 1945/46 wegen seiner staatsnahen Rolle in der Zeit des Nationalsozialismus zunächst umstrittene Mitarbeiter der DEKK, schon drei Jahre später Nachfolger Asmussens als Leiter der Kirchenkanzlei der EKD wurde, daß der hannoversche Oberlandeskirchenrat den Mitverfasser der Barmer Theologischen Erklärung ablöste, muß – auch wenn Asmussen „durch scharfe Polemik und Schwächen in der Administration zu dieser Entwicklung mit beigetragen hat"[66] – als Ausdruck einer Gesamttendenz in der EKD gesehen werden.

---

64 LkAH, Best. E 6 Nr. 144: Heinz *Brunotte*: Das Verhältnis der Barmer Erklärung zum lutherischen Bekenntnis. Thesen für den Theologischen Konvent der Hannoverschen Bekenntnisgemeinschaft in Rotenburg (Hann.) am 6.2.1947, S. 3.

65 Siehe dazu: Martin *Greschat*: Die evangelische Kirche nach 1945, in: Klaus Erich *Pollmann* (Hrsg.): Der schwierige Weg in die Nachkriegszeit, Göttingen 1995, S. 13-25.

66 Herbert *Goltzen*/Johann *Schmidt*/Henning *Schröer*: Asmussen, in: TRE, Bd. IV, 3. Aufl. 1979, S. 259-265, dort S. 261.

HEIKE KÖHLER

Meta Eyl: „Frauentum auf verantwortungsvollem Wege"? *

Ich möchte mich dem Tagungsthema aus der Perspektive der evangelischen Frauenarbeit im Nachkriegsdeutschland nähern. Ich werde dieses exemplarisch ausführen anhand des Deutsch-Evangelischen Frauenbundes[1] (DEF) und seiner Vorsitzenden, der Theologin Meta Eyl. Der DEF verstand sich als Teil der Frauenbewegung, er wollte die sittlich-religiöse Erneuerung des deutschen Volkes vorantreiben und als sozialpolitische Bewegung zur Besserung der wirtschaftlichen und gesellschaftlichen Bedingungen der Frau beitragen. Der DEF zeichnete sich dadurch aus, dass er explizit die Frage nach dem Auftrag der christlichen Frau in der Gesellschaft stellte.

1 Zur Biographie Meta Eyls im Kontext des Evangelischen Frauenwerks der Deutschen Evangelischen Kirche (DEK) 1934-1945

Meta Eyl[2] (1893-1952), die erste Theologin der hannoverschen Landeskirche, begann ihren Berufsweg 1925 (-1927) als Pfarramtshelferin in der Gartenkirche in Hannover; nach einem Jahr Studentinnenseelsorge in Göttingen übernahm sie 1934 den Bundesvorsitz des Deutsch-Evangelischen Frauenbundes in Hannover.[3]

Auch der DEF stimmte nach der Machtübernahme durch die Nationalsozialisten im Juli 1933 der Gleichschaltung der evangelischen Frauenverbände[4] durch

---

* Überarbeitete Fassung eines Aufsatzes, der zuerst veröffentlicht wurde in: Wolfgang *Vögele* (Hrsg.): Kann man eine Demokratie christlich betreiben? Politische Neuordnung und Neuorientierung der Hannoverschen Landeskirche in der unmittelbaren Nachkriegszeit, Rehburg-Loccum 1999 (= Loccumer Protokolle 68/98), S. 87-98.

1 Zum DEF allgemein vgl. Doris *Kaufmann*: Frauen zwischen Aufbruch und Reaktion. Protestantische Frauenbewegung in der ersten Hälfte des 20. Jahrhunderts, München 1988, S. 23-42.

2 Vgl. zur Biographie Heike *Köhler*: Meta Eyl, in: Heike *Köhler*/Dagmar *Herbrecht*/Dagmar *Henze*/Hannelore *Erhart*: Dem Himmel so nah – dem Pfarramt so fern. Erste Theologinnen im geistlichen Amt, Neukirchen-Vluyn 1996, S. 22-26.

3 Heike *Köhler*: Meta Eyl und der Deutsch-Evangelische Frauenbund, ein Beispiel evangelischer Frauenarbeit im Nationalsozialismus, in: Frauenforschungsprojekt zur Geschichte der Theologinnen, Göttingen: „Darum wagt es, Schwestern ...". Zur Geschichte evangelischer Theologinnen in Deutschland, Neukirchen-Vluyn 1994, S. 295-313.

4 Die Vereinigung Evangelischer Frauenverbände hatte 1933 1.800.000 Mitglieder. Vgl. Kaufmann (wie Anm. 1), S. 75. 1934 gehörten dem Evangelischen Frauenwerk nach eigenen Angaben zwi-

Reichsbischof Müller mit Freuden zu.[5] Das so entstandene Evangelische Frauenwerk wurde nach dem Führerprinzip strukturiert, an dessen Spitze setzte Müller die Nationalsozialistin und Leiterin der braunschweigischen Frauenhilfe Agnes von Grone[6]. Als Stellvertreterin der Reichsführerin wurde Meta Eyl gewählt.[7]

Die evangelischen Frauen hofften, durch diesen Schritt endlich die kirchliche Anerkennung zu gewinnen, die sie seit ihrem Bestehen vermisst hatten. Widerstand gegen die Gleichschaltung erfolgte nicht, da die meisten Frauen auch politisch zunächst die nationalsozialistischen Zielsetzungen (in bezug auf Frauen, Aufwertung des Volkstums, Wertschätzung des Christentums, Forderung zur Teilhabe am Aufbau eines neuen gemeinsamen Staates) als eine positive Entwicklung gegenüber der demokratischen Struktur der Weimarer Republik begrüßten.

Bereits 1934 kam es zum ersten Konflikt, als Agnes von Grone sich öffentlich gegen die Kirchenpolitik des Reichsbischofs wandte. Daraufhin enthob Müller sie ihres Amtes.[8]

Wie auch in anderen kirchlichen Bereichen ging es dem Evangelischem Frauenwerk in der Auseinandersetzung mit dem nationalsozialistischen Staat (Reichskirche und Deutschem Frauenwerk) im wesentlichen um den Erhalt ihrer binnenkirchlichen Strukturen.

Nach der Entmachtung der Reichsführerin führte Meta Eyl zusammen mit einem im November 1935 eingesetzten Ausschuss das Evangelische Frauen-

schen 2.200.000 und 2.500.000 Mitglieder an (Niederschrift über die Tagung des Frauenrates am 16. und 17. Januar 1934 in Potsdam, Archiv des Diakonischen Werkes Berlin: CA 2334).

5   Vgl. etwa Meta *Eyl*: Das Gebot der Stunde, in: Jochen-Christoph *Kaiser*: Frauen in der Kirche. Evangelische Frauenverbände im Spannungsfeld von Kirche und Gesellschaft (1890–1945), Düsseldorf 1985, S. 189-193, Q 76.

6   Agnes von Grone, geb. Freiin von Hammerstein-Loxten (1889-1980), 1907 Heirat, vier Kinder, 1933 Eintritt in die NSDAP, 1938 Ausschluss aus der Partei u.a. wegen der Loslösung des Frauenwerks von der Reichskirche. Vgl. Kaiser (wie Anm. 5), S. 245-262.

7   Zum Evangelischen Frauenwerk vgl. Jochen-Christoph *Kaiser*: Das Frauenwerk der Deutschen Evangelischen Kirche. Zum Problem des Verbandsprotestantismus im Dritten Reich, in: Irmtraud *Götz von Olenhusen* u.a.: Frauen unter dem Patriarchat der Kirchen. Katholikinnen und Protestantinnen im 19. und 20. Jahrhundert, Stuttgart 1995, S. 189-211.

8   DEF Hannover: G 2 d 6 H-Z, S. 2: Meta Eyl, Dagmar von Bismarck an den Reichsbischof Ludwig Müller, 19. 10. 1934.

werk. Der sogenannte Neuner-Ausschuss verstand sich explizit als ein synodales Gremium und markierte den Abschied vom Führerprinzip.[9]

Kirchenpolitisch verstand sich das Evangelische Frauenwerk als neutral und ordnete sich als Mitglied der Inneren Mission der Arbeitsgemeinschaft der diakonischen und missionarischen Werke und Verbände zu.[10] Meta Eyl forcierte die Linie Bodelschwinghs und Marahrens'. Sie war mit beiden freundschaftlich eng verbunden. Eine engere Bindung des Evangelischen Frauenwerks an die BK kam für sie aus theologischen Gründen nicht in Frage, da sie hier das lutherische Element nicht angemessen vertreten sah. Sie war politisch national eingestellt, gehörte jedoch nicht der NSDAP an.[11]

2   Zur allgemeinen Situation der Evangelischen Frauenarbeit im Nachkriegsdeutschland

Die gesellschaftliche Situation im Nachkriegsdeutschland war u.a. gekennzeichnet durch Mangel an Wohnraum, Nahrung, den nötigsten Gebrauchsgegenständen, vor allem aber an männlichen Arbeitskräften. Hier waren Frauen gefordert – nicht nur als Trümmerfrauen – die Lücken zu füllen. Als die Soldaten aus der Kriegsgefangenschaft heimkehrten, wurden die berufstätigen Frauen zum Problem.

Der kriegsbedingte Frauenüberschuss wurde zu einem moralischen Problem stilisiert in einer Gesellschaft, in der die Rolle der Frau in tradierten Leitbildern von Ehe und Mutterschaft gesehen wurde. Im April 1947 berichtete im „Observer" eine Delegation von Engländerinnen erschüttert zum einen von der „,konsequenten Ausschließung' der Frau von der ,Mitarbeit am deutschen Wiederaufbau'", und zum anderen schilderte sie ihren Eindruck, dass

---

9   1938 wurde durch die Gestapo die Umbenennung des Frauenwerks der DEK in „Evangelische Frauenarbeit für Kirche und Gemeinde" erzwungen.

10   DEF Hannover: G 2d 6a I-Z, S. 6: Sitzung des Führerrates des Evangelischen Frauenwerkes am 30. Oktober 1934 in Hannover, gez. Agnes von Grone, Lisa Sommer.

11   Meta Eyl schied 1947 aus dem DEF aus. Anschließende Stationen waren: Ehrenamtlicher Aufbau der Krankenhausseelsorge an den städtischen Frauenkliniken in Hannover. Anfang 1946 Einsegnung durch Landessuperintendent Laasch und Erlaubnis der Sakramentsverwaltung an den Frauenkliniken. Ende 1948 Auftrag zur Klinikseelsorge in Schwarmstedt, ab Juni 1949 Vollbeschäftigung in den Frauenabteilungen des städtischen Krankenhauses Schwarmstedt. Meta Eyl reichte nach einem Schlaganfall 1951 ihre Pensionierung ein. Sie starb am 28. Juli 1952.

besonders jüngere Frauen wenig Anstalten machten, sich aus der nationalsozialistischen Weltanschauung zu befreien.[12]

Die ab Mai 1947 jährlich stattfindenden interzonalen Frauenkongresse[13], an denen auch Vertreterinnen der kirchlichen Frauen teilnahmen, versuchten, sich den traditionellen Zwängen zu entziehen und ihren Einfluss auf die Politik geltend zu machen. Sie forderten u.a. die Bewahrung des Friedens, die Förderung einer staatsbürgerlichen Erziehung der Frau, Beteiligung der Frauen an demokratischen Gremien, gleiche Löhne für gleiche Arbeit.

1949 wurde auf Initiative Dr. Elisabeth Selberts[14] die Gleichberechtigung von Mann und Frau ins Grundgesetz aufgenommen. Dennoch konnten oder wollten die Frauen im politischen Leben nicht Fuß fassen.[15]

Ende Juni/Juli 1946 kam zum ersten Mal nach dem Krieg die Evangelische Frauenarbeit in Deutschland (EFD) in Treysa zusammen. Personell hatte sich an der Spitze kaum etwas verändert. Allein Dr. Elisabeth Schwarzhaupt[16] als Geschäftsführerin kam neu in den Kreis, auch Meta Eyl gehörte weiterhin zum Vorstand.

Gegenüber der EKD warb Elisabeth Schwarzhaupt 1946 um die bis dahin nicht selbstverständliche Beachtung der EFD: „In diesem Werk hat die Frau ihre besondere Aufgabe. Wir wollen unseren Teil an der Verantwortung mittragen und bitten, unserer Mitarbeit durch Heranziehung von Frauen zu Ausschüs-

---

12 Evangelisches Zentralarchiv Berlin (EZA Berlin): 2/337, S. 3: Mitteilungen der Evangelischen Frauenarbeit in Deutschland, 15. April 1948, Nr. 2.

13 Sie fanden statt: 20.-22. Mai 1947 Bad Boll, 22.-24. Mai 1948 Paulskirche/Frankfurt/M.

14 Elisabeth Selbert (1896-1986), SPD-Politikerin, Mitglied des Parlamentarischen Rates 1948/49.

15 Vgl. Frauen in der Nachkriegszeit 1945-1963, hrsg. v. Klaus-Jörg *Ruhl*, München 1988. Noch nicht berücksichtigt werden konnte: Margarete *Dörr*: „Wer die Zeit nicht mit erlebt hat ...". Frauenerfahrungen im Zweiten Weltkrieg und in den Jahren danach, Bd. 3: Das Verhältnis zum Nationalsozialismus und zum Krieg, Frankfurt/New York 1998.

16 Elisabeth Schwarzhaupt (1901-1986), 1929 Dr. phil., 1930 Gerichtsassessorin in Frankfurt, 1930 juristische Mitarbeiterin in der städtischen Rechtsauskunftsstelle für Frauen ebd., 1932 Hilfsrichterin ebd. und in Dortmund, 1933 arbeitslos, 1934 juristische Mitarbeiterin beim Reichsbund der Kleinrentner in Berlin, 1935 Konsistorialrätin bzw. Oberkonsistorialrätin in der Kirchenkanzlei der DEK bzw. EKD, 1948 Kirchliches Außenamt, 1953-1969 Mitglied des Bundestags CDU, November 1961 - November 1966 Bundesministerin für Gesundheitswesen. Zu den Angaben vgl. Dagmar *Herbrecht*/Ilse *Härter*/Hannelore *Erhart* (Hrsg.innen): Der Streit um die Frauenordination in der Bekennenden Kirche. Quellentexte zu ihrer Geschichte im Zweiten Weltkrieg, Neukirchen-Vluyn 1997, S. 504.

sen und Arbeitsgemeinschaften, zu den kirchlichen Körperschaften und zur Vertretung in der Oekumenischen Bewegung Raum zu geben und unsere Ausschaltung da, wo sie versucht wird, zu verhindern. Von besonderer Dringlichkeit scheint uns z.Zt. eine Regelung unserer Mitarbeit auf den neu erworbenen sozialen Arbeitsgebieten zu sein, auf denen die Frauen besondere Fähigkeit und Erfahrungen einzusetzen haben."[17]

Im wesentlichen beschäftigte sich die EFD[18] zunächst mit dem „Stand der ehelosen Frau", deren Auswirkungen auf das Familienleben und die sittliche Ordnung, aber auch die Suche nach einer Sinnfindung für die ehelose Frau vom Evangelium her. Auch das „Wort der EKD an die Frauen in Deutschland" von 1947[19] nimmt sich ausschließlich dieses Themas an.

Es kann also festgehalten werden, dass im kirchlichen wie gesellschaftlichen Bereich engagierte Frauen in den ersten Nachkriegsjahren in Westdeutschland ihren Einfluss auf die Demokratie im wesentlichen in bezug auf frauenspezifische Themen geltend machten. Einen Anspruch auf Mitsprache auf der allgemeinen politischen Bühne erhob die Mehrzahl der Frauen nicht. Allein die Friedensfrage wurde als eine geschlechterübergreifende Frage aufgegriffen. Politik wurde nach wie vor als ein spezifisch männlicher Aufgabenbereich begriffen. Entsprechend diesem Verständnis übernahmen sie auch keine Verantwortung für die politische Vergangenheit der letzten zwölf Jahre. Während die Frauen im wahrsten Sinne des Wortes den Dreck wegkehren mussten, debattierten die Männer, ohne sie, über das neue demokratische Aussehen des Staates.

---

17 EZA Berlin: 2/336, Bl. 1a, b: EFD, gez. E. Schwarzhaupt an die EKD, 8. Juli 1946.

18 EZA Berlin: 2/336: EFD, gez. E. Schwarzhaupt an den Rat der EKD, 3. Mai 1947.

19 EZA Berlin: 2/336: Wort der EKD an die Frauen in Deutschland, Entwurf, o.D.

3 Meta Eyl – eine Theologin auf verantwortungsvollem Wege?

Inwiefern hatte Meta Eyl als eine Exponentin der kirchlichen Frauenbewegung Verantwortung auf dem Weg zur Demokratie übernommen? Dies möchte ich exemplarisch an drei Punkten untersuchen.

3.1 Meta Eyls Auseinandersetzung mit der deutschen Vergangenheit

Bereits im August 1945 wandte sich Meta Eyl als Vorsitzende des DEF wieder in einem Anschreiben an dessen Öffentlichkeit.[20] Das erste Anschreiben nach der Kapitulation hatte wegweisenden Charakter. Eine politische Auseinandersetzung mit dem Geschehenen, eine kritische Reflexion sucht man in diesem Papier vergebens. Meta Eyl machte unmissverständlich deutlich, was sie unter einer adäquaten Verarbeitung der „Tragödie des Deutschen Reiches und seiner tausendjährigen Träume und Wirklichkeiten" verstand: „So ziemt [es] sich für uns Deutsche wohl nur: Schweigen und das Haupt verhüllen."[21]

Dennoch suchte sie nach einer theologischen Erklärung für das Geschehene. „Denn weder ist mein Unrecht und meine Gottlosigkeit so gross und der andere so fromm und gerecht, dass ich das unabsehbare Elend der Gegenwart und das Ausstreichen unserer geschichtlichen Vergangenheit und unserer nationalen Existenz als verdient hinnehmen und der Welt den Triumph zubilligen könnte, noch bin ich im Stande, Gott für sein ungeheuerliches Geschehenlassen in der Geschichte irgendwelche menschlichen Erklärungen und Gründe unterzuschieben."[22]

Als theologische – nicht menschliche oder politische – Erklärung kamen zwei Modelle für das den Deutschen auferlegte Leiden in Frage: der deus absconditus Luthers und Hiobs „Herr aus dem Wetter". Hiobs Schicksal wendet sich erst dann zum Guten, als er erkennt, dass zu viel geredet wurde.

---

20 Hauptarchiv der von Bodelschwinghschen Anstalten Bethel (HBA Bethel): 2/38-143: Deutsch-Evangelischer Frauenbund an unsere Ortsverbände, Anschlussvereine und Einzelmitglieder, Hannover, im August 1945. Daß dies Anschreiben von Meta Eyl verfaßt wurde, geht aus dem Brief Meta Eyl an Elisabeth Schwarzhaupt, Hannover, im Januar 1948, (Archiv im Deutschen-Evangelischen Frauenbund Hannover [DEF Hannover] A 2.9, S. 2) hervor.

21 Ebd., S. 1.

22 Ebd., S. 1f.

Daraus leitete sie ein theologisch begründetes Schweigegebot für den aktuellen deutschen Kontext ab: Die eigentliche „Bußerkenntnis Hiobs" müsste sich auch im heutigen Kontext im „Schweigen" ausdrücken.[23]

Das Anschreiben löste einen für Eyl „unerwartet starken Widerhall" im positiven wie negativen aus. Im großen und ganzen scheint Eyl jedoch mit ihrer Theologie der Verdrängung die breite Zustimmung der Frauen im DEF gefunden zu haben.

Als eine der wenigen reagierte Hildegard Kähler[24] kritisch auf Eyls Vortrag „Frauentum auf verantwortungsvollem Wege"[25] vom November 1945. Eyl hatte hierin die Schuld des deutschen Volkes gegen die der britischen Besatzung aufgerechnet. Kähler schrieb daraufhin empört an Eyl: Ob sie die Unschuld der Deutschen herreden wolle? Schließlich stünden „alle Deutschen unter einem grenzenlosen Schuldkonto". Ob die Russen oder Engländer schuldiger seien, ist Gottes Sache. Ebenfalls kritisierte sie an Eyls Vortrag und an ihrem Anschreiben vom August 1945, daß der Bußruf für sie keine Relevanz habe, doch nur „von da aus kann auch ... ein Neuanfang kommen".[26]

Das von Kähler vermisste Wort zur Buße lehnte Eyl mit der Begründung ab:

„Jedes Wort, das wir heute in der Kirche oder in einem kirchlichen Kreise sprechen, ist der Dämonie der ‚Öffentlichkeit', eben der Masse der Welt ausgesetzt. ... Demgegenüber gibt es überhaupt keinen Ausweg speziell für das Busswort als entweder grösste Vorsicht und Verantwortung gegenüber der Möglichkeit des Missverständnisses oder um der Kirche und des Volkes willen bedeutungsvolles Schweigen."[27]

Der Sturm der Entrüstung, den die nicht geplante Veröffentlichung der Stuttgarter Schulderklärung auslöste, war für Eyl eine Bestätigung ihrer Abwehr eines Bußwortes. Die „Quittung" dafür, dass sich führende Kirchenmänner zu einem Schuldgeständnis nötigen ließen, sah Meta Eyl einzig darin, dass dadurch die seelsorgerliche Situation der Kriegsteilnehmer nicht ernst genom-

---

23 Ebd., S. 2.

24 Hildegard Kähler, DEF-Ortsverband Bielefeld.

25 DEF Hannover: OV Bielefeld: Hildegard Kähler an Meta Eyl, 15. November 1945. Der Vortrag selbst konnte bislang nicht aufgefunden werden, er lässt sich fragmentarisch aus dem Briefwechsel Kähler-Eyl rekonstruieren.

26 Ebd.

27 DEF Hannover: OV Bielefeld, S. 2: Meta Eyl an Hildegard Kähler, November 1945.

men wurde. Der seelsorgerliche Umgang mit den Menschen der Nachkriegszeit wurde für Eyl zum Schlüssel ihres Denkens. Der „,Seelsorger' Kirche" hatte in ihren Augen versagt, indem er die seelsorgerliche Situation nicht erkannte bzw. nicht erkennen wollte.[28] „Was die Kirche", so Eyl, „damit dem deutschen Menschen an unberechtigten Lasten und moralischen Leiden wiederum in Gestalt der ,Kriegsschuldlüge' auferlegt, ist noch gar nicht abzumessen."[29] Die Frage der Kriegsschuld wies Eyl als politisches Urteil zurück, die nicht in den Raum der Kirche gehöre.

Nach der nicht beabsichtigten Veröffentlichung der Stuttgarter Schulderklärung zog Eyl die Konsequenz, dass eine qualifizierte Reflexion der Wirklichkeit nicht mehr vor der „Gasse der Welt" stattfinden sollte. Vielmehr wollte sie die heiklen Fragen der Gegenwart in einem esoterischen Zirkel (im Sinne von Mt. 18) verhandeln, der verantwortlich mit diesen Fragen umzugehen verstehe.[30]

3.2 Zur Entwicklung einer neuen politischen Linie im Deutsch-Evangelischen Frauenbund (DEF)

Der DEF war von jeher mit einem unpolitischen Anspruch seiner Arbeit angetreten, konnte aber dennoch eine nationalkonservative Ausrichtung nicht verschweigen. So begrüßte Eyl 1933 die Machtübernahme Hitlers und forderte als „Gebot der Stunde" eine tatkräftige Mitarbeit der evangelischen Frauen am Aufbau des nationalsozialistischen Staates.[31]

Auf die Gründung eines sich als explizit antifaschistisch verstehenden Frauenvereins, der keine nationalsozialistischen Frauen aufnahm, reagierten die Frauen des DEF 1946: „So etwas kommt für uns nicht in Frage. Wir müssen von der christlichen Verantwortung her alle Frauen nehmen."[32] Das Verhältnis des DEF zur Politik charakterisierte Meta Eyl mit dem Satz: „Wir sind in erster Linie Frauen."[33] Dennoch fühlte sich der DEF in den kommenden Jahren ver-

---

28 Ebd., S. 2.

29 Ebd., S. 2.

30 Ebd., S. 2.

31 Vgl. Meta Eyl (wie Anm. 5).

32 DEF Hannover: Bayerischer Verband 1937-1948, S. 1: Besprechungen in Neuendettelsau, 14.-17. Mai 1946.

33 Ebd.

pflichtet, den christlichen Einfluss der Frau im politischen Raum geltend zu machen.[34]

Ende 1946 setzte sich der DEF mit seiner politischen Richtung auseinander.[35] Der dazu vorliegende Entwurf des Vorstandsmitglieds Asta Rötger[36] ist geprägt von der Erfahrung der deutschen Erniedrigung, der zertretenen Heimat. In bezug auf die Teilhabe am Aufbau eines demokratischen Staates betonte Rötger die Unabhängigkeit des DEF: „Als kirchliches Werk waren wir also nicht faschistisch, ebenso wenig heute antifaschistisch." Drei wichtige Aufgabenbereiche schwebten ihr für den DEF vor: erstens einen Beitrag zum Werden einer Nation zu leisten, indem dem internationalen Kollektivismus nationale Gehalte entgegengesetzt würden; zweitens den sozialen Notständen unter den Frauen Abhilfe zu schaffen und drittens zu dauerhaftem Frieden und Völkerverständigung auf dem Boden des Christentums beizutragen. Rötger schließt mit einem angedeuteten Schuldbekenntnis: „Dort [auf dem Boden des Christentums, H.K.] ist der Boden, um unser aller und unsere eigene einzelne Verstrickung in Schuld vor Gott zu bekennen und im Licht seiner Gnade für eine bessere Zukunft zu wirken."[37]

Diese Richtlinien sollten selbstredend auch für die führenden Persönlichkeiten des Bundes bindenden Charakter haben, und so forderte Rötger diese auf, „eine Linie einzuhalten, die zu keinen Mißdeutungen hinsichtlich der unpolitischen Einstellung des Bundes Veranlassung gibt".[38]

In ihrem Papier „Zur Festlegung unserer politischen Linie"[39] machte Eyl unmissverständlich deutlich, dass sie nicht bereit sei, sich auf irgendwelche Richtlinien festlegen zu lassen. Die von Rötger geforderte Neutralität in parteipolitischen Fragen wies sie als zweitrangig zurück. Vielmehr ginge es darum, ob jemand eine „antifaschistische oder nicht-antifaschistische Haltung (letzte-

---

34 DEF Hannover: I bis Jan. 1948: Vom politischen Handeln der deutschen evangelischen Frau heute. Asta Rötger, September 1947.

35 DEF Hannover: A 2 a I: Richtlinien von Asta Rötger, Hannover, den 5.12.1946.

36 Asta Rötger, Vorsitzende des Preussischen Verbandes des DEF, Mitglied des Ausschußes für kirchliche Frauenarbeit, Evangelisches Frauenwerk Berlin, später in Hannover.

37 Ebd.

38 Ebd. Es geht aus den Akten nicht hervor, inwieweit der Vorschlag Asta Rötgers vom Bund als bindend angenommen wurde. Er kann jedoch als eine maßgebliche Position angesehen werden, wofür auch spricht, dass Eyl sich direkt auf ihn bezieht.

39 DEF Hannover: A 2 a I: Meta Eyl: Zur Festlegung unserer politischen Linie 1946.

re als N.S. gedeutet und gewertet von Antifaschisten)" einnehme.[40] Die antifaschistische Haltung entspreche, so Eyl, dem Zeitgeist, sie sei das „gute Gewissen der Siegermächte". Aufgrund der christlichen und nationalen Verantwortung des DEF fühlte sich Eyl der nicht-antifaschistischen Haltung, implizit der weiteren Affirmation des einstigen Regimes verpflichtet.[41]

Diese Haltung, klagte sie, könne sich heute im Gegensatz zur antifaschistischen „nicht mehr ohne Gefahr und ohne Mißverständnis" äußern. Deshalb fühlte sie sich verpflichtet, „in besonders wichtigen und weittragenden Fällen (z. B. Urteil über Nürnberg, Frage der Schuld am Kriege) hemmend auf die Antifaschisten innerhalb ihres Verantwortungsbereichs einzuwirken".[42] Aus taktischen Gründen erklärte sie sich jedoch bereit, dieses nach außen hin so vorsichtig wie möglich zu tun.[43]

Nach der Untersuchung des Vorstandes und der Arbeit des DEF im Rahmen der Entnazifizierungsmaßnahmen durch die britische Militärregierung, forderte die zuständige Kommissarin Miss Cameron den Rücktritt Meta Eyls von der Bundesleitung.[44] Obwohl man sich im DEF wie auch in anderen Bereichen der Kirche nicht von der Besatzungsmacht beeinflussen lassen wollte, mussten doch bestimmte Konzessionen erbracht werden, damit eine internationale Anerkennung, Wiederaufnahme der ökumenischen Kontakte und, nicht zu vergessen, Sachmittelzuschüsse für den Aufbau der Arbeit erfolgen konnten. In diesem Zusammenhang konnte die restaurative Haltung Eyls für die Fortführung der Bundesarbeit weitreichende negative Konsequenzen haben. Auch wenn intern die „englische Einflußnahme" entschieden abgelehnt wurde, stand der Vorstand unter einem äußeren Rechtfertigungsdruck, „um gegenüber Außenstehenden jeden Zweifel an einer weder nationalsozialistischen noch parteipolitischen Beeinflussung der Mitglieder klarzustellen".[45]

---

40 Ebd.

41 Der diffuse Faschismusbegriff bei Meta Eyl bedarf einer vertiefenden Untersuchung, die an dieser Stelle nicht geleistet werden kann. Ich verweise dazu auf meine Dissertation: „Deutsch – Evangelisch – Frau. Konzeptionen und Handlungsräume innerhalb der evangelischen Frauenbewegung zur Zeit des Nationalsozialismus und in der unmittelbaren Nachkriegszeit am Beispiel der hannoverschen Theologin Meta Eyl", die vermutlich im Herbst 2002 erscheint.

42 Ebd.

43 Ebd.

44 DEF Hannover: A 2.9, S. 2: Betr. Ausscheiden Meta Eyls, handschriftl. Notizen von Asta Rötger zu dem Brief Meta Eyls an den Vorstand des DEF, 27. Januar 1947.

45 DEF Hannover: A 2.9, S. 1: O. V.: Entwurf, o. D. (nach 4.1.1947).

Meta Eyl sah in der Beschäftigung des Vorstandes mit ihrer politischen Haltung nur „Terror, ein[en] Verfall des Vorstandes an den Zeitgeist"[46], der jetzt eine demokratische Gesinnung erwarte und diejenigen, die nicht in der Konfrontation mit dem nationalsozialistischen Staat gestanden hatten, der Unterstützung verdächtige.

3.3 Meta Eyls Vorstellung vom Wiederaufbau der Arbeit des DEF

Michael Inacker konstatiert, dass die Kirche in der Nachkriegszeit sich an der Spitze mit ihrer Öffentlichkeitswirksamkeit beschäftigte und dadurch die kirchliche Basis vernachlässigt wurde.[47]

Diese These lässt sich auch in bezug auf Meta Eyl und die Arbeit an der Basis des DEF, den Ortsverbänden bestätigen. Im Anschreiben vom Oktober 1945 stellte Meta Eyl grundlegend ihre Vorstellungen vom Wiederaufbau des DEF dar. Für einen gelungenen Aufbau waren für sie zwei Aspekte wesentlich: die Betonung des Sozialen und der „geistig-seelische Aufbau des Frauentums".[48]

Zu dem Bereich des Sozialen gehörte für Eyl u.a. das Wiedererlangen der von der Nationalsozialistischen Volkswohlfahrt (NSV) konfiszierten Heime des DEF. Dabei wurde der DEF durch die britische Militärregierung unterstützt.[49]

Meta Eyls ganzer Einsatz galt jedoch dem Bemühen, den geistig-seelischen Aufbau des Frauentums voranzutreiben, insbesondere auf dem Gebiet der Frauen- und Mädchenbildung.

Meta Eyl verstand sich, trotz ihrer angefochtenen politischen Position, als geistige Führerin des Bundes. Aufgrund dieses Selbstverständnisses erhob sie den Anspruch, die konkrete Arbeit der Ortsverbände direktiv mitzugestalten. So resümierte sie in ihrem Rechenschaftsbericht von 1947 in bezug auf die „Evan-

---

46 Vgl. u.a.: DEF Hannover: A 2.9, S. 2: Meta Eyl an Asta Rötger, 13.2.[1947, Jahr geht aus dem Kontext hervor, H.K.].

47 Michael J. *Inacker*: Zwischen Transzendenz, Totalitarismus und Demokratie. Die Entwicklung des kirchlichen Demokratieverständnisses von der Weimarer Republik bis zu den Anfängen der Bundesrepublik (1918-1959), Neukirchen-Vluyn 1994, S. 243.

48 HBA Bethel: 2/38-143: Deutsch-Evangelischer Frauenbund an unsere Ortsverbände, Anschlußvereine und Einzelmitglieder, im Oktober 1945.

49 Ebd., S. 2.

gelische Frauenzeitung", das Organ des DEF, und die Anschreiben: Diese „waren der Versuch, die O.V. [Ortsverbände, H.K.] auf dem Wege geistlichen Durchdenkens der Zeitfragen mitzunehmen, vielleicht nicht immer so, wie sie sie aus ihrer Lage sahen, sondern so, wie sie sich aus der größeren Übersicht der Leitung eines vielgestaltigen Werkes in bedrohter Zeit darstellten".[50] In diesen Äußerungen wird deutlich, dass sie den Mitgliedern der Ortsverbände die Kompetenz eigenen Urteilsvermögens absprach und ihre Vorstellungen vom Aufbau der Arbeit gegen diese durchsetzen wollte. Diese als unberechtigt empfundene Einflussnahme führte zu massiven Konflikten zwischen Basis und Vorsitzender.

Dem internen Führungsanspruch auf der einen Seite entsprach nach außen die Frage der Unabhängigkeit und des Stellenwertes des Bundes unter den anderen Bildungseinrichtungen und der evangelischen Frauenverbände. Ihr schwebte der DEF in seinen Ortsverbänden und Anstalten als Stätte evangelischer Bildung der Frau vor, „als eine Fliehburg der Kirche". Darin wollte sie „die bewußte Formung einer tragenden evangelischen Bildungsschicht" vorantreiben.[51] Um dieses Konzept zu verwirklichen, schlug sie die Auflösung der Ortsverbände zugunsten von übergreifenden Arbeitsgemeinschaften vor.[52] Sie tat dies mit dem Ziel, die Ortsverbände konkurrenzfähig zu machen gegenüber der „landeskirchlichen Frauenarbeit" und den „evangelischen Akademien".[53] Die Ortsverbände sollten darum nicht mehr nach dem parlamentarischen Prinzip aufgebaut sein, da dieses ihrer Auffassung nach versagt hatte und heute nicht mehr genüge.[54]

---

50 DEF Hannover: T 1b, S. 1: Zusammenfassung des Rechenschaftsberichtes der Bundesvorsitzenden lic. Meta Eyl über ihre 13-jährige Amtsführung von 1934-1947, erstattet bei ihrer Amtsniederlegung am 22.7.1947 in Hannover.

51 Ebd., S. 2.

52 DEF Hannover: A 2.9, S. 1b: Meta Eyl an den Vorstand, 25.2.1947.

53 Ebd., S. 2.

54 Ebd. 0

4   Fazit

Von einem verantwortungsvollen Weg der evangelischen Frauen kann also nach 1945 nur eingeschränkt gesprochen werden.

- Eine kritische Reflexion der Zeit des Nationalsozialismus durch die evangelische Frauenarbeit steht bis heute noch aus.

- Politische Verantwortung wurde von Frauen aufgrund ihrer traditionellen Rollenzuschreibung auch nach 1945 nur zögerlich wahrgenommen. Dies galt um so mehr für die kirchlich geprägten Frauen. Der Dachverband, die EFD und auch der DEF akzeptierten die demokratische Struktur der Bundesrepublik und versuchten, durch ihr soziales Engagement die Demokratie aus der Perspektive christlicher Frauen mitzugestalten.

Meta Eyl ist insofern eine Ausnahme, als sie den traditionellen Rollenmustern nicht entsprach: Sie hatte in der Funktion als Bundesvorsitzende des DEF und als Vorstandsmitglied der EFD eine exponierte Stellung unter den kirchlichen Frauen inne. Die dadurch gewonnene Übersicht über die sich wandelnde gesellschaftliche Situation hätte es ihr möglich machen können, nach 1945 einen verantwortungsvollen Weg im demokratischen Sinne einzuschlagen. Dies hatte sie jedoch aufgrund von vier Faktoren nicht getan:

1. Meta Eyls Interpretation dieser Zeit auf dem Hintergrund einer dämonisierenden Geschichtstheologie verhinderte die Einsicht in die Notwendigkeit der Schuldübernahme.
2. Meta Eyl vertrat als Konsequenz einer lutherisch geprägten Theologie eine strikte Trennung von Staat und Kirche. Entgegen aller daraus abgeleiteten Postulate einer Überparteilichkeit stand sie jedoch in der Ambivalenz eines unpolitischen Ansatzes nach außen, dem eine gefestigte national-konservative Position nach innen gegenüberstand.
3. Die Einführung einer demokratischen Staatsform stand für Eyl in engster Verbindung mit der Erfahrung der Erniedrigung der deutschen Nation durch die Besatzungsmächte und wurde deshalb von ihr abgelehnt.
4. Meta Eyl nahm sich zwar der Ausgestaltung des Öffentlichkeitsauftrags des DEF auch in einer demokratischen Staatsform an. Der Gedanke des Aufbaus einer evangelischen Führungselite stand dabei allerdings im krassen Gegensatz zur Übernahme demokratischen Handelns.

– Einzig Meta Eyls Einsatz für die Belange der Frauenbewegung können als positives Engagement in Richtung Demokratisierung verstanden werden.

Meta Eyl war, wie viele andere ihrer Generation, in nationalprotestantischen Traditionalismen steckengeblieben. Weil sie sich konsequent einer Demokratisierung verweigerte und dies auch im Gegensatz zu manch anderen öffentlich äußerte, war sie als Bundesvorsitzende für den DEF nicht mehr tragbar und wurde 1947 aus ihrem Amt entlassen.

JOACHIM PERELS

Theologie und Politik bei Hanns Lilje nach 1945

1.

Die bedingungslose Kapitulation Nazi-Deutschlands am 8. 5. 1945 bedeutete, daß der vollständige Bruch mit dem nationalsozialistischen Regime auf der Tagesordnung stand. Die von Hans Kelsen geprägte völkerrechtliche Lehre, die vom Untergang des Deutschen Reiches ausging, war darauf gerichtet, zwischen dem nationalsozialistischen Staat und dem künftigen deutschen Staat alle institutionellen und rechtlichen Brücken zu beseitigen, um ein neues und demokratisches Gemeinwesen zu konstituieren. Diese Position der Alliierten fand ihren Niederschlag in der Übernahme der obersten Autorität durch die Berliner Erklärung der Siegermächte vom 5. 6. 1946. Alle Zweige der deutschen Staatsgewalt wurden in die Hände der USA, der UdSSR, Großbritanniens und Frankreichs gelegt. In der Kontrollratsgesetzgebung, der Aufhebung der nationalsozialistischen Normen und der an rechtsstaatlichen Kriterien orientierten Ahndung nationalsozialistischer Staatsverbrechen nahm die Staatsgewalt der Alliierten konkrete Formen an.[1]

Die Politik der Diskontinuität fand in der deutschen Öffentlichkeit zunächst durchaus Unterstützung, wie zeitgenössische Meinungsumfragen zeigen.[2] Zentrale Bedeutung hatte Gustav Radbruchs auf die nationalsozialistische Herrschaft bezogenes, 1945/46 entwickeltes Theorem vom „gesetzlichen Unrecht", das dem Diskriminierungs- und Ausmerzungsrecht der NS-Despotie den Rechtscharakter entzog und die Neukonstituierung des Rechtsstaats mit der Ahndung der in technisch-juristischen Formen begangenen Staatsverbrechen verband.[3] Radbruchs strafrechtliche Blickrichtung wurde insbeson-

---

1   Keesings Archiv der Gegenwart 15. Jg. 1945, Frauenfeld o. J., S. 257; Joachim *Perels*: Das juristische Erbe des „Dritten Reiches", Frankfurt/Main 1999, S. 51 f., 75 ff.; Gesetz Nr. 1 vom 20.9.1945 bez. der Aufhebung von Nazi-Gesetzen, in: Amtsblatt des Kontrollrats Nr. 1 vom 29.10.1945, S. 6 ff.; Gesetz Nr. 21 zur Wiedergutmachung nationalsozialistischen Unrechts in der Strafrechtspflege vom 8.5.1946, Bayerisches Gesetz- und Verordnungsblatt 1946, S. 180.

2   Ulrich *Herbert*: Best. Biographische Studien über Radikalismus, Weltanschauung und Vernunft; 1903-1989, Bonn 1996, S. 438; Jahel *Geis*: Übrig sein – Leben „danach". Juden deutscher Herkunft in der britischen und amerikanischen Zone Deutschlands 1945-1949, Berlin 2000, S. 281 Anm. 119.

3   Gustav *Radbruch*: Gesetzliches Unrecht und übergesetzliches Recht (1946), in: *Ders.*: Der Mensch im Recht, Göttingen 1961, S. 111 ff.

dere von Heinrich Knappstein – er war später Botschafter der Bundesrepublik Deutschland in Washington – in der Zeitschrift „Die Wandlung" auf das gesamte Gesellschaftsgefüge bezogen. Knappstein entwickelte in der von Dolf Sternberger geleiteten Zeitschrift den Gedanken, daß die ausgebliebene revolutionäre Überwindung der NS-Herrschaft, die „Beseitigung und dauernde Ausschaltung der bisherigen Führungsschicht, der schuldigen ‚class dirigente' (mit einem Wort von Pareto) aus allen Positionen in Staat, Wirtschaft und Kultur", nachgeholt werden müsse.[4]

Das Ziel des vollständigen Bruchs mit dem System planmäßiger Willkür war nicht auf das politische Gebiet beschränkt. Vertreter der Bekennenden Kirche, allen voran Martin Niemöller, von den Amerikanern nach siebenjähriger Haft im Konzentrationslager Dachau befreit, vertraten kurz nach der Kapitulation gegenüber der Militärregierung entschieden die Auffassung, daß angesichts der vielfachen Unterstützung der Politik Hitlers auch durch jene Landeskirchen, die nicht deutsch-christlich dominiert wurden, ein kirchlicher Neuanfang geboten sei, der die Ausschaltung von regimetreuen kirchlichen Funktionsträgern auf der Pastoren- und der Leitungsebene einschloß. Auf der Bekenntnissynode der Mark Brandenburg, die vom 22. bis 24. 10. 1945 in Berlin stattfand, faßte Niemöller, als Vorsitzender des Reichsbruderrates, das Problem des kirchlichen Neuaufbaus pointiert in folgende Worte:

„Ich habe es … sehr schwer empfunden, daß – leider Gottes – noch ein paar Kirchen stehengeblieben und nicht alle Pfarrhäuser verschwunden sind und die fliehende Kirchenleitung noch 200.000,00 Mark mitgenommen hat; und deshalb ist die Freiheit immer noch an ein paar irdische Werte gebunden, den Rest von angeblicher Legalität herüberzunehmen in die kirchliche Übergangslösung …Tragbar [ist] die Mitnahme solcher alten Legalität nur … , wenn man das neu Gebildete einwickelt in die Verantwortung der Bekennenden Kirche … Es scheint mir unabdingbar, daß das Wirken der neuen Kirchenleitung nur dann eine innere Autorität haben kann bei der Reinigung von Irrlehren, wenn nicht dort der Eindruck entsteht, wenn man Pg oder DC gewesen ist, dann hindert das einen wohl daran, ein Lebensmittelgeschäft zu betreiben, aber nicht, in der Leitung der Kirche zu sitzen."[5]

---

4   Karl Heinrich *Knappstein*: Die versäumte Revolution, in: Die Wandlung 8, 1947, S. 663 ff., 664.

5   Bekenntnissynode der Mark Brandenburg vom 22.-24.10.1945, Berlin o.J. [1945], S. 49 f.

Die Position Niemöllers setzte sich nur begrenzt durch. Schon auf der Kirchenführerkonferenz in Treysa Ende August 1945 wurde ein Kompromiß zwischen
der bruderrätlichen Linie und der Position der intakten lutherischen Landeskirchen unter der Federführung von Landesbischof Wurm geschlossen. Wurm
wurde folgerichtig auch erster Ratsvorsitzender, während Niemöller, der von
Kräften des christlichen Widerstandes in einer an Generaloberst Beck adressier-
ten Ausarbeitung von 1942 als erster Repräsentant der evangelischen Kirche
vorgesehen war,[6] als Stellvertreter fungierte. Schon personell besaß der Gedanke kirchlicher Kontinuität ein Übergewicht. Die kirchlichen Institutionen, auf
die Wurm und Dibelius gleichermaßen setzten, blieben weitgehend erhalten,
obgleich auch gewisse personelle Korrekturen angemahnt und durchgesetzt
wurden. Den Bruch zwischen der Kirche des Dritten Reiches und der des neuen
demokratischen Deutschland drückte der auch von den Lutheranern im Rat
der EKD mitgetragene Wunsch aus, daß der dienstälteste Bischof und Vorsitzende des Geistlichen Vertrauensrats, August Marahrens', der nach der Kapitulation zunächst weiter die Leitungsfunktion für die gesamte evangelische Kirche beanspruchte, sein Amt aufgäbe. Denn er habe, wie Wurm schrieb, „das
frühere Regierungssystem in Deutschland und die Kriegführung bis zuletzt
gedeckt".[7] Ein Rücktritt von Marahrens, der bekanntlich erst zwei Jahre später
stattfand, sollte sinnfällig die Diskontinuität zwischen der Kirche des Dritten
Reiches und derjenigen der Nachkriegsordnung markieren.

Hanns Lilje, designierter Nachfolger von Marahrens, der ihn 1945 zum Lan-
deskirchenrat ernannt hatte und der sich selbst als Marahrens' Adjutant
begriff, obgleich er im Kirchenkampf, etwa im Blick auf die Unterschrift unter
die Sätze von Hitlers Kirchenminister – die Einforderung der Verbindlichkeit
der nationalsozialistischen Weltanschauung für Christen –, auch kritisch
gegenüberstand, sah seine Aufgabe darin, die institutionelle Kontinuität der
hannoverschen Landeskirche zu wahren.[8]

An einem Konflikt wird dies besonders deutlich. Als der Osnabrücker Kreis
dem Leiter der Kirchenkanzlei, Hans Asmussen, zwei Gutachten von Professor
Thimme und Richard Karwehl zur Frage der Begründbarkeit der Rechtskonti-

---

6 Mathias *Schreiber*: Friedrich Justus Perels. Ein Weg vom Rechtskampf der Bekennenden Kirche
in den politischen Widerstand, München 1989, S. 149.

7 Gerhard *Besier*: „Selbstreinigung" unter britischer Besatzungsherrschaft. Die evangelisch-lutherische Landeskirche und ihr Landesbischof 1945-1947, Anhang, Göttingen 1986, S. 256 f.

8 Vgl. etwa Hanns *Lilje*: Memorabilia. Schwerpunkte eines Lebens, Nürnberg 1973, S. 42 ff., 138 ff.

nuität der hannoverschen Landeskirche angesichts der Ernennung von Synodalen durch den Landesbischof und der nur begrenzten demokratischen Legitimation der Vorläufigen Synode nach der staatsvermittelten Installierung der
Kirchenregierung von 1936 vorlegt, nimmt Asmussen, ohne sich diese Position
zu eigen zu machen, die Fragestellung einer möglicherweise angezeigten institutionellen Diskontinuität der Landeskirche auf.[9] Er wird (unabhängig von seinem Eingriff in Kompetenzen des Ratsvorsitzenden) in der Sache von Lilje deutlich zur Ordnung gerufen: In der Sitzung des Rats vom 12./13.12. 1945
qualifiziert dieser die Eingabe von Karwehl als „juristische Quisquilien": Eine
Synode, deren kontinuitätssichernde Legitimität in Frage stand, betrachtete Lilje
als eine mehr äußerliche Hilfskonstruktion in einer Notsituation und nicht „als
eine bekenntnismäßige Sache".[10] In diesem Konflikt hatte für ihn der Gedanke
des Priestertums aller Gläubigen, den er an anderer Stelle pointiert gegen eine
hierarchische Vorstellung kirchlicher Herrschaft vertrat,[11] keine theologische
und kirchenrechtliche Bedeutung.

Den Osnabrücker Kreis, unzweifelhaft eine Minderheit, belegt Lilje mit einem
Etikett: „Der Osnabrücker Kreis ist klein und unbedeutend",[12] erklärte er im Rat.
Daß die versuchte Beantwortung der Wahrheitsfrage von der Größe einer kirch-
lichen Gruppe nicht abhängt, geriet aus dem Blick. Um so leichter konnte die
Wahrnehmung des vom Osnabrücker Kreis bezeichneten Problems eines
Bruchs mit einer Kirche, deren Bischof das Regime Hitlers vielfach legitimiert
hatte, abgewehrt werden. Angesichts der theologischen Arbeit des Osnabrücker
Kreises und des hellsichtigen Erkennens der evangeliumswidrigen Struktur des
Nationalsozialismus durch Richard Karwehl, der schon 1931 den unüberbrück-
baren Gegensatz zwischen der Hypostasierung des arischen Menschen und der
Botschaft des Gottes der biblischen Offenbarung bezeichnete,[13] kann von der
theologischen Irrelevanz der Position des Osnabrücker Pastors keine Rede sein.
Das gilt erst recht, wenn man in Betracht zieht, daß Lilje zur gleichen Zeit sein Ja
zur nationalsozialistischen Bewegung und zur Machtübernahme Hitlers zum

---

9 Besier (wie Anm. 7), S. 223 ff., (Schreiben von Asmussen an Mahrahrens).

10 Ebd., S. 242.

11 Hanns *Lilje*: Zur inneren Lage der Landeskirche. Referat vor der Landessynode der Evangelisch-
   Lutherischen Landeskirche Hannover am 14.11.1951, o.O. [Hannover] o.J. [1951], S. 11.

12 Besier (wie Anm. 9), S. 244.

13 Heidrun *Becker*: Der Osnabrücker Kreis 1933-1939, in: Heinrich *Grosse*/Hans *Otte*/Joachim
   Perels (Hrsg.): Bewahren ohne Bekennen? Die hannoversche Landeskirche im Nationalsozialismus, Hannover 1996, S. 54 ff.

Ausdruck brachte. Den Sieg der nationalsozialistischen Gegenrevolution begriff er, in einem außerordentlichen theologischen Fehlurteil, als „Gottesstunde".[14]

2.

Auch wenn Lilje für die institutionelle Kontinuität der Kirche eintritt, bezieht er doch zur Schuldfrage, in deren Aufnahme sich die Abkehr von der kirchlichen Hinnahme und Unterstützung des nationalsozialistischen Regimes ausdrückt, eine klare, mit anderen leitenden Kirchenleuten weitgehend übereinstimmende Position. In einer Predigt am 27. 8. 1945 auf der schon erwähnten Kirchenführerkonferenz benennt er die Schuld so historisch konkret, daß insbesondere die Verantwortung des Bürgertums, dessen Selbstverständnis vom Protestantismus in starkem Maße bestimmt wurde, für die NS-Herrschaft in den Blick rückte:

> „Es ist ja unsere Not, die dieses Volk jetzt zu tragen hat: daß ein Volk wie das unserige wissend oder unwissend zu allem geschwiegen hat, was an Grausamkeit in seinem Namen geschah, daß unsere Gebildeten mittun, daß unsere Richter Rechtsbeugung geschehen lassen, unsere Ärzte den Irrenmord für vertretbar erklären konnten, daß unserem Volke das unbeugsame öffentliche Ethos fehlt, daß ihm die Integrität seines Beamtentums abhanden kommen konnte, das ist unsere Schuld, die längst vor 1933 begann."[15]

Zunächst hält Lilje den selbstkritischen Umgang mit der Rolle des Bürgertums und der evangelischen Kirche im nationalsozialistischen Staat entschieden durch: Für die hannoversche Landeskirche steht sein Name neben dem von Niemöller und Wurm, Meiser und Dibelius, um nur einige zu nennen, unter der Stuttgarter Schulderklärung vom 18./19. 10. 1945, in der es an zentraler Stelle zur Haltung der evangelischen Kirche gegenüber dem Hitler-Regime hieß: „Wir klagen uns an, daß wir nicht mutiger bekannt, nicht treuer gebetet, nicht fröhlicher geglaubt und nicht brennender geliebt haben."[16] Als die Schulderklärung in die Öffentlichkeit dringt, wird sie von den meisten Landes-

---

14 Hanns *Lilje*: Christus im deutschen Schicksal, Berlin 1933, S. 3. Zur Rolle der hannoverschen Landeskirche im Dritten Reich vgl. Grosse u.a. (wie Anm. 13).

15 Hanns *Lilje*: Predigt über Lukas 10, 23-37 in der Anstaltskirche von Treysa am 21.8.1945, in: Der neue Aufbruch der Evangelischen Kirche in Deutschland, o.O. [Hannover] o.J. [1945], S. 13.

16 Joachim *Beckmann* (Hrsg.): Kirchliches Jahrbuch 1945-1948, Gütersloh 1950, S. 26.

kirchen, in denen die Überhöhung der eigenen Nation nach wie vor dominiert, als „ehr- und würdelos" (Oberkirchenrat Haug) abgelehnt, ja zurückgewiesen. Nur vier von 27 Landeskirchen stellen sich hinter die Erklärung von Stuttgart. Zu diesen vier Landeskirchen gehörte die hannoversche nicht.[17]

In Hannover erteilt Landesbischof Marahrens, im Unterschied zu seiner ersten Stellungnahme vom August 1945, in einem Bußtagswort vom 10. 11. 1945, in dem er indirekt auf die Schulderklärung Bezug nahm, der Legitimität eines solchen Bekenntnisses gegenüber den Menschen eine Absage: Schuldbekenntnis ist „ein Bekenntnis vor Gott, nicht vor den Menschen".[18] Die Abtrennung des Schuldbekenntnisses vom christlichen Zeugnis gegenüber den Menschen – der Adressat der Stuttgarter Erklärung waren die Vertreter der Ökumene – reproduzierte noch nach dem Ende des Regimes den Bezugsrahmen von Marahrens kirchenpolitischer Praxis im Dritten Reich, die der Erhaltung der kirchlichen Institutionen und dem auf diesen Bereich reduzierten Glauben den absoluten Primat gegenüber dem Eintreten für die unter die Mörder Gefallenen einräumte.[19]

Marahrens stand mit seiner Auffassung nicht allein. Die hannoversche Bekenntnisgemeinschaft verbreitete einen an der Universität Tübingen gehaltenen Vortrag Helmut Thielickes vom 8. 11. 1945, in dem er ein Referat Karl Barths zur Erneuerung Deutschlands aus dem Geist des Schuldbekenntnisses eingehend kritisierte. Thielicke relativierte, offenbar als Reaktion auf die Schulderklärung, die Verantwortung der Deutschen durch die Behauptung einer wechselseitigen Schuld der Alliierten und der Deutschen. Er forderte sogar, daß die Sieger mit einem Schuldbekenntnis den ersten Schritt tun sollten und nicht etwa die Deutschen.[20]

---

17 Clemens *Vollnhals*: Evangelische Kirche und Entnazifierung 1945-1949, München 1989, S. 38; zum fortwirkenden Gewicht dieser Positionen vgl. empirisch fundiert Frank-Michael *Kuhlemann*: Nachkriegsprotestantismus in Westdeutschland. Religionssoziologische und mentalitätsgeschichtliche Perspektiven, in: Bernd *Hey* (Hrsg.): Kirche, Staat und Gesellschaft nach 1945 (= Beiträge zur Westfälischen Kirchengeschichte 21) Bielefeld 2001, S. 23 ff.

18 Martin *Greschat* (Hrsg.): Die Schuld der Kirche. Dokumente und Reflexionen zur Stuttgarter Schulderklärung vom 18./19. Oktober 1945, München 1982, S. 224.

19 Vgl. zur Rolle von Marahrens im Dritten Reich Joachim *Perels*: Die hannoversche Landeskirche im Nationalsozialismus 1935-1945, in: Grosse u.a. (wie Anm. 13), S. 162 ff., 167 ff.

20 Greschat (wie Anm. 18), S.163 ff., 166, 168; Karl *Barth*: Zur Genesung des deutschen Wesens, Stuttgart 1945.

Unter diesen Bedingungen einer überwiegenden Infragestellung der Stuttgarter Schulderklärung in der hannoverschen Landeskirche ist Liljes Position als Mitunterzeichner der Erklärung von besonderer Bedeutung. In einem als Flugblatt vervielfältigten Brief, ebenfalls vom November 1945, nimmt Lilje eine widersprüchliche Haltung ein. Er verteidigt, im Gegensatz zum mainstream des Protestantismus, zentrale Aussagen der Erklärung – die Selbstanklage im Blick auf Bekennen, Glauben und Lieben – und geht mit Kritikern dieser theologischen Selbstbesinnung, die sich aus der Ärzteschaft an ihn gewandt hatten, scharf ins Gericht. Er verweist darauf, daß bei der NS-Euthanasieaktion „ihr christliches Gewissen... völlig geschwiegen hat, als Gottes heilige Gebote übertreten wurden".[21] Lilje läßt aber in seinem Brief den pronconciertesten Satz weg, der keine komparativen Formeln enthält, nach denen die Selbstanklage sich nur auf ein zu geringes Maß an christlichem Glauben, nicht aber auf dessen praktische Verleugnung bezog. Der Satz lautet:

„Durch uns ist unendliches Leid über viele Völker und Länder gebracht worden."[22]

Diese Feststellung, die eine politische Verantwortung der Kirche markiert, stammt von Martin Niemöller und faßte, anders als in der Vorlage von Asmussen, das Subjekt der Untaten des Dritten Reiches spezifischer und genauer. Kategorisch erklärt Lilje:

„Ich selber habe als Mitglied des Rates der EKD niemals eine Erklärung unterschrieben, das deutsche Volk müsse sich als schuldig an diesem Krieg und seinen Greueln bekennen."[23]

So zutreffend es ist, daß sich diese Formulierung nicht in der Stuttgarter Erklärung findet, unterläßt es Lilje doch, das Wort über die Verantwortung der Deutschen für das unendliche Leid anderer Völker, das sich der Sache nach mit dem von Lilje zurückgewiesenen Satz weitgehend deckt, zu erwähnen. Dies ist offenbar kein Zufall. In seinen 1973 erschienenen Lebenserinnerungen, den „Memorabilia", kommt in der Darstellung der Stuttgarter Schulderklärung jenes Wort ebenfalls nicht vor.[24]

---

21 Ebd., S. 126.

22 Beckmann (wie Anm. 16), S. 26.

23 Greschat (wie Anm. 18), S. 125.

24 Lilje (wie Anm. 8), S. 172 ff.

Die frühe Verdrängung eines Elements der Stuttgarter Erklärung hat sicherlich viele Gründe. Wichtig ist offenbar die Rücksichtnahme auf die Stimmung in den Gemeinden und in der Pfarrerschaft. Ohnehin ist für den Nationalprotestantismus das deutsche Volk ein fraglos positiver Bezugspunkt. Die Ende 1945 einsetzende Tendenz zur Relativierung und Zurückdrängung der Schuldfrage findet in Lilje nun einen wichtigen Sprecher. In einem Adventsgruß von 1945 kommt die neue Sicht bereits deutlich zum Ausdruck. Lilje schreibt:

> „Alles Gezänk über die irdische Schuld... wird überflutet von dieser Erkenntnis, daß Gott am Werk ist."[25]

Menschliche Verantwortung für das Regiment des Grauens tritt in den Hintergrund. Entsprechend wird Jesajas Wort „Redet freundlich mit meinem Volk, seine Missetat ist vergeben" (Jes. 10, 2) als eine Botschaft ausgegeben, „die in diesem Jahr an unser Volk ausgerichtet werden darf".[26] Daß dieses Wort Israel galt, dessen Nachfahren von Deutschen ermordet wurden, tritt nicht in den Blick. Angesichts der gerade von den Alliierten in Gang gesetzten Prozesse gegen Leitungsgruppen des Regimes, die Kriegsverbrechen und Verbrechen gegen die Menschlichkeit in furchtbarem Ausmaß begangen hatten, kommt diese Form der Geschichtstheologie, in der für die Reflexion des Schadens Josephs, der von den Deutschen gepeinigten Völker, kein Raum bleibt, einem Wegschauen gleich. Auch Lilje setzt, übereinstimmend mit dem Mehrheitsprotestantismus, aber auch mit Repräsentanten des intellektuellen Bürgertums wie Martin Heidegger und Carl Schmitt,[27] die Schuld der Deutschen und der Alliierten tendenziell gleich. Die Vertreibungen reichten, heißt es bei Lilje, „an Unmenschlichkeit vielfach an das heran, was die Nazis getan haben".[28] Bei aller schrecklichen Gewalt der Beseitigung der Existenzformen im Osten und der Vertreibung der Menschen verschwindet so die Differenz zum Massenmord in den Gaskammern von Majdanek, Sobibor, Treblinka und Auschwitz.

---

25 Hanns *Lilje*: Vorträge und Predigten, als Manuskript vervielfältigt, o. O. [Hannover] o.J., Blatt 17, S. 2.

26 Ebd.

27 Bert *Martin*: Martin Heidegger und das ‚Dritte Reich', Darmstadt 1989, S. 155 ff., 186 ff.; Joachim *Perels*: Die Bewahrung der bürgerlichen Gesellschaft in der Zeit ihres tiefsten Sturzes. Carl Schmitts Position nach 1945, in: *Ders.*: Das juristische Erbe des „Dritten Reiches", Frankfurt/Main 1999, S. 103 ff.

28 Lilje (wie Anm. 8), S. 168.

Der Scheitelpunkt der kirchlichen Verabschiedung der Schuldfrage liegt im Frühjahr 1946. Als die Erneuerung und Konkretisierung der Stuttgarter Schulderklärung von Wilhelm Niesel und Martin Niemöller im Rat der EKD eingefordert wird, treffen sie auf eine geschlossene Abwehrfront, zu der auch Lilje entsprechend seiner veränderten Position gehört. Der Text, den Niesel und Niemöller der Ratssitzung am 2. 5. 1946 zur Beschlußfassung vorgelegt hatten[29] – er war am 20. 4. 1946 an alle Ratsmitglieder, auch an Lilje, verschickt worden –, setzte dem verbreiteten kirchlichen Abwehrmechanismen ein prophetisches Zeugnis entgegen. In diesem Entwurf für ein Wort des Rates an die Gemeinden wird die Schuldabwehr konkret benannt:

„Die einen fürchten sich, Schuld einzugestehen, weil sie meinen, die früheren Kriegsgegner würden daraus das Recht zur Vergeltung und Strafmaßnahmen herleiten … Andere weigern sich, vor Menschen ihre Schuld zu bekennen, da sie nur vor Gott bekannt zu werden brauchte. Wieder andere fordern als Voraussetzung ihres eigenen Schuldbekenntnisses das Eingeständnis der Gegner, daß sie auch Schuld auf sich geladen hätten… In allem aber wird nun das eine sichtbar, daß bei uns der Geist der Willigkeit zur Buße noch nicht eingekehrt ist."[30]

Das Versagen der Kirche wird viel konkreter als in Stuttgart benannt. Es schließt nun auch die ausdrückliche Benennung der Schuld gegenüber den Juden ein:

„Wir aber sind an der Not der anderen vorübergegangen. Als 1933 die Kommunisten verfolgt wurden, dachten wir nicht daran, daß da Jesus selbst um unsere Hilfe begehrte; sondern wir sprachen: ‚Ich kenne den Menschen nicht' (Matth. 26, 72). Als 1938 die jüdischen Geschäfte zertrümmert, die Synagogen verbrannt und die Juden nach und nach verschleppt wurden, bis sie ganz verschwunden waren, bekümmerten wir uns wieder nicht um all die furchtbare menschliche Not, die Jesus Christus vor uns ausbreitete."[31]

Diese Erklärung wurde vom Rat der EKD verworfen. Lilje nahm an der Sitzung nicht teil; er hatte, entsprechend seiner zunehmenden Distanz zur Schulder-

---

29 Carsten *Nicolaisen*/Nora Andrea *Schulze* (Hrsg.): Die Protokolle des Rates der Evangelischen Kirche in Deutschland, Göttingen 1995, S. 394, Anm. 41.

30 Greschat (wie Anm. 18), S. 278.

31 Ebd., S. 278.

klärung, auch kein positives schriftliches Votum zur Vorlage von Niemöller und Niesel abgegeben. Wurm bezweifelte ähnlich wie Meiser in der Sitzung, daß die Gemeinden das vorgelegte Bußwort richtig deuten könnten. Die Abkehr von der Schulderkenntnis faßte Asmussen in deutliche Worte:

> „Wenn wir noch einmal auf die Schulderklärung eingehen, müßte auch gesagt werden, was das Unrecht, das heute gegenüber dem deutschen Volk geschieht, bedeutet ... Es muß jetzt außer von Buße auch von Trost die Rede sein."[32]

Das Bußwort wurde von der Tagesordnung der Ratssitzung abgesetzt und nicht mehr aufgenommen.

1947 einstimmig zum Landesbischof der hannoverschen Landeskirche gewählt, zielt Lilje am Ende auf die offensive Überwindung der Stuttgarter Schulderklärung. Er erteilt der Aufarbeitung der Vergangenheit – wie andere intellektuelle Repräsentanten des Bürgertuns – eine Absage. In einem auch durch den Rundfunk verbreiteten Wort zum Osterfest des Jahres 1949 gibt Lilje dem Tag der Auferstehung eine eigentümliche vergangenheitspolitische Bedeutung:

> „Der Augenblick ist gekommen, mit der Liquidation unserer Vergangenheit zu einem wirklichen Abschluß zu kommen. Ich spreche nicht von der wichtigsten psychologischen Erkenntnis, daß es vier Jahre nach dem Abschluß des Krieges keinen rechten Sinn mehr hat, noch immer nach Vergeltung zu rufen ... Wir haben von Gott eine Frist bekommen für die Klärung unserer Vergangenheit. Nach menschlichem Urteil ist diese Frist vorbei. Wir sollten mit der Klärung der Vergangenheit in der Weise Schluß machen, daß wir allen, die redlichen Willens sind, eine Chance geben. Wir sollten in Großzügigkeit und Entschlossenheit versuchen, mit allen, die es mit unserem Volk gut meinen, zu einem neuen, positiven Anfang zu kommen, ohne die Fehler und die Schuld der Vergangenheit zu wiederholen. Es kann ein tiefes Verständnis des Glaubens der Christen an die Vergebung der Sünden sein, wenn sich unsere Blicke von der Vergangenheit abwenden und entschlossen in die Zukunft richten."[33]

Für die Forderung nach einer „Liquidation" der Vergangenheit – ein bemerkenswertes Wort – beansprucht Lilje in einer geschichtstheologischen Setzung,

---

32 Nicolaisen/Schulze (wie Anm. 29), S. 492.

33 Joachim *Beckmann* (Hrsg.): Kirchliches Jahrbuch 1949, Gütersloh 1950, S. 38 f.

Gott selber habe uns eine Frist für die Klärung der Vergangenheit gesetzt. Diesem Theologumenon fehlt jede biblische Grundlage, es gibt bloß der herrschenden weltlichen Tendenz, Vergangenes vergangen sein zu lassen, wie Adenauer in seiner ersten Regierungserklärung dann im September 1949 formuliert,[34] eine scheinbar christliche Rechtfertigung.

Lilje macht sich nicht die wichtige zeitgenössische Unterscheidung zwischen einem Recht auf politischen Irrtum, das Eugen Kogon 1947 in den Frankfurter Heften für die geistigen Mitläufer des Nationalsozialismus gefordert hatte, und der fortbestehenden Verantwortung für die Ahndung der kriminellen Akte der nationalsozialistischen Staatsgewalt[35] zu eigen. Die Abkehr von der Vergangenheit gilt allgemein. Die Abwendung des Blicks auf die NS-Herrschaft ist identisch mit dem Verschließen des Blicks auf die Leidenden, auf die fast unendliche Zahl derjenigen, die um der Gerechtigkeit willen verfolgt wurden. Die Opfer werden durch das Postulat des Vergessens noch darum „betrogen, daß es an ihnen geschehen ist" (Horkheimer). So reproduziert sich, wenige Jahre nach dem Ende des Dritten Reiches, in der Abkehr von der Erinnerung jene Haltung des Wegschauens, die die Leitung der hannoverschen Landeskirche gegenüber Verbrechen des Dritten Reiches und ihren Opfern – bei der NS-Euthanasie in weltlichen Einrichtungen, bei der Deportation der Juden, gegenüber dem rechtsfreien System der Konzentrationslager –[36] einst vielfach eingenommen hatte.

3.

Der Umgang mit der Schuldfrage erfährt in der theologischen Wertung des christlich motivierten Widerstandes gegen das NS-Regime eine Entsprechung. Wer in der Kirche an die christlich begründete politische Opposition anknüpft, markiert den eigentlichen Bruch mit der gesamten politischen Herrschaftsordnung des Dritten Reiches, die keine Legitimation als Obrigkeit mehr besaß, weil sie ein rechtzerstörender Un-Staat war,[37] der in Umkehrung von Römer 13 die Bösen prämierte und die Guten ermordete.

---

34 S. hierzu Norbert *Frei*: Vergangenheitspolitik. Die Anfänge der Bundesrepublik und die NS-Vergangenheit, München 1996, S. 27.

35 Eugen *Kogon*: Das Recht auf politischen Irrtum, in: Frankfurter Hefte 7, 1947, S. 641 ff.

36 Perels (wie Anm. 19), S. 167 ff.

37 Franz *Neumann*: Behemoth. Struktur und Praxis des Nationalsozialismus (1942/1944), Köln 1977; s. auch Karl *Barth*: Die Kirche und die politische Frage von heute (1938), in: *Ders.*: Eine Schweizer Stimme 1938-1945, Zürich 1945, S. 69 ff., insbes. S. 91 ff.

Für den Umgang mit dem Widerstand gegen Hitler haben Liljes Äußerungen besonderes Gewicht. Ohne zu den Verschwörern zu gehören, hatte er enge seelsorgerische Kontakte zu Männern des 20. Juli. Er hielt in der Dahlemer Gemeinde eine Gedenkfeier für Peter Graf Yorck von Wartenburg, den justitiell getöteten Angehörigen des Kreisauer Kreises. Zu den Hörern seiner Predigten in Berlin gehörten Widerstandskämpfer der ersten Reihe wie Generaloberst Beck und Graf Moltke, für die Liljes Predigten eine Stärkung waren.[38] Lilje selber wird wegen der Kontakte zu den Männern des 20. Juli, insbesondere zu Goerdeler, verhaftet und vom Volksgerichtshof im Januar 1945 zu vier Jahren Gefängnis verurteilt.

Liljes Wertung des christlich motivierten politischen Widerstands im Dritten Reich ist identisch mit seiner eigenen Haltung zum Regime. Auf der einen Seite äußert er in seinem Buch „Im finstern Tal" große persönliche Hochachtung vor oppositionellen Christen, die ihm im Gefängnis begegnen – vor Graf Moltke, der ihm „als das leuchtendste Beispiel einer ungebeugten Haltung aus Glauben"[39] erschien. Auf der anderen Seite aber verwarf Lilje mit uneingeschränkter Entschiedenheit – nicht nur im Dritten Reich, sondern gerade auch danach – den aktiven christlichen Widerstand gegen den größten und furchtbarsten politischen Diktator der deutschen Geschichte. Lilje grenzt die Gestalt des politischen Märtyrers aus: Er spricht vom „zweideutigen Schimmer einer politischen Märtyrerkrone"[40] (als hätten beispielsweise Paul Schneider oder Dietrich Bonhoeffer je eine Selbsterhöhung als Märtyrer erstrebt). So desavouiert Lilje ein mit dem Widerstand verbundenes politisches Märtyrertum, das selbstredend keine Forderung an jedermann enthält und enthalten kann.

Lilje geht aber noch weiter. Für ihn erscheint in einer wiederum geschichtstheologischen Setzung das Nazi-Regiment als Teil von Gottes Plan. Der politische Widerstand gegen das von Hitler betriebene Mordregime ist dann theologisch von Grund auf illegitim. Gegen das Handeln jener Christen, die ihm zum Teil im Gefängnis Lehrter Straße begegneten und die ihr Leben im Kampf zur Beseitigung der Diktatur einsetzten, grenzt er sich ab. Er schreibt:

---

38 Freya von *Moltke*/Michael *Balfour*/Julian *Frisby*: Helmut James von Moltke 1907-1945, Stuttgart 1975, S. 283; Hanns *Lilje*: Im finstern Tal (1946), Hannover 1999, S. 54.

39 Lilje (wie Anm. 38), S. 61.

40 Ebd., S. 56.

„Natürlich ist es schwer, daß der Aktivist, auch der edle Aktivist, den Sinn für die Hintergründigkeit der Geschichte behält. Aber er sollte nicht vergessen, daß auch eine Gottesgeißel von Gott verordnet ist."[41]

Und an anderer Stelle heißt es:

„Der Plan Gottes hatte dem Tyrannen bestimmt, in völliger Blindheit seinen Weg zu Ende zu gehen, bis nichts, gar nichts mehr übrig blieb …"[42]

Dies ist aber eine theologisch konstruierte Fiktion, die die unter die Mörder Hitlers Gefallenen der Nachfolge Jesu entzieht. Der Versuch, Hitler das Mordeisen aus der Hand zu schlagen, erscheint dann als Handeln gegen den Willen Gottes. So wenig man einfach davon sprechen kann, daß der Widerstand gegen Hitler für jeden Christen unmittelbar geboten war, so fatal ist es, wenn der Widerstand gegen das Regime nicht einmal als christliche Möglichkeit anerkannt, sondern ihm sogar noch nach dem Zerbrechen des Dritten Reiches die Legitimität abgesprochen wird. Selbst in einem kürzlich erschienenen Nachwort von Arnulf Baumann zur Neuauflage von Liljes Bericht „Im finstern Tal" wird die frühe Infragestellung der Legitimität des Tyrannenmords aufrechterhalten. Baumann meint, daß der Tyrannenmord im Verlauf des Dritten Reiches „verlockend erscheinen mochte"[43] – als sei der politische Widerstand eine fragwürdige Versuchung gewesen und nicht eine existentielle, rechtlich begründete Last.

Die Verwerfung des politischen Widerstands aus christlichen Gründen ist mit einer Selbsterhöhung verbunden. Als Prediger des Evangeliums betrachtet Lilje sich „vom Ruhm und Tadel der Welt gleichermaßen unabhängig".[44] So verabsolutiert er seine eigene Haltung als Maßstab für die Bewertung von Christen in der NS-Despotie. Das christlich motivierte politische Handeln Bonhoeffers, mit dem Lilje im Gefängnis noch Grüße austauscht und der wegen der politischen Verschwörung gegen Hitler im KZ Flossenbürg justitiell ermordet wurde,[45] muß in Liljes geschichtstheologischer Lesart als Eingriff in den „Plan

---

41 Ebd., S. 55; zu Liljes Geschichtstheologie vgl. Harry *Oelke*: Hanns Lilje. Ein Lutheraner in der Weimarer Republik und im Kirchenkampf, Stuttgart 1999, S. 90 ff.

42 Lilje (wie Anm. 38), S. 56.

43 Arnulf H. *Baumann*: Der Weg aus dem finsteren Tal, in: Lilje (wie Anm. 38), S. 102.

44 Lilje (wie Anm. 38), S. 50.

45 Ebd., S. 60; Joachim *Perels*: Die schrittweise Rechtfertigung der NS-Justiz, in: Perels (wie Anm. 13), S. 181 ff., insbes. S. 187 ff.

Gottes" erscheinen – ein abwegiger Gedanke, der das Eintreten für die gering-
sten Brüder in der Diktatur als Abkehr vom Vater Jesu Christi mißdeutet.

Die theologische Entlegitimierung des christlichen Widerstands gegen das
Hitler-Regime bildet in den Nachkriegsschriften Liljes ein Leitmotiv. In seinem
Luther-Buch, das ebenfalls in der Haft entstanden ist, wird die Verwerfung des
politischen Widerstandsrechts auf eine andere Argumentationsgrundlage
gestellt. Er spricht in scharfer Abgrenzung von der „berüchtigten Erörterung
der Jesuiten, wann der Tyrannenmord erlaubt sei".[46] Stattdessen beruft er sich
auf Luther, der den Widerstand gegen eine Gottes Geboten zuwiderhandelnde
Staatsgewalt auf den gewaltfreien Protest in der Form einer Verkündigung eingeschränkt habe, die das Gewissen des Herrschers schärft.[47] Liljes Darstellung
und Interpretation von Luther ist in einem entscheidenden Punkt verkürzt:
Es ist Luther selber, der in zwei Schriften (An meine lieben Deutschen und in
der Circulardisputation) ein gewaltsames Widerstandsrecht gegen das System
eines gesetzlosen Menschen, des Anomos im Sinne des zweiten Thessalonicherbriefes, der keine rechtlich gebundene Obrigkeit, sondern ein Un-Staat
der vollendeten Willkür und Gewalt ist, ausdrücklich begründet. Wenn anders
die Wiederherstellung des Rechts nicht möglich ist, betrachtet Luther „die
Gegenwehr wider die Bluthunde (als) nicht aufrührerisch".[48] Denn sie zerstört
nicht das Recht. Die Gegenwehr wird entsprechend der späteren klassischen
demokratischen Funktion des Widerstandsrechts dazu eingesetzt, die Rechts-
ordnung wiederherzustellen – wie dies auch in der geplanten, von Goerdeler
konzipierten Regierungserklärung der Männer des 20. Juli zum Ausdruck kam.[49]

Liljes theologische Infragestellung des christlich motivierten politischen
Widerstands gegen das Dritte Reich kulminiert in einem Beitrag im Nordwestdeutschen Rundfunk, der vom Sonntagsblatt vom 13. 5. 1951 zum Teil übernommen wurde. Die von der Nazi-Justiz angeordnete Tötung der Widerstandskämpfer des 20. Juli erscheint unter der Hand als Vorgang, der nicht
grundsätzlich in Frage gestellt werden kann. Lilje schreibt:

---

46 Hanns *Lilje*: Luther – Anbruch und Krise der Neuzeit, Nürnberg 1946, S. 201.

47 Ebd.

48 Martin *Luther*: Warnung an seine lieben Deutschen (1531), in: Luthers Werke, hrsg. von Otto
    Clemen, Bd. 4, Berlin 1950, S. 201; s. hierzu Hans Joachim *Iwand*: Gott mehr gehorchen als den
    Menschen. Evangelisch-theologisches Gutachten (1952), in: 20. Juli 1944, bearb. von Hans
    Royce, Bonn o.J. [1952], S. 140 ff.

49 Entwurf einer Regierungserklärung (3. Fassung), in: 20. Juli 1944, bearb. v. Hans *Royce*/Erich
    Zimmermann/Hans-Adolf *Jacobsen*, Bonn o.J. [1960], S. 167 ff.

„Da auch die größte geschichtliche Tat nie ganz von Schuld frei ist, müssen wir hinzufügen, daß die Männer des 20. Juli, wo auch Schuld in ihrer Tat gewesen sein mag, mit ihrem Leben gesühnt haben."[50]

Der Begriff der Sühne bedeutet, daß die Tat unrecht war, durch kein Recht des Widerstandes legitimiert. Die Tötung der großen Christen des 20. Juli, wie Peter Graf Yorck oder Hans Bernd von Haeften, ausgeführt durch die Schergen der NS-Justiz, erscheint dann nicht illegitim.

Lilje bleibt dabei nicht stehen. Der Schluß seines Kommentares setzt einen vollständigen Gegenakzent. Lilje bezeugt, daß die letzten Briefe und Äußerungen der christlichen Widerstandskämpfer Ausdruck eines „dem Willen Gottes unterworfenen Geistes",[51] der dann eigentlich keiner Sühne unterliegen könnte, sind. Lilje erklärt:

„Der Christ weiß sich mit vielen von ihnen in einer letzten inneren Gemeinschaft des Glaubens verbunden."[52]

In der Ambivalenz, den politischen Widerstand als sühnewürdig zu qualifizieren und die Oppositionellen doch aus dem Willen Gottes handeln zu sehen, gelingt es Lilje, der Mehrheitssichtweise des national gestimmten Protestantismus, der den Widerstand ablehnte, zu entsprechen und doch die Gefährten, mit denen er gerade in der Haft verbunden war, als Personen in ihrer Glaubensmotivation nicht zu desavouieren. Der Umgang mit dem Widerstand folgt den Unterscheidungen der Zwei-Reiche-Lehre, den politischen Widerstand theologisch auszuschließen, den persönlichen Glauben der christlichen Oppositionellen aber in vollem Maße anzuerkennen.

Die theologische Entlegitimierung des politischen Widerstands gegen das Dritte Reich – eine Position, die Bischof Dibelius in der Berlin-Brandenburgischen Kirche ebenso vertritt wie Bischof Meiser in der bayrischen Landeskirche[53] – läßt sich dadurch erklären, daß die Anerkennung einer alternativen, christlich vertretbaren Handlungsmöglichkeit gegenüber der Diktatur die aktive und passive Inkorporation des Bürgertums in den nationalsozialisti-

---

50 Hanns *Lilje*: Die Männer des 20. Juli, in: Sonntagsblatt, 13.5.1951.

51 Ebd.

52 Ebd.

53 Eberhard *Bethge*: In Zitz gab es keine Juden. Erinnerungen aus meinen ersten 40 Jahren, München 1989, S. 188 f., S. 226 f.

schen Staat problematisiert hätte. Damit wäre auch die durch Römer 13 gerechtfertigte, weitgehende Kooperation der hannoverschen Landeskirche mit dem NS-Regime nicht zu legitimieren gewesen. Dies hätte zu einer tiefgreifenden Infragestellung des Selbstverständnisses der Kirche nach 1945 geführt: in Gemeinden, unter Pfarrern und in der Kirchenleitung. Wenn der politische Widerstand gegen das Dritte Reich christlich keinerlei Legitimität besitzt, konnte die Kontinuität der kirchlichen Institutionen, die ja den einzig vertretbaren Weg der Erhaltung des Evangeliums in Form der Verkündigung im Binnenraum der Kirche gegangen waren, ohne kritische Rückfragen gewährleistet werden.

Die theologische Infragestellung des christlichen Widerstands ist das kirchliche Pendant zum systematischen Freispruch von NS-Richtern. Im gleichen Jahr, 1951, in dem Lilje den problematischen Begriff der Sühne für das Handeln christlicher Widerstandskämpfer einführt, erklärt das Landgericht München I die Ermordung Bonhoeffers nach einem Standgerichtsverfahren im Konzentrationslager Flossenbürg – ein KZ-Kommandant fungierte als Beisitzer – nach den Regeln des NS-Rechts für legal.[54]

4.

Liljes Reflexion seiner eigenen Rolle im Nationalsozialismus wirft ein Licht auf den gesamten kirchlichen Umgang mit der Diktatur nach 1945. In einem längeren Rundfunkgespräch von 1973 erklärt er:

„Ich habe … keine Zeile geschrieben oder gesagt, in der ich den Nationalsozialismus auch nur verteidigt hätte."[55]

An anderer Stelle heißt es im Blick auf seine Schrift von 1941 „Der Krieg als geistige Leistung":

„In meinen Ausführungen … ging es selbstverständlich nicht um eine Verherrlichung des Krieges und schon gar nicht des von den Nationalsozialisten entfesselten Krieges, sondern die Absicht … war die, dem Mann, der schicksalhaft in das Kriegsgeschehen verwickelt war, geistige Hilfeleistung zum Bestehen dieser Situation anzubieten."[56]

---

54 Perels (wie Anm. 13), S. 188 f.
55 Ronald *Uden*: Hanns Lilje. Bischof der Öffentlichkeit, Hannover 1998, S. 39.
56 Lilje (wie Anm. 8), S. 190; vgl. auch Uden (wie Anm. 55) S. 38 f.

So zutreffend es ist, daß Lilje als Redakteur der „Jungen Kirche" seit 1933 – in dem pluralistischen Blatt der Bekennenden Kirche schrieben neben Lilje u.a. Niemöller und Marahrens, Asmussen und Bonhoeffer, Hildebrandt und Weißler – Schrift und Bekenntnis entschieden verteidigte und die Barmer Theologische Erklärung gegen die Erlanger Lutheraner, die das Volkstum zu einer zweiten Offenbarungsquelle machten, verteidigte,[57] so stand für ihn, wiederum im Sinne der traditionell gefaßten Zwei-Reiche-Lehre, die Akzeptanz und Unterstützung des als Obrigkeit angesehenen nationalsozialistischen Regimes außer Frage.

In einem Beitrag von 1937 gibt Lilje dieser doppelten Position selbst Ausdruck:

„Wir selber denken nun freilich nicht für einen Augenblick daran, die Grundlagen der nationalsozialistischen Weltanschauung, wie sie in den großen Worten von ‚Rasse, Blut und Boden' zum Ausdruck kommen, zu kritisieren. Aber wir halten es für völlig ausgeschlossen, diese Grundlage auch zur Grundlage der Kirche zu machen."[58] Das Verhältnis von Nationalsozialismus und Christentum bestimmt er so: „Es scheint keine Brücke zu bestehen zwischen den alten Glaubensaussagen der Kirche und ihrem neuen Glauben an Führer und Volk. Man kann nur mit aller Dringlichkeit bitten: Macht daraus keinen falschen Gegensatz! Die evangelische Kirche hat niemanden gelehrt, die Obrigkeit zu verachten."[59] Dem nationalsozialistischen Staat wird positiv attestiert, daß er „die Irrlehre des Marxismus dadurch überwunden [hat], daß er ihr eine neue Lehre entgegensetzt".[60]

Aus dieser Grundposition heraus war es folgerichtig, daß Lilje politische Aktionen des Regimes hinnahm und unterstützte. Das gilt für allem für die Diskriminierung der Juden und den Krieg Hitlers. Auf einer Reise in die USA lehnte er, nachdem er davon gesprochen hatte, daß man „die Rassenfrage als solche dort nicht sehen wolle", eine Stellungnahme zu dem Progrom in Deutschland am 9. 11. 1938 ab und stellte dabei, angesichts der Erwartung von Protesten der evangelischen Kirche gegen die nationalsozialistische Regierung, die Gegenfrage, „wogegen die Kirche protestieren solle".[61]

---

57 Hanns *Lilje*: Kritik an Barmen, in: Junge Kirche 17, 1934, S. 692 ff., insbes. S. 698 f.

58 Lilje (wie Anm. 25), Blatt 29, S. 4.

59 Ebd., Blatt 31, S. 5.

60 Ebd., Blatt 30, S. 4.

61 Wolfgang *Gerlach*: Als die Zeugen schwiegen. Bekennende Kirche und die Juden, 2. Aufl. Berlin 1993, S. 245.

Den Krieg Nazi-Deutschlands rechtfertigte er – übrigens übereinstimmend mit der herrschenden Sicht der Bekennenden Kirche einschließlich Hans Joachim Iwands[62] – in theologischen Kategorien. Der Krieg des Regimes wird, anders als Lilje im nachhinein meint, nicht etwa im Blick auf die gleichsam unpolitische Dimension der Nöte, die der Waffengang hervorruft, seelsorgerisch reflektiert. Vielmehr wird der Krieg Hitlers uneingeschränkt in geistlichen Formen unterstützt. In einer am Ewigkeitssonntag 1939 in der Markuskirche in Hannover gehaltenen Predigt wird die Teilnahme am Krieg der Diktaturregierung zur emphatischen Christenpflicht:

> „Laßt uns in aller Treue darum ringen, diese Aufgabe, die uns heute bis zum letzten Blutstropfen erfüllen kann, um unseres Volkes, um des Führers und seiner Räte, um des Heeres zu Wasser, zu Lande und in der Luft willen mit Vollmacht und mit Kraft tun."[63]

In der schon erwähnten, 1941 in einer Auflage von 10.000 Exemplaren erschienenen Schrift „Der Krieg als geistige Leistung" liegt die Unterstützung der NS-Regierung offen zu Tage. Unter Berufung auf Clausewitz heißt es – in Übereinstimmung mit der völkerrechtswidrigen Kriegsführung des Regimes –, „daß das oberste Gesetz des Krieges Gewalt heißt und daß es für ihre Anwendung keine Grenze geben darf".[64] Zugleich wird der Krieg wiederum geschichtstheologisch überhöht. Er erscheint „an den metaphysischen Zusammenhang mit Gottes Wirken gebunden".[65] Die Soldaten rücken für Lilje in eine „heilsame Todesnähe" (Carossa).[66]

Liljes Selbstbild und seine theologisch-politische Rolle im Dritten Reich sind nicht identisch. Die Regierungspolitik Hitlers hat Lilje, wie die überwiegende Mehrheit der traditionellen Eliten, lange Jahre grundsätzlich unterstützt. Im kirchlichen Binnenraum setzte er aber eine klare Gegenposition zu den Strukturen der Nazi-Welt. In der Endphase des Dritten Reiches gibt er der Eigensinnigkeit prophetischen Denkens starkes Gewicht. Dies zeigt eine Predigt vom

---

62 Theologisch-ethische Besinnung (1939), in: Joachim *Beckmann* (Hrsg.): Kirchliches Jahrbuch 1933-1944, Gütersloh 1948, S. 351 ff.; Jürgen *Seim*: Hans Joachim Iwand. Eine Biographie, Gütersloh 1999, S. 245 f., 248, 252, 262, 267.

63 Hanns *Lilje*: Der Weg der Kirche Jesu Christi im Kriege, o.O. [Hannover] o.J. [1939], Abschnitt III Schluß.

64 Hanns *Lilje*: Der Krieg als geistige Leistung, Berlin 1941, S. 5.

65 Ebd.

66 Ebd., S. 7 Anm. 10.

13. 2. 1944. In einer Zeit, in der nach Stalingrad, nach den Bomben-Nächten, nach der Deportation der Juden das Regiment des Schreckens vor den Augen derer, die sehen wollen, liegt, bezeichnet Lilje die anklagend-kritische Rolle des Propheten Elia mit anspielungsreicher Klarheit: „Der furchtlose Prophet, gebunden an den Auftrag Gottes, tritt dem tyrannischen König entgegen, unerschüttert, in der Vollmacht Gottes... In Strömen von Blut hält sich der König noch einen Augenblick, bis er am Abends des Tages Leben und Reich zugleich verliert. Und das Wort, daß der Mann Gottes trug, hatte sich als mächtiger erwiesen, als Schwerter und Heere dieses Königs!"[67]

5.

Überblickt man wesentliche Positionen von Lilje nach 1945 und dem Dritten Reich, so stellt sich die Frage, wieweit sie einem bestimmten, sich durchhaltenden theologischen und kirchengeschichtlichen Interpretationsrahmen entsprachen. Wenn man Liljes bestimmende Sichtweise zu erklären versucht, so hängt sie zunächst mit dem großen Gewicht der traditionellen Zwei-Reiche-Lehre zusammen, die die staatliche Sphäre – in einer verkürzten Rezeption von Römer 13 – als gottgesetzte Ordnung begreift, die nicht eigentlich den Weisungen des Evangeliums unterliegt, sondern den Machtgesetzen der Welt, wie sie die Henker und Kriegsleute exemplarisch repräsentieren.

Der Kern von Liljes weitgehend affirmativer Haltung zu jenen Machtgesetzen liegt aber noch tiefer. Für ihn ist das staatsvermittelte Christentum, das mit der Konstantinischen Wende einsetzte, nicht etwa unter dem Gesichtspunkt der weltkritischen Existenzweise der Christenheit in den ersten drei Jahrhunderten fragwürdig, sondern ein zentraler, positiver Bezugspunkt, aus dem sich auch Kriterien für seine Rolle als Zeitgenosse ergeben. Über Kaiser Konstantin urteilt Lilje so: Konstantin hat „die Hoheit des christlichen Glaubens und die geistliche Kraft der Kirche begriffen, auch wenn er ihr nur mit blutbefleckten Händen gedient hat. Auf jeden Fall gebührt ihm das geschichtliche Verdienst, die neue, an geschichtlichen Möglichkeiten reiche Epoche der Kirche eröffnet zu haben."[68]

---

67 Lilje (wie Anm. 25), Blatt 29, S. 4.

68 Hanns *Lilje*: Kaiser und Kirche im Mittelalter, in: Manfred *Müller* (Hrsg.): Gestalten und Kräfte evangelischer Kirchengeschichte, Stuttgart 1941, S. 259.

Die mit Konstantin einsetzende, christliche Überhöhung der Staatsgewalt wird von Lilje positiv gefaßt: Das gewaltsame Vorgehen Karls des Großen gegen die Sachsen mit dem Ziel, sie zu christianisieren, wird ebenso gerechtfertigt wie Luthers Wort im Bauernkrieg, daß man die Bauern erschlagen solle wie einen tollen Hund, weil die Bauern wie tolle Hunde gewütet hätten.[69] Diese Stellung zur exzessiven Staatsgewalt führt zu einer Immunisierung gegenüber allen kritischen Fragen gegenüber einer autoritären, ja despotischen Staatsgewalt. Insofern ist es konsequent, daß Lilje noch im Luther-Buch und angedeutet auch in den „Memorabilia" die gesamten Positionen der Aufklärung, die Gründung des Gemeinwesens auf die Selbstgesetzgebung der Menschen, als Usurpation des selbstherrlichen Individuums gegenüber den gewachsenen Ordnungen übereinstimmend mit der Theologie der Restauration in der ersten Hälfte des 19. Jahrhunderts verwirft.[70] Die Staatsgewalt, die dem Willen des Volkes entgegengesetzt ist, erscheint als christlich geboten. Daß Aufklärung und christlicher Glaube gerade zusammengehen konnten, wie dies die theologischen Jugendschriften Hegels zeigen, der das Evangelium als Befreiung der Menschen aus den statuarischen Zwängen, sinnfällig im Brechen des Sabbat-Gebots[71], begriff, bleibt Lilje verschlossen.

Die Sanktionierung der autoritären Staatsgewalt, die sich durch einen von den Weisungen des Evangeliums separierten Gottesbegriff legitimiert, ist die Bedingung dafür, daß die Frage nach der Mitverantwortung für die NS-Diktatur so schnell der Exkulpation der Schichten, die sie wesentlich trugen, weicht, daß das demokratische Widerstandsrecht ohne theologische Rechtfertigung bleibt, daß die lange Unterstützung der Regierung Hitler durchaus folgerichtig war. Im Sinne eines neokonstantinischen Denkens, einer staatsnahen Version des Christentums, strukturiert sich Liljes Handeln nach 1945, insbesondere in seinem höchst wirksam gewordenen Zeitungsprojekt, dem „Sonntagsblatt".

Liljes Stellung zu den großen politischen Streitfragen der Bundesrepublik orientiert sich weitgehend an den Leitlinien einer Regierung, die von einer christlich firmierenden Partei festgelegt werden. Auch hier ist die Brücke zur Konstantinischen Wende geschlagen. Die Frage der Erhaltung des Friedens zentriert Lilje in einem Hauptvortrag auf der Synode in Weißensee von 1950

---

69 Ebd., S. 271 f.

70 Lilje (wie Anm. 46), S. 189 ff.

71 Georg Wilhelm Friedrich *Hegel*: Die Positivität der christlichen Religion (1795/96), Werke Bd. 1, hrsg. von: Karl Markus *Michel* und Eva *Moldenhauer*, Frankfurt/Main 1970, S. 104 ff.

um den Frieden mit Gott, während der Friede auf der Erde selbstredend nicht verworfen, aber doch als nicht erreichbar, vom christlichen Auftrag tendenziell abgekoppelt wird: Die Christenheit „wird sich…vor allen Vorstellungen hüten, die eigentlich nur auf dem Boden einer innerweltlichen Fortschrittsgläubigkeit möglich sind. Es ist der Christenheit nirgendwo verheißen, daß es ihr gelingen werde, mit organisatorischen Mitteln die Herstellung des Weltfriedens zu erreichen."[72]

So erscheint der Friede als kein aus christlicher Verantwortung erreichbares Ziel.

Eine ähnliche Position nimmt Lilje zum Problem der atomaren Massenvernichtungsmittel ein. Die Ausrüstung der Bundeswehr mit diesen Waffen, deren Anwendung die Unterscheidung von Kombattanten und Nicht-Kombattanten ausschließt und die zur genetischen Schädigung auch künftiger Generationen führt,[73] kann unter dem Gesichtspunkt des Zeugnisses des Evangeliums in der Welt – wie dies etwa die Dekane der Theologischen Fakultäten der DDR im einzelnen dargelegt hatten[74] – für Lilje nicht zum Thema werden. Die von den kirchlichen Bruderschaften 1957 aufgestellte These, man müsse im Blick auf die Verwerfung der Atomwaffen „der Wirklichkeit Gottes mehr vertrauen als den ‚Realitäten' des politischen Kalküls", läuft für Lilje auf „politische Verantwortungslosigkeit" hinaus.[75] Daß mit einem Versagen der Abschreckung, wie dies im Korea-Krieg und in der Kuba-Krise von 1962 beinahe geschah,[76] die Selbstauslöschung der Menschheit möglich wird, verweist auf problematische Implikationen einer Zwei-Reiche-Lehre, die die Kalkulation mit dem Atomkrieg der von den Weisungen des Evangeliums unterschiedenen politischen Sphäre zuordnet.

72 Berlin-Weissensee 1950. Bericht über die zweite Tagung der ersten Synode der Evangelischen Kirche in Deutschland vom 23.-27.4.1950, Hannover o.J. [1950], S. 94 f.

73 Joachim *Perels*: Probleme der Ahndung völkerrechtswidriger Staatsverbrechen, in: Gerd R. *Ueberschär*/Wolfram *Wette* (Hrsg.): Kriegsverbrechen im 20. Jahrhundert, Darmstadt 2001, S. 26 f. mit weiteren Nachweisen.

74 Helmut *Gollwitzer*: Die Christen und die Atomwaffen, in: Stimme der Gemeinde 1, 1958, Sp. 5.

75 Hanns *Lilje*: Brief v. 18.4.1958 an die Pastoren der hannoverschen Landeskirche, in: Joachim *Beckmann* (Hrsg.): Kirchliches Jahrbuch 1958, Gütersloh 1959, S. 41.

76 Günter *Anders*: Die Antiquiertheit des Menschen, München 1961, S. 59 ff.

6.

Es gibt allerdings eine Unterströmung in Liljes Theologie. In ihr wird die weitgehende Reduzierung des Evangeliums auf die vertikale Beziehung der einzelnen Menschen zu Gott im Binnenraum der Kirche und die Ausklammerung der staatlichen Politik aus dem christlichen Glauben – in diesem Bereich gäbe es immer mehrere Möglichkeiten, sagt Lilje – verlassen. In verschiedenen Passagen seiner Arbeiten äußert sich Lilje durchaus kritisch zu einer selbstzufriedenen, auf sich bezogenen Kirche. Für deren Kritiker – wie in Dostojewskis Darstellung des Großinquisitors, der meinte, daß Jesus nicht wiederzukommen brauche, weil der kirchliche Apparat die Glaubensdinge besser geordnet habe – entwickelt er ein einverständliches Empfinden. In einem Beitrag über Goethe wehrt er dessen berühmtes Wort, daß die Kirchengeschichte ein „Mischmasch von Irrtum und Gewalt" sei, nicht ab. Er läßt es ausdrücklich gelten. Es ist „wahrscheinlich, daß Goethe hier einer Anregung folgt, die er seiner Beschäftigung mit Gottfried Arnolds ‚Unparteiischer Kirchen- und Ketzerhistorie' verdankt. Dies außerordentlich einflußreiche Buch hat mit seiner These, die wahre Kirche sei nicht in den amtlichen Kirchenkörpern mit ihrer Anfälligkeit für verweltlichende Einflüsse, sondern in der kleinen reinen Gemeinde der ‚Ketzer' zu suchen, auf viele bedeutende Geister Eindruck gemacht, auch auf Goethe. Man darf also diese Äußerung Goethes, die einer Linie tiefer geistlicher Selbstkritik der Kirche entsprungen ist, nicht als Beweis für seine Ablehnung der Kirche schlechthin ansehen."[77] Dieser Blick, der in der Lage ist, zwischen Kirche als Institution und dem lebendigen Glauben der Christen zu unterscheiden, führt dazu, daß er auch eine Sekte, die ja oftmals, trotz ihrer Verdinglichung, ein abgespaltenes Moment des Christentums zutreffend festhält, zu würdigen vermag: Die Ernsten Bibelforscher, denen er im Gefängnis begegnet, charakterisiert er, gerade als entschiedene Kriegsdienstverweigerer (die eine auch für die Bekennende Kirche überwiegend inakzeptable Haltung einnahmen), mit großer Hochachtung vor ihrem unerschütterlichen praktischen Glauben.[78] Die evangeliumsgemäße Blickrichtung von unten faßt Lilje in seinen Aufzeichnungen aus der Haft in Worte, die eine Parallele in Bonhoeffers Gefängnisnotizen finden:

---

77 Hanns *Lilje*: Goethes Glaube, Nürnberg 1949, S. 30; vgl. auch Gottfried *Arnold*: Unparteiische Kirchen- und Ketzerhistorie vom Anfang des Neuen Testaments bis auf das Jahr Christi 1688 (1729), Hildesheim 1967.

78 Lilje (wie Anm. 8), S. 59 f.

„Es (kann) nicht anders sein …, als daß Gott bei den Erniedrigten, Beleidig-
ten, Besessenen, gepeinigten Gefangenen, Entrechteten und Traurigen ist."[79]

Hier steht kein Wort mehr von der Gottgesandtheit der Tyrannen und der Pei-
niger. Wie ein Resümee dieser Linie wirkt Liljes Satz in einem Artikel in der
„Jungen Kirche" von 1934:

„Die Kirche lebt nicht von Prälaten und Professoren, sondern von Propheten und Bekennern."[80]

So ist es bemerkenswert, daß Lilje mit Lilje kritisch konfrontiert werden kann.

---

79 Ebd., S. 74.
80 Lilje (wie Anm. 57), S. 699.

Personenregister

A

B

C

D

E

F

Autoren und Autorinnen

Grosse, Heinrich, Dr. theol., *1942, Prof. am Pastoralsoziologischen Institut der Evangelischen Fachhochschule Hannover

Köhler, Heike, *1964, Pastorin in Rolfshagen und Kathrinhagen

Lindemann, Gerhard, Dr. theol., *1963, Wiss. Assistent an der Theol. Fakultät der Universität Heidelberg

Otte, Hans, Dr. theol., *1950, Direktor des Landeskirchlichen Archivs Hannover

Perels, Joachim, Dr. jur., *1942, Prof. für politische Wissenschaft an der Universität Hannover

Schad, Simone, *1973, Dipl.-Sozialwissenschaftlerin in Hannover

Simon, Christian, *1962, Historiker, Angest. im Nds. Landesmuseum Hannover

Wunderlich, Axel, *1970, Gymnasiallehrer in Kassel

Die Kirche im Nationalsozialismus

Heinrich Grosse/ Hans Otte/
Joachim Perels (Hrsg.)

Bewahren ohne
Bekennen?

Die hannoversche Landeskirche
im Nationalsozialismus

576 Seiten, br., 1996

€ 34,90/sFr 61,00
ISBN 3-7859-0733-8

Die Beiträge dieses Bandes versuchen, die Rolle der hannoverschen Landeskirche im Nationalsozialismus wirklichkeitsgenau zu bestimmen. Sie war schon unter den Zeitgenossen im „Kirchenkampf" umstritten. Die Landeskirche stand in der Spannung, ihren Bestand als Volkskirche zu bewahren und das Evangelium konkret zu bekennen. Diese Fragestellung kommt im Titel zum Ausdruck. Es geht aber nicht nur um die empirische Beschreibung der Rolle der Landeskirche in der NS-Diktatur. Es geht auch um das eigene Urteil, was Nachfolge Jesu Christi in einem totalitären Regime hieß, das die Zehn Gebote, vor allem das Gebot „Du sollst nicht töten", systematisch verletzte.

LVH